2025 **中财传媒版**
年度全国会计专业技术资格考试辅导系列丛书·**注定会赢**®

经济法
通关题库

财政部中国财经出版传媒集团　组织编写

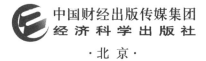

中国财经出版传媒集团
经济科学出版社
·北京·

图书在版编目（CIP）数据

经济法通关题库／财政部中国财经出版传媒集团组
织编写． -- 北京 ： 经济科学出版社，2025.4. -- （中
财传媒版 2025 年度全国会计专业技术资格考试辅导系列丛
书）． -- ISBN 978 - 7 - 5218 - 6779 - 4

Ⅰ . D922. 290. 4

中国国家版本馆 CIP 数据核字第 20257SZ392 号

责任编辑：王淑婉
责任校对：王肖楠
责任印制：张佳裕

经济法通关题库

JINGJIFA TONGGUAN TIKU

财政部中国财经出版传媒集团　组织编写

经济科学出版社出版、发行　新华书店经销

社址：北京市海淀区阜成路甲 28 号　邮编：100142

总编部电话：010 - 88191217　发行部电话：010 - 88191522

天猫网店：经济科学出版社旗舰店

网址：http：//jjkxcbs. tmall. com

北京联兴盛业印刷股份有限公司印装

787 × 1092　16 开　20.5 印张　620000 字

2025 年 4 月第 1 版　2025 年 4 月第 1 次印刷

ISBN 978 - 7 - 5218 - 6779 - 4　定价：79.00 元

（图书出现印装问题，本社负责调换。电话：010 - 88191545）

（打击盗版举报热线：010 - 88191661，QQ：2242791300）

前　　言

    2025 年度全国会计专业技术中级资格考试大纲已经公布，辅导教材也已正式出版发行。与 2024 年度相比，新考试大纲及辅导教材的内容都有所变化。为了帮助考生准确理解和掌握新大纲和新教材的内容、顺利通过考试，中国财经出版传媒集团本着为广大考生服务的态度，严格按照新大纲和新教材内容，组织编写了中财传媒版 2025 年度全国会计专业技术资格考试辅导"注定会赢"系列丛书。

    该系列丛书包含 3 个子系列，共 9 本图书，具有重点把握精准、难点分析到位、题型题量丰富、模拟演练逼真等特点。本书属于"通关题库"子系列，包括三部分，第一部分考试情况、命题规律与解题技巧，突出对历年真题考点的分析和解题方法的介绍；第二部分客观题强化训练，根据近年真题命题规律及解题思路，按章节内容设计客观题目强化练习，并配有答案与解析；第三部分主观题综合演练，针对教材的重难点内容进行专题设计，根据命题规律设计经典例题、总结考点、专项突破。

    中国财经出版传媒集团旗下"中财云知"App 为购买本书的考生提供线上增值服务。考生使用微信扫描封面下方的防伪码并激活下载 App 后，可免费享有题库练习、学习答疑、每日一练等增值服务。

    全国会计专业技术资格考试是我国评价选拔会计人才、促进会计人员成长的重要渠道，是中国式现代化人才战略的重要组成部分。希望广大考生在认真学习教材内容的基础上，结合本丛书准确理解和全面掌握应试知识点内容，顺利通过 2025 年会计资格考试，在会计事业发展中不断取得更大进步，为中国式现代化建设贡献更多力量！

    书中如有疏漏和不当之处，敬请批评指正。

财政部中国财经出版传媒集团

2025 年 4 月

目　录

第一部分　考试情况、命题规律与解题技巧

第二部分　客观题练习

第一章　总　　论

第二章　公司法律制度

第三章　合伙企业法律制度

第四章　物权法律制度

第五章　合同法律制度

第六章　金融法律制度

第七章　财政法律制度

第三部分　主观题演练

专题一　公司法律制度

专题二　合伙企业法律制度

专题三　物权法律制度

专题四　合同法律制度

专题五　金融法律制度

第一部分

考试情况、命题规律与解题技巧

一、考试情况

1. 考试时间

根据《关于 2025 年度全国会计专业技术资格考试考务日程安排及有关事项的通知》（会考〔2024〕3 号），中级资格考试科目包括《中级会计实务》《财务管理》《经济法》三门，参加中级资格考试的人员，应在连续 2 个考试年度内通过全部科目的考试，方可取得中级资格证书。

2025 年度中级会计资格考试时间为 9 月 6 日~8 日，考试具体安排如下表所示。

考试日期	考试时间	考试科目
9 月 6 日~9 月 8 日	8：30~11：15	中级会计实务
	13：30~15：30	经济法
	17：45~20：00	财务管理

"全国会计资格评价网"中级资格考试报名系统，将于 2025 年 6 月 12 日至 7 月 2 日开通。各地区的报名开始时间由其省级考试管理机构自行确定，考试报名统一在 7 月 2 日 12：00 截止，缴费统一在 7 月 2 日 18：00 截止。提醒各位考生，不要错过上述时间，尤其是已报名、认真备考的考生千万不要忘记考试缴费。

2. 考试形式

中级资格考试全部采用无纸化方式，考试在计算机上进行。试题、答题要求和答题界面在计算机显示屏上显示，考生使用计算机鼠标和键盘在计算机答题界面上进行答题。

3. 题型和题量（根据近年考试情况估计）

《经济法》科目题型和题量如下表所示。

题型	题量	分值
单项选择题	30	30
多项选择题	15	30
判断题	10	10
简答题	3	18
综合题	1	12

4. 评分标准（根据近年考试情况估计）

（1）单项选择题，共 30 小题，每小题 1 分。在四个备选项中，只有一个符合题意的正确答案，不答或错答均不得分。

（2）多项选择题，共 15 小题，每小题 2 分。四个备选项，正确答案为 2~4 个。全部选对得满分，少选可得相应分值，但多选、不选、错选均不得分。

（3）判断题，共 10 小题，每小题答题正确得 1 分。不答、错答均不得分，也不扣分。

（4）简答题，共 3 题，每题包含 2~3 个小问题，每个小问题 2~3 分，合计 18 分。

（5）综合题，1 道大题，包含 6 个小问题，每个小问题 2 分，总计 12 分。

二、命题规律

1. 各章节考核分值

各章节考核分值如下表所示。

单位：分

章节	2024 年		2023 年		2022 年	
	卷2	卷1	卷2	卷1	卷2	卷1
第一章　总论	11	12	13	12	13	11
第二章　公司法律制度	16	18	19	16	17	16
第三章　合伙企业法律制度	8	12	12	13	11	11
第四章　物权法律制度	20	14	17	16	22	15
第五章　合同法律制度	20	16	16	15	10	19
第六章　金融法律制度	14	15	15	17	16	17
第七章　财政法律制度	11	13	8	11	11	11

2. 各章节主要内容及教材变化

分章节来看，第一章介绍法律体系、法律行为与代理、经济纠纷解决途径、行政复议、行政诉讼等，理论性较强。第二章介绍公司法律制度，包括公司的登记管理、有限责任公司、股份有限公司，公司董事、监事、高级管理人员的资格和义务，公司股票和公司债券，公司财务、会计，公司合并、分立、增资、减资，公司解散和清算。第三章介绍合伙企业法律制度，包括普通合伙企业、有限合伙企业、合伙企业的解散和清算。第四章介绍物权法律制度，包括所有权、用益物权、担保物权、占有。第五章介绍合同法律制度，包括合同的订立、效力、履行、保全、变更和转让、消灭，违约责任及主要合同。第六章介绍金融法律制度，包括票据、证券、保险法律制度。第七章介绍财政法律制度，包括预算、国有资产管理、政府采购法律制度。2025 年教材变动如下表所示。

章节	2025 年教材新增、调整内容
第一章　总论	（1）第二节　法律行为与代理：新增了合同不因违反强制性规定无效及合同因违背公序良俗而无效的情形；可撤销法律行为中"乘人之危、显失公平的"改为"显失公平的"。 （2）第三节　经济纠纷解决途径：诉讼特殊管辖中修改票据权利纠纷及公司纠纷的内容；行政诉讼中完善直接被告的确认及起诉的时间条件相关内容
第二章　公司法律制度	（1）全章增加《公司法》效力司法解释内容。 （2）第二节　公司登记管理：登记事项中完善了公司经营范围、公司住所中的部分内容；备案事项中增加了设置审计委员会行使监事职权的公司备案相关内容；登记规范中完善了设立登记、公司歇业、注销登记中的部分内容；监督管理中增加了企业年度报告相关内容。 （3）第三节　有限责任公司：完善了股东注册资本、出资方式、缴纳出资相关内容
第三章　合伙企业法律制度	本章内容无实质性变动
第四章　物权法律制度	本章内容无实质性变动
第五章　合同法律制度	本章内容无实质性变动，仅在预约合同、格式条款、合同效力及定金等内容处补充了司法解释

续表

章节	2025 年教材新增、调整内容
第六章 金融法律制度	(1) 票据法律制度部分，新增了关于电子商业汇票的部分解释。 (2) 证券法律制度部分，修订了非公开募集基金的相关规定、证券交易的限制性规定、境内发行人首次发行股票并上市的标准等内容。 (3) 保险法律制度部分，修订了保险合同的解除权相关内容，删除了保险公司及保险中介人的内容。 (4) 删除了信托法律制度的内容
第七章 财政法律制度	本章教材内容变化不大，主要是完善了预算和政府采购相关的规章和规范性文件

3. 各章节考情分析

第一章近 3 年平均分值 10 分以上并逐年增高，以往考试题型以客观题为主，2023 年开始综合题中有一问考查本章核心内容，2024 年中也有一问。本章复习难度不大，重在对考点的准确理解。重点掌握"法律行为""代理""经济纠纷解决途径"，以及未来可能涉及主观题的考点"仲裁协议""诉讼时效期间的适用""复议机关"等（分值见下表）。

题型	2024 年		2023 年		2022 年	
	卷 2	卷 1	卷 2	卷 1	卷 2	卷 1
单项选择题	5×1	5×1	5×1	5×1	5×1	5×1
多项选择题	1×2	1×2	2×2	2×2	2×2	3×2
判断题	2×1	3×1	2×1	1×1	2×1	3×1
简答题						
综合题	1/6×12	1/6×12	1/6×12	1/6×12		
合计	11 分	12 分	13 分	12 分	11 分	14 分

第二章在最近 3 年的考试中平均分值为 17 分，属于重点章节。各种题型均有考核，考生需重点关注《公司法》每年必考的该章主观题。本章复习难度较大，重点掌握"出资""股东权利""组织机构"及"转让限制"等，特别是涉及公司法司法解释的相关规定（分值见下表）。

题型	2024 年		2023 年		2022 年	
	卷 2	卷 1	卷 2	卷 1	卷 2	卷 1
单项选择题	3×1	3×1	4×1	4×1	3×1	4×1
多项选择题	2×2	3×2	3×2	1×2	2×2	2×2
判断题	1×1	1×1	1×1	2×1	1×1	1×1
简答题	1×6	1×6	1×6	1×6	1×6	1×6
综合题	1/6×12	1/6×12	1/6×12	1/6×12	1/6×12	1/6×12
合计	16 分	18 分	19 分	16 分	16 分	17 分

第三章在最近 3 年的考试中平均分值为 9 分。题型主要涉及客观题，其中 2023 年、2024 年综合题中各有 1 问。本章复习难度不大，需要在理解基础上加以总结与对比（分值见下表）。

题型	2024 年		2023 年		2022 年	
	卷 2	卷 1	卷 2	卷 1	卷 2	卷 1
单项选择题	1×1	4×1	4×1	4×1	5×1	5×1
多项选择题	2×2	2×2	2×2	3×2	2×2	2×2
判断题	1×1	2×1	2×1	1×1	2×1	2×1
简答题						
综合题	1/6×12	1/6×12	1/6×12	1/6×12		
合计	8 分	12 分	12 分	13 分	11 分	11 分

第四章是主观题核心命题章节，题目灵活多变，考生应加强理解。本章节无须死记硬背，题目经常结合案例题进行考查，2023 年、2024 年简答题中均有涉及，也在综合题中各出现 1 问（分值见下表）。

题型	2024 年		2023 年		2022 年	
	卷 2	卷 1	卷 2	卷 1	卷 2	卷 1
单项选择题	7×1	1×1	5×1	3×1	4×1	3×1
多项选择题	2×2	2×2	2×2	2×2	3×2	3×2
判断题	1×1	1×1	1×1	1×1		1×1
简答题	1×6	1×6	1×6	1×6		1×6
综合题	1/6×12	1/6×12	1/6×12	1/6×12	1/3×12	1/6×12
合计	20 分	14 分	17 分	16 分	14 分	18 分

第五章合同法在最近 3 年的考试中平均分值为 17 分，属于重点章节之一，且每年必然会考查主观题。合同编的内容重在理解，考生学习时重点无须死记硬背，可活学活用（分值见下表）。

题型	2024 年		2023 年		2022 年	
	卷 2	卷 1	卷 2	卷 1	卷 2	卷 1
单项选择题	7×1	5×1	3×1	5×1	4×1	4×1
多项选择题	2×2	1×2	2×2	3×2	2×2	2×2
判断题	1×1	1×1	1×1	2×1	2×1	
简答题	1×6	1×6	1×6		1×6	
综合题	1/6×12	1/6×12	1/6×12	1/6×12	1/3×12	1/3×12
合计	20 分	16 分	16 分	16 分	20 分	12 分

第六章近3年的平均分值为15分，本章内容多且杂，复习难度较大，所有考试题型基本都有涉及。其中，票据法、保险法对理解的要求高，证券法需要考生强化记忆。票据法是传统主观题考点，2023年未涉及；保险法是近年的主观题热门考点，2023年考查较多（分值见下表）。

题型	2024 年		2023 年		2022 年	
	卷 2	卷 1	卷 2	卷 1	卷 2	卷 1
单项选择题	4×1	4×1	5×1	4×1	4×1	3×1
多项选择题	3×2	4×2	3×2	1×2	2×2	1×2
判断题	2×1	1×1	2×1	1×1	1×1	1×1
简答题				1×6	1×6	1×6
综合题	1/6×12	1/6×12	1/6×12	1/6×12	1/6×12	1/3×12
合计	14 分	15 分	15 分	15 分	17 分	16 分

第七章在最近3年的考试中平均分值为10分，属于一般性章节，本章复习难度不大，考点偏向记忆性，考试题型全部为客观题（分值见下表）。

题型	2024 年		2023 年		2022 年	
	卷 2	卷 1	卷 2	卷 1	卷 2	卷 1
单项选择题	3×1	6×1	5×1	5×1	5×1	5×1
多项选择题	3×2	2×2	1×2	2×2	2×2	2×2
判断题	2×1	1×1	1×1	2×1	2×1	2×1
简答题						
综合题						
合计	11 分	13 分	8 分	11 分	11 分	11 分

4. 命题特点与趋势

（1）重者恒重。

中级经济法的考试，历年来都呈现典型的"二八原则"，考试大纲里2/3以上的考点要求掌握、熟悉，对应重要的章节、知识点会反复考核，常规性考题和核心考点的占比在80%以上。考虑到近年来设置3个考试批次的安排，命题老师需要相应命制更多套试卷，一定程度上加大了对往年真题的借鉴。这就要求考生，在备考过程中加强对历年真题的重视，以往考查的知识点、命题方式、考核角度、陷阱设置等需多加揣摩。对于按照最新教材修订过的历年真题，建议考生认认真真做题至少3遍，掌握多次考查的知识点，做到能够熟练背诵相关主观题法条。

（2）常考变化。

每年考试大纲和官方教材中新增、调整的知识点都是当年考试中重点关注的内容。这就要求考生在复习时，对于2025年新增和调整的内容重点关注。

（3）命题灵活。

从命题规律上来说，客观题题型的考核面宽，各章节皆有考题。记忆性考题与理解应用型考题各占一半，大多数的考题仅对单一知识点进行考查。值得注意的是，客观题中小案例题目的比重逐渐增加，1个题目涉及多个知识点，甚至4个选项分别涉及不同知识点的试题近年来也被广泛地采用。主观题近年来命题规律也有一些细微变化，出现了跨章节的主观题，考题常为多个章节的全面综合。命题已经"卷"起来了，考生因此更需要从根本上理解知识点，提升对跨章节知识点的综合运用能力。

（4）全面覆盖。

自2019年起，中级会计资格每年进行3个批次的考试。体现在考试中，客观题命题的范围覆盖到了所有章节，甚至出现了考生觉得很"偏"很"怪"的知识点，在考场上遇到这种题目是很容易影响考试心态的。考试批次增加、考查覆盖面变广，中级经济法正在向全面考查演进，这是今后考生需要面对的新的现实。这就意味着，以往"不重要"章节的概念被模糊化了，"战略性放弃"的机会成本也增大了。因此，建议考生做好备考计划，合理安排时间，不要临阵磨枪搞突击应试。除夯实重难点外，也要尽可能兼顾基础阶段复习的广度。

5. 备考建议

（1）制订科学备考计划。

报名参加中级资格考试的人员，或要求学历或要求具备会计工作年限，考生已然是身经百战了。建议各位考生结合自身实际情况，尊重大脑记忆的客观规律，统筹安排好时间，平衡好工作、生活和考试，制订可行性高的科学备考计划。如可采用三阶段模式，基础阶段接收、理解教材整体内容；巩固阶段，强化对重点章节、知识点的熟悉、理解，大量研习历年真题；冲刺提升阶段，梳理本年度新增、新调整的知识点，背诵往年多次考查过的主观题法条。

这里要强调一下，由于考试大纲和教材内容变化较大，考生一定要甄别复习资料，使用最新版教材。

（2）切实执行计划。

考生应远离手机，充分利用碎片化时间备考。沉浸式学习，代入性理解，专注于看书、听课、做题，形成应试知识储备和沉淀。坚决、坚定、坚持执行备考计划。

三、解题技巧

1. 客观题

近年来判分标准降低，判断题不再倒扣分、多选题少选的也可以得到相应分值，考试难度在这个层面实则是降低了。但中级经济法考查的法条范围仍然非常广泛，如考试中遇到没有复习到的知识点，尽量不要惊慌，保持稳定的临场心态。基本上每套试卷中，相对"偏"的知识点在5%，这对所有人都是一样的，考生要做到不论出现何种情况都从容应对。当然，如果以通过考试为目标，考生也无须做到100%充分备考，取得60分就可以了。

客观题的应试，需要考生提前进行机考模拟训练，不要漏题、漏答。平时学习过程中多总结、对比，尤其数字类、零散型的考点，通过思维导图、表格等形式强化记忆。如对比掌握普通合伙人与有限合伙人的区别，见下表。

	项目	普通合伙人	有限合伙人
合伙人	人数要求	普通合伙企业：2个以上	有限合伙企业的2~50个合伙人中至少有1个有限合伙人
		有限合伙企业：至少有1个	仅剩有限→散；仅剩普通→转
	完全民事行为能力	√	—
	国有独资公司、国有企业、上市公司、公益事业单位、社会团体、无民事行为能力人和限制民事行为能力人	×	√

续表

项目		普通合伙人	有限合伙人
出资	劳务	√	×
事务执行	谁执行	执行合伙事务： （1）合伙人有"同等"权利；执行人"对外代表"合伙企业；不执行人有监督和撤销权。 （2）合伙人分别执行合伙事务的，执行人对其他人执行的事务有异议权。 （3）合伙企业对合伙人执行事务及代表权利的限制，"不得对抗善意第三人"	（1）不执行合伙事务。 （2）不视为执行合伙事务：参与决定入退伙、选择会计师事务所、建议诉讼和担保、查阅账簿和报表
	关联交易	约定→一致同意	约定→√
	竞业禁止	×	约定→√
损益分配	标准	协议→协商→实缴出资→平均	
	将全部利润分配给部分合伙人	×	约定→×
	由部分合伙人承担全部亏损	×	
财产权利	转让出资　对内	通知其他合伙人	
	转让出资　对外	约定→一致同意 约定→其他合伙人有优先购买权	提前30日通知其他合伙人
	份额出质	一致同意→×（可以对抗善意第三人）	约定→√

2. 主观题

简答题和综合题的考核点，比较集中在公司法律制度、合伙企业法律制度、物权法律制度、合同法律制度、票据法律制度，近两年也有涉及诉讼与非诉讼程序法、保险法律制度。尤其2023 年的考题，呈现出明显的"综合性"，实质增加了覆盖面而变相降低了题目的考核深度，考生无须过度担心。每一章节都有一些知识点是常规考查点，主观题法条核心考点较为固定，复习时建议理解、背诵相关法条，学会用"法言法语"熟练应对题目。

主观题答题三步走：

（1）作判断。中级经济法主观题为人工阅卷，评分老师通常会踩点给分。答题第一步，直接下结论，"符合法律规定""不符合法律规定"等，不要模棱两可。这一步的分值一般是 0.5 分。

（2）引法条。这一步不要求考生一字不差地默写法律条文，但要有答题"关键词""得分点"，

如考场上不能完全引述法条，可将核心意思表达清楚。答题模板——"根据规定，×××"。

（3）总结题目。该步骤不是必需的，如有时间，可结合题目对具体情况进行分析，一般可省略。但若涉及需要阐述具体法律关系的题目，则需要展开分析。

如，以下综合题中的 1 问：

"陈某聘请搬家公司到乙企业仓库强行将 M 设备装车运走是否对 M 设备享有所有权？请简要说明理由。"

【答案】

不能取得所有权。（作判断）

根据物权法律制度规定，动产物权的设立和转让，自交付时发生效力，但是法律另有规定的除外。（引法条）

本题中乙企业与陈某并未形成交付合意，陈某强行运走该设备，因此不能取得该设备所有权。（可省略，总结题目）

最后，我们用一张艾宾浩斯遗忘曲线图（见下图），提醒各位考生，应试是可理解性输入转化为60%精准输出的考验，整体规划备考时间，保持适时重复、定期回顾，方能顺利通关。有付出自有收获，祝大家都能得偿所愿！

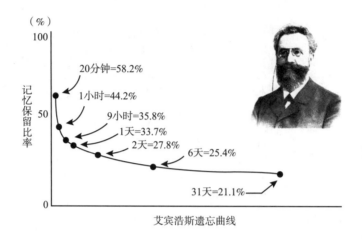

艾宾浩斯遗忘曲线

第二部分　客观题练习

第一章 总　　论

强化练习题

一、单选题

1. 下列关于法律体系的表述中，正确的是（　　）。
   A. 法律体系包括现行有效的国内法和国际法
   B. 法律体系包括历史上废止、已不再有效的法律
   C. 我国法律体系包括七个法律部门
   D. 法律、行政法规、地方性法规和部门规章构成我国法律体系不同层次的法律规范

2. 法律部门的划分有一定的标准，以下各项中属于划分的主要标准的是（　　）。
   A. 调整目的
   B. 调整方法
   C. 调整对象
   D. 调整主体

3. 下列法的形式中，是国家的根本法，规定国家的基本制度和根本任务、具有最高法律效力的是（　　）。
   A. 《中华人民共和国全国人民代表大会组织法》
   B. 《中华人民共和国立法法》
   C. 《中华人民共和国宪法》
   D. 《中华人民共和国刑法》

4. 下列法律行为中，须经双方当事人意思表示一致才能成立的是（　　）。
   A. 甲对乙无权代理的追认
   B. 甲与乙订立买卖合同
   C. 甲撤销对乙的委托代理
   D. 甲立下遗嘱，将个人所有财产遗赠给乙

5. 王某和赵某为担保借款签订了一份抵押合同。根据法律行为的分类，该抵押合同属于（　　）。
   A. 从法律行为
   B. 单方法律行为
   C. 实践法律行为
   D. 非要式法律行为

6. 根据《民法典》的规定，下列各项中，关于权利能力、行为能力的表述，正确的是（　　）。
   A. 8 周岁的未成年人是无民事行为能力人
   B. 完全不能辨认自己行为的精神病人是限制民事行为能力人
   C. 法人的权利能力、行为能力在法人成立时同时产生，到法人终止时同时消灭
   D. 以自己的劳动收入为主要生活来源的 17 周岁公民，为限制民事行为能力人

7. 王某 13 周岁生日时，爷爷送其价值 1 万元的电脑一台，奶奶送其价值 50 元的棒球帽一顶。同年某天，王某未事先征得法定代理人的同意，将其电脑与棒球帽分别赠送给同班同学。下列关于王某行为效力的表述中，正确的是（　　）。
   A. 赠送棒球帽的行为效力待定
   B. 受赠棒球帽的行为有效
   C. 赠送电脑的行为无效
   D. 受赠电脑的行为效力待定

8. 16 岁的小林参加中学生科技创意大赛，其作品"厨房定时器"获得组委会奖励。张某对此非常感兴趣，现场支付给小林 5 万元，买下该作品的制作方法。下列关于该合同效力的表述中，符合合同法律制度规定的是（　　）。
   A. 该合同可撤销，因小林是限制民事行为能

力人

B. 该合同无效，因小林是限制民事行为能力人

C. 该合同有效，因该合同对小林而言是纯获利益的

D. 该合同效力待定，因需由小林的法定代理人决定是否追认

9. 根据民事法律制度的规定，下列关于附条件民事法律行为所附条件的表述中，正确的是（　　）。

A. 既可以是将来事实，也可以是过去事实

B. 既可以是人的行为，也可以是自然现象

C. 既可以是确定发生的事实，也可以是不确定发生的事实

D. 既包括约定事实，也包括法定事实

10. 下列民事法律行为中，属于附条件民事法律行为的是（　　）。

A. 钱某承诺如果郑某照顾自己的父亲直至痊愈，则赠与郑某一部手机

B. 钱某承诺如果郑某照顾自己的父亲直至去世，则赠与郑某一部手机

C. 宋某和吴某订立赠与合同，约定合同自签订之日起 2 个月后生效

D. 陆某承诺 2025 年 10 月 1 日赠与冯某一台电脑

11. 下列法律行为中，属于无效民事行为的是（　　）。

A. 7 周岁的小明以不支付抚养费为由将已与其母亲离婚的父亲告上法庭

B. 16 周岁的小周靠打工赚来的钱与某自行车生产企业签订购买 10 辆自行车的购买合同

C. 18 周岁的小刘放弃了一项债权

D. 20 周岁的小王与某企业签订战略合作协议

12. 甲欠乙 10 万元未还，乙索债时，甲对乙称：若不免除债务，必以硫酸毁乙容貌，乙恐惧，遂表示免除其债务。根据民事法律制度的规定，下列关于该债务免除行为效力的表述中，正确的是（　　）。

A. 有效

B. 可撤销

C. 效力待定

D. 无效

13. 根据《民法典》的规定，下列各项中，不属于可撤销的民事法律行为的是（　　）。

A. 行为人与相对人以虚假的意思表示实施的民事法律行为

B. 行为人对行为内容有重大误解的

C. 一方利用对方处于困难状态、无法作出判断等情形，致使民事法律行为成立时有失公平的

D. 一方以胁迫的手段，使对方在违背真实意思的情况下实施的民事法律行为

14. 根据基本民事法律制度的规定，下列民事法律行为中，属于效力待定的是（　　）。

A. 孙某和李某订立演出合同，为了逃税，将实际金额为 10 000 万元人民币的演出报酬记为 1 000 万元

B. 周某丧失代理权后，仍以原被代理人万某的名义与吴某订立钢材买卖合同

C. 郑甲将其手机赠与其 15 周岁的孙子郑丙

D. 7 周岁的赵某从小卖部老板钱某处购买书包一个

15. 下列关于无效民事法律行为的表述中，不正确的是（　　）。

A. 当事人通谋虚假表示实施的民事法律行为无效

B. 恶意串通，损害他人合法权益的民事法律行为无效

C. 限制民事行为能力人独立实施的民事法律行为无效

D. 违反强制性规定或违背公序良俗的民事法律行为无效

16. 根据《民法典》的规定，下列各项中，属于代理的是（　　）。

A. 拍卖行受赵某的委托，拍卖其收藏的一张古画

B. 房地产经纪公司促成了侯某和赵某的房屋买卖合同

C. 侯某代赵某将一封情书转交给李某

D. 赵某委托律师代自己进行离婚诉讼

17. 根据民事法律制度的规定，下列行为中，可以由他人代理实施的是（　　）。

A. 签订房屋租赁合同

B. 签订收养子女协议

C. 订立遗嘱

D. 婚姻登记

18. 根据民事法律制度的规定，下列关于代理制度的表述中，正确的是（ ）。

A. 代理人和第三人恶意串通，损害被代理人合法权益的，代理人和第三人应当承担连带责任

B. 代理行为包括传递信息等非独立进行意思表示的行为

C. 代理行为的法律后果直接归属于代理人

D. 代理人必须以自己的名义实施法律行为

19. 根据《民法典》的规定，下列关于代理关系终止的表述中，不正确的是（ ）。

A. 代理期间届满，则委托代理终止

B. 被代理人丧失民事行为能力，则委托代理终止

C. 被代理人取得完全民事行为能力，则法定代理终止

D. 代理人死亡，则法定代理终止

20. 甲为 A 公司的业务员，负责对外签订货物买卖合同。2024 年 12 月 31 日，甲离开 A 公司，A 公司当日即通知供货商 B 公司，甲已经离职的事实。2025 年 2 月 15 日，甲持盖有 A 公司印章的空白合同，与 B 公司签订货物买卖合同。根据相关法律的规定，下列各项表述不正确的是（ ）。

A. B 公司不享有撤销权

B. B 公司可以基于表见代理，主张该合同有效

C. 在 A 公司追认前，B 公司可以催告 A 公司在 1 个月内进行追认

D. A 公司一旦拒绝追认，则该合同归于无效

21. 下列关于仲裁和民事诉讼的说法中，错误的是（ ）。

A. 仲裁和民事诉讼适用于解决平等民事主体之间发生的经济纠纷

B. 仲裁是借助社会力量解决纠纷

C. 诉讼是借助国家公权力解决纠纷

D. 当事人可以同时选择仲裁与民事诉讼这两种经济纠纷解决方式

22. 下列各项中，属于《仲裁法》适用范围的是（ ）。

A. 自然人之间因继承财产发生的纠纷

B. 农户之间因土地承包经营发生的纠纷

C. 纳税企业与税务机关因纳税发生的争议

D. 公司之间因买卖合同发生的纠纷

23. 根据仲裁法律制度的规定，下列关于仲裁机构的说法中，不正确的是（ ）。

A. 仲裁组织属于民间组织，不隶属于任何国家机关

B. 仲裁委员会不按行政区划层层设立

C. 仲裁委员会之间没有隶属关系

D. 人民法院不能对仲裁活动进行监督

24. 当事人提出证据证明裁决有依法应撤销情形的，可在收到裁决书之日起 6 个月内，向特定人民法院申请撤销裁决，该特定人民法院是（ ）。

A. 仲裁委员会所在地的基层人民法院

B. 仲裁委员会所在地的中级人民法院

C. 当事人所在地的基层人民法院

D. 当事人所在地的中级人民法院

25. 甲、乙签订的买卖合同中订有有效的仲裁条款，后因合同履行发生的纠纷，乙未声明有仲裁条款而向人民法院起诉，人民法院受理了该案，首次开庭后，甲提出应依合同中的仲裁条款解决纠纷，人民法院对该案没有管辖权。下列对该案的处理方式中，正确的是（ ）。

A. 人民法院与仲裁机构协商解决该案管辖权事宜

B. 人民法院继续审理该案

C. 人民法院中止审理，待确定仲裁条款效力后再决定是否继续审理

D. 人民法院终止审理，由仲裁机构审理该案

26. 张某与李某因合同纠纷达成仲裁协议，张某选定甲仲裁员，李某选定乙仲裁员，另由仲裁委员会主任指定 1 名首席仲裁员，3 人组成仲裁庭。仲裁庭在作出裁决时产生了 3 种不同意见。根据《仲裁法》的规定，仲裁庭应当采取的做法是（ ）。

A. 按多数仲裁员的意见作出裁决

B. 按首席仲裁员的意见作出裁决

C. 提请仲裁委员会作出裁决

D. 提请仲裁委员会主任作出裁决

27. 下列关于民事诉讼合议制度的说法中，正确的是（ ）。

A. 合议制度是指由 3 名以上审判员组成审判组织，代表人民法院行使审判权

B. 人民法院审理第一审民事案件由审判员一人独任审理

C. 人民法院审理第二审民事案件可以由审判员和陪审员组成合议庭

D. 选民资格案件或者重大、疑难案件由审判员组成合议庭

28. 下列关于地域管辖的表述中，正确的是（ ）。

A. 因合同纠纷提起的诉讼，只能由合同履行地人民法院管辖

B. 因保险合同纠纷提起的诉讼，由合同履行地人民法院管辖

C. 因票据权利纠纷提起的诉讼，由出票地人民法院管辖

D. 因侵权行为提起的诉讼，由侵权行为地或者被告住所地人民法院管辖

29. 唐某作为技术人员参与了甲公司一项新产品的研发，并与该公司签订为期 2 年的服务与保密合同。合同履行 1 年后，唐某被甲公司的竞争对手乙公司高薪挖走，负责开发类似的产品。甲公司起诉至人民法院，要求唐某承担违约责任并保守其原知晓的产品研发情况。下列关于该案是否公开审理与宣判的表述中，正确的是（ ）。

A. 只有在当事人双方共同申请不公开审理此案的情况下，法院才可以不公开审理

B. 该案不应当公开审理，但应当公开宣判

C. 法院可以根据一方当事人申请不公开审理此案，但应当公开宣判

D. 法院应当公开审理此案，并公开宣判

30. 下列关于适用简易程序审理民事案件具体方式的表述中，不符合民事诉讼法律制度规定的是（ ）。

A. 双方当事人可以就开庭方式向人民法院提出申请

B. 人民法院可以电话传唤双方当事人

C. 审理案件时由审判员独任审判

D. 已经按普通程序审理的案件在开庭后可以转为简易程序审理

31. 根据《民事诉讼法》的规定，下列关于第二审程序的表述中，不正确的是（ ）。

A. 只有第一审案件的当事人才可以提起上诉

B. 当事人应当通过原审人民法院提交上诉状

C. 当事人对重审案件的判决和裁定不可以上诉

D. 第二审人民法院的判决和裁定是终审的判决和裁定

32. 根据民事诉讼法律制度的规定，下列关于审判监督程序的表述中，不正确的是（ ）。

A. 最高人民法院对地方各级人民法院已经发生法律效力的判决，发现错误的，有权提审

B. 当事人对已经发生法律效力的判决，认为有错误的，只能向上一级人民法院申请再审

C. 当事人申请再审的，不停止判决的执行

D. 再审申请被驳回后，当事人再次提出申请的，人民法院不予受理

33. 根据民事诉讼法律制度的规定，下列关于人民法院调解书生效后的法律效力，说法不正确的是（ ）。

A. 会导致案件的诉讼法律关系消灭

B. 会导致当事人在诉讼中的实体权利义务争议消灭

C. 具有给付内容的调解书具有强制执行效力

D. 当事人对调解书不服可以在规定的期限内提出上诉

34. 李某与张某比邻而居，两人约定，为了使房屋在后排的李某可以看到前方的海景，张某的房屋高度不可以超过 10 米，为此，李某每年支付张某 5 000 元。后李某出国深造 2 年，回国后发现张某将房屋加盖为三层，高达 15 米。根据民事法律制度的规定，下列关于李某主张权利的诉讼时效起算点，正确的是（ ）。

A. 张某打算加高房子时

B. 张某房屋加高完成时

C. 李某第一次向张某主张权利时

D. 李某回国发现张某房屋加高时

35. 下列当事人的请求权中，适用诉讼时效的是（ ）。

A. 吴某对乙银行的支付存款本金及利息请求权

B. 甲公司对股东孙某的缴付出资请求权

C. 李某对周某的排除妨碍请求权

D. 赵某对钱某的支付房屋租金请求权

36. 下列关于诉讼时效期间届满后法律后果的表述中，符合法律规定的是（ ）。

A. 权利人在诉讼时效期间届满后起诉的，人民法院不予受理

B. 诉讼时效期间届满，义务人自愿履行了义务后，可以诉讼时效期间届满为由主张恢复原状

C. 诉讼时效期间届满后，当事人自愿履行义务的，不受诉讼时效限制

D. 诉讼时效期间届满后，权利人的实体权利消灭

37. 根据民事法律制度的规定，在一定期间内，债权人因不可抗力不能行使请求权的，诉讼时效中止，该期间为（ ）。

A. 诉讼时效期间的最后 6 个月

B. 诉讼时效期间的最后 9 个月

C. 诉讼时效期间届满后 6 个月

D. 诉讼时效期间届满后 9 个月

38. 根据基本民事法律制度的规定，下列关于诉讼时效特点的表述中，不正确的是（ ）。

A. 诉讼时效期间届满使得债权人丧失起诉权

B. 诉讼时效期间届满使得债务人获得了抗辩权

C. 诉讼时效具有法定性

D. 诉讼时效具有强制性

39. 赵某对 P 省 Q 市税务局给予的行政处罚不服，申请行政复议。下列主体中，可以受理该行政复议的管辖机构是（ ）。

A. P 省人民政府

B. P 省税务局

C. Q 市人民政府

D. Q 市税务局

40. 根据行政复议法律制度的规定，下列各项中，符合行政复议的受理条件的是（ ）。

A. 申请人与被申请行政复议的行政行为无利害关系

B. 申请人向行政机关提出具体的行政复议请求和理由

C. 申请人超出法定期限提出行政复议请求

D. 申请人提出的行政复议请求不属于本机关的管辖范围

41. 根据行政复议法律制度规定，出现的下列情形中，需要中止行政复议的是（ ）。

A. 申请人撤回行政复议申请，行政复议机构准予撤回

B. 作为申请人的公民死亡、没有近亲属

C. 作为申请人的法人终止，没有权利义务承受人

D. 作为申请人的公民下落不明

42. 甲公司因抗税被税务机关处以所纳税款的 3 倍罚款，甲公司认为处罚过重，为此与税务机关产生争议，其解决争议应当选择的方式是（ ）。

A. 行政诉讼

B. 民事诉讼

C. 行政复议

D. 仲裁

43. 根据行政复议法律制度的规定，纳税人申请行政复议的法定期限是（ ）。

A. 在行政机关作出具体行政行为之日起 60 日内

B. 在知道行政机关作出具体行政行为之日起 60 日内

C. 在知道行政机关作出具体行政行为之日起 3 个月内

D. 在行政机关作出具体行政行为之日起 3 个月内

44. 下列行政行为中，属于行政诉讼受理范围的是（ ）。

A. M 省人民政府对甲公司土地使用权争议作出终局行政裁决行为

B. P 县公安局依照《刑事诉讼法》对犯罪嫌疑人赵某采取刑事拘留措施

C. N 市民政局对本单位工作人员孙某作出的年度考核不称职的内部行政行为

D. Q 市卫生健康委员会对医师钱某作出的吊销执业许可证的行政处罚

45. 下列情形中，可以提起行政诉讼的是（ ）。

A. 公安局的行政拘留

B. 政府信访复核意见

C. 税务局内部职位调动

D. 烟草局的指导性文件

二、多选题

1. 下列关于法律体系的描述中，正确的有（　　）。
   A. 由一国现行的全部法律规范按照不同的法律部门分类组合而形成的有机联系的统一整体
   B. 描述静态的法律规范本身的体系构成
   C. 对全部法律现象的理论、历史、比较分析等内容的研究
   D. 法律体系整合在法制体系中

2. 下列各项中，属于经济法的有（　　）。
   A.《中华人民共和国反垄断法》
   B.《中华人民共和国可再生能源法》
   C.《中华人民共和国旅游法》
   D.《中华人民共和国票据法》

3. 根据民事法律制度的规定，下列各项中，属于单方民事法律行为的有（　　）。
   A. 赠与
   B. 解除权的行使
   C. 效力待定行为的追认
   D. 建造房屋

4. 下列各项中，属于民事法律行为的有（　　）。
   A. 甲商场与某电视生产企业签订购买一批彩电的合同
   B. 乙捡到一台电脑
   C. 丙放弃一项债权
   D. 丁完成一项发明创造

5. 下列民事法律行为中，属于附期限的民事法律行为的有（　　）。
   A. 赵某承诺如果外甥钱某考上研究生，则赠与钱某一台笔记本电脑
   B. 孙某承诺在其去世后将生前收藏的一个古董花瓶赠与李某
   C. 周某和吴某订立赠与合同，约定合同自签订之日起三个月后生效
   D. 郑某承诺 2025 年 6 月 1 日赠与王某一块手表

6. 下列人员中，属于完全民事行为能力人的有（　　）。
   A. 王某，7 周岁，小学生，已参与拍摄电视剧两部，获酬 3 000 元
   B. 李某，18 周岁，大学生，学费和生活费由父母负担
   C. 刘某，16 周岁，体操运动员，以自己的收入为主要生活来源
   D. 张某，20 周岁，待业人员，不能完全辨认自己的行为

7. 根据《民法典》的规定，下列各项中，属于有效的民事法律行为的有（　　）。
   A. 张某，19 周岁，作为大学生与技术公司签订技术研发合同
   B. 刘某，16 周岁，与各大厂家签订合同作为网红带货并以此作为主要生活来源
   C. 李某，29 周岁，在一次车祸中伤至大脑导致不能完全辨认自己行为，与 4S 店签订购车合同
   D. 王某，8 周岁，获得全市优秀少先队员，获得一台学习机

8. 根据《民法典》的规定，下列各项中，属于无效民事法律行为的有（　　）。
   A. 某鞋垫厂与 9 周岁的小明签订合同以 5 万元的价格购买其一项发明
   B. 某演员为了逃避缴纳个人所得税，与某影视公司合谋签订阴阳合同
   C. 有妇之夫甲委托未婚女乙代孕，约定事成后甲补偿乙 50 万元
   D. 甲父患癌症急需用钱，乙趁机以低价收购甲收藏的 1 幅名画，甲无奈与乙签订了买卖合同

9. 根据规定，合同虽然不违反法律、行政法规的强制性规定，但人民法院仍可依据"违背公序良俗的民事法律行为无效"的规定认定合同无效的情形有（　　）。
   A. 合同影响经济安全
   B. 合同影响公平竞争秩序
   C. 合同背离社会公德
   D. 合同有损人格尊严等违背善良风俗

10. 根据《民法典》的规定，下列各项中，属于可撤销合同的有（　　）。
    A. 一方以欺诈的手段订立合同，损害对方利益
    B. 限制民事行为能力人与他人订立的纯获利益的合同
    C. 违反法律强制性规定的合同

D. 当事人在受到对方胁迫的情况下签订的合同

11. 根据我国《民法典》的规定，下列行为中，属于可撤销民事法律行为的有（　　）。

A. 14 岁的中学生小李瞒着父母向某网红主播打赏 10 万元

B. 19 岁的大学生小王用继承取得的遗产购买了一辆豪华汽车

C. 小赵误以为周某的锆石戒指为钻石戒指而花高价购买

D. 小刘受伤血流不止，打出租车上车时，司机要求加 10 倍车费方可送其上医院，小刘因打车困难只好同意

12. 下列各项中，允许转委托代理的有（　　）。

A. 被代理人事先同意代理人转委托代理

B. 代理人在外地出差，与被代理人联系告知其一周后返回

C. 被代理人事后追认代理人转委托代理

D. 代理人电话告知被代理人，自己陪亲属在医院进行治疗

13. 根据《民法典》的规定，下列关于撤销权消灭情形的表述中，不正确的有（　　）。

A. 当事人自民事法律行为发生之日起 3 年内没有行使撤销权的，撤销权消灭

B. 当事人自知道或者应当知道撤销事由之日起 6 个月内没有行使撤销权，撤销权消灭

C. 当事人受胁迫，自胁迫行为终止之日起 1 年内没有行使撤销权的，撤销权消灭

D. 重大误解的当事人自知道或者应当知道撤销事由之日起 90 日内没有行使撤销权的，撤销权消灭

14. 下列各项中，属于表见代理成立要件的有（　　）。

A. 代理人无代理权

B. 存在代理权的外观

C. 相对人善意且无过失

D. 善意相对人未撤销其意思表示

15. 根据民事法律制度的规定，下列行为中，属于滥用代理权的有（　　）。

A. 代理人甲以被代理人乙的名义将乙的一台塔吊起重机卖给自己

B. 代理人甲以被代理人乙的名义卖出一台塔吊，该塔吊起重机由甲以丙的名义买入

C. 代理人甲将被代理人乙的一台塔吊起重机卖给丁，而丁也为甲的被代理人

D. 代理人甲在被代理人乙收回代理权后，仍以乙的名义将乙的塔吊起重机卖给戊

16. 根据民事法律制度的规定，下列表述中正确的有（　　）。

A. 意思表示是民事法律行为的核心，也是民事法律行为与非表意行为相区别的重要标志

B. 委托代理的撤销、债务的免除、无权代理的追认等属于单方法律行为

C. 通过合法的买卖、捐赠形式来达到隐匿财产、逃避债务的目的的，属于无效民事法律行为

D. 行纪和代理都是以被代理人的名义实施法律行为

17. 根据《仲裁法》的规定，仲裁员具有特定情形必须回避。下列情形中，属于该特定情形的有（　　）。

A. 接受本案当事人的请客送礼

B. 是本案当事人的近亲属

C. 与本案有利害关系

D. 私自会见本案代理人

18. 根据《仲裁法》的规定，下列情形中的仲裁协议，属于无效的有（　　）。

A. 甲、乙两公司在建设工程合同中依法约定有仲裁条款，其后，该建设工程合同被确认无效

B. 王某与李某在仲裁协议中约定，将他们之间的扶养合同纠纷交由某仲裁委员会仲裁

C. 郑某与甲企业在仲裁协议中对仲裁委员会约定不明确，且不能达成补充协议

D. 陈某在与高某发生融资租赁合同纠纷后，胁迫高某与其订立将该合同纠纷提交某仲裁委员会仲裁的协议

19. 下列关于仲裁协议效力的表述中，符合仲裁法律制度规定的有（　　）。

A. 仲裁协议具有独立性，合同的变更、解除，不影响仲裁协议的效力

B. 仲裁协议具有排除诉讼管辖权的效力

C. 当事人对协议的效力有异议的，只能请求人民法院裁定

D. 仲裁协议对仲裁事项没有约定且达不成

补充协议的，仲裁协议无效

20. 根据《仲裁法》的规定，下列情形中，属于仲裁裁决的法定撤销情形的有（　　）。

A. 对方当事人隐瞒了足以影响公正裁决的证据

B. 裁决的事项不属于仲裁协议的范围

C. 仲裁庭裁决前未先行调解的

D. 仲裁员在仲裁该案时有徇私舞弊行为

21. 甲与乙因买卖合同纠纷申请仲裁，该案被某仲裁委员会受理。受理后，由仲裁委员会主任丙以及仲裁员丁、戊共同组成仲裁庭。之后甲提出回避申请，下列关于回避申请的表述，正确的有（　　）。

A. 丁的回避由丙和戊决定

B. 丁的回避由丙决定

C. 甲一般应在首次开庭前提出回避申请

D. 丙的回避由仲裁委员会集体讨论决定

22. 下列案件中，适用《民事诉讼法》的有（　　）。

A. 因劳动合同纠纷提起诉讼的案件

B. 票据纠纷案件

C. 因环境污染引起的侵权案件

D. 因纳税人和税务机关的征税争议提起诉讼的案件

23. 根据民事法律制度的相关规定，对下列债权请求权提出诉讼时效抗辩，不能得到人民法院支持的有（　　）。

A. 甲请求某银行支付存款本金及利息共计105万元

B. 乙请求某银行兑付购买国债产生的本息共计10万元

C. 丙请求丁停止侵害

D. 戊请求A公司支付因向不特定对象发行企业债券产生的本息共计20万元

24. 根据民事诉讼法律制度的规定，下列关于民事案件管辖的表述中，正确的有（　　）。

A. 先立案的人民法院不得将案件移送给另一个有管辖权的人民法院

B. 人民法院在立案前发现其他有管辖权的人民法院已经先立案的，不得重复立案

C. 原告向两个以上有管辖权的人民法院起诉的，由最先立案的人民法院管辖

D. 人民法院立案后，发现其他有管辖权的

人民法院已经先立案的，可以裁定将案件移送给上级人民法院

25. 当事人对第二审人民法院作出的民事判决不服，拟选择的下列做法中，符合法律规定的有（　　）。

A. 执行判决，同时向原审人民法院申请再审

B. 执行判决，同时向上一级人民法院申请再审

C. 不执行判决，并向上一级人民法院申请上诉

D. 不执行判决，并向最高人民法院提起申诉

26. 下列关于民事诉讼的调解的说法中，正确的有（　　）。

A. 适用特别程序、督促程序、公示催告程序的案件，婚姻等身份关系确认案件以及其他根据案件性质不能调解的案件，不得调解

B. 调解书一经送达即生效

C. 一审调解书生效后，不服的可以上诉

D. 具有给付内容的调解书具有强制执行效力

27. 根据民事诉讼法律制度的规定，下列关于执行程序的表述中，不正确的有（　　）。

A. 法律文书规定分期履行债务的，应从最后一期履行期限届满之日计算执行程序的期间

B. 申请执行人超过申请执行时效期间向人民法院申请强制执行的，人民法院不予受理

C. 申请强制执行的期间为3年

D. 被执行人履行全部或者部分义务后，又以不知道申请执行时效期间届满为由请求执行回转的，人民法院不予支持

28. 根据民事法律制度的规定，下列有关诉讼时效起算时间的说法中，正确的有（　　）。

A. 附条件之债的诉讼时效，自条件成就之日起算

B. 约定履行期限的债的请求权，从履行期限届满之日起算

C. 附期限之债的诉讼时效，自该期限届至之日起计算

D. 人身损害赔偿的诉讼时效期间，从受伤害之日起算

29. 根据民事法律制度的相关规定，下列各项中，能够引起诉讼时效中断的有（　　）。

A. 甲乙发生债权争议，甲基于其与乙之前签订的有效仲裁协议而申请仲裁

B. 丙企业资不抵债，债权人向人民法院申请丙企业破产

C. 丁不履行生效判决，权利人戊申请人民法院强制执行

D. 庚诉辛侵权一案中，共同侵权人已被通知参加诉讼

30. 下列情形中，能够导致诉讼时效中止的情形有（　　）。

A. 债权人甲被债务人乙控制

B. 债权人所在地因发生地震，而被困在当地无法与外界联系

C. 限制民事行为能力人的法定代理人在事故中遇难，尚未确定新的法定代理人

D. 甲死亡后，继承开始但没有确定继承人

31. 根据《行政复议法》的规定，当事人认为行政机关的行政行为所依据的规定不合法，在对行政行为申请行政复议时，可以一并向行政复议机关提出对该规定的审查申请，其中包括（　　）。

A. 国务院部门的规范性文件

B. 县级人民政府的规范性文件

C. 县级人民政府财政部门的规范性文件

D. 规章

32. 下列情形中，行政复议机构应当提请行政复议委员会提出咨询意见的有（　　）。

A. 案情重大、疑难、复杂

B. 专业性、技术性较强

C. 省、自治区、直辖市人民政府对本机关作出的行政行为不服的行政复议案件

D. 行政复议机构认为有必要

33. 甲省 A 市环保局对 X 企业处以责令停产停业的行政处罚，X 企业不服而申请行政复议，根据《行政复议法》的规定，行政复议机关有（　　）。

A. 甲省人民政府

B. A 市人民政府

C. A 市环保局

D. 甲省环保局

34. 下列情形中，当事人不服可以提起行政诉讼的有（　　）。

A. 甲因乱贴小广告被相关行政部门罚款

B. 乙不满公安局指导其安装反诈 App

C. 丙因非法运输鞭炮被扣车

D. 公务员丁因工作失误被扣奖金

35. 下列纠纷中，不属于人民法院行政诉讼受理范围的有（　　）。

A. 行政机关对某企业进行通报批评

B. 某乡政府建议本乡农民使用某种化肥的行为

C. 财政部门给予某员工撤职的决定

D. 某劳动局扣发工人补助金的行为

36. 根据行政诉讼法律制度的规定，公民、法人或者其他组织对下列事项提起的诉讼中，属于人民法院行政诉讼受案范围的有（　　）。

A. 赵某认为某行政机关违法限制其人身自由

B. 钱某认为其所在行政机关对其作出不适当任免决定

C. 孙某认为某行政机关没有依法发给其抚恤金

D. 李某认为某行政法规规定不合理

37. 根据《行政诉讼法》的规定，下列第一审行政案件由中级人民法院管辖的有（　　）。

A. 对国务院各部门所作的具体行政行为提起诉讼的案件

B. 海关处理的案件

C. 确认发明专利权案件

D. 本辖区内重大、复杂的案件

38. 根据《行政诉讼法》的规定，下列各项中，不应当提起行政诉讼的有（　　）。

A. 某直辖市部分市民认为市政府新颁布的《道路交通管理办法》侵犯了他们的合法权益

B. 某税务局工作人员吴某认为税务局对其作出记过处分违法

C. 李某认为某公安局对其罚款的处罚决定违法

D. 某商场认为某教育局应当偿还所欠的购货款

39. 根据行政诉讼法律制度的规定，下列关于行政诉讼地域管辖的表述中，正确的有（　　）。

A. 经过行政复议的行政诉讼案件，可由行政复议机关所在地人民法院管辖

B. 因不动产提起的行政诉讼案件，由作出行政行为的行政机关所在地人民法院管辖

C. 对限制人身自由的行政强制措施不服提起的行政诉讼案件，应当由被告所在地人民法院管辖

D. 对责令停产停业的行政处罚不服直接提起行政诉讼的案件，由作出该行政行为的行政机关所在地人民法院管辖

40. 根据行政诉讼法律制度的规定，下列对经过行政复议的行政诉讼案件中，被告的确定正确的有（   ）。

A. 复议机关决定维持原行政行为的，作出原行政行为的行政机关和复议机关是共同被告

B. 对于复议维持遗漏被告的，人民法院应当通知复议机关以第三人的身份参加诉讼

C. 复议机关在法定期限内未作出复议决定的，公民、法人或者其他组织起诉原行政行为的，复议机关是被告

D. 复议机关改变原行政行为的，复议机关是被告

三、判断题

1. 法律行为所附期限，必须是明确的期限，不能是不确定的期限。（   ）

2. 无民事行为能力人，即不满 8 周岁的未成年人和不能完全辨认自己行为的成年人，实施的法律行为无效。（   ）

3. 对于因重大误解订立的合同，重大误解的当事人可以自知道或者应当知道撤销事由之日起 90 日内行使撤销权。（   ）

4. 行为人超越代理权实施代理行为，相对人有理由相信行为人有代理权的，代理行为有效。（   ）

5. 收养子女的法律行为，不得通过代理实施。（   ）

6. 代理人滥用代理权的形态主要包括自己代理、双方代理、无权代理等。（   ）

7. 仲裁裁决被人民法院依法裁定撤销或者不予执行的，当事人可以重新达成仲裁协议申请仲裁，但不能向人民法院起诉。（   ）

8. 仲裁当事人自行和解达成和解协议后，可以请求仲裁庭根据和解协议作出仲裁裁决书。（   ）

9. 对发生法律效力的判决、裁定、民事调解书和其他应由人民法院执行的法律文书，当事人必须履行。一方拒绝履行的，对方当事人可以向人民法院申请执行。申请执行的期间为 3 年，从法律文书规定履行期间的最后一日起计算；法律文书规定分期履行的，从最后一期履行期限届满之前一日起计算；法律文书未规定履行期间的，从法律文书生效之日起计算。（   ）

10. 适用特别程序、督促程序、公示催告程序和简易程序中的小额诉讼程序审理的案件，实行两审终审制度。（   ）

11. 因合同纠纷提起的诉讼，由被告住所地或者合同履行地人民法院管辖。合同对履行地点没有约定或者约定不明确，争议标的为给付货币的，给付货币一方所在地为合同履行地。（   ）

12. 地方各级人民检察院对同级人民法院已经发生法律效力的判决，发现有法定再审事由，可以向同级人民法院提出抗诉。（   ）

13. 当事人对已经发生法律效力的判决，认为有错误的，只要向原审人民法院申请再审，该判决就应停止执行。（   ）

14. 起诉时被告下落不明的民事诉讼案件，可以适用简易程序。（   ）

15. 人民法院审理行政赔偿案件，不得调解。（   ）

16. 经行政复议的行政诉讼案件，均由行政复议机关所在地人民法院管辖。（   ）

17. 行政复议期间被申请人认为具体行政行为需要停止执行的，具体行政行为可以停止执行。（   ）

18. 行政赔偿、补偿以及行政机关行使法律、法规规定的自由裁量权的行政诉讼案件可以调解。（   ）

19. 甲公司对省人民政府国土资源部门依据省政府征收土地的决定征收其土地使用权的行为不服，应当先申请行政复议，对复议决定不服可以再向人民法院提起行政诉讼。（   ）

20. A 县的赵某去 B 县旅游，因抱怨当地的饭菜太难吃，被 B 县公安机关处以行政拘留 15 天的行政处罚，赵某不服，可以向 B 县人民法院提起行政诉讼。　　　（　　）

快速查答案

一、单选题

序号	1	2	3	4	5	6	7	8	9	10	11	12
答案	C	C	C	B	A	C	B	D	B	A	A	B
序号	13	14	15	16	17	18	19	20	21	22	23	24
答案	A	B	C	D	A	A	B	B	D	D	D	B
序号	25	26	27	28	29	30	31	32	33	34	35	36
答案	B	B	D	D	C	D	C	B	D	D	D	C
序号	37	38	39	40	41	42	43	44	45			
答案	A	A	B	B	D	C	B	D	A			

二、多选题

序号	1	2	3	4	5	6	7	8	9	10	11	12
答案	ABD	ABC	BC	AC	BCD	BC	ABD	BC	ABCD	AD	CD	AC
序号	13	14	15	16	17	18	19	20	21	22	23	24
答案	AB	ABC	ABC	ABC	ABCD	BCD	ABD	ABD	BCD	ABC	ABCD	ABC
序号	25	26	27	28	29	30	31	32	33	34	35	36
答案	AB	AD	BC	ABC	ABCD	ABCD	ABC	ABCD	BD	AC	BC	AC
序号	37	38	39	40								
答案	ABD	ABD	AD	AD								

三、判断题

序号	1	2	3	4	5	6	7	8	9	10	11	12
答案	×	×	√	√	√	×	×	√	×	×	×	×

续表

序号	13	14	15	16	17	18	19	20			
答案	×	×	×	×	√	√	×	√			

参考答案及解析

一、单选题

1. 【答案】C 【解析】选项 A、B，法律体系不包括国际法和历史上废止、已不再有效的法律；选项 D，法律，行政法规，地方性法规、自治条例和单行条例构成我国法律体系三个层次的法律规范。

2. 【答案】C 【解析】法律部门划分的标准分为：（1）主要标准：调整对象，即法律所调整的社会关系；（2）次要标准：调整方法，即实施法律制裁的方法和确定法律关系主体不同地位、权利义务的方法，包括确定权利义务的方式、方法，权利义务的确定性程度和权利主体的自主性程度、保障权利的手段和途径等。

3. 【答案】C 【解析】宪法规定国家的基本制度和根本任务，属于国家的根本法，具有最高的法律效力。

4. 【答案】B 【解析】单方法律行为是根据一方当事人的意思表示而成立的法律行为，例如委托代理的撤销、无权代理的追认、遗嘱的订立等。多方法律行为是两个或者两个以上的当事人意思表示一致而成立的法律行为，例如订立合同的行为。选项 B 是买卖合同，需要双方当事人意思表示一致才能成立。

5. 【答案】A 【解析】按照法律行为之间的依存关系，可以将法律行为分为主法律行为和从法律行为。主法律行为是指不需要有其他法律行为的存在就可以独立成立的法律行为。从法律行为是指从属于其他法律行为而存在的法律行为。本题中，借款合同是主合同，抵押合同是从合同。

6. 【答案】C 【解析】选项 A，8 周岁以上的未成年人是限制民事行为能力人；选项 B，不能完全辨认自己行为的精神病人是限制民事行为能力人，完全不能辨认自己行为的精神病人是无民事行为能力人；选项 D，16 周岁以上不满 18 周岁的公民，以自己的劳动收入为主要生活来源的，视为完全民事行为能力人。

7. 【答案】B 【解析】限制民事行为能力人实施的纯获利益的民事法律行为或者与其年龄、智力、精神健康状况相适应的民事法律行为有效；实施的其他民事法律行为经法定代理人同意或者追认后有效。本题中，王某的受赠行为均有效，而赠送给同学 1 万元电脑的行为，因与其年龄不相适应，因此效力待定。赠送给同学价值 50 元棒球帽的行为，因与其年龄相适应，因此行为有效。

8. 【答案】D 【解析】限制民事行为能力人超出自己的行为能力范围与他人订立的合同，为效力待定合同。在本题中，由于买卖作品的制作方法并不是纯获利益的合同，所以合同效力待定。

9. 【答案】B 【解析】所附条件，可以是自然现象、事件，也可以是人的行为。但必须具备以下要件：一是将来发生的事实，已发生的事实不能作为条件；二是不确定的事实，即作为条件的事实是否会发生，当事人不能肯定；三是当事人任意选择的事实，而非法定的事实；四是合法的事实，不得以违法或违背道德的事实作为所附条件；五是所附条件限制的是法律行为效力的发生或消灭，而不涉及法律行为的内容，即不与行为的内容相矛盾。因此，选项 B 正确。

10. 【答案】A 【解析】（1）选项 A，病情不一定会痊愈，属于附条件。（2）选项 B、C、D，"去世""签订之日起 2 个月后""2025

年 10 月 1 日"均属于一定会届至的期限。

11.【答案】A 【解析】本题考查的是无效民事行为种类和民事行为能力的混合考点。无民事行为能力人独立实施的行为是无效民事行为，这涉及对民事行为能力的界定。根据《民法典》的规定，无行为能力人，即不满 8 周岁的未成年人和不能辨认自己行为的成年人，实施的法律行为无效；限制民事行为能力人，即 8 周岁以上的未成年人和不能完全辨认自己行为的成年人，只能独立实施纯获利益的法律行为以及与其年龄、智力或精神健康状况相适应的法律行为，其他法律行为应由其法定代理人代理，或征得其法定代理人同意而实施；完全民事行为能力人，即 18 周岁以上的成年人和 16 周岁以上不满 18 周岁但以自己的劳动收入为主要生活来源的未成年人，可以独立地实施法律行为。选项 A，7 周岁的小明是无民事行为能力的人，小明实施的法律行为是无效的。选项 B，16 周岁的小周是以自己的劳动收入为主要生活来源的未成年人，是完全民事行为能力人，他签订的自行车购买合同是有效的民事行为。选项 C、D，18 周岁的小刘和 20 周岁的小王都是成年人，是完全民事行为能力人，他们的行为是有效民事行为。

12.【答案】B 【解析】因重大误解、欺诈、胁迫或显失公平而订立的合同，不属于无效合同，而应当属于可撤销合同；本题中乙受到甲以硫酸毁容的胁迫，并违背真实意思作出免除债务的行为属于可撤销法律行为。

13.【答案】A 【解析】选项 B、C、D 属于可撤销的民事法律行为；选项 A 属于无效的民事法律行为。

14.【答案】B 【解析】选项 A，行为人与相对人以虚假的意思表示实施的民事法律行为无效；选项 B，属于狭义的无权代理，该行为效力待定；选项 C，属于限制民事行为能力人独立实施的纯获利益的民事法律行为，该行为有效；选项 D，属于无民事行为能力人独立实施的民事法律行为，该行为无效。

15.【答案】C 【解析】根据《民法典》的规定，下列法律行为无效：（1）无民事行为能力人独立实施的。（2）当事人通谋虚假表示实施的（选项 A）。（3）恶意串通，损害他人合法权益的（选项 B）。（4）违反强制性规定或违背公序良俗的（选项 D）。选项 A、B、D 均属无效民事法律行为。因此，选项 C 正确。

16.【答案】D 【解析】选项 A，属于行纪行为；选项 B，属于中介行为；选项 C，属于委托行为。

17.【答案】A 【解析】依照法律规定、当事人约定或者民事法律行为的性质，应当由本人实施的民事法律行为，不得代理，如订立遗嘱、婚姻登记、收养子女等。

18.【答案】A 【解析】选项 B，代理人在代理权限内独立地向第三人进行意思表示。非独立进行意思表示的行为，不属于代理行为，例如传递信息、中介行为等。选项 C，代理行为的法律后果直接归属于被代理人。选项 D，代理人必须以被代理人的名义实施法律行为。

19.【答案】B 【解析】选项 B，委托代理中是由代理人独立的对第三人进行意思表示，被代理人是否丧失民事行为能力，对代理关系没有影响。

20.【答案】B 【解析】选项 B，表见代理的构成要件之一为善意无过失相对人，B 公司已经知道甲无代理权，所以不构成表见代理。选项 A、C、D 表述正确。

21.【答案】D 【解析】本题考核仲裁和民事诉讼这两种并列的经济纠纷解决方式。仲裁和民事诉讼适用于解决横向关系经济纠纷，即平等的民事主体之间发生的经济纠纷。仲裁是借助社会力量解决纠纷，诉讼是借助国家公权力解决纠纷。仲裁与民事诉讼是并列的经济纠纷解决方式，当事人只能择其一，即或者通过签订仲裁协议的方式通过仲裁解决纠纷，或者通过诉讼解决纠纷。

22.【答案】D 【解析】本题考核仲裁的适用范围。根据《仲裁法》的规定，平等主体的公民、法人和其他组织之间发生的合同纠纷和其他财产纠纷，可以仲裁，选项 D 正确；与人身有关的婚姻、收养、监护、扶养、继承纠纷是不能进行仲裁的，选项 A 不正确；另外，由于劳动争议和农业集体经济组织内部的农业承包合同纠纷不同于一般的经济纠纷，它们在解决纠纷的原则、程序等方面有自己的特点，应适用专门的规定，因此《仲裁法》不适用于解决这两类纠纷，选项 B 不正确；仲裁事项必须是平等主体之间发生的且当事人有权处分的财产权益纠纷。由强制性法律规范调整的法律关系的争议不能进行仲裁。因此，行政争议不能仲裁，选项 C 不正确。

23. 【答案】D 【解析】选项 D，虽然仲裁组织与司法机关没有隶属关系，但人民法院可依法对仲裁活动进行监督。

24. 【答案】B 【解析】当事人提出证据证明裁决有依法应撤销情形的，可在收到裁决书之日起 6 个月内，向仲裁委员会所在地的中级人民法院申请撤销裁决。

25. 【答案】B 【解析】当事人达成仲裁协议，一方向人民法院起诉未声明有仲裁协议，人民法院受理后，另一方应当在"首次开庭前"提交仲裁协议。在本题中，在首次开庭后才提出异议，因此视为放弃仲裁协议，人民法院应当继续审理。

26. 【答案】B 【解析】本题考核点是仲裁的裁决。裁决应按多数仲裁员的意见作出，少数仲裁员的不同意见可以记入笔录。本题中，3 名仲裁员产生 3 种不同意见，按首席仲裁员的意见作出裁决。

27. 【答案】D 【解析】选项 A，合议制度是指由 3 名以上"审判人员"组成审判组织，而非仅由审判员组成；选项 B，适用简易程序、特别程序（选民资格案件及重大、疑难的案件除外）、督促程序、公示催告程序公示催告阶段审理的民事案件，由审判员一人独任审理；选项 C，人民法院审理第二审民事案件由审判员组成合议庭。

28. 【答案】D 【解析】选项 A，因合同纠纷提起的诉讼，由被告住所地或者合同履行地人民法院管辖。选项 B，因保险合同纠纷提起的诉讼，由被告住所地或者保险标的物所在地人民法院管辖。因财产保险合同纠纷提起的诉讼，如果保险标的物是运输工具或者运输中的货物，可以由运输工具登记注册地、运输目的地、保险事故发生地人民法院管

辖。因人身保险合同纠纷提起的诉讼，可以由被保险人住所地人民法院管辖。选项 C，因票据权利纠纷提起的诉讼，由票据支付地或者被告住所地人民法院管辖。因非票据权利纠纷提起的诉讼，由被告住所地人民法院管辖。

29. 【答案】C 【解析】涉及商业秘密的案件，当事人申请不公开审理的，可以不公开审理。公开审理与不公开审理的案件，一律公开宣判。

30. 【答案】D 【解析】选项 D，已经按照普通程序审理的案件，在开庭后不得转为简易程序审理。

31. 【答案】C 【解析】选项 C，当事人对重审案件的判决、裁定可以上诉。

32. 【答案】B 【解析】选项 B，当事人对已经发生法律效力的判决、裁定，认为有错误的，可以向上一级人民法院申请再审；当事人一方人数众多或者当事人双方为公民的案件，也可以向原审人民法院申请再审。

33. 【答案】D 【解析】选项 D，对调解书不得上诉。

34. 【答案】D 【解析】不作为义务之债的诉讼时效，自债权人得知或者应当知道债务人作为之时开始计算。在这类民事关系中，不实施相应行为是债务人的义务，则违约或侵权事实自债务人实施相应行为之时构成。债权人一旦知道或者应当知道债务人违反不作为义务时即能行使请求权。因此，选项 D 正确。

35. 【答案】D 【解析】（1）选项 A，支付存款本金及利息请求权，不适用诉讼时效；（2）选项 B，基于投资关系产生的缴付出资请求权，不适用诉讼时效；（3）选项 C，属于"排除妨碍"，不适用诉讼时效。

36. 【答案】C 【解析】本题考核诉讼时效制度。选项 A，诉讼时效期间的经过，不影响债权人提起诉讼，即不丧失起诉权，人民法院应当受理。选项 B、C、D，诉讼时效期间届满并不消灭实体权利，债权人的债权并不消灭，诉讼时效期间届满后，当事人自愿履行义务的，不受诉讼时效的限制；义务人履行了义务后，又以诉讼时效期间届满为由抗

辩的,人民法院不予支持。选项 C 正确。

37. 【答案】A 【解析】只有在诉讼时效期间的最后 6 个月内发生中止事由,才能中止诉讼时效的进行。

38. 【答案】A 【解析】诉讼时效期间的经过,不影响债权人提起诉讼,即不丧失起诉权,选项 A 不正确。选项 B、C、D 正确。

39. 【答案】B 【解析】对海关、金融、外汇管理等实行垂直领导的行政机关、税务和国家安全机关的行政行为不服的,向上一级主管部门申请行政复议。

40. 【答案】B 【解析】行政复议的受理条件包括:(1)有明确的申请人和符合《行政复议法》规定的被申请人;(2)申请人与被申请行政复议的行政行为有利害关系;(3)有具体的行政复议请求和理由;(4)在法定申请期限内提出;(5)属于《行政复议法》规定的行政复议范围;(6)属于本机关的管辖范围;(7)行政复议机关未受理过该申请人就同一行政行为提出的行政复议申请,并且人民法院未受理过该申请人就同一行政行为提起的行政诉讼。选项 A、C、D 均错误。

41. 【答案】D 【解析】行政复议中止的条件为:(1)作为申请人的公民死亡,其近亲属尚未确定是否参加行政复议。(2)作为申请人的公民丧失参加行政复议的行为能力,尚未确定法定代理人参加行政复议。(3)作为申请人的公民下落不明(选项 D)。(4)作为申请人的法人或者其他组织终止,尚未确定权利义务承受人。(5)申请人、被申请人因不可抗力或者其他正当理由,不能参加行政复议。(6)依照《行政复议法》规定进行调解、和解,申请人和被申请人同意中止。(7)行政复议案件涉及的法律适用问题需要有权机关作出解释或者确认。(8)行政复议案件审理需要以其他案件的审理结果为依据,而其他案件尚未审结。(9)有《行政复议法》依申请或者依职权对规范性文件附带审查的情形。选项 A、B、C,属于行政复议终止的情形。

42. 【答案】C 【解析】甲公司与税务机关处罚的争议属于行政争议,处罚方面争议可以选

择诉讼,也可以选择复议,但本案争议焦点是处罚的适当性,处罚的适当性问题不在人民法院诉讼审查的范围,故甲公司应当选择行政复议解决该罚款争议。

43. 【答案】B 【解析】公民、法人或者其他组织认为具体行政行为侵犯其合法权益的,可以自知道该具体行政行为之日起 60 日内提出行政复议申请,但是法律规定的申请期限超过 60 日的除外。

44. 【答案】D 【解析】(1)选项 A,法律规定由行政机关最终裁决的行政行为,不属于行政诉讼的受案范围。(2)选项 B,公安、国家安全等机关依照《刑事诉讼法》的明确授权实施的行为不属于行政诉讼的受案范围。(3)选项 C,行政机关对行政机关工作人员的奖惩任免等决定不属于行政诉讼的受案范围。

45. 【答案】A 【解析】(1)选项 B,行政机关针对信访事项作出的登记、受理、交办、转送、复查、复核意见等行为,不属于行政诉讼受案范围;(2)选项 C,属于内部行政行为,不属于行政诉讼受案范围;(3)选项 D,属于行政指导行为,不属于行政诉讼受案范围。

二、多选题

1. 【答案】ABD 【解析】本题考核法律体系的概念。选项 A 是法律体系的概念。选项 B 是法律体系侧重描述的内容。选项 C 是对法学体系的描述。选项 D 是法律体系与法制体系的关系。

2. 【答案】ABC 【解析】选项 A 属于经济法中的市场管理法。选项 B 属于经济法中的自然资源和能源法。选项 C 属于经济法中的行业管理和产业促进法。选项 D 属于商法范畴。

3. 【答案】BC 【解析】单方法律行为,是指依一方当事人的意思表示而成立的法律行为,例如委托代理的撤销、无权代理的追认等。选项 A,属于双方民事法律行为。选项 D,并非民事法律行为。

4. 【答案】AC 【解析】民事法律行为,是指公民或法人以设立、变更、终止民事权利和民事义务为目的,以意思表示为要素,依法产

生民事法律效力的合法行为。选项 B、D 是事实行为，不是法律行为。

5. 【答案】BCD 【解析】选项 A，"考上研究生"不一定会成就，属于附条件的法律行为。选项 B、C、D，属于附期限的法律行为。附条件的民事法律行为，条件不一定会成就。附期限的民事法律行为，期限一定会到来。

6. 【答案】BC 【解析】选项 A，不满 8 周岁的未成年人为无民事行为能力人；选项 B，18 周岁以上的成年人为完全民事行为能力人；选项 C，16 周岁以上的未成年人，以自己的劳动收入为主要生活来源的，视为完全民事行为能力人；选项 D，不能完全辨认自己行为的成年人为限制民事行为能力人。

7. 【答案】ABD 【解析】选项 A，18 周岁以上的成年人为完全民事行为能力人，因此其实施的民事法律行为有效；选项 B，16 周岁以上的未成年人，以自己的劳动收入为主要生活来源的，视为完全民事行为能力人，因此其实施的民事法律行为有效；选项 C，不能完全辨认自己行为的成年人为限制民事行为能力人，其独立实施的民事法律行为属于效力待定行为；选项 D，8 周岁以上的未成年人独立实施的民事法律行为除纯获益、与其年龄智力或精神状况相适应有效，其他为效力待定行为。

8. 【答案】BC 【解析】选项 A，限制民事行为能力人独立实施的与其年龄、智力、精神状况不相适应的民事法律行为，属于效力待定的民事法律行为；选项 B，行为人与相对人以虚假的意思表示实施的民事法律行为无效；选项 C，违背公序良俗的民事法律行为无效；选项 D，乘人之危、显失公平的民事法律行为可撤销。

9. 【答案】ABCD 【解析】合同虽然不违反法律、行政法规的强制性规定，但是有下列情形之一，人民法院应当依据"违背公序良俗的民事法律行为无效"的规定认定合同无效：（1）合同影响政治安全、经济安全、军事安全等国家安全的；（2）合同影响社会稳定、公平竞争秩序或者损害社会公共利益等违背社会公共秩序的；（3）合同背离社会公德、家庭伦理或者有损人格尊严等违背善良风俗的。

10. 【答案】AD 【解析】本题考查可撤销法律行为的种类。选项 A、D 属于可撤销的合同；选项 B 属于有效合同；选项 C 属于无效合同。可撤销的法律行为种类一共有四种：（1）行为人对行为内容有重大误解的；（2）受欺诈的；（3）受胁迫的；（4）显失公平的。选项 A 属于第二种情况，选项 D 属于第三种情况，均为可撤销的法律行为。

11. 【答案】CD 【解析】选项 A，属于效力待定的行为，由于甲是限制民事行为能力人，其打赏的行为与其年龄、智力不相适应。选项 B，乙为完全民事行为能力人，其实施的民事法律行为有效。选项 C，属于重大误解的行为。选项 D，属于显失公平的行为。选项 C、D 均属于可撤销的法律行为。

12. 【答案】AC 【解析】只有在下列两种情况下才允许转委托代理：（1）被代理人允许，包括事先同意和事后追认；（2）出现紧急情况，如急病、通信联络中断、疫情防控等特殊原因，委托代理人自己不能办理代理事项，又不能与被代理人及时取得联系，如不及时转委托第三人代理，会给被代理人造成损失或扩大损失。

13. 【答案】AB 【解析】选项 A，当事人自民事法律行为发生之日起五年内没有行使撤销权的，撤销权消灭。选项 B，当事人自知道或者应当知道撤销事由之日起一年内没有行使撤销权，撤销权消灭。

14. 【答案】ABC 【解析】选项 D 是善意取得的成立要件。表见代理，即行为人没有代理权、超越代理权或者代理权终止后，仍然实施代理行为，相对人有理由相信行为人有代理权的，代理行为有效。表见代理规则在于维护人们对代理外观的依赖，保护善意无过失的相对人，从而保障交易秩序和安全。可见，选项 A、B、C 为表见代理成立的要件。选项 D，表见代理是否成立，不取决于善意相对人是否撤销其意思表示。

15. 【答案】ABC 【解析】《民法典》规定："代理人不得以被代理人的名义与自己实施民事法律行为，但是被代理人同意或者追认的除外。代理人不得以被代理人的名义与自己同时代理的其他人实施民事法律行为，但是被代理的双方同意或者追认的除外。"因此，选项 A、B、C 正确。选项 D 属于无权代理，不属于滥用代理权。

16. 【答案】ABC 【解析】选项 D，行纪是以行纪人自己的名义实施法律行为；代理是以被代理人的名义实施法律行为。

17. 【答案】ABCD 【解析】仲裁员有下列情况之一的，必须回避，当事人也有权提出回避申请：（1）是本案当事人，或者当事人、代理人的近亲属（选项 B）；（2）与本案有利害关系（选项 C）；（3）与本案当事人、代理人有其他关系，可能影响公正仲裁的；（4）私自会见当事人、代理人，或者接受当事人、代理人的请客送礼的（选项 A、D）。

18. 【答案】BCD 【解析】本题考核仲裁协议无效的情形。根据规定，仲裁协议具有独立性，合同的变更、解除、终止或无效，不影响仲裁协议的效力，因此选项 A 的仲裁协议是有效的。婚姻、收养、监护、扶养、继承纠纷是不能进行仲裁的，因此，选项 B 中的扶养合同纠纷提交仲裁的协议是无效的；仲裁协议对仲裁委员会没有约定或者约定不明确的，当事人可以补充协议；达不成补充协议的，仲裁协议无效，因此选项 C 中的仲裁协议是无效的。一方采取胁迫手段，迫使对方订立仲裁协议的，仲裁协议无效，因此选项 D 中的仲裁协议是无效的。

19. 【答案】ABD 【解析】选项 C，当事人对仲裁协议的效力有异议的，应当在仲裁庭首次开庭前请求仲裁委员会作出决定或者请求人民法院作出裁定。一方请求仲裁委员会作出决定，另一方请求人民法院作出裁定的，由人民法院裁定。

20. 【答案】ABD 【解析】选项 C，仲裁庭在作出裁决前，可以先行调解；当事人自愿调解的，仲裁庭应当调解。

21. 【答案】BCD 【解析】仲裁员是否回避，由仲裁委员会主任决定，选项 A 错误，选项 B 正确；当事人提出回避申请应当说明理由，并在首次开庭前提出，选项 C 正确；仲裁委员会主任担任仲裁员时，由仲裁委员会集体决定，选项 D 正确。

22. 【答案】ABC 【解析】选项 D，适用《行政诉讼法》的规定。

23. 【答案】ABCD 【解析】对下列债权请求权提出诉讼时效抗辩的，人民法院不予支持：（1）支付存款本金及利息请求权（选项 A）；（2）兑付国债、金融债券以及向不特定对象发行的企业债券本息请求权（选项 B、D）；（3）基于投资关系产生的缴付出资请求权；（4）请求停止侵害、排除妨碍、消除危险的请求权（选项 C）；（5）其他依法不适用诉讼时效规定的债权请求权。

24. 【答案】ABC 【解析】选项 D，人民法院在立案后发现其他有管辖权的人民法院已先立案的，裁定将案件移送给先立案的人民法院。

25. 【答案】AB 【解析】本题考核审判监督程序。根据规定，当事人对已经发生法律效力的判决、裁定，认为有错误的，可以向上一级人民法院申请再审；当事人一方人数众多或者当事人双方为公民的案件，也可以向原审人民法院申请再审。当事人申请再审的，不停止判决、裁定的执行。

26. 【答案】AD 【解析】调解书经双方当事人签收后生效，选项 B 错误；选项 C，一审调解书生效后，对调解书不得上诉。

27. 【答案】BC 【解析】选项 B，申请执行人超过申请执行时效期间向人民法院申请强制执行的，人民法院应予受理。选项 C，申请执行的期间为 2 年。

28. 【答案】ABC 【解析】选项 D，人身损害赔偿的诉讼时效期间，伤势明显的，从受伤害之日起算；伤害当时未曾发现，后经检查确诊并能证明是由侵害引起的，从伤势确诊之日起算。

29. 【答案】ABCD 【解析】诉讼时效期间中断的事由包括：一是权利人向义务人提出请求履行义务的要求，即权利人直接向义务人请求履行义务的意思表示。二是义务人同意履行义务。三是权利人提起诉讼或者申请仲裁。四是与提起诉讼或者申请仲裁具有同等效力的其他情形，具体包括：申请支付令；申请破产、申报破产债权（选项 B）；为主张权利而申请宣告义务人失踪或死亡；申请诉前财产保全、诉前临时禁令等诉前措施；申请强制执行（选项 C）；申请追加当事人或者被通知参加诉讼（选项 D）；在诉讼中主张抵销；权利人向人民调解委员会以及其他依法有权解决相关民事纠纷的国家机关、事业单位、社会团体等社会组织提出保护相应民事权利的请求；权利人向公安机关、人民检察院、人民法院报案或者控告，请求保护其民事权利。

30. 【答案】ABCD 【解析】根据《民法典》的规定，诉讼时效中止的事由包括两大类：一是不可抗力，如自然灾害、军事行动等，须属于当事人不可预见、不可避免和不可克服的客观情况（选项 B）；二是阻碍权利人行使请求权的其他障碍，即除不可抗力外使权利人无法行使请求权的客观情况，包括权利被侵害的无民事行为能力人或者限制民事行为能力人没有法定代理人，或者法定代理人死亡、丧失民事行为能力、丧失代理权（选项 C）；继承开始后未确定继承人或者遗产管理人（选项 D）；权利人被义务人或者其他人控制等（选项 A）。

31. 【答案】ABC 【解析】公民、法人或者其他组织认为行政机关的行政行为所依据的下列规范性文件不合法，在对行政行为申请行政复议时，可以一并向行政复议机关提出对该规范性文件的附带审查申请：（1）国务院部门的规范性文件（选项 A）；（2）县级以上地方各级人民政府及其工作部门的规范性文件（选项 B、C）；（3）乡、镇人民政府的规范性文件；（4）法律、法规、规章授权的组织的规范性文件。选项 D，这里规范性文件的审查不含规章。规章的审查依照法律、行政法规办理。

32. 【答案】ABCD 【解析】涉及下列情形之一的，行政复议机构应当提请行政复议委员会提出咨询意见：（1）案情重大、疑难、复杂；（2）专业性、技术性较强；（3）省、自治区、直辖市人民政府对本机关作出的行政行为不服的行政复议案件；（4）行政复议机构认为有必要。

33. 【答案】BD 【解析】对县级以上地方各级人民政府工作部门（环保局）的具体行政行为不服的，由申请人选择，可以向该部门的本级人民政府（甲省 A 市人民政府）申请行政复议，也可以向上一级主管部门（甲省环保局）申请行政复议。

34. 【答案】AC 【解析】选项 B，行政指导行为不属于行政诉讼受理范围；选项 D，不服行政机关作出的行政处分或者其他人事处理决定，不得申请行政诉讼。

35. 【答案】BC 【解析】选项 B，属于行政指导行为，不属于行政诉讼法的受案范围。选项 C，行政机关对行政机关工作人员的奖惩、任免等决定，不属于行政诉讼法的受案范围。

36. 【答案】AC 【解析】选项 B，属于内部行政行为，不可议不可诉；选项 D，"行政法规""不合理"——连附带审查都不可以。

37. 【答案】ABD 【解析】中级人民法院管辖下列第一审行政案件：对国务院部门或者县级以上地方人民政府所作的行政行为提起诉讼的案件；海关处理的案件；本辖区内重大、复杂的案件；其他法律规定由中级人民法院管辖的案件。

38. 【答案】ABD 【解析】人民法院不受理当事人对下列事项提起的诉讼：（1）国防、外交等国家行为；（2）行政法规、规章或者行政机关制定、发布的具有普遍约束力的决定、命令（选项 A）；（3）行政机关对行政机关工作人员的奖惩、任免等决定（选项 B）；（4）法律规定由行政机关最终裁决的具体行政行为。选项 D，由于教育局与商场是基于平等关系形成的民事法律行为，纠纷应通过仲裁或者民事诉讼解决。

39. 【答案】AD 【解析】选项 B，因不动产提起的行政诉讼案件，由不动产所在地人民法院管辖。选项 C，对限制人身自由的行政强制措施不服提起的行政诉讼案件，由被告所在地或者原告所在地人民法院管辖。

40. 【答案】AD 【解析】选项 B，对于复议维持遗漏被告的，人民法院应当依职权追加遗漏的行政机关为诉讼被告。选项 C，复议机关在法定期限内未作出复议决定的，公民、法人或者其他组织起诉原行政行为的，作出原行政行为的行政机关是被告。

三、判断题

1. 【答案】× 【解析】法律行为所附期限可以是明确的期限，也可以是不确定的期限。

2. 【答案】× 【解析】无民事行为能力人，即不满 8 周岁的未成年人和完全不能辨认自己行为的成年人，实施的法律行为无效；不能完全辨认自己行为的成年人，属于限制民事行为能力人。

3. 【答案】√ 【解析】重大误解的当事人自知道或者应当知道撤销事由之日起 90 日内没有行使撤销权的，撤销权消灭。

4. 【答案】√ 【解析】行为人没有代理权、超越代理权或者代理权终止后，仍然实施代理行为，相对人有理由相信行为人有代理权的，代理行为有效。

5. 【答案】√ 【解析】依照法律规定、当事人约定或者民事法律行为的性质，应当由本人亲自实施的民事法律行为（如订立遗嘱、婚姻登记、收养子女），不得代理。本人未亲自实施的，应当认定行为无效。

6. 【答案】× 【解析】代理人滥用代理权的形态主要包括自己代理、双方代理、与相对人恶意串通等。

7. 【答案】× 【解析】仲裁裁决被人民法院依法裁定撤销或不予执行的，当事人可以重新达成仲裁协议申请仲裁，也可以向人民法院起诉。

8. 【答案】√ 【解析】仲裁自愿原则。当事人可以自行和解，达成和解协议后，可以请求仲裁庭根据和解协议作出仲裁裁决书，也可以撤回仲裁请求。

9. 【答案】× 【解析】对发生法律效力的判决、裁定、民事调解书和其他应当由人民法院执行的法律文书，当事人必须履行。一方拒绝履行的，对方当事人可以向人民法院申请执行。申请执行的期间为 2 年，从法律文书规定履行期间的最后一日起计算；法律文书规定分期履行的，从最后一期履行期限届满之日起计算；法律文书未规定履行期间的，从法律文书生效之日起计算。

10. 【答案】× 【解析】适用特别程序、督促程序、公示催告程序和简易程序中的小额诉讼程序审理的案件，实行一审终审。

11. 【答案】× 【解析】因合同纠纷提起的诉讼，由被告住所地或者合同履行地人民法院管辖。合同对履行地点没有约定或者约定不明确，争议标的为给付货币的，接受货币一方所在地为合同履行地。

12. 【答案】× 【解析】地方各级人民检察院对同级人民法院已经发生法律效力的判决、裁定，发现有法定再审事由，或者发现调解书损害国家利益、社会公共利益的，可以向同级人民法院提出检察建议，并报上级人民检察院备案；也可提请上级人民检察院向同级人民法院提出抗诉。

13. 【答案】× 【解析】当事人对已经发生法律效力的判决、裁定，认为有错误的，可以向上一级人民法院申请再审，但不停止判决、裁定的执行。

14. 【答案】× 【解析】不适用简易程序的案件：（1）起诉时被告下落不明的；（2）发回重审的；（3）当事人一方人数众多的；（4）适用审判监督程序的；（5）涉及国家利益、社会公共利益的；（6）第三人起诉请求改变或者撤销生效判决、裁定、调解书的；（7）其他不宜适用简易程序的案件。

15. 【答案】× 【解析】人民法院审理行政案件，不得调解，不得以调解方式结案。但是，行政赔偿、补偿以及行政机关行使法律、法规规定的自由裁量权的案件，可以调解。

16. 【答案】× 【解析】经行政复议的行政诉讼案件，既可以由行政复议机关所在地人民法院管辖，也可以由最初作出行政行为的行政机关所在地人民法院管辖。

17. 【答案】√ 【解析】行政复议期间具体行政行为不停止执行。但是，有下列情形之一的，可以停止执行：（1）被申请人认为需要停止执行的；（2）行政复议机关认为需要停止执行的；（3）申请人申请停止执行，行政复议机关认为其要求合理，决定停止执行的；（4）法律规定停止执行的。

18. 【答案】√ 【解析】行政诉讼的特有原则——不适用调解原则，是指人民法院审理行政案件，不得调解，不得以调解方式结案。但是，行政赔偿、补偿以及行政机关行使法律、法规规定的自由裁量权的案件，可以调解。

19.【答案】× 【解析】根据国务院或者省人民政府对行政区划的勘定、调整或者征收土地的决定，省、自治区、直辖市人民政府确认土地、矿藏、水流、森林、山岭、草原、荒

地、滩涂、海域等自然资源的所有权或者使用权的行政复议决定为最终裁决。

20.【答案】√ 【解析】对限制人身自由的行政强制措施不服提起的行政诉讼案件，由被告所在地或者原告所在地人民法院管辖。

第二章 公司法律制度

强化练习题

一、单选题

1. 甲是乙公司依法设立的分公司。下列表述中，符合公司法律制度规定的是（   ）。

   A. 甲应有自己的营业执照，并独立承担民事责任

   B. 甲应有独立的法人资格，并独立承担民事责任

   C. 甲应有自己的营业执照，可以没有独立的财产，但独立承担民事责任

   D. 甲应有自己的营业执照，但不独立承担民事责任

2. 王某是甲公司的实际控制人，因向银行借款请求甲公司为其提供担保，有关甲公司为王某提供担保的下列说法中，正确的是（   ）。

   A. 甲公司不得为王某提供担保，因为法律禁止公司为其股东提供担保

   B. 甲公司能否为王某提供担保取决于公司章程的规定

   C. 甲公司为王某提供担保应当经股东会决议，王某不得参加表决，该项决议由除王某以外的股东所持表决权的2/3以上通过

   D. 甲公司为王某提供担保应当经股东会决议，王某不得参加表决，该项决议由除王某以外的股东所持表决权的过半数通过

3. 甲股份有限公司设置审计委员会行使监事会职权，关于该公司备案事项的说法中，不正确的是（   ）。

   A. 应当在进行董事备案时标明相关董事担任审计委员会成员的信息

   B. 设立登记时应当依法对登记联络员进行备案

   C. 登记联络员只能由公司董事、监事、高级管理人员担任

   D. 登记联络员变更的，公司应当自变更之日起30日内向公司登记机关办理备案

4. 根据公司法律制度的规定，下列有关公司变更登记的表述中，正确的是（   ）。

   A. 公司合并的，应当自公告之日起60日后申请变更登记

   B. 公司减少注册资本的，应当自公告之日起60日内申请变更登记

   C. 公司登记事项未经变更登记，不得对抗第三人

   D. 公司变更名称的，应当在作出变更决议或决定作出之日起30日内申请变更登记

5. 根据公司法律制度的规定，下列关于有限责任公司设立条件的说法中，正确的是（   ）。

   A. 有限责任公司由50个以下股东出资设立

   B. 全体股东认缴的出资额由股东按照公司章程的规定自公司成立之日起10年内缴足

   C. 公司章程对公司、股东、董事、监事、高级管理人员具有约束力

   D. 可以设立没有住所的公司

6. 甲、乙、丙、丁四家公司与杨某、张某拟共同出资设立一注册资本为400万元的有限责任公司。除杨某与张某拟以120万元货币出资外，四家公司的下列非货币财产出资中，符合公司法律制度规定的是（   ）。

   A. 甲公司以其商誉作价50万元出资

   B. 乙公司以其特许经营权作价50万元出资

   C. 丙公司以其非专利技术作价60万元出资

   D. 丁公司以其设定了抵押担保的房屋作价120万元出资

7. 根据公司法律制度的规定，下列不属于甲有限责任公司公司章程必要记载事项的是

（　　）。

A. 公司经营范围

B. 公司设立费用及其支付方法

C. 公司法定代表人的产生及变更办法

D. 公司注册资本

8. 赵某、钱某、孙某、谢某共同出资设立甲有限责任公司。股东谢某以房屋出资，经评估价值为1 000万元，已经办理了权属变更手续，公司章程和股东之间的协议未对出资事项作特别约定。公司设立后，丙加入甲公司。之后谢某出资的房屋因市场原因贬值，经评估价值为800万元，丙要求谢某承担补足出资责任，下列说法中正确的是（　　）。

A. 谢某应承担补足出资责任

B. 赵某、钱某、孙某承担连带责任

C. 谢某不承担补足出资责任

D. 赵某、钱某、孙某承担补充责任

9. 夏某、刘某和吴某共同出资设立申顺物流有限公司，张某担任公司监事，高某担任公司总经理。股东夏某按规定缴清出资后，认为公司刚成立，不需要太多现金。于是，在高某的协助下，通过银行熟人将该笔出资转入其妻子的理财账户购买理财产品，刘某和吴某对此并不知情。申顺公司因经营管理需要，向甲银行借款200万元，借款到期后，申顺公司无力偿还该借款。此时，夏某抽逃出资的本息共计120万元。对此，下列说法正确的是（　　）。

A. 申顺公司可要求夏某返还抽逃出资，并要求高某承担连带责任

B. 申顺公司可要求夏某返还抽逃出资，并要求张某承担连带责任

C. 甲银行有权请求夏某清偿顺达公司所欠200万元债务

D. 公司登记机关可以对夏某处以所抽逃出资金额3%以上10%以下的罚款

10. 甲公司股东侯某认缴的出资额为100万元，已全部缴足。2024年4月，由于周转资金不足，通过虚构债权债务关系将其出资从甲公司转出50万元，该行为有股东赵某协助，董事钱某协助，财务负责人孙某协助，监事李某没有及时发现并制止该行为，根据公司法的规定，下列说法中正确的是（　　）。

A. 公司要求侯某返还抽逃的出资，人民法院应予支持

B. 公司要求钱某、孙某、李某与侯某承担连带责任，人民法院应予支持

C. 经其他股东一致同意，在侯某返还抽逃的出资之前，甲公司可以完全不向侯某分配利润

D. 若经公司催告返还，在合理期间内侯某仍未返还，甲公司可以直接解除侯某的股东资格

11. 甲有限责任公司章程规定，股东乙以其名下的一套房产出资。乙于1月7日将房产交付公司，但未办理权属变更手续。5月9日，股东丙诉至人民法院，要求乙履行出资义务。5月31日，人民法院责令乙于10日内办理权属变更手续。6月6日，乙完成办理权属变更手续。根据公司法律制度的规定，乙享有股东权利的起始日期是（　　）。

A. 1月7日

B. 1月5日

C. 6月6日

D. 5月31日

12. 张某、王某、李某、赵某出资设立甲有限责任公司，出资比例分别为5%、15%、36%和44%。公司章程对股东会召开及表决的事项无特别规定。下列关于甲公司股东会召开和表决的表述中，符合公司法律制度规定的是（　　）。

A. 张某、王某和李某行使表决权赞成即可通过修改公司章程的决议

B. 张某有权提议召开股东会临时会议

C. 王某和李某行使表决权赞成即可通过解散公司的决议

D. 首次股东会会议由赵某召集和主持

13. 根据公司法律制度的规定，下列各项中，不属于有限责任公司监事会职权的是（　　）。

A. 对董事提起诉讼

B. 列席董事会会议

C. 提议召开临时股东会会议

D. 向董事会会议提出提案

14. 下列关于甲有限责任公司董事会（以下简称甲公司）职权的表述中，不正确的是（　　）。

A. 有权制订甲公司的利润分配方案

B. 有权检查公司财务

C. 有权根据经理的提名决定聘任李某担任甲公司的财务负责人

D. 有权制定甲公司的基本管理制度

15. 大华有限责任公司有甲、乙两名股东，分别持有70%和30%的股权。2025年3月，乙发现，该公司基于股东会2024年2月作出的增资决议增加了注册资本，乙的持股比例被稀释。经查，该公司2024年2月并未召开股东会作出增资决议。根据公司法律制度的规定，如果乙拟提起诉讼推翻增资决议，其诉讼请求应当是（　　）。

A. 撤销决议

B. 确认决议不成立

C. 确认决议无效

D. 确认决议效力待定

16. 甲有限责任公司股东赵某拟查阅公司会计账簿，已知公司章程或全体股东对此没有约定，甲公司有证据认为赵某存在下述情形的，可以拒绝其查阅，属于该情形的是（　　）。

A. 赵某目前自营的乙有限责任公司从事与甲公司主营业务有实质性竞争关系的业务

B. 赵某准备将自己的一套经营性房产租赁给甲公司作为办公用房

C. 赵某在4年前曾经向他人通报有关信息，损害甲公司合法利益

D. 赵某在股东会讨论与丙公司的合并事项时投反对票，并正在要求公司回购其股份

17. 根据《九民纪要》的规定，公司股东滥用公司法人独立地位和股东有限责任，实践中常见的情形有人格混同、过度支配与控制、资本显著不足等。在认定是否构成人格混同时，应当综合考虑的因素是（　　）。

A. 公司业务和股东业务混同

B. 公司员工与股东员工混同，特别是财务人员混同

C. 公司住所与股东住所混同

D. 股东无偿使用公司资金或者财产，不作财务记载的

18. 赵某与朋友侯某签订了一份股份代持协议，约定由赵某实际出资并享有甲公司的投资权益，而以侯某为甲公司名义股东，记载于股东名册。该协议无《民法典》规定的无效情形。其后因投资权益的归属双方发生纠纷诉至法院，则下列说法中不正确的是（　　）。

A. 赵某以其实际履行了出资义务为由向侯某主张权利，人民法院应予支持

B. 侯某以公司股东名册记载、公司登记机关登记为由否认赵某权利，人民法院应予支持

C. 甲公司债权人乙公司，以侯某未履行出资义务为由，要求其对公司债务不能清偿的部分承担补充赔偿责任，侯某以非实际出资人为由抗辩，人民法院应予支持

D. 若侯某擅自处置持有的甲公司股权，给赵某造成损失，应当承担赔偿责任

19. 下列关于有限责任公司股东转让股权的说法中，不正确的是（　　）。

A. 股东之间相互转让股权，其他股东享有优先购买权

B. 股东向股东以外的人转让股权，其他股东在同等条件下有优先购买权

C. 自然人股东死亡后，若无其他规定，其合法继承人可以继承股东资格

D. 人民法院强制转让股东股权时，其他股东自法院通知之日起满20日不行使优先购买权的，视为放弃

20. 根据《公司法》的规定，国有独资公司的下列事项中，必须由国有资产监督管理机构决定的是（　　）。

A. 经理的解聘

B. 合并、分立、解散

C. 重大合同的签订

D. 聘任财务负责人

21. 甲公司为国有独资公司，其董事会作出的下列决议中，符合公司法律制度规定的是（　　）。

A. 聘任张某为公司经理

B. 增选王某为公司董事

C. 批准董事林某兼任乙有限责任公司经理

D. 决定增资

22. 下列关于国有独资公司组织机构的表述中，符合公司法律制度规定的是（　　）。

A. 国有独资公司应当设股东会

B. 国有独资公司董事长由董事会选举产生

C. 经国有资产监督管理机构同意，国有独资公司董事可以兼任经理

D. 国有独资公司应当设监事会

23. 根据公司法律制度的规定，下列关于国有独资公司的表述中，正确的是（　　）。

A. 未经国有资产监督管理机构同意，经理不得在其他公司兼职

B. 应当设立股东会

C. 监事会成员可以为 3 人

D. 董事会成员中可以无职工代表

24. 王某等多名自然人拟通过募集设立的方式设立股份有限公司。下列关于该公司设立的表述中，正确的是（　　）。

A. 在选举董事会和监事会后，发起人应向公司登记机关申请设立登记

B. 半数以上的发起人应具有中国国籍

C. 王某等发起人可以认购公司股份总数的 25%，其余部分由非发起人股东认购

D. 王某为设立公司以自己名义对外签订合同的，合同相对人有权请求王某承担合同责任

25. 根据公司法律制度的规定，下列关于股份有限公司设立规则的表述中，正确的是（　　）。

A. 采取发起方式设立的，制订的公司章程须经成立大会通过

B. 采取发起方式设立的，注册资本为在公司登记机关登记的实收股本总额

C. 采取募集方式设立的，成立大会由发起人组成

D. 采取募集方式设立的，注册资本为在公司登记机关登记的已发股份的股本总额

26. 根据公司法律制度的规定，下列关于股份有限公司股东会的表述中，正确的是（　　）。

A. 股东会作出决议，应当经全体股东所持表决权过半数通过

B. 股东人数较少的股份有限公司，股东会年会可以每两年召开一次

C. 股东会可以依照公司章程的规定以累积投票制的方式选举董事

D. 股东会可以对会议通知中未列明的事项作出决议

27. 甲公司是一家以募集方式设立的股份有限公司，其注册资本为人民币 6 000 万元。公司章程规定公司董事会人数为 9 人。最大股东李某持有公司 12% 的股份。根据公司法律制度的规定，下列各项中，属于甲公司应当在 2 个月内召开临时股东会会议的情形是（　　）。

A. 董事人数减至 7 人

B. 监事陈某提议召开

C. 最大股东李某请求召开

D. 公司未弥补亏损达人民币 1 600 万元

28. 甲股份有限公司在董事会中设置了审计委员会，下列说法中，正确的是（　　）。

A. 审计委员会行使《公司法》规定的监事会的职权

B. 审计委员会成员为 2 名

C. 审计委员会成员王某在公司担任法务经理

D. 审计委员会作出决议，应当经审计委员会成员的 1/3 以上通过

29. 某股份有限公司董事会成员共 9 名，监事会成员共 3 名。下列关于该公司董事会召开的情形中，符合公司法律制度规定的是（　　）。

A. 经 2 名董事提议可召开临时董事会会议

B. 公司董事长、副董事长不能履行职务时，可由 4 名董事共同推举 1 名董事履行职务

C. 经 2 名监事提议可召开临时董事会会议

D. 董事会每年召开 2 次会议，并在会议召开 10 日前通知全体董事和监事

30. 甲公司是一家上市公司，根据有关规定，下列人员中可以担任独立董事的是（　　）。

A. 担任甲公司附属企业总经理的赵某

B. 甲公司第三大股东钱某的儿子小钱某

C. 持有甲公司已发行股份 3% 的丙公司任职的董事孙某的儿子

D. 持有甲公司 2% 股份的李某

31. 根据公司法律制度的规定，下列关于上市公司董事会秘书的表述中，不正确的是（　　）。

A. 董事会秘书是上市公司所独有的

B. 董事会秘书属于公司的高级管理人员

C. 董事会秘书可以代表董事长

D. 董事会秘书负责办理定期报告的披露工作

32. 上市公司在 1 年内向他人提供担保的金额超过一定比例，应当由股东会作出决议，并经出席会议的股东所持表决权的 2/3 以上通

过。根据公司法律制度的规定，该比例为（ ）。

A. 公司资产总额 20%

B. 公司资产总额 30%

C. 公司净资产 20%

D. 公司净资产 30%

33. 根据公司法律制度的规定，下列人员中，符合公司董事、监事、高级管理人员任职资格的是（ ）。

A. 张某，曾为甲大学教授，现已退休

B. 王某，曾为乙企业董事长，因其决策失误导致乙企业破产清算，自乙企业破产清算完结之日起未逾 3 年

C. 李某，曾为丙公司董事，因贷款炒股，个人负到期债务 1 000 万元尚未偿还，被列为失信被执行人

D. 赵某，曾担任丁国有企业总会计师，因贪污罪被判处有期徒刑，执行期满未逾 5 年

34. 甲有限责任公司董事张某的妻子拟与甲公司订立合同。根据公司法律制度的规定，张某的妻子与甲公司订立合同必须满足的条件是（ ）。

A. 就与订立合同或者进行交易有关的事项向董事会或者股东会报告

B. 经董事会或者股东会决议通过

C. 就与订立合同或者进行交易有关的事项向董事会或者股东会报告，并按照公司章程的规定经董事会或者股东会决议通过

D. 经总经理同意

35. 2024 年 5 月，甲股份有限公司（以下简称甲公司）董事长王某违反公司章程规定将公司 800 万元资金投入某网络借贷平台。2025 年 7 月，该平台倒闭，甲公司损失惨重，部分股东书面请求甲公司监事会对王某提起诉讼，监事会拒绝。该部分股东因此拟单独向人民法院提起股东代表诉讼，其中有资格提起股东代表诉讼的是（ ）。

A. 已经连续 90 日持有甲公司 5% 股份的郑某

B. 已经连续 100 日持有甲公司 3% 股份的赵某

C. 已经连续 200 日持有甲公司 1.2% 股份的乙有限责任公司

D. 已经连续 200 日持有甲公司 0.8% 股份的李某

36. 下列各项中，不属于上市公司向不特定对象发行优先股必须在公司章程中规定的事项是（ ）。

A. 采取固定股息率

B. 在有可分配税后利润的情况下必须向优先股股东分配股息

C. 未向优先股股东足额派发股息的差额部分应当累积到下一会计年度

D. 优先股股东按照约定的股息率分配股息后，可以同普通股一起参与剩余利润分配

37. 下列关于股份有限公司回购本公司股份的说法中，不正确的是（ ）。

A. 因减少注册资本而回购本公司股份的，应自收购日起 10 日内注销

B. 因与持有本公司股份的其他公司合并而持有本公司股份的，应在 6 个月内转让或注销

C. 因股东对股东会作出的公司合并决议而提出异议要求公司收购其股份的，公司应当在 1 年内转让或注销

D. 因上市公司为维护公司价值及股东权益所必需而回购本公司股份的，应当在 3 年内转让或注销

38. 2023 年 5 月，甲上市公司拟收购本公司股份用于实施员工持股计划。下列关于该公司股份收购的表述中，正确的是（ ）。

A. 该收购计划可以由董事会授权董事长决定

B. 该公司可以通过公开的集中交易方式进行此次收购

C. 该公司收购的股份可以在收购后第 5 年转让给公司员工

D. 该公司在此次收购后合计持有的本公司股份数可以达到本公司已发行股份总额的 20%

39. 某股份有限公司于 2023 年 8 月在上海证券交易所上市，公司章程对股份转让的限制未作特别规定。该公司有关人员的下列股份转让行为中，符合公司法律制度规定的是（ ）。

A. 王某于 2024 年 4 月转让了其所持本公司公开发行股份前已发行的股份

B. 董事郑某于 2024 年 9 月将其所持本公司

全部股份 800 股一次性转让

C. 董事张某共持有本公司股份 10 000 股，2024 年 9 月通过协议转让了其中的 2 600 股

D. 总经理李某于 2025 年 1 月离职，2025 年 3 月转让了其所持本公司股份总数的 25%

40. 根据公司法律制度的规定，下列关于公司债券的表述中，正确的是（　　）。

A. 可转换公司债券的发行人享有是否将债券转换成股票的选择权

B. 公司清算的，公司债券持有人获得清偿的权利应劣后于股票持有人

C. 无记名公司债券转让的，由债券持有人将该债券交付给受让人即发生转让的效力

D. 公司债券的转让价格由转让人与证券公司协商确定

41. 根据公司法律制度的规定，下列关于公司财务资助的表述中，正确的是（　　）。

A. 公司实施员工持股计划时，可以提供财务资助

B. 为公司利益，经股东会决议，公司可以为他人取得本公司的股份提供累计总额不超过已发行股本总额 20% 的财务资助

C. 公司为他人取得本公司的股份提供担保，不视为财务资助

D. 董事会作出提供财务资助决议应当经全体董事一致通过

42. 甲、乙、丙、丁公司注册资本均为 1 000 万元，2025 年度税后利润均为 500 万元，并拟分配 2024 年度全部税后利润。下列情形中，可以不再提取法定公积金的是（　　）。

A. 乙公司法定公积金 400 万元，任意公积金 200 万元

B. 甲公司法定公积金 600 万元，任意公积金 0 万元

C. 丁公司法定公积金 200 万元，任意公积金 500 万元

D. 丙公司法定公积金 300 万元，任意公积金 30 万元

43. 甲有限责任公司的下列财务会计事项中，符合公司法律制度规定的是（　　）。

A. 依照公司章程的规定，由董事会决定聘用承办公司审计业务的会计师事务所

B. 将公司部分货币资产以个人名义开立账户存储

C. 公司财务会计报告只提供给持有表决权 10% 以上的股东查阅

D. 在法定会计账簿外另立会计账簿

44. 下列关于股份有限公司利润分配的表述中，不符合公司法律制度的是（　　）。

A. 公司持有的本公司股份不得分配利润

B. 公司发生重大亏损，税后利润不足弥补的，应当先用公司的资本公积金弥补

C. 公司的任意公积金可转增为公司资本

D. 公司章程可以规定股东对公司可分配利润的分配比例

45. 甲为乙有限责任公司的债权人，现乙公司股东会作出公司合并决议，并依法向债权人发出了通知、进行了公告。根据公司法律制度的规定，甲在法定期间内有权要求乙公司清偿债务或者提供相应的担保。该法定期间为（　　）。

A. 自接到通知书之日起 10 日内，未接到通知书的自第一次公告之日起 30 日内

B. 自接到通知书之日起 30 日内，未接到通知书的自第一次公告之日起 60 日内

C. 自接到通知书之日起 30 日内，未接到通知书的自第一次公告之日起 45 日内

D. 自接到通知书之日起 10 日内，未接到通知书的自第一次公告之日起 30 日内

46. 下列关于公司减少注册资本的表述中，不符合公司法律制度规定的是（　　）。

A. 公司需要减少注册资本时，应当编制资产负债表和财产清单

B. 公司减少注册资本时，应当自作出减少注册资本决议之日起 10 日内通知债权人，并于 30 日内在报纸上或者国家企业信用信息公示系统公告

C. 减少注册资本弥补亏损的，公司可以向股东分配

D. 公司减资的，债权人有权要求公司清偿债务或者提供担保

47. 张某、王某、董某设立甲有限责任公司，持股比例分别为 30%、30%、40%，张某可提起解散公司的诉讼的情形是（　　）。

A. 以公司被吊销企业法人营业执照而未进行清算为由

B. 以公司经营管理发生严重困难，继续存续会使股东利益受到重大损失为由

C. 以其知情权受到损害为由

D. 以公司管理层严重侵害其利益分配请求权，其股东利益受到重大损失为由

48. 根据公司法律制度的规定，下列情形中，构成股东要求司法解散公司的正当理由的是（　　）。

A. 公司最近 3 年未开股东会，无法形成股东会决议，经营管理严重困难，继续存续会使股东利益严重受损，且无其他途径解决

B. 公司连续 3 年亏损，累计亏损达到实收股本总额的 1/2

C. 公司连续 5 年盈利，并符合法律规定的利润分配条件，但不分红

D. 公司无故拒绝股东查询公司会计账簿

49. 公司解散逾期不成立清算组进行清算，根据公司法律制度的规定，相关人员可以申请人民法院指定清算组对公司进行清算。下列各项中，不属于该相关人员的是（　　）。

A. 公司股东

B. 公司董事

C. 债权人

D. 公司经理

二、多选题

1. 下列关于分公司的法律地位，正确的有（　　）。

A. 分公司具有独立的法人资格

B. 分公司独立承担民事责任

C. 分公司可以依法独立从事生产经营活动

D. 分公司从事经营活动的民事责任由其总公司承担

2. 下列人员中，不得担任公司法定代表人的有（　　）。

A. 赵某，刚过完 12 周岁生日

B. 钱某，因贪污被判处刑罚，执行期已满 6 年

C. 孙某，个人所负数额较大的债务到期未清偿被人民法院列为失信被执行人

D. 李某，担任破产清算的公司的董事，对该公司的破产无个人责任

3. 根据公司法律制度的规定，下列关于公司变更登记的说法中，正确的有（　　）。

A. 公司登记事项未经变更登记，不得对抗善意相对人

B. 公司变更法定代表人的，变更登记申请书由变更前的法定代表人签署

C. 公司变更登记事项，应当自作出变更决议、决定或者法定变更事项发生之日起 20 日内向登记机关申请变更登记

D. 公司变更登记事项涉及修改公司章程的，应当提交修改后的公司章程

4. 下列关于公司注销登记的说法中，正确的有（　　）。

A. 公司因解散、被宣告破产需要终止的，应当办理注销登记

B. 公司股东死亡，导致公司无法办理注销登记的，只能由该股东股权的全体合法继受主体代为依法办理注销登记相关事项

C. 公司注销登记前应当清算，清算组应当自成立之日起 10 日内将清算组成员、清算组负责人名单通过国家企业信用信息公示系统公告

D. 公司注销依法须经批准的，或者公司被吊销营业执照、责令关闭、撤销，或者被列入经营异常名录的，不适用简易注销程序

5. 公司申请登记或者备案的事项存在特定情形时，公司登记机关不予办理设立登记或者相关事项的变更登记及备案，该情形有（　　）。

A. 公司名称不符合企业名称登记管理相关规定的

B. 公司注册资本明显异常，已经调整的

C. 涉及虚假登记的直接责任人 5 年前登记被撤销，再次申请登记的

D. 经营范围中属于在登记前依法须经批准的许可经营项目，未获得批准的

6. 下列关于公司设立登记的说法中，正确的有（　　）。

A. 申请人必须自行办理公司登记，不能委托其他自然人或者中介机构代办

B. 登记机关应当对登记申请材料进行形式审查

C. 公司登记申请材料齐全、符合法定形式，登记机关应当予以确认并当场办理

D. 公司登记申请材料不齐全，登记机关应当一次性告知申请人需要补正的材料

7. 根据公司法律制度的规定，下列关于公司歇业的说法中，不正确的有（　　）。

A. 因公共卫生事件造成经营困难的，公司可以向登记机关申请在一定时期内歇业

B. 公司应当在歇业前向登记机关办理登记

C. 公司歇业期间，可以以法律文书送达地址代替住所

D. 公司在歇业期间开展经营活动的，视为恢复营业

8. 根据公司法律制度的规定，下列各项中，属于有限责任公司的公司章程应当载明的事项有（　　）。

A. 股东的出资额、出资方式和出资日期

B. 公司法定代表人的产生、变更办法

C. 公司经营范围

D. 公司注册资本

9. 根据公司法律制度的规定，公司章程对特定的人员或机构具有约束力。下列各项中，属于该特定人员或机构的有（　　）。

A. 公司财务负责人

B. 公司股东

C. 上市公司董事会秘书

D. 公司实际控制人

10. 下列关于有限责任公司股东出资方式的表述中，不符合公司法律制度规定的有（　　）。

A. 甲以设定抵押的财产作价出资

B. 乙以劳务作价出资

C. 丙以特许经营权作价出资

D. 丁以专利权作价出资

11. 甲、乙、丙在设立 A 有限责任公司（以下简称 A 公司）的过程中，下列说法正确的有（　　）。

A. A 公司只能采取发起设立的方式

B. 甲为设立 A 公司从事的民事活动，法律后果由 A 公司承受

C. 若 A 公司未成立，则其法律后果由甲、乙、丙承受，三人享有连带债权，承担连带债务

D. A 公司设立应签订设立协议或作成发起人会议决议

12. 根据公司法律制度的规定，下列各项中，可以作为财产出资的有（　　）。

A. 股权

B. 债权

C. 特许经营权

D. 其权属有法律规定的数据

13. 根据公司法律制度的规定，下列关于有限责任公司股东缴纳出资的表述中，正确的有（　　）。

A. 股东不按规定缴纳出资的，应向对给公司造成的损失承担赔偿责任

B. 股东以货币出资的，应当将货币出资足额存入有限责任公司在银行设立的账户

C. 股东不按照规定缴纳出资的，应向公司足额缴纳

D. 股东以非货币财产出资的，应当依法办理其财产权的转移手续

14. 有限责任公司成立后，发现作为设立公司出资的非货币财产的实际价额显著低于公司章程所定价额的，下列说法正确的有（　　）。

A. 设立时的其他股东与该股东在出资不足的范围内承担连带责任

B. 公司的其他发起人承担责任后，可以向该股东追偿

C. 董事会可以直接向该股东发出失权通知

D. 该股东提出诉讼时效抗辩的，人民法院不予支持

15. 根据《公司法》的规定，下列关于有限责任公司股东会职权的说法中，正确的有（　　）。

A. 选举和更换公司董事、监事，决定有关董事、监事的报酬

B. 审议批准董事会的报告

C. 审议批准公司的利润分配方案和弥补亏损方案

D. 对公司增加或者减少注册资本作出决议

16. 根据公司法律制度的规定，有限责任公司股东会会议对下列事项作出的决议中，必须经代表 2/3 以上表决权的股东通过的有（　　）。

A. 修改公司章程

B. 减少注册资本

C. 更换公司董事

D. 变更公司形式

17. 张某、王某与李某共同出资设立甲有限责任公司，三人的出资比例为 20%、31%、49%。公司章程对于股东表决权行使以及股东会

事方式、表决程序未作特别规定，下列表决事项中，股东会表决通过的有（　　）。

A. 张某与李某同意修改公司章程，王某不同意

B. 王某与李某同意增加公司注册资本，张某弃权

C. 张某与王某同意把公司变更为股份有限公司，李某不同意

D. 张某、王某、李某一致同意公司的利润分配方案

18. 某有限责任公司有职工 500 人，设董事会，董事会成员有 10 人，设监事会，监事会成员有 5 人，监事会成员无职工代表，下列章程约定事项中，符合《公司法》相关规定的有（　　）。

A. 临时股东会可以由 2 名监事提议召开

B. 董事任期为 3 年，可连任

C. 监事任期为 2 年，可连任

D. 董事会成员中应该有职工代表

19. 根据《公司法》的规定，下列各项中，属于有限责任公司监事会职权的有（　　）。

A. 检查公司财务

B. 解聘公司财务负责人

C. 提议召开临时股东会会议

D. 建议罢免违反公司章程的经理

20. 根据公司法律制度的规定，A 有限责任公司作出的下列决议中，不成立的有（　　）。

A. 决议内容违反行政法规

B. 决议内容违反公司章程

C. 股东会会议未对决议事项进行表决

D. 未召开董事会会议作出决议

21. 根据《全国法院民商事审判工作会议纪要》的规定，下列各项中，属于认定是否构成人格混同时应当综合考虑的因素有（　　）。

A. 股东自身收益与公司盈利不加区分，致使双方利益不清的

B. 公司的财产记于股东名下，由股东占有、使用的

C. 股东无偿使用公司资金或者财产，不作财务记载的

D. 公司账簿与股东账簿不分，致使公司财产与股东财产无法区分的

22. 张某、王某约定由王某代为持有张某在甲有

限责任公司的股权，但投资收益由实际投资人张某享有。协议并无其他违法情形。后王某未经张某同意，将其代持的部分股权以合理价格转让给公司外的李某，李某不知道王某是名义股东。根据公司法律制度的规定，下列表述中正确的有（　　）。

A. 张某、王某之间的股权代持协议无效

B. 张某、王某之间的股权代持协议有效

C. 李某不能取得王某所转让的股权

D. 李某合法取得王某所转让的股权

23. 王某拟与李某、赵某设立 A 有限责任公司，由于王某与其妻子正在闹离婚，为避免可能的纠纷，遂与其弟刘某商定，由刘某出面设立公司，但出资与相应的投资权益均归王某。在公司登记机关登记的股东为刘某、李某和赵某。关于王某与刘某的约定以及股东资格，下列表述正确的有（　　）。

A. 二人间的约定有效

B. 王某与刘某因投资权益的归属发生争议，王某可以以其实际履行了出资义务为由向刘某主张权利

C. 刘某以自己为登记机关登记的股东为由将其股权转让给公司以外的张某，且张某知道刘某代王某持股，张某可以取得股权

D. 若刘某未履行出资义务，公司债权人可以要求刘某对公司债务不能清偿的部分在未出资本息范围内承担补充赔偿责任

24. A 有限责任公司（以下简称 A 公司）章程规定，股权对外转让必须经所有股东一致同意方有效。A 公司有甲和乙两名自然人股东。甲持股比例为 52%，乙持股比例为 48%。2025 年 3 月，甲拟将其持有的公司 20% 的股权转让给丙，乙表示同意。2025 年 4 月，甲与丙完成 20% 的股权转让。2025 年 6 月，甲未经乙同意就将其持有的公司剩余全部股权转让给了丙，且已经完成股权登记。下列关于甲股权转让的表述中，正确的有（　　）。

A. 甲的第一次股权转让有效

B. 甲的第一次股权转让无效

C. 甲的第二次股权转让有效

D. 甲的第二次股权转让无效

25. 根据公司法律制度的规定，下列关于国家

出资公司组织机构的表述中，正确的有（　　）。

A. 国有独资公司不设股东会，由履行出资人职责的机构行使股东会职权

B. 国有独资公司的董事会成员中，应当过半数为外部董事，并应当有公司职工代表

C. 经董事会同意，国有独资公司的董事、高级管理人员可以在其他有限责任公司兼职

D. 国有独资公司章程由履行出资人职责的机构制定

26. 某重要的国有独资公司作出的下列事项中，符合公司法律制度规定的有（　　）。

A. 增加注册资本应由履行出资人职责的机构决定

B. 履行出资人职责的机构可以授权董事会修改公司章程

C. 履行出资人职责的机构可以授权董事会对发行公司债券作出决议

D. 与某国有企业合并由履行出资人职责的机构决定

27. 根据公司法律制度的规定，下列关于募集设立方式设立股份有限公司的程序的说法中，正确的有（　　）。

A. 发起人认购的股份不得少于公司章程规定的公司设立时应发行股份总数的35%

B. 在发起人认购的股份缴足前，不得向他人募集股份

C. 发起人应当在公司设立时应发行股份的股款缴足之日起60日内主持召开公司成立大会

D. 成立大会应有持有表决权过半数的认股人出席，方可举行

28. 根据公司法律制度的规定，下列有关股份有限公司组织机构的说法中，正确的有（　　）。

A. 股东会应当每年召开1次年会

B. 董事会每年度至少召开2次会议

C. 监事会每6个月至少召开1次会议

D. 股份公司董事会的成员为2人以上

29. 下列关于股份有限公司中在董事会中设置审计委员会的说法中，正确的有（　　）。

A. 审计委员会的成员为3人以上

B. 审计委员会的过半数成员不得在公司担任除董事以外的其他职务

C. 审计委员会决议的表决采用一人一票的方式

D. 审计委员会的决议应当经审计委员会成员的2/3以上通过

30. 根据公司法律制度的规定，下列事项中，属于独立董事特别职权的有（　　）。

A. 参与董事会决策并对所议事项发表明确意见

B. 独立聘请中介机构，对上市公司具体事项进行审计、咨询或者核查

C. 向董事会提议召开临时股东大会

D. 对可能损害上市公司或者中小股东权益的事项发表独立意见

31. 根据公司法律制度的规定，下列候选人中，不得担任A上市公司独立董事的有（　　）。

A. 甲是A上市公司的全资子公司的法律顾问

B. 乙自己创办的B公司为A上市公司主要原材料供应商

C. 丙是A上市公司的总经理的弟弟

D. 丁因侵占财产被判刑，刑满释放已满3年

32. 根据公司法律制度的规定，下列关于上市公司审计委员会的表述中，正确的有（　　）。

A. 上市公司审计委员会成员应当为不在上市公司担任高级管理人员的董事

B. 上市公司审计委员会召集人应当由独立董事中会计专业人士担任

C. 上市公司董事会对聘任财务负责人事项作出决议前，应当经审计委员会全体成员一致通过

D. 上市公司董事会对披露财务会计报告事项作出决议前，应当经审计委员会全体成员一致通过

33. 王某为甲有限责任公司的董事长兼总经理，甲公司主要经营办公家具销售业务。任职期间，甲公司欲进口办公家具并销售给丙公司，但王某私自代理乙公司从国外进口一批办公家具并将其销售给丙公司。下列有关该行为说法正确的有（　　）。

A. 王某的行为违反了公司法律制度的规定

B. 甲公司可以决定将其从事上述行为所得收入收归本公司所有

C. 如果经过总经理同意的，王某可以从事以上的活动

D. 甲公司可以决定撤销王某的行为，但是不能将其取得的收入归入本公司

34. 根据《公司法》的规定，监事会或者董事会收到具备法定资格股东的书面请求后，在一定情形下股东可以为了公司利益，以自己的名义直接向人民法院提起诉讼。下列各项中，属于该情形的有（　　）。

A. 股东书面请求公司董事会向人民法院提起诉讼遭到拒绝

B. 股东书面请求公司监事会向人民法院提起诉讼，情况紧急、不立即提起诉讼将会使公司利益受到难以弥补的损害的

C. 股东书面请求公司监事会向人民法院提起诉讼遭到拒绝

D. 股东书面请求公司监事会向人民法院提起诉讼，监事会自收到请求之日起 30 日内未提起诉讼

35. 下列关于股份有限公司公积金的表述中，符合《公司法》规定的有（　　）。

A. 公司分配当年税后利润时，应当提取利润的 8% 列入公司法定公积金

B. 公司法定公积金累计额为公司注册资本的 50% 以上时，可以不再提取

C. 公积金弥补公司亏损，应当先使用资本公积金；仍不能弥补的，可以按照规定使用任意公积金和法定公积金

D. 公司发行无面额股所得股款未计入注册资本的金额，应列为资本公积金

36. 2025 年 7 月，甲公司依法弥补亏损后，仍有亏损。拟通过减少注册资本弥补亏损，下列关于甲公司相关义务的表述中，正确的有（　　）。

A. 甲公司不得免除股东缴纳出资的义务

B. 甲公司应当通知债权人

C. 甲公司减少注册资本后，在法定公积金和任意公积金累计额达到公司注册资本 50% 前，不得分配利润

D. 甲公司不得向股东分配

37. 根据《公司法》的规定，股份有限公司发生特殊情况时，可以收购本公司的股份，下列关于收购本公司股份的说法中，正确的有（　　）。

（　　）。

A. 减少公司注册资本时，可以收购本公司的股份，收购本公司股份后，应当自收购之日起 10 日内注销

B. 与持有本公司股份的其他公司合并时，可以收购本公司的股份，但应当经股东会决议

C. 将股份用于员工持股计划时，可以收购本公司的股份，但公司合计持有的本公司股份数不得超过本公司已发行股份总数的 10%，并应当在 3 年内转让或者注销

D. 股东因对股东会作出的公司合并、分立决议持异议，要求公司收购其股份的，可以收购本公司的股份，但收购后应当在 6 个月内转让或者注销

38. 根据规定，单独或者合计持有公司 10% 以上表决权的股东，因出现一定事由提起解散公司诉讼的，人民法院应予以受理。该事由包括（　　）。

A. 公司持续 2 年以上无法召开股东会，公司经营管理发生严重困难的

B. 股东表决时无法达到法定或者公司章程规定的比例，持续 2 年以上不能作出有效的股东会决议，公司经营管理发生严重困难的

C. 经营管理发生其他严重困难，公司继续存续会使股东利益受到重大损失的

D. 公司董事长期冲突，且无法通过股东会解决，公司经营管理发生严重困难的

39. 据公司法律制度的规定，下列关于公司解散的说法中，不正确的有（　　）。

A. 甲有限责任公司的公司章程规定的营业期限届满后，已向股东分配了财产，仍可以通过修改公司章程存续

B. 乙有限责任公司依法被吊销营业执照，应当解散

C. 丙有限责任公司股东会决议解散，应当在 10 日内将解散事由通过国家企业信用信息公示系统予以公示

D. 丁有限责任公司的公司章程规定的营业期限届满，经过半数表决权的股东通过，可以继续存续

40. 根据公司法律制度的规定，下列关于公司清算的说法中，正确的有（　　）。

A. 董事为公司清算义务人，应当在解散事由出现之日起15日内组成清算组进行清算

B. 公司在存续期间未产生债务，经2/3以上股东承诺，可以按照规定通过简易程序注销公司登记

C. 清算组制订清算方案应当报董事会或者人民法院确认

D. 债务清偿方案经全体债权人确认且不损害其他利害关系人利益的，人民法院可依清算组的申请裁定予以认可

三、判断题

1. A有限责任公司的法定代表人按照公司章程的规定，只能由代表公司执行公司事务的董事担任，并依法登记。　　　（　　）

2. 某中介机构明知申请人提交虚假材料进行公司登记，仍接受委托代为办理，应由公司登记机关没收其违法所得，并处10万元以下的罚款。　　　　　　　　　　　　　（　　）

3. 2024年6月30日前登记设立的公司，有限责任公司剩余认缴出资期限自2027年7月1日起超过3年的，应当在2027年6月30日前将其剩余认缴出资期限调整至3年内并记载于公司章程，股东应当在调整后的认缴出资期限内足额缴纳认缴的出资额。（　　）

4. 为设立A有限责任公司，王某可以以有确定权属的数据资产出资。　　　　　（　　）

5. 张某、李某和王某共同投资设立一家有限责任公司，张某以自己的房屋作价300万元出资，并自公司设立时办理了产权转移手续，但直至公司成立1年后才将房屋实际交付给公司使用，李某、王某主张张某在实际交付房屋之前不享有相应股东权利，则李某和王某的主张是合法的。　　　　（　　）

6. A有限责任公司股东王某已将已认缴出资但未届出资期限的股权转让给张某，由张某承担缴纳该出资的义务，王某不再承担责任。　　　　　　　　　　　　（　　）

7. 公司股东会、董事会的会议召集程序、表决方式违反法律、行政法规或者公司章程，或者决议内容违反公司章程的，股东自决议作出之日起45日内，可以请求人民法院撤销。　　　　　　　　（　　）

8. 公司股东滥用公司法人独立地位和股东有限责任，逃避债务，严重损害公司债权人利益的，应当对公司债务承担连带责任。（　　）

9. 设立股份有限公司，应当有2人以上200人以下为发起人，其中，应当有半数以上的发起人在中国境内有住所。　　（　　）

10. 股份有限公司采取发起方式设立的，注册资本为在公司登记机关登记的已发行股份的股本总和，采用募集方式设立的，注册资本为在公司登记机关登记的实收股本总额。　　　　　　　　　　　　　　（　　）

11. 甲为A股份有限公司的股东，持股比例为2%，连续持股已满1年，甲有权查阅A股份有限公司的会计账簿。　　（　　）

12. A股份有限公司董事会作出的决议违反股东会决议，给公司造成严重损失的，参与该决议的董事王某在表决时曾表明异议但并未记录，该董事可免除赔偿责任。　　（　　）

13. 上市公司在1年内购买、出售重大资产或者向他人提供担保的金额超过公司资产总额30%的，应当由股东会作出决议，并经出席会议的股东所持表决权的过半数通过。　　　　　　　　　　　（　　）

14. 甲持有某有限责任公司全部股东表决权的9%，因公司管理人员拒绝向其提供公司账本，甲以其知情权受到损害为由，提起解散公司的诉讼。为此，人民法院不予受理。　　　　　　　　　　　（　　）

15. 有限责任公司增加注册资本时，股东在同等条件下有权优先按照实缴的出资比例认缴出资。但是，过半数股东约定不按照出资比例优先认缴出资的除外。　　　（　　）

快速查答案

一、单选题

序号	1	2	3	4	5	6	7	8	9	10	11	12
答案	D	D	C	D	C	C	B	C	A	A	A	D
序号	13	14	15	16	17	18	19	20	21	22	23	24
答案	D	B	B	A	D	B	A	B	A	C	A	D
序号	25	26	27	28	29	30	31	32	33	34	35	36
答案	D	C	C	A	D	C	C	B	A	C	C	D
序号	37	38	39	40	41	42	43	44	45	46	47	48
答案	C	B	B	C	A	B	A	B	C	C	B	A
序号	49											
答案	A											

二、多选题

序号	1	2	3	4	5	6	7	8	9	10	11	12
答案	CD	AC	AD	ACD	AD	BCD	AB	ABCD	ABC	ABC	ABCD	ABD
序号	13	14	15	16	17	18	19	20	21	22	23	24
答案	ABCD	ABD	ABCD	ABD	ABD	BD	ACD	CD	ABCD	BD	ABD	AC
序号	25	26	27	28	29	30	31	32	33	34	35	36
答案	ABD	ACD	ABD	ABC	ABC	BCD	ACD	AB	AB	ABCD	BD	ACD
序号	37	38	39	40								
答案	ABCD	ABCD	AD	AD								

三、判断题

序号	1	2	3	4	5	6	7	8	9	10	11	12
答案	×	√	×	√	√	×	×	√	×	×	×	×
序号	13	14	15									
答案	×	√	×									

第二章

参考答案及解析

一、单选题

1.【答案】D 【解析】本题考查分公司。分公司只是总公司管理的一个分支机构，不具备法人资格，但可以依法独立从事生产经营活动，其民事责任由总公司承担。

2.【答案】D 【解析】法律并不禁止公司为股东或者实际控制人提供担保，且公司章程对此类担保事项的决议并无另行规定的权限，选项A、B错误。公司为公司股东或者实际控制人提供担保的，应当经股东会决议。接受担保的股东或者受接受担保的实际控制人支配的股东，不得参加前述规定事项的表决。该项表决由出席会议的其他股东所持表决权的过半数通过，选项C错误，选项D正确。

3.【答案】C 【解析】设置审计委员会行使监事会职权的公司，应当在进行董事备案时标明相关董事担任审计委员会成员的信息。公司设立登记时应当依法对登记联络员进行备案，登记联络员可以由公司法定代表人、董事、监事、高级管理人员、股东、员工等人员担任。

4.【答案】D 【解析】公司合并、分立、减少注册资本的，可以通过国家企业信用信息公示系统公告，公告期45日，应当于公告期届满后申请办理登记，选项A、B错误。公司登记事项未经登记或者未经变更登记，不得对抗善意相对人，选项C错误。公司变更登记事项，应当自作出变更决议、决定或者法定变更事项发生之日起30日内向登记机关申请变更登记，选项D正确。

5.【答案】C 【解析】有限责任公司由1个以上50个以下股东出资设立，选项A错误。有限责任公司的注册资本为在公司登记机关登记的全体股东认缴的出资额。全体股东认缴的出资额由股东按照公司章程的规定自公司成立之日起5年内缴足，选项B错误。设立公司必须有住所。没有住所的公司，不得设立，选项D错误。

6.【答案】C 【解析】股东可以用货币出资，也可以用实物、知识产权、土地使用权等可以用货币估价并可以依法转让的非货币财产作价出资。但是法律、行政法规规定不得作为出资的财产除外，如股东不得以劳务、信用、自然人姓名、商誉、特许经营权或者设定担保的财产等作价出资。

7.【答案】B 【解析】有限责任公司章程应当载明下列事项：（1）公司名称和住所；（2）公司经营范围；（3）公司注册资本；（4）股东的姓名或者名称；（5）股东的出资额、出资方式和出资日期；（6）公司的机构及其产生办法、职权、议事规则；（7）公司法定代表人的产生、变更办法；（8）股东会认为需要规定的其他事项。选项B不属于应当载明的事项。

8.【答案】C 【解析】本题考查股东未尽出资义务的认定。出资人以符合法定条件的非货币财产出资后，因市场变化或者其他客观因素导致出资财产贬值，公司、其他股东或者公司债权人请求该出资人承担补足出资责任的，人民法院不予支持。

9.【答案】A 【解析】本题考查抽逃出资。选项A、B，有限责任公司成立后，股东不得抽逃出资。违反该规定的，股东应当返还抽逃的出资；给公司造成损失的，负有责任的董事、监事、高级管理人员应当与该股东承担连带赔偿责任。本题中，只有作为总经理的高某进行了协助，因此，只能要求高某承担连带责任。选项C，公司债权人甲银行有权请求抽逃出资的股东夏某对公司不能清偿的债务，在抽逃出资的本息范围内承担补充赔偿责任，因此，对公司不能清偿的200万元债务，夏某只承担120万元。选项D，公司的发起人、股东在公司成立后，抽逃其出资的，由公司登记机关责令改正，处以所抽逃出资金额5%以上15%以下的罚款。

10.【答案】A 【解析】选项A、B，股东抽逃出资，公司或者其他股东请求其向公司返还出资本息，"协助"抽逃出资的其他股东、董事、高级管理人员或者实际控制人（不包括监事）承担"连带责任"；选项C，股东抽逃出资，公司可以根据公司章程或者股东会决议对其利润分配请求权等股东权利作出相应的合理限制，而"完全不分配利润"的限制显然是不合理的；选项D，股东"抽逃全部出资"，经公司催告返还，其在合理期间内仍未返还出资，公司可以以股东会决议解除该股东的股东资格。

11.【答案】A 【解析】出资人以房屋、土地使用权或者需要办理权属登记的知识产权等财产出资，已经交付公司使用但未办理权属变更手续的，公司、其他股东或者公司债权人主张认定出资人未履行出资义务的，人民法院应当责令当事人在指定的合理期间内办理权属变更手续；在前述期间内办理了权属变更手续的，人民法院应当认定其已经履行了出资义务；出资人主张自其实际交付财产给公司使用时享有相应股东权利的，人民法院应予支持。

12.【答案】D 【解析】选项A、C，修改公司章程和解散公司都是特殊决议事项，须经代表2/3以上表决权的股东同意才能通过；张某、王某、李某合计持股56%，王某和李某合计持股51%，均未达2/3。选项B，张某持有的股权比例仅为5%，未达10%，无权提议召开股东会临时会议。选项D，有限公司首次股东会会议由出资最多的股东召集和主持。赵某出资比例最大，所以由他召集和主持。

13.【答案】D 【解析】选项D，监事会可以向"股东会"会议提出提案，但只能列席董事会会议，并对董事会会议决议提出质询和建议。

14.【答案】B 【解析】选项A、C、D，属于董事会的职权。选项B为监事会的职权。

15.【答案】B 【解析】有下列情形之一的，公司股东会、董事会的决议不成立：（1）未召开股东会、董事会会议作出决议；（2）股东会、董事会会议未对决议事项进行表决；（3）出席会议的人数或者所持表决权数未达到《公司法》或者公司章程规定的人数或者所持表决权数；（4）同意决议事项的人数或者所持表决权数未达到《公司法》或者公司章程规定的人数或者所持表决权数。

16.【答案】A 【解析】有限责任公司有证据证明股东存在下列情形之一的，可能损害公司合法利益的，可以拒绝提供查阅公司会计账簿：（1）股东自营或者为他人经营与公司主营业务有实质性竞争关系业务的，但公司章程另有规定或者全体股东另有约定的除外；（2）股东为了向他人通报有关信息查阅公司会计账簿，可能损害公司合法利益的；（3）股东在向公司提出查阅请求之日前的3年内，曾通过查阅公司会计账簿，向他人通报有关信息损害公司合法利益的；（4）股东有不正当目的的其他情形。

17.【答案】D 【解析】选项A、B、C，业务混同、员工混同、住所混同非人格混同考虑的因素，只是人格混同的补强。

18.【答案】B 【解析】选项A、B，实际出资人与名义股东因投资权益的归属发生争议，实际出资人以其实际履行了出资义务为由向名义股东主张权利的，人民法院应予支持。名义股东以公司股东名册记载、公司登记机关登记为由否认实际出资人权利的，人民法院不予支持。选项C，公司债权人以登记于公司登记机关的股东未履行出资义务为由，请求其对公司债务不能清偿的部分在未出资本息范围内承担补充赔偿责任，股东以其仅为名义股东而非实际出资人为由进行抗辩的，人民法院不予支持。名义股东根据上述规定承担赔偿责任后，向实际出资人追偿的，人民法院应予支持。选项D，名义股东处分股权造成实际出资人损失，实际出资人可以请求名义股东承担赔偿责任的。

19.【答案】A 【解析】股东之间相互转让股权无任何限制。股东向股东以外的人转让股权，应当将股权转让的数量、价格、支付方式和期限等事项书面通知其他股东，其他股东在同等条件下有优先购买权。股东自接到书面通知之日起30日内未答复的，视为放弃优先购买权。

20.【答案】B 【解析】国有独资公司章程由履行出资人职责的机构制定。国有独资公司不设股东会，由履行出资人职责的机构行使股东会职权。履行出资人职责的机构可以授权公司董事会行使股东会的部分职权，但公司章程的制定和修改，公司的合并、分立、解散、申请破产，增加或者减少注册资本，分配利润，应当由履行出资人职责的机构决定。

21. 【答案】A 【解析】选项A，国有独资公司设经理，由董事会聘任或者解聘；选项B，国有独资公司非由职工代表担任的董事由国有资产监督管理机构委派，职工代表担任的董事由公司职工代表大会选举产生；选项C，国有独资公司的董事长、副董事长、董事、高级管理人员，未经国有资产监督管理机构同意，不得在其他有限责任公司兼职；选项D，国有独资公司的合并、分立、增减注册资本和发行公司债券，应当由履行出资人职责的机构决定。

22. 【答案】C 【解析】国有独资公司不设股东会，因此，选项A错误。董事长、副董事长由国有资产监督管理机构从董事会成员中指定，因此，选项B错误。国有独资公司在董事会中设置由董事组成的审计委员会行使《公司法》规定的监事会职权的，不设监事会或监事，因此，选项D错误。

23. 【答案】A 【解析】选项B，国有独资公司不设股东会，由国有资产监督管理机构行使股东会职权；选项C，国有独资公司在董事会中设审计委员会行使监事会职权，不设监事会或监事；选项D，国有独资公司的董事会成员中"应当"有公司职工代表。

24. 【答案】D 【解析】选项A，董事会应当授权代表，于公司创立大会结束后30日内向公司登记机关申请设立登记。选项B，在中国境内有住所≠有中国国籍。选项C，发起人认购的股份不得少于公司股份总数的35%，但法律、行政法规另有规定的，从其规定。选项D，发起人为设立公司以自己名义对外签订合同，合同相对人请求该发起人承担合同责任的，人民法院应予支持。

25. 【答案】D 【解析】选项A，发起人制订公司章程，采用募集方式设立的须经成立大会通过；选项B、D，股份有限公司无论采取

何种设立方式设立的，股份有限公司的注册资本为在公司登记机关登记的已发行股份的股本总额，因此选项D正确；选项C，股份有限公司采取募集方式设立的，成立大会由发起人和认股人组成。

26. 【答案】C 【解析】股东会作出决议，应当经出席会议的股东所持表决权过半数通过，选项A不正确；根据公司法律制度的规定，股东会应当每年召开一次年会，选项B不正确；股东会不得对会议通知中未列明的事项作出决议，选项D不正确。

27. 【答案】C 【解析】本题考核临时股东大会的规定。董事人数减至7人，不低于《公司法》规定人数或者公司章程所定人数的2/3，选项A错误。临时股东会会议应由监事会提议召开，而不是某一个监事，选项B错误。李某作为持有公司10%以上股份的股东，可以请求召开临时股东大会，选项C正确。公司未弥补的亏损1 600万元尚未达到实收股本总额的1/3（2 000万元），选项D错误。

28. 【答案】A 【解析】股份有限公司可以按照公司章程的规定在董事会中设置由董事组成的审计委员会，行使《公司法》规定的监事会的职权，不设监事会或者监事，选项A正确。审计委员会成员为3名以上，过半数成员不得在公司担任除董事以外的其他职务，且不得与公司存在任何可能影响其独立客观判断的关系，选项B、C错误。审计委员会作出决议，应当经审计委员会成员的过半数通过，选项D错误。

29. 【答案】D 【解析】本题考核股份公司的董事会。根据规定，代表1/10以上表决权的股东、1/3以上董事或者监事会，可以提议召开临时董事会议。董事长应当自接到提议后10日内，召集和主持董事会会议，因此，选项A、C表述错误。董事长召集和主持董事会会议，检查董事会决议的实施情况。副董事长协助董事长工作，董事长不能履行职务或者不履行职务的，由副董事长履行职务；副董事长不能履行职务或者不履行职务的，由过半数的董事共同推举1名董事履行职务，因此，选项B表述错误。

30. 【答案】C 【解析】本题考查独立董事的任

职资格。选项 A，在上市公司或者其附属企业任职的人员及其配偶、父母、子女、主要社会关系，不得担任独立董事；选项 B、D，直接或者间接持有上市公司已发行股份 1% 以上或者是上市公司前 10 名股东中的自然人股东及其配偶、父母、子女，不得担任独立董事。在直接或者间接持有上市公司已发行股份 5% 以上的股东或者在上市公司前 5 名股东任职的人员及其配偶、父母、子女，选项 C 正确。

31.【答案】C 【解析】（1）选项 A、B，董事会秘书是上市公司所特有的，是公司的高级管理人员；（2）选项 C，董事会秘书是董事会设置的服务席位，既不能代表董事会，也不能代表董事长；（3）选项 D，上市公司设立董事会秘书，负责公司股东会和董事会会议的筹备、文件保管以及公司股东资料的管理，办理信息披露事务等事宜。

32.【答案】B 【解析】上市公司在 1 年内购买、出售重大资产或者向他人提供担保的金额超过公司资产总额 30%，应当由股东会作出决议，并经出席会议的股东所持表决权的 2/3 以上通过。

33.【答案】A 【解析】担任破产清算的公司、企业的董事或者厂长、经理，对该公司、企业的破产负有个人责任的，自该公司、企业破产清算完毕之日起未逾 3 年的，不得担任董事、监事、高级管理人员，故选项 B 错误；个人因所负数额较大债务到期未清偿被人民法院列为失信被执行人，不得担任董事、监事、高级管理人员，故选项 C 错误；因贪污、贿赂、侵占财产、挪用财产或者破坏社会主义经济秩序，被判处刑罚，执行期满未逾 5 年，或者因犯罪被剥夺政治权利，执行期满未逾 5 年，被宣告缓刑的，自缓刑考验期满之日未逾 2 年，不得担任董事、监事、高级管理人员，故选项 D 错误。

34.【答案】C 【解析】董事、监事、高级管理人员，直接或者间接与本公司订立合同或者进行交易，应当就与订立合同或者进行交易有关的事项向董事会或者股东会报告，并按照公司章程的规定经董事会或者股东会决议通过。董事、监事、高级管理人员的近亲属

与公司订立合同或者进行交易，适用前述规定，选项 C 正确。

35.【答案】C 【解析】本题考查有权提起股东代表诉讼的股东资格。对于有限责任公司来说，任意股东都可以；但对于股份有限公司来说有两个条件：（1）连续持股时间 180 日以上；（2）持股比例 1% 以上（单独或者合计）。

36.【答案】D 【解析】上市公司向不特定对象发行优先股应当在公司章程中规定以下事项：（1）采取固定股息率；（2）在有可分配税后利润的情况下必须向优先股股东分配股息；（3）未向优先股股东足额派发股息的差额部分应当累积到下一会计年度；（4）优先股股东按照约定的股息率分配股息后，不再同普通股股东一起参加剩余利润分配。商业银行发行优先股补充资本的，可就第（2）项和第（3）项事项另行约定。

37.【答案】C 【解析】选项 C，因股东对股东会作出的公司合并决议而提出异议要求公司收购其股份的，公司应当在 6 个月内转让或注销。

38.【答案】B 【解析】选项 A，公司收购本公司股份用于员工持股计划或者股权激励，可以按照公司章程或者股东会的授权，经 2/3 以上董事出席的董事会会议决议；选项 C，公司收购本公司股份用于员工持股计划或者股权激励的，应当在"3 年内"转让或者注销；选项 D，股份有限公司回购股份用于股权激励或员工持股计划的，公司合计持有的本公司股份数不得超过本公司已发行股份总数的 10%。

39.【答案】B 【解析】公司公开发行股份前已发行的股份，自公司股票在证券交易所上市交易之日起 1 年内不得转让，选项 A 错误。选项 B 中，董事郑某所持股票一共 800 股，不到 1 000 股，因此不受每年 25% 的限制，且 2024 年 9 月距上市已满 1 年，郑某可以一次性转让所持全部股份。选项 C 中，2024 年 9 月距上市时间已满 1 年，董事张某可以转让股票，但每年转让数量不超过持股总数的 25%，即 2 500 股，张某拟转让的股份数量超过该限制，选项 C 错误。选项 D 中，总经

理李某离职不到半年，不得转让该公司股份，选项 D 错误。

40.【答案】C 【解析】选项 A，当条件具备时，债券持有人拥有将公司债券转换为公司股票的选择权；选项 B，公司债券的持有人享有优先于股票持有人获得清偿的权利；选项 D，公司债券可以转让，转让价格由转让人与受让人约定。公司债券在证券交易所上市交易的，按照证券交易所的交易规则转让。

41.【答案】A 【解析】(1) 选项 B、D，为公司利益，经股东会决议，或者董事会按照公司章程或者股东会的授权作出决议，公司可以为他人取得本公司或者其母公司的股份提供财务资助，但财务资助的累计总额不得超过已发行股本总额的 10%。董事会作出决议应当经全体董事的 2/3 以上通过。(2) 选项 C，公司不得为他人取得本公司或者其母公司的股份提供赠与、借款、担保以及其他财务资助，公司实施员工持股计划的除外。

42.【答案】B 【解析】公司分配当年税后利润时，应当提取利润的 10% 列入公司法定公积金。公司法定公积金累计额为公司注册资本的 50% 以上的，可以不再提取。

43.【答案】A 【解析】选项 A，公司聘用、解聘承办公司审计业务的会计师事务所，依照公司章程的规定，由股东会、董事会或者监事会决定。选项 B、D，公司除法定的会计账簿外，不得另立会计账簿。对公司资金，不得以任何个人名义开立账户存储。选项 C，股东有权查阅、复制公司章程、股东会会议记录、董事会会议决议、监事会会议决议和财务会计报告。

44.【答案】B 【解析】本题考核公司的利润分配。根据公司法律制度的规定，发生重大亏损，税后利润不足弥补的，应当先使用任意公积金和法定公积金弥补；仍不能弥补的，可以按照规定使用资本公积金，因此，选项 B 错误。

45.【答案】C 【解析】债权人自接到通知之日起 30 日内，未接到通知书的自公告之日起 45 日内，可以要求公司清偿或提供相应的担保。

46.【答案】C 【解析】根据规定，公司需要减

少注册资本时，应当编制资产负债表及财产清单，故选项 A 正确；公司减少注册资本时，应当自作出减少注册资本决议之日起 10 日内通知债权人，并于 30 日内在报纸上或者国家企业信用信息公示系统公告，故选项 B 正确；公司减资的，债权人有权要求公司清偿债务或者提供担保，故选项 D 正确；减少注册资本弥补亏损的，公司不得向股东分配，也不得免除股东缴纳出资或者股款的义务，故选项 C 错误。

47.【答案】B 【解析】根据《公司法》规定，公司持续 2 年以上无法召开股东会，公司经营管理发生严重困难的；股东表决时无法达到法定或者公司章程规定的比例，持续 2 年以上不能作出有效的股东会决议，公司经营管理发生严重困难的；公司董事长期冲突，且无法通过股东会解决，公司经营管理发生严重困难的；经营管理发生其他严重困难，公司继续存续会使股东利益受到重大损失的情形，股东可以向人民法院提起解散公司的诉讼，故选项 B 正确。

48.【答案】A 【解析】本题考核公司解散的原因。公司经营管理发生严重困难，继续存续会使股东利益受到重大损失，通过其他途径不能解决，持有公司全部股东表决权 10% 以上的股东，可以请求人民法院解散公司的情形有：(1) 公司持续 2 年以上无法召开股东会，公司经营管理发生严重困难的；(2) 股东表决时无法达到法定或者公司章程规定的比例，持续 2 年以上不能作出有效的股东会决议，公司经营管理发生严重困难的；(3) 公司董事长期冲突，且无法通过股东会解决，公司经营管理发生严重困难的；(4) 经营管理发生其他严重困难，公司继续存续会使股东利益受到重大损失的情形。本题中，选项 B，如果该情形发生于股份有限公司，公司应当在 2 个月内召开临时股东会。选项 C，如果该情形发生于有限责任公司，对不分红决议投了反对票的股东，可以请求公司回购其股权。选项 D，如果该情形发生于有限责任公司，属于侵犯股东知情权，股东可以向法院提起股东直接诉讼。

49.【答案】A 【解析】本题考核公司清算。公

司解散逾期不成立清算组进行清算，债权人、公司股东、董事或其他利害关系人申请人民法院指定清算组对公司进行清算的，人民法院应予受理。

二、多选题

1. 【答案】CD 【解析】分公司是公司依法设立的以公司名义进行经营活动，其法律后果由公司承担的分支机构。因此，分公司没有独立的公司名称、章程，没有独立的财产，不具有法人资格，但可领取营业执照，进行经营活动，其民事责任由总公司承担。

2. 【答案】AC 【解析】有下列情形之一的，不得担任公司的法定代表人：无民事行为能力或者限制民事行为能力（选项A）；因贪污、贿赂、侵占财产、挪用财产或者破坏社会主义市场经济秩序被判处刑罚，执行期满未逾5年（选项B），或者因犯罪被剥夺政治权利，执行期满未逾5年，被宣告缓刑的，自缓刑考验期满之日起未逾2年；担任破产清算的公司、企业的董事或者厂长、经理，对该公司、企业的破产负有个人责任的，自该公司、企业破产清算完结之日起未逾3年（选项D）；担任因违法被吊销营业执照、责令关闭的公司、企业的法定代表人，并负有个人责任的，自该公司、企业被吊销营业执照、责令关闭之日起未逾3年；个人因所负数额较大债务到期未清偿被人民法院列为失信被执行人（选项C）；法律、行政法规规定的其他情形。

3. 【答案】AD 【解析】公司变更法定代表人的，变更登记申请书由变更后的法定代表人签署，选项B错误。公司变更登记事项，应当自作出变更决议、决定或者法定变更事项发生之日起30日内向登记机关申请变更登记，选项C错误。

4. 【答案】ACD 【解析】公司股东死亡、注销或者被撤销，导致公司无法办理注销登记的，可以由该股东股权的全体合法继受主体或者该股东的全体投资人代为依法办理注销登记相关事项，并在注销决议上说明代为办理注销登记的相关情况，选项B错误。

5. 【答案】AD 【解析】公司申请登记或者备案的事项存在下列情形之一的，公司登记机关不予办理设立登记或者相关事项的变更登记及备案：（1）公司名称不符合企业名称登记管理相关规定的；（2）公司注册资本、股东出资期限及出资额明显异常且拒不调整的；（3）经营范围中属于在登记前依法须经批准的许可经营项目，未获得批准的；（4）涉及虚假登记的直接责任人自登记被撤销之日起3年内再次申请登记的；（5）可能危害国家安全、社会公共利益的；（6）其他不符合法律、行政法规规定的情形。

6. 【答案】BCD 【解析】选项A，申请人可以委托其他自然人或者中介机构代其办理公司登记。

7. 【答案】AB 【解析】选项A，因公共卫生事件造成经营困难的，公司可以"自主决定"在一定时期内歇业；选项B，公司应当在歇业前向登记机关办理备案。

8. 【答案】ABCD 【解析】根据《公司法》的规定，有限责任公司章程应当载明下列事项：（1）公司名称和住所；（2）公司经营范围；（3）公司注册资本；（4）股东的姓名或者名称；（5）股东的出资额、出资方式和出资日期；（6）公司的机构及其产生办法、职权、议事规则；（7）公司法定代表人的产生、变更办法；（8）股东会认为需要规定的其他事项。

9. 【答案】ABC 【解析】公司章程对公司、股东、董事、监事、高级管理人员具有约束力。高级管理人员包括经理、副经理、财务负责人、上市公司董事会秘书。公司实际控制人不属于股东，不受公司章程约束。

10. 【答案】ABC 【解析】选项A、B、C，股东不得以土地所有权、非法的财产（如毒品）、劳务、信用、自然人姓名、商誉、特许经营权或者设定担保的财产等作价出资。设定担保的财产不是无负担的财产，因此也不能出资。选项D，股东可以用货币出资，也可以用实物、知识产权、土地使用权、股权、债权等可以用货币估价并可以依法转让的非货币财产作价出资。

11. 【答案】ABCD 【解析】有限责任公司只能采用发起设立，设立时的股东有数人时，应签订设立协议或作成发起人会议决议，选项

A、D 正确。有限责任公司设立时的股东为设立公司从事的民事活动，其法律后果由公司承受，选项 B 正确。公司未成立的，其法律后果由公司设立时的股东承受；设立时的股东为 2 人以上的，享有连带债权，承担连带债务，选项 C 正确。

12. 【答案】ABD 【解析】本题考查股东出资方式。股东可以用货币出资，也可以用实物、知识产权、土地使用权、股权、债权等可以用货币估价并可以依法转让的非货币财产作价出资；法律对数据、网络虚拟财产的权属等有规定的，股东可以按照规定用数据、网络虚拟财产作价出资。股东不得以土地所有权、非法的财产、劳务、信用、自然人姓名、商誉、特许经营权（选项 C）或者设定担保的财产等作价出资。

13. 【答案】ABCD 【解析】本题考查股东缴纳出资。股东以货币出资的，应当将货币出资足额存入有限责任公司在银行开设的账户；以非货币财产出资的，应当依法办理其财产权的转移手续。对于股东不按照规定缴纳出资的，《公司法》规定，除该股东应当向公司足额缴纳外，还应当对给公司造成的损失承担赔偿责任。

14. 【答案】ABD 【解析】股东未按照公司章程规定的出资日期缴纳出资，公司依照规定发出书面催缴书催缴出资的，可以载明缴纳出资的宽限期；宽限期自公司发出催缴书之日起，不得少于 60 日。宽限期届满，股东仍未履行出资义务的，公司经董事会决议可以向该股东发出失权通知，通知应当以书面形式发出。自通知发出之日起，该股东丧失其未缴纳出资的股权。

15. 【答案】ABCD 【解析】本题考核股东会职权。选项 A、B、C、D 均为正确表述。

16. 【答案】ABD 【解析】本题考核有限责任公司股东会。有限责任公司股东会会议对修改公司章程；增加或减少注册资本；变更公司形式；合并、分立、解散事项作出的决议，必须经代表 2/3 以上表决权的股东通过。

17. 【答案】ABD 【解析】选项 A、B、C，修改公司章程、增减注册资本、变更公司形式为有限责任公司股东会的特别决议事项，应

当经代表 2/3 以上（≥66.67%）表决权的股东同意。其中选项 A，张某与李某同意，占到表决权 69%；选项 B，王某与李某同意，占到表决权 80%，均可以通过；选项 C，张某与王某同意，占到表决权 51% 不能通过；选项 D，属于有限责任公司股东会的普通决议事项，表决通过比例由公司章程约定，本题中无论章程约定比例为多少，张某、王某与李某均同意，占到表决权 100%，可以通过。

18. 【答案】BD 【解析】有限责任公司的临时股东会会议应由代表 1/10 以上表决权的股东，1/3 以上的董事或者监事会提议召开，选项 A 错误。董事、监事任期每届为 3 年，连选可以连任，选项 B 正确，选项 C 错误。职工人数 300 人以上的有限责任公司，除依法设监事会并有公司职工代表的外，其董事会成员中应当有公司职工代表，选项 D 正确。

19. 【答案】ACD 【解析】本题考查监事会的职权。根据规定，监事会、不设监事会的公司的监事行使下列职权：（1）检查公司财务（选项 A）；（2）对董事、高级管理人员执行职务的行为进行监督，对违反法律、行政法规、公司章程或者股东会决议的董事、高级管理人员提出解任的建议（选项 D）；（3）当董事、高级管理人员的行为损害公司的利益时，要求董事、高级管理人员予以纠正；（4）提议召开临时股东会会议，在董事会不履行《公司法》规定的召集和主持股东会会议职责时召集和主持股东会会议（选项 C）；（5）向股东会会议提出提案；（6）依照《公司法》的规定，对董事、高级管理人员提起诉讼；（7）公司章程规定的其他职权。选项 B，"董事会"有权决定聘任或者解聘公司经理及其报酬事项，并根据经理的提名决定聘任或者解聘公司副经理、财务负责人及其报酬事项。

20. 【答案】CD 【解析】选项 A 属于决议无效，公司股东会、董事会的决议内容违反法律、行政法规的无效。选项 B 属于决议可撤销，公司股东会、董事会的会议召集程序、表决方式违反法律、行政法规或者公司章程，或者决议内容违反公司章程的，股东自

决议作出之日起 60 日内，可以请求人民法院撤销。选项 C、D 属于决议不成立。

21. 【答案】ABCD　【解析】根据《全国法院民商事审判工作会议纪要》的规定，在认定是否构成人格混同时，应当综合考虑以下因素：（1）股东无偿使用公司资金或者财产，不作财务记载的；（2）股东用公司的资金偿还股东的债务，或者将公司的资金供关联公司无偿使用，不作财务记载的；（3）公司账簿与股东账簿不分，致使公司财产与股东财产无法区分的；（4）股东自身收益与公司盈利不加区分，致使双方利益不清的；（5）公司的财产记载于股东名下，由股东占有、使用的；（6）人格混同的其他情形。

22. 【答案】BD　【解析】选项 A、B，有限责任公司的实际出资人与名义出资人订立合同，约定由实际出资人出资并享有投资权益，以名义出资人为名义股东，实际出资人与名义股东对该合同效力发生争议的，如无《民法典》规定的合同无效或可撤销的情形，人民法院应当认定该合同有效。选项 C、D，名义股东将登记于其名下的股权转让或者质押，只要受让方李某构成善意取得，交易的股权可以最终为其所有。

23. 【答案】ABD　【解析】本题考查名义股东与实际出资人。根据规定，有限责任公司的实际出资人与名义出资人订立合同，约定由实际出资人出资并享有投资权益，以名义出资人为名义股东，实际出资人与名义股东对该合同效力发生争议的，如无合同无效或可撤销的情形，人民法院应当认定该合同有效，选项 A 正确。当实际出资人与名义股东因投资权益的归属发生争议，实际出资人以其实际履行了出资义务为由向名义股东主张权利的，人民法院应予支持，选项 B 正确。名义股东将登记于其名下的股权转让、质押或者以其他方式处分，须张某构成善意取得，交易的股权才可最终为其所有，选项 C 错误。公司债权人以登记于公司登记机关的股东未履行出资义务为由，请求其对公司债务不能清偿的部分在未出资本息范围内承担补充赔偿责任，股东以其仅为名义股东而非实际出资人为由进行抗辩的，人民法院不予

支持，选项 D 正确。

24. 【答案】AC　【解析】有限责任公司股东转让股权。甲的第一次股权转让经过了乙的同意，满足了公司章程规定的股权对外转让的条件，且已办理股权转让手续，所以转让有效。甲的第二次股权转让，属于内部转让，有限责任公司的股东之间可以相互转让全部或者部分股权，无论乙是否同意。因此，选项 A、C 正确。

25. 【答案】ABD　【解析】国有独资公司的董事、高级管理人员，未经履行出资人职责的机构同意，不得在其他有限责任公司、股份有限公司或者其他经济组织兼职，选项 C 错误。

26. 【答案】ACD　【解析】本题考查国家出资公司。根据规定，国有独资公司章程由履行出资人职责的机构制定。国有独资公司不设股东会，由履行出资人职责的机构行使股东会职权。履行出资人职责的机构可以授权公司董事会行使股东会的部分职权，选项 C 正确。但公司章程的制定和修改，公司的合并、分立、解散、申请破产，增加或者减少注册资本，分配利润，应当由履行出资人职责的机构决定，选项 A、D 正确，选项 B 错误。

27. 【答案】ABD　【解析】发起人应当在公司设立时应发行股份的股款缴足之日起 30 日内主持召开公司成立大会，成立大会由发起人、认股人组成，选项 C 错误。

28. 【答案】ABC　【解析】本题考查股份有限公司组织机构。选项 A 正确，股份有限公司的股东会分为年会和临时股东会会议两种，股东会应当每年召开 1 次年会。选项 B、C 正确，股份有限公司董事会每年度至少召开 2 次会议，监事会每 6 个月至少召开 1 次会议。选项 D 错误，股份有限公司设董事会，其成员为 3 人以上。

29. 【答案】ABC　【解析】选项 D，审计委员会作出决议，应当经审计委员会成员的过半数通过。

30. 【答案】BCD　【解析】选项 A 属于独立董事的职责；选项 B、C、D 属于独立董事的特别职权。

31. 【答案】ACD　【解析】根据《公司法》规

定，为上市公司及其控股股东、实际控制人或者其各自附属企业提供财务、法律、咨询、保荐等服务的人员不得担任独立董事（选项 A）。在上市公司或者其附属企业任职的人员及其配偶、父母、子女、主要社会关系不得担任独立董事（选项 C）。因贪污、贿赂、侵占财产、挪用财产或者破坏社会主义市场经济秩序，被判处刑罚，执行期满未逾 5 年的，不得担任董事、监事、高级管理人员（选项 D）。

32. 【答案】AB 【解析】（1）选项 A、B，上市公司应当在董事会中设置审计委员会。审计委员会成员应当为不在上市公司担任高级管理人员的董事，其中独立董事应当过半数，并由独立董事中会计专业人士担任召集人。（2）选项 C、D，上市公司在董事会中设置审计委员会的，董事会对下列事项作出决议前应当经审计委员会全体成员过半数（而非一致）通过：①聘用、解聘承办公司审计业务的会计师事务所；②聘任、解聘财务负责人；③披露财务会计报告；④国务院证券监督管理机构规定的其他事项。

33. 【答案】AB 【解析】董事、监事、高级管理人员，不得利用职务便利为自己或者他人谋取属于公司的商业机会。但是，有下列情形之一的除外：（1）向董事会或者股东会报告，并按照公司章程的规定经董事会或者股东会决议通过；（2）根据法律、行政法规或者公司章程的规定，公司不能利用该商业机会。公司董事、高级管理人员违反忠实义务所得的收入应当归公司所有。

34. 【答案】ABCD 【解析】本题考核股东代表诉讼。根据规定，监事会或者董事会收到有限责任公司的股东、股份有限公司连续 180 日以上单独或合计持有公司 1% 以上股份的股东的书面请求后，拒绝提起诉讼，或者自收到请求之日起 30 日内未提起诉讼，或者情况紧急、不立即提起诉讼将会使公司利益受到难以弥补的损害的，前述股东有权为了公司的利益，以自己的名义直接向人民法院提起诉讼，因此，选项 A、B、C、D 正确。

35. 【答案】BD 【解析】公司分配当年税后利润时，应当提取利润的 10% 列入公司法定公

积金。当公司法定公积金累计额为公司注册资本的 50% 以上时，可以不再提取，选项 A 错误，选项 B 正确。公积金弥补公司亏损，应当先使用任意公积金和法定公积金；仍不能弥补的，可以按照规定使用资本公积金，选项 C 的说法错误。股份有限公司以超过股票票面金额的发行价格发行股份所得的溢价款、发行无面额股所得股款未计入注册资本的金额以及国务院财政部门规定列入资本公积金的其他项目，应当列为公司资本公积金，选项 D 正确。

36. 【答案】ACD 【解析】（1）选项 A、D，减少注册资本弥补亏损的，公司不得向股东分配，也不得免除股东缴纳出资或者股款的义务；（2）选项 B，减少注册资本弥补亏损的，不需要通知债权人，但应当自股东会作出减少注册资本决议之日起 30 日内在报纸上或者国家企业信用信息公示系统公告（而非通知）；（3）选项 C，按照规定减少注册资本弥补亏损的，减少注册资本后，在法定公积金和任意公积金累计额达到公司注册资本 50% 前，不得分配利润。

37. 【答案】ABCD 【解析】根据《公司法》的规定，公司不得收购本公司股份。但是，有下列情形之一的除外：（1）减少公司注册资本；（2）与持有本公司股份的其他公司合并；（3）将股份用于员工持股计划或者股权激励；（4）股东因对股东会作出的公司合并、分立决议持异议，要求公司收购其股份；（5）将股份用于转换公司发行的可转换为股票的公司债券；（6）上市公司为维护公司价值及股东权益所必需。公司因上述第（1）项、第（2）项规定的情形收购本公司股份的，应当经股东会决议；公司因上述第（3）项、第（5）项、第（6）项规定的情形收购本公司股份的，可以按照公司章程或者股东会的授权，经 2/3 以上董事出席的董事会会议决议。公司收购本公司股份，可以通过公开的集中交易方式，或者法律法规和中国证监会认可的其他方式进行。公司依照上述规定收购本公司股份后，属于第（1）项情形的，应当自收购之日起 10 日内注销；属于第（2）项、第（4）项情形的，应当在

6个月内转让或者注销；属于第（3）项、第（5）项、第（6）项情形的，公司合计持有的本公司股份数不得超过本公司已发行股份总数的10%，并应当在3年内转让或者注销。

38.【答案】ABCD 【解析】本题考查公司司法解散。根据规定，单独或者合计持有公司10%以上表决权的股东，以下列事由之一提起解散公司诉讼，并符合《公司法》有关规定的，人民法院应予受理：（1）公司持续2年以上无法召开股东会，公司经营管理发生严重困难的；（2）股东表决时无法达到法定或者公司章程规定的比例，持续2年以上不能作出有效的股东会决议，公司经营管理发生严重困难的；（3）公司董事长期冲突，且无法通过股东会解决，公司经营管理发生严重困难的；（4）经营管理发生其他严重困难，公司继续存续会使股东利益受到重大损失的情形。四个选项均为正确选项。

39.【答案】AD 【解析】公司章程规定的营业期限届满或者公司章程规定的其他解散事由出现，且尚未向股东分配财产的，可以通过修改公司章程或者经股东会决议而存续。公司依照前述规定修改公司章程或者经股东会决议，有限责任公司须经持有2/3以上表决权的股东通过，选项A、D错误。

40.【答案】AD 【解析】公司在存续期间未产生债务，或者已清偿全部债务的，经全体股东承诺，可以按照规定通过简易程序注销公司登记，选项B错误。清算组应当对公司财产进行清理，编制资产负债表和财产清单，制订清算方案。清算方案应当报股东会或者人民法院确认，选项C错误。

三、判断题

1.【答案】× 【解析】公司的法定代表人按照公司章程的规定，由代表公司执行公司事务的董事或者经理担任，并依法登记。公司法定代表人变更的，应当办理变更登记。

2.【答案】√ 【解析】申请人可以委托中介机构或者其他自然人代其办理公司登记、备案。中介机构明知或者应当知道申请人提交虚假材料或者采取其他欺诈手段隐瞒重要事实进

行公司登记，仍接受委托代为办理，或者协助其进行虚假登记的，由公司登记机关没收违法所得，处10万元以下的罚款。

3.【答案】× 【解析】2024年6月30日前登记设立的公司，有限责任公司剩余认缴出资期限自2027年7月1日起超过5年的，应当在2027年6月30日前将其剩余认缴出资期限调整至5年内并记载于公司章程，股东应当在调整后的认缴出资期限内足额缴纳认缴的出资额。

4.【答案】√ 【解析】法律对数据、网络虚拟财产的权属等有规定的，股东可以按照规定用数据、网络虚拟财产作价出资。

5.【答案】√ 【解析】根据规定，出资人以房屋、土地使用权或者需要办理权属登记的知识产权等财产出资，已经办理权属变更手续但未交付给公司使用的，公司或者其他股东主张其向公司交付，并在实际交付之前不享有相应股东权利的，人民法院应予支持。

6.【答案】× 【解析】股东转让已认缴出资但未届出资期限的股权的，由受让人承担缴纳该出资的义务；受让人未按期足额缴纳出资的，转让人对受让人未按期缴纳的出资承担补充责任。

7.【答案】× 【解析】公司股东会、董事会的会议召集程序、表决方式违反法律、行政法规或者公司章程，或者决议内容违反公司章程的，股东自决议作出之日起60日内，可以请求人民法院撤销。

8.【答案】√ 【解析】本题考查股东滥用股东权的责任。本题所述正确。

9.【答案】× 【解析】设立股份有限公司，应当有1人以上200人以下为发起人，其中，应当有半数以上的发起人在中国境内有住所。

10.【答案】× 【解析】股份有限公司的注册资本为在公司登记机关登记的已发行股份的股本总额。在发起人认购的股份缴足前，不得向他人募集股份。

11.【答案】× 【解析】股份有限公司连续180日以上单独或者合计持有公司3%以上股份的股东要求查阅公司的会计账簿、会计凭证的，应当向公司提出书面请求，说明目的。

12.【答案】× 【解析】董事会的决议违反法

律、行政法规或者公司章程、股东会决议，给公司造成严重损失的，参与决议的董事对公司负赔偿责任。但经证明在表决时曾表明异议并记载于会议记录的，该董事可以免除责任。

13.【答案】×【解析】上市公司在1年内购买、出售重大资产或者向他人提供担保的金额超过公司资产总额30%的，应当由股东会作出决议，并经出席会议的股东所持表决权的2/3以上通过。

14.【答案】√【解析】股东以知情权、利润分配请求权等权益受到损害，或者公司亏损、财产不足以偿还全部债务，以及公司被吊销企业法人营业执照未进行清算等为由，提起解散公司诉讼的，人民法院不予受理。

15.【答案】×【解析】有限责任公司增加注册资本时，股东在同等条件下有权优先按照实缴的出资比例认缴出资。但是，全体股东约定不按照出资比例优先认缴出资的除外。

第三章 合伙企业法律制度

强化练习题

一、单选题

1. 甲普通合伙企业成立时，下列各项中，能成为合伙人的是（　　）。
   A. 星环集团（国有独资公司）
   B. 年满 16 周岁（未满 18 周岁）的高中生王某
   C. 旭日股份有限公司（上市公司）
   D. 3 个月前刑满释放的孙某

2. 根据合伙企业法律制度的规定，下列关于普通合伙企业合伙人出资的表述中，不正确的是（　　）。
   A. 可以知识产权出资
   B. 可以土地使用权出资
   C. 以实物出资需要评估作价的，可由全体合伙人协商确定
   D. 出资必须一次性实缴

3. 陈某、李某和甲股份有限公司签订合伙协议，拟设立一家普通合伙企业，下列关于该普通合伙企业设立的表述中，不正确的是（　　）。
   A. 陈某以一套房屋出资，应当办理房屋所有权转移登记
   B. 全体合伙人可以委托法定评估机构评估甲股份有限公司出资的知识产权
   C. 该普通合伙企业自李某向登记机关提交登记资料之日起成立
   D. 各合伙人均承担无限连带责任

4. 根据合伙企业法律制度的规定，关于普通合伙企业设立的下列表述中，正确的是（　　）。
   A. 合伙协议可以采取口头形式
   B. 合伙人只能为自然人
   C. 合伙企业名称应当标有"普通合伙"字样
   D. 合伙人以实物出资，需要评估作价的，必须由全体合伙人协商确定

5. 根据合伙企业法律制度的规定，下列出资形式中，只能由全体合伙人协商确定价值评估办法的是（　　）。
   A. 实物
   B. 土地使用权
   C. 知识产权
   D. 劳务

6. 根据合伙企业法律制度的规定，下列各项中，不属于合伙企业财产的是（　　）。
   A. 合伙人的出资
   B. 合伙企业取得的专利权
   C. 合伙企业接受的捐赠
   D. 合伙企业承租的设备

7. 普通合伙人甲、乙、丙、丁分别持有某合伙企业 18%、20%、27% 和 35% 的财产份额。合伙协议约定：合伙人对外转让财产份额应当经持有 3/5 以上合伙财产份额的合伙人同意。现甲欲将其持有的 10% 财产份额转让给非合伙人戊，并将剩余 8% 的财产份额转让给合伙人丙。根据合伙企业法律制度的规定，下列表述中正确的是（　　）。
   A. 未经乙、丙、丁一致同意，甲不得将其财产份额转让给戊
   B. 未经丁同意，甲不得将其财产份额转让给丙
   C. 经丙、丁同意，甲即可将其财产份额转让给戊
   D. 未经乙同意，甲不得将其财产份额转让给丙

8. 某普通合伙企业的一名合伙人拟将其合伙财产份额转让给另一合伙人，但合伙协议对该事项未作约定。根据合伙企业法律制度的规定，下列关于该事项决定规则的表述中，正确的是（　　）。

A. 须其他合伙人半数以上同意

B. 须其他合伙人一致同意

C. 须其他合伙人 2/3 以上同意

D. 无须其他合伙人同意

9. 自然人甲、乙、丙共同出资设立了旭日普通合伙企业。后甲拟将自己 50% 的财产份额以 10 万元的价格转让，乙、丙得知后，乙表示愿意以 8 万元的价格购买，丙未表态。甲对乙的出价不满意，遂对外寻找意向购买方，甲的朋友丁有意以 10 万元的价格受让，甲遂征求乙、丙同意，丙得知丁拟受让后随即表示也愿以 10 万元的价格购买，乙未表态。已知，该合伙企业对合伙人财产份额转让事项未作约定。有关该企业财产转让的下列说法中，正确的是（   ）。

A. 甲应当将财产份额转让给丙

B. 甲可以将财产份额转让给丁

C. 由于乙未表态，甲不得将财产份额转让给丙

D. 由于乙未表态，甲不得将财产份额转让给丁

10. 某普通合伙企业的合伙人孙某依法将其在合伙企业中的财产份额转让给非合伙人赵某。下列关于赵某取得合伙人资格的时间表述中，正确的是（   ）。

A. 与合伙人孙某签订财产份额转让合同之日

B. 与合伙人孙某签订财产份额转让合同且支付相应价款之日

C. 修改合伙协议，将赵某列为合伙人之日

D. 企业登记机关变更登记之日

11. 根据合伙企业法律制度的规定，下列关于合伙企业财产出质的表述中，不正确的是（   ）。

A. 合伙人以其在合伙企业中的财产份额出质的，须经其他合伙人一致同意

B. 未经其他合伙人一致同意的出质行为，须其他合伙人追认后生效

C. 合伙人非法出质给善意第三人造成损失的，应当依法赔偿因其过错行为给善意第三人造成的损失

D. 合伙人以财产份额出质的行为可能会导致该财产份额发生权利转移

12. 根据合伙企业法律制度的规定，普通合伙企业的合伙协议没有约定的，下列事项中，无须经全体合伙人一致同意的是（   ）。

A. 以合伙企业名义为他人提供担保

B. 修改或者补充合伙协议

C. 变卖合伙企业生产设备

D. 聘任合伙人以外的人担任合伙企业的经营管理人员

13. 甲、乙、丙、丁出资设立 A 普通合伙企业，各出资 25%，在合伙协议没有特殊约定的情况下，下列合伙人提出的事项中，可以通过的是（   ）。

A. 甲提出将自己所有的设备卖给 A 企业，乙、丙同意，丁不同意

B. 乙提出自己转为有限合伙人，甲、丙同意，丁不同意

C. 丙提出修改 A 企业的经营范围，甲、乙同意，丁不同意

D. 丁提出装修企业店面，甲、乙同意，丙不同意

14. 张某、李某、王某和赵某共同设立甲普通合伙企业（以下简称甲企业），下列关于甲企业事务执行的表述中，正确的是（   ）。

A. 若合伙协议约定由张某和李某执行合伙企业事务，张某对李某执行的事务提出异议时，不停止该项事务的执行

B. 若合伙协议约定由张某和李某执行合伙企业事务，王某和赵某不再执行合伙事务

C. 若合伙协议未约定合伙事务执行人，则出资最少的张某无权对外代表合伙企业

D. 若合伙协议约定由张某执行合伙企业事务，张某不按合伙协议执行事务，其他合伙人不得撤销对张某的委托

15. 某普通合伙企业举行合伙人会议表决对外投资事项，但合伙协议对该事项的表决办法未作约定。根据合伙企业法律制度的规定，下列关于表决办法的表述中，正确的是（   ）。

A. 合伙人一人一票并经全体合伙人一致同意

B. 合伙人一人一票并经有表决权过半数的合伙人同意

C. 合伙人一人一票并经过半数合伙人同意

D. 合伙人一人一票并经 2/3 以上合伙人同意

16. 甲为某玩具生产企业（普通合伙企业）的合

伙人，该企业由于业务规模日渐扩大，年应税销售额即将达到增值税一般纳税人登记标准，为了维持小规模纳税人的身份，甲拟再设立一家玩具生产企业（个人独资企业）将部分业务分拆出去。有关甲能否再设立一家玩具生产企业的下列说法中，正确的是（　　）。

A. 甲经其他合伙人一致同意，可以再设立一家玩具生产企业

B. 甲可以再设立一家玩具生产企业，除非合伙协议另有约定

C. 甲如不执行合伙企业事务，就可以再设立一家玩具生产企业

D. 甲只要具有该合伙人的身份，就不可以再设立一家玩具生产企业

17. 甲、乙、丙共同投资设立普通合伙企业，由甲、乙共同执行合伙事务，合伙协议对合伙事务的执行未作特别约定。有关合伙事务执行的下列说法中，正确的是（　　）。

A. 甲、乙协商一致，可以将合伙企业的不动产对外转让

B. 丙有权查阅合伙企业的会计账簿

C. 丙有权对甲所执行的事务提出异议，甲应当暂停该事务的执行

D. 执行合伙事务产生的费用由甲、乙承担，丙不承担

18. 某普通合伙企业委托合伙人杨某执行合伙事务，有关杨某执行合伙事务的权利义务，下列说法正确的是（　　）。

A. 只能由杨某对外代表该合伙企业

B. 除合伙协议另有约定外，杨某可以自行决定以合伙企业名义为他人提供担保

C. 除合伙协议另有约定外，杨某可以自行处分该合伙企业的不动产

D. 除合伙协议另有约定外，杨某可以自行决定允许其他合伙人向合伙人以外的人转让其合伙企业的财产份额

19. 根据合伙企业法律制度的规定，下列关于普通合伙企业合伙协议规定的利润分配的表述，不符合法律规定的是（　　）。

A. 平均分配

B. 按照实缴的出资比例分配利润

C. 按照认缴的出资比例分配利润

D. 将利润全部分配给某个合伙人

20. 张某等 3 人共同出资设立一个普通合伙企业，实缴出资比例为 1∶2∶3。张某在执行合伙事务时因重大过失造成合伙企业负债。已知合伙协议未约定合伙企业亏损分担比例，合伙人之间也不能通过协商达成一致。根据合伙企业法律制度的规定，关于合伙企业不能清偿的剩余债务的承担方式，下列表述中正确的是（　　）。

A. 平均分配

B. 由张某自己承担

C. 按实缴出资比例 1∶2∶3 承担

D. 按协议出资比例承担

21. 下列有关普通合伙企业合伙事务执行的表述中，符合合伙企业法规定的是（　　）。

A. 合伙人执行合伙企业事务享有同等的权利

B. 合伙人可以自营与合伙企业相竞争的业务

C. 不执行合伙企业事务的合伙人无权查阅合伙企业会计账簿

D. 聘用非合伙人担任经营管理人员的，其在被聘用期间具有合伙人资格

22. 赵某是某普通合伙企业的合伙人，该合伙企业的合伙协议未约定合伙期限，现赵某希望退伙，在不给合伙企业事务执行造成不利影响的情况下，下列说法中正确的是（　　）。

A. 赵某退伙需经其他合伙人一致同意

B. 赵某退伙需经其他合伙人过半数同意

C. 赵某退伙应提前 30 日通知其他合伙人

D. 赵某退伙应提前 15 日通知其他合伙人

23. 根据《合伙企业法》的规定，下列各项中，不符合普通合伙企业合伙人当然退伙情形的是（　　）。

A. 合伙人个人丧失偿债能力

B. 作为合伙人的法人被宣告破产

C. 合伙人在合伙企业中的全部财产份额被人民法院强制执行

D. 合伙人未履行出资义务

24. 某普通合伙企业合伙人甲死亡，其未成年子女乙、丙是其全部合法继承人。根据合伙企业法律制度的规定，下列表述中，正确的是（　　）。

A. 乙、丙可以继承甲的财产份额，但不能成为合伙人

B. 乙、丙因继承甲的财产份额自动取得合伙人资格

C. 经全体合伙人一致同意，乙、丙可以成为有限合伙人

D. 应解散合伙企业，清算后向乙、丙退还甲的财产份额

25. 普通合伙企业有甲、乙、丙、丁四位合伙人，合伙协议约定，合伙企业债务由各合伙人平均承担。现该合伙企业无力清偿到期债务 12 万元，甲向债权人清偿了 9 万元，乙向债权人清偿了 3 万元。根据合伙企业法律制度的规定，下列关于合伙企业债务内部追偿的表述中，正确的是（　　）。

A. 甲无权向丙或丁追偿

B. 甲可以向乙追偿 3 万元

C. 甲可以向丙追偿 6 万元

D. 甲可以向丁追偿 3 万元

26. 注册会计师田某、赵某、李某共同出资设立一特殊的普通合伙制会计师事务所。因田某、赵某在某次审计业务中故意出具不实审计报告，人民法院判决会计师事务所赔偿当事人 100 万元。根据合伙企业法律制度的规定，下列关于该赔偿责任承担的表述中，正确的是（　　）。

A. 以该会计师事务所的全部财产为限承担责任

B. 田某、赵某、李某均承担无限连带责任

C. 田某、赵某、李某均以其在会计师事务所中的财产份额为限承担责任

D. 田某、赵某承担无限连带责任，李某以其在会计师事务所中的财产份额为限承担责任

27. 下列有关有限合伙企业设立条件的表述中，不符合《合伙企业法》规定的是（　　）。

A. 有限合伙企业至少应当有一个普通合伙人

B. 有限合伙企业名称中应当标明"特殊普通合伙"字样

C. 有限合伙人可以用知识产权作价出资

D. 有限合伙企业登记事项中应载明有限合伙人的姓名或名称

28. 赵某、钱某、孙某、侯某四人共同出资设立了一家有限合伙企业经营餐厅，其中赵某是普通合伙人，其他三人为有限合伙人。四人

在合伙协议中未对下列事项作特别约定，则下列行为中不符合法律规定的是（　　）。

A. 赵某以合伙企业的名义向某物业租赁一层房屋作为餐厅的店面

B. 钱某将自家一辆二手面包车以 3 万元的价格出售给该有限合伙企业

C. 孙某设立一家个人独资企业经营火锅店

D. 侯某代表合伙企业与 B 公司签订了一份餐具采购合同

29. 根据合伙企业法律制度的规定，关于新入伙的有限合伙人对入伙前合伙企业的债务责任承担的下列说法中，正确的是（　　）。

A. 不承担责任

B. 以认缴的出资额承担责任

C. 以实缴的出资额承担责任

D. 以取回的财产为限承担责任

30. 2023 年 10 月，李某、王某共同投资设立了甲有限合伙企业（以下简称甲企业），李某为普通合伙人，出资 10 万元；王某为有限合伙人，出资 15 万元。2024 年 6 月，张某、孟某加入甲企业，其中张某为普通合伙人，孟某为有限合伙人，二人各出资 30 万元。同年 12 月，甲企业无力清偿欠乙银行的 60 万元债务。下列关于该债务承担的表述中，正确的是（　　）。

A. 乙银行可以要求王某承担全部 60 万元债务

B. 乙银行可以要求孟某承担全部 60 万元债务

C. 乙银行可以要求张某承担全部 60 万元债务

D. 李某以出资额 10 万元为限对该债务承担责任

31. 某有限合伙企业的有限合伙人认缴 100 万元，实缴 80 万元，离开公司取回 70 万元出资。根据合伙企业法律制度的规定，该有限合伙人对公司债务应当承担（　　）万元。

A. 80　　　　　　　　B. 120

C. 100　　　　　　　 D. 70

32. 根据合伙企业法律制度的规定，有限合伙人转变为普通合伙人的，对其作为有限合伙人期间有限合伙企业发生的债务应承担责任。该责任为（　　）。

A. 有限责任，以其认缴的出资额为限

B. 有限责任，以其实缴的出资额为限

C. 无限连带责任

D. 有限责任，以其在有限合伙企业的财产份额为限

33. 赵某、钱某、孙某、李某共同出资设立甲有限合伙企业（以下简称甲企业）。赵某、钱某为有限合伙人，孙某、李某为普通合伙人。下列说法中正确的是（ ）。

A. 若赵某死亡，其继承人可以合法取得合伙人身份

B. 若钱某全部财产份额被人民法院强制执行，该合伙企业应当转为普通合伙企业

C. 若赵某丧失民事行为能力，则其当然退伙

D. 若钱某退出合伙企业，对合伙企业债务不承担责任

34. 赵某、钱某、孙某、李某共同出资设立一有限合伙企业，赵某、钱某、孙某为普通合伙人，李某为有限合伙人。执行事务合伙人赵某提议接收侯某为新合伙人，钱某、孙某同意，李某反对。该合伙企业的合伙协议对新合伙人入伙的表决办法未作约定。则下列表述中，正确的是（ ）。

A. 赵某作为执行合伙事务的合伙人有权自行决定接收新合伙人侯某入伙

B. 经全体合伙人过半数同意侯某可以入伙

C. 经普通合伙人一致同意侯某可以入伙

D. 未经全体合伙人一致同意侯某不得入伙

35. 甲、乙、丙、丁设立一有限合伙企业，其中甲、乙为普通合伙人，丙、丁为有限合伙人。1 年后，甲转为有限合伙人，同时丙转为普通合伙人。合伙企业设立之初，企业欠银行 50 万元，该债务直至合伙企业被宣告破产仍未偿还。下列关于该 50 万元债务清偿责任的表述中，符合合伙企业法律制度规定的是（ ）。

A. 甲、乙承担无限连带责任，丙、丁以其出资额为限承担责任

B. 乙、丙承担无限连带责任，甲、丁以其出资额为限承担责任

C. 甲、乙、丙承担无限连带责任，丁以其出资额为限承担责任

D. 乙承担无限责任，甲、丙、丁以其出资额为限承担责任

36. 赵某是甲合伙企业执行合伙事务的合伙人，甲企业经营不善，几位合伙人决定解散该合伙企业并成立了清算组，在处置合伙企业财产时，清算组登记在册的一台摄像机不见了，经查是前几日赵某私下以 5 000 元的价格将其出售给了侯某。侯某对此并不知情，双方签订了合同，该摄像机已经交付给了侯某。则下列说法中正确的是（ ）。

A. 赵某与侯某的合同有效，合伙企业的损失可以向侯某追偿

B. 赵某与侯某的合同无效，合伙企业的损失应当向赵某追偿

C. 赵某与侯某的合同无效，合伙企业可以向侯某追回该摄像机，侯某的损失由赵某承担

D. 赵某与侯某的合同有效，合伙企业的损失应当向赵某追偿

37. 关于合伙企业的清算，下列说法中，不正确的是（ ）。

A. 合伙企业清算时，其财产首先用于支付合伙企业的清算费用

B. 合伙企业财产依法清偿后仍有剩余时，剩余财产由合伙人按照实缴出资比例分配

C. 在合伙企业清算期间，由清算人代表合伙企业参加诉讼

D. 合伙企业不能清偿到期债务的，债权人可以依法向人民法院提出破产清算申请，也可以要求普通合伙人清偿

38. 根据合伙企业法律制度的规定，下列关于合伙企业清算人确定的表述中，正确的是（ ）。

A. 自合伙企业解散事由出现之日起 15 日内未确定清算人的，合伙人可以申请人民法院指定清算人

B. 清算人只能在执行合伙企业事务的合伙人中选任

C. 合伙企业不可以委托合伙人以外的第三人担任清算人

D. 合伙人担任清算人必须经全体合伙人一致同意

二、多选题

1. 陈某、郑某与甲有限责任公司拟共同设立一

家普通合伙企业，下列关于该合伙企业设立
的表述中，正确的有（　　）。

A. 应当有生产经营场所

B. 甲有限责任公司可以是国有企业

C. 陈某、郑某均应当具有完全民事行为能力

D. 名称中必须包含"普通合伙"字样

2. 根据合伙企业法律制度的规定，下列各项中，
构成合伙企业财产的有（　　）。

A. 合伙企业未分配的利润

B. 合伙人的出资

C. 合伙企业的债权

D. 合伙企业合法取得的赠与财产

3. 根据合伙企业法律制度的规定，下列关于普
通合伙企业合伙人出资的表述中，正确的有
（　　）。

A. 合伙人对其债务人的货款债权属于合伙企
业的财产

B. 合伙人与第三人恶意串通在合伙企业清算
前私自转移财产的，合伙企业可以此对抗
第三人

C. 合伙人以知识产权出资需要评估作价的，
可由全体合伙人协商确定

D. 合伙人以非货币财产出资的，需要办理财
产权转移手续的应当办理

4. 甲普通合伙企业（以下简称甲企业）的合伙
人张某拟以其在甲企业中的财产份额出质，
合伙协议对合伙人财产份额出质事项未作特
别约定。下列关于张某财产份额出质的表述
中，正确的有（　　）。

A. 张某因出质行为无效给善意第三人造成损
失的，张某应承担赔偿责任

B. 张某以其在甲企业中的财产份额出质，通
知其他合伙人即可

C. 张某以其在甲企业中的财产份额出质，须
经其他合伙人一致同意

D. 张某以其在甲企业中的财产价额出质，经
其他合伙人过半数同意即可

5. 甲为某普通合伙企业的合伙人，2025 年 3 月
甲以其在合伙企业中的财产份额出质，向乙
公司借款；甲通过合伙人微信群将此事告知
其他合伙人。根据合伙企业法律制度的规定，
下列各项中，正确的有（　　）。

A. 甲的出质行为无效

B. 甲的出质行为有效

C. 可将甲作为退伙处理

D. 如果甲的出质行为给乙公司造成损失，由
甲承担赔偿责任

6. 根据《合伙企业法》的规定，下列关于普通
合伙企业合伙权利的表述中，符合法律规定
的有（　　）。

A. 合伙人对执行合伙事务享有同等权

B. 合伙人可以查阅企业会计账簿

C. 合伙人可以自营与本企业相竞争的业务

D. 执行企业事务的合伙人可以自行决定是否
向其他合伙人报告企业经营状况

7. 下列有关普通合伙企业合伙人权利义务的表
述中，正确的有（　　）。

A. 合伙人有权撤销对执行合伙企业事务合伙
人的委托

B. 执行合伙事务的合伙人对外代表合伙企业

C. 不执行合伙企业事务的合伙人有权拒绝对
合伙企业债务承担无限连带责任

D. 不执行合伙事务的合伙人有权监督执行事
务合伙人执行合伙事务的情况

8. 张某、李某、王某和孙某共同设立甲普通合
伙企业（以下简称甲企业），下列表述中正确
的有（　　）。

A. 若合伙协议中没有约定，也未经全体合伙
人同意，孙某不得与甲企业交易

B. 王某为了了解甲企业的财务状况，有权查
阅甲企业会计账簿等财务资料

C. 若张某、李某、王某和孙某一致同意，甲
企业可以聘任陈某担任经营管理人员

D. 若合伙协议约定全部利润分配给张某和李
某，全部亏损由王某和孙某承担，该约定
有效

9. 甲、乙、丙设立普通合伙企业，约定损益的
分配和分担比例为 4∶3∶3。现该合伙企业欠
丁货款 5 万元，到期无力清偿。债权人丁的
下列做法中，正确的有（　　）。

A. 要求甲、乙、丙分别清偿 2 万元、1.5 万
元、1.5 万元

B. 要求甲、乙、丙分别清偿 2 万元、2 万元、
1 万元

C. 要求甲、乙分别清偿 2 万元、3 万元

D. 要求甲清偿 5 万元

10. 甲普通合伙企业（以下简称甲企业）的合伙人赵某因其子出国留学，向侯某借款 30 万元支付学费，该笔债务目前已到清偿期限，但赵某的自有财产不足以清偿。同时侯某因与甲企业的买卖合同应付货款 30 万元，也已到支付期限，下列说法中正确的有（　　）。

A. 侯某可以代位行使赵某在甲企业中的权利

B. 侯某可以请求人民法院强制执行赵某在甲企业中的财产份额用以清偿债务

C. 赵某可以以其从甲企业分取的收益清偿对侯某所负的债务

D. 侯某可以以其对赵某的债权抵销其对甲企业的债务

11. 合伙企业内部规定，执行合伙事务的合伙人甲在签订超过 100 万元的合同时，须经合伙人乙和丙同意，如果甲自作主张没有征求乙和丙的同意，与第三人丁签订了一份 200 万元的买卖合同，下列说法中正确的有（　　）。

A. 如果丁不知道在合伙企业内部对甲所作的限制，在合同履行中，也没有获得不正当的利益，则丁为善意第三人

B. 如果丁为善意第三人，丁所得到的利益应当予以保护

C. 合伙企业不得以其内部所作的在行使权利方面的限制为由，否定善意第三人丁的正当权益

D. 如果丁为善意第三人，合伙企业可以拒绝履行该合同，由此给善意第三人造成损失的，由甲承担赔偿责任

12. 根据合伙企业法律制度的规定，下列各项中，属于合伙人通知退伙应当满足的条件的有（　　）。

A. 退伙不给合伙企业事务执行造成不利影响

B. 合伙协议未约定合伙企业的经营期限

C. 提前 30 日通知其他合伙人

D. 其他合伙人一致同意

13. 根据合伙企业法律制度的规定，普通合伙企业的合伙人发生下列情形中，导致其当然退伙的有（　　）。

A. 作为合伙人的自然人死亡

B. 作为合伙人的自然人丧失民事行为能力

C. 作为合伙人的自然人丧失偿债能力

D. 作为合伙人的法人资不抵债

14. 根据合伙企业法律制度的规定，下列各项中，属于普通合伙企业合伙人除名退伙情形的有（　　）。

A. 利用职务之便侵占合伙人销售款

B. 合伙人财产份额被人民法院查封

C. 执行合伙事务因重大过失给合伙企业造成 100 万元的损失

D. 合伙人未履行出资义务

15. 赵某、钱某、孙某、李某等 10 人为甲普通合伙企业的合伙人。合伙协议约定赵某以货币 20 万元出资，企业成立一个月内存入企业的银行账户；赵某和钱某负责采购，孙某和李某负责销售。该合伙协议对除名事项未作特别约定。下列合伙人中，可以经其他合伙人一致决议而被除名的有（　　）。

A. 名下部分房产被人民法院查封的李某

B. 企业成立后未按约定履行出资义务的赵某

C. 利用执行合伙事务之便侵占销售货款的孙某

D. 因重大过失导致合伙企业损失 100 多万元的钱某

16. 赵某、钱某和孙某共同出资设立一普通合伙企业，赵某认缴的出资额为 5 万元，但其并未履行出资义务，钱某和孙某决定将赵某除名，则下列说法中正确的有（　　）。

A. 将赵某除名必须经钱某和孙某一致同意

B. 除名决议自作出之日起生效

C. 除名决议应当以书面形式通知赵某

D. 赵某被除名的，对退伙前的合伙企业债务以退伙时从合伙企业取回的财产为限承担责任

17. 甲、乙、丙设立某普通合伙企业，从事餐饮服务。2025 年 4 月 5 日，甲退伙。4 月 10 日，丁入伙。6 月 9 日，合伙企业经营的餐厅发生卡式燃气炉灼伤顾客戊的事件，需要支付医疗费用等总计 45 万元。经查，该批燃气炉系 2025 年 3 月 1 日全体合伙人共同决定购买，其质量不符合相关国家标准。该合伙企业支付 30 万元赔偿后已无赔偿能力。

现戊请求合伙人承担其余 15 万元赔偿责任。根据合伙企业法律制度的规定，应承担赔偿责任的合伙人有（　　）。

A. 甲　　B. 乙　　C. 丙　　D. 丁

18. 根据合伙企业法律制度的规定，下列关于特殊的普通合伙企业表述中，正确的有（　　）。

A. 应该建立执业风险基金，办理职业保险

B. 名称中应当标明"特殊普通合伙"字样

C. 合伙人对于合伙企业债务均应承担无限连带责任

D. 合伙人对于合伙企业债务均应承担有限责任

19. 甲、乙、丙、丁共同投资设立了 A 会计师事务所（特殊普通合伙），甲、乙与某客户串通，故意出具了虚假审计报告，给投资者造成了重大损失，投资者要求 A 会计师事务所及其合伙人依法承担责任。有关本案的下列说法中，正确的有（　　）。

A. A 会计师事务所有权以该审计报告属于甲、乙的个人行为为由拒绝向投资者承担责任

B. A 会计师事务所应当以其全部财产向投资者承担责任

C. 甲、乙应当向投资者承担无限连带责任

D. 甲、乙、丙、丁均应向投资者承担无限连带责任

20. 根据合伙企业法律制度的规定，特殊的普通合伙企业的合伙人在执业活动中因重大过失造成合伙企业债务的，应承担责任。下列关于责任承担的表述中，正确的有（　　）。

A. 该合伙人应当承担无限责任或无限连带责任

B. 应当由全体合伙人对该债务承担无限连带责任

C. 其他合伙人以其在合伙企业中的财产份额为限承担责任

D. 该合伙人应当按照合伙协议的约定，对给合伙企业造成的损失承担赔偿责任

21. 某合伙企业由国有企业甲、乙有限责任公司设立，对于合伙企业存续期的债务承担，下列说法正确的有（　　）。

A. 甲企业以其认缴的出资额为限承担责任

B. 甲企业不承担任何责任

C. 乙企业对合伙企业的债务承担无限责任

D. 乙企业对合伙企业的债务以其认缴的出资额为限承担责任

22. 下列有关合伙企业合伙人出资形式的表述中，正确的有（　　）。

A. 普通合伙人可以以知识产权出资

B. 有限合伙人可以以实物出资

C. 普通合伙人可以以土地使用权出资

D. 有限合伙人可以以劳务出资

23. 下列关于特殊普通合伙企业的设立条件的说法中，正确的有（　　）。

A. 合伙企业必须有书面合伙协议

B. 合伙人人数为 2~50 人

C. 应该建立执业风险基金、办理职业保险

D. 合伙企业名称中必须包含"普通合伙"字样

24. 王某为甲有限合伙企业（以下简称甲企业）的有限合伙人，甲企业合伙协议对有限合伙人的权利义务未做特别约定，下列关于王某权利义务的表述中，不正确的有（　　）。

A. 王某不得参与选择承办甲企业审计业务的会计师事务所

B. 王某不得获取全部利润

C. 王某不能同甲企业进行交易

D. 王某不得为甲企业提供担保

25. 甲、乙、丙、丁、戊共同出资设立 M 有限合伙企业，甲、乙、丙为普通合伙人，丁、戊为有限合伙人。丁未经授权以合伙企业的名义与善意的 N 公司进行交易，对该笔交易的下列表述中，正确的有（　　）。

A. N 公司可以要求 M 企业承担合同责任

B. 若 M 企业的全部财产不足以清偿合同债务，则 N 公司可以要求全体合伙人承担无限连带责任

C. 若 M 企业的全部财产不足以清偿合同债务，则 N 公司可以要求丁承担无限连带责任

D. 该笔交易对 M 企业造成的损失应当由丁承担赔偿责任

26. 根据合伙企业法律制度的规定，下列表述正确的有（　　）。

A. 有限合伙人可以同本有限合伙企业进行

交易

B. 有限合伙人不得同他人合作经营与本有限合伙企业相竞争的业务

C. 除合伙协议另有约定外，有限合伙企业不得将全部利润分配给部分合伙人

D. 第三人有理由相信有限合伙人为普通合伙人并与其交易的，有限合伙人对该笔交易承担与普通合伙人同样的责任

27. 甲、乙、丙、丁共同投资设立一个有限合伙企业，甲、乙为普通合伙人，丙、丁为有限合伙人。下列有关合伙人以财产份额出质的表述中，符合合伙企业法律制度规定的有（　　）。

A. 经乙、丙、丁同意，甲可以以其在合伙企业中的财产份额出质

B. 如果合伙协议没有约定，即使甲、乙均不同意，丁也可以以其在合伙企业中的财产份额出质

C. 合伙协议可以约定，经 2 个及以上合伙人同意，乙可以以其在合伙企业中的财产份额出质

D. 合伙协议可以约定，未经 2 个以上合伙人同意，丙不得以其在合伙企业中的财产份额出质

28. 下列有关有限合伙人财产份额转让及出质的表述中，符合《合伙企业法》规定的有（　　）。

A. 有限合伙人可以将其在合伙企业中的财产份额出质，合伙协议另有约定的除外

B. 有限合伙人按照合伙协议的约定向合伙人以外的人转让其在合伙企业中的财产份额，应当提前 30 日通知其他合伙人

C. 有限合伙人可以向合伙人以外的人转让其在合伙企业中的财产份额，但必须取得其他合伙人的一致同意

D. 有限合伙人对外转让其在合伙企业中的财产份额时，合伙企业的其他合伙人有优先购买权

29. 下列各项中，属于有限合伙人法定退伙的情形有（　　）。

A. 自然人合伙人丧失行为能力

B. 个人丧失偿债能力

C. 自然人合伙人死亡

D. 合伙人企业资不抵债

30. 甲、乙设立某有限合伙企业。甲为普通合伙人，乙为有限合伙人。该企业经营一年后产生债务 20 万元。现乙退伙，丙以有限合伙人身份入伙。根据合伙企业法律制度的规定，下列关于乙、丙对该 20 万元债务责任承担的表述中，不正确的有（　　）。

A. 丙以其实缴的出资额为限承担责任

B. 丙不承担责任

C. 乙以其认缴的出资额为限承担责任

D. 乙以其退伙时从有限合伙企业中取回的财产承担责任

31. 甲、乙分别为某有限合伙企业的普通合伙人和有限合伙人。后甲变更为有限合伙人，乙变更为普通合伙人。下列关于甲、乙对其合伙人性质互换前的企业债务承担的表述中，符合合伙企业法律制度规定的有（　　）。

A. 甲对其作为普通合伙人期间的企业债务承担有限责任

B. 甲对其作为普通合伙人期间的企业债务承担无限连带责任

C. 乙对其作为有限合伙人期间的企业债务承担无限连带责任

D. 乙对其作为有限合伙人期间的企业债务承担有限责任

32. 根据合伙企业法律制度的规定，有限合伙企业应予解散的情形包括（　　）。

A. 仅剩有限合伙人

B. 仅剩普通合伙人

C. 依法被吊销营业执照

D. 全体合伙人决定解散

33. 根据合伙企业法律制度的规定，下列各项中，可导致合伙企业解散的情形有（　　）。

A. 2/3 合伙人决定解散

B. 合伙人已不具备法定人数超过 1 个月

C. 合伙企业被依法吊销营业执照

D. 合伙协议约定的合伙目的无法实现

34. 根据合伙企业法律制度的规定，下列情形中，属于清算人职责的有（　　）。

A. 清理合伙企业财产

B. 清理债权、债务

C. 清缴所欠税款

D. 代表合伙企业参加诉讼

35. 赵某、钱某、孙某、侯某为普通合伙企业的合伙人，现全体合伙人一致同意解散该合伙企业，下列关于合伙企业清算的说法中，正确的有（　　）。
   A. 清算人可以由四位合伙人共同担任
   B. 指定赵某和侯某为清算人，必须经全体合伙人一致同意
   C. 若自全体合伙人一致同意解散之日起15日内未确定清算人，任一合伙人均可申请人民法院指定清算人
   D. 清算组成立后，应通知债权人并予以公告，债权人如未接到通知书，应自公告之日起60日内，向清算人申报债权

36. 根据合伙企业法律制度的规定，下列关于合伙企业清算的表述中，正确的有（　　）。
   A. 合伙企业的财产首先用于支付清算费用
   B. 合伙企业的财产缴纳所欠税款剩余的应当先支付职工工资
   C. 合伙企业财产依法清偿后仍有剩余的，由合伙人平均分配
   D. 合伙企业财产依法清偿后仍有剩余的，分配方案优先合伙协议约定

三、判断题

1. 合伙企业按合伙人的组成及责任承担形式分为普通合伙企业、有限合伙企业以及特殊的普通合伙企业三类。（　　）
2. 普通合伙企业合伙人至多为50人。（　　）
3. 合伙企业的财产是独立于合伙人的。（　　）
4. 合伙人财产份额内部转让，只需通知其他合伙人。（　　）

5. 赵某、钱某、孙某设立甲普通合伙企业，约定损益的分配和分担比例为4：3：3。该企业欠侯某5万元，无力清偿。债权人侯某要求赵某清偿5万元欠款，根据约定的损益分担比例，赵某可以拒绝该请求而只承担2万元的清偿责任。（　　）
6. 合伙企业的合伙人之间约定的债务分担比例在合伙人之间是没有约束力的。（　　）
7. 合伙人的债权人不得以其债权抵销其对合伙企业无关的债务。（　　）
8. 当然退伙以接到书面通知之日为退伙生效日。（　　）
9. 合伙人退伙以后，其对于合伙企业既往债务的连带责任解除。（　　）
10. 有限合伙企业登记事项中应当载明有限合伙人的姓名或者名称及实缴的出资数额。（　　）
11. 有限合伙企业不得将全部亏损分配给部分合伙人；但是，合伙协议另有约定的除外。（　　）
12. 合伙协议未作特别约定的，有限合伙人可以同本企业进行交易。（　　）
13. 有限合伙人的自有财产不足清偿其与合伙企业无关的债务的，该合伙人可以以其从有限合伙企业中分取的收益用于清偿，债权人不得请求人民法院强制执行该合伙人在有限合伙企业中的财产份额用于清偿。（　　）
14. 作为有限合伙人的法人终止，其权利承受人可以依法取得该有限合伙人在有限合伙企业中的资格。（　　）
15. 合伙期限届满，合伙企业应当解散。（　　）

快速查答案

一、单选题

序号	1	2	3	4	5	6	7	8	9	10	11	12
答案	D	D	C	C	D	D	C	D	A	C	B	C
序号	13	14	15	16	17	18	19	20	21	22	23	24
答案	D	B	C	D	B	A	D	C	A	C	D	C

续表

序号	25	26	27	28	29	30	31	32	33	34	35	36
答案	D	D	B	D	B	C	D	C	A	D	C	D
序号	37	38										
答案	B	A										

二、多选题

序号	1	2	3	4	5	6	7	8	9	10	11	12
答案	ACD	ABCD	BCD	AC	AD	AB	ABD	ABC	ABCD	BC	ABC	ABC
序号	13	14	15	16	17	18	19	20	21	22	23	24
答案	AC	ACD	BCD	AC	ABCD	AB	BC	ACD	AC	ABC	AC	ACD
序号	25	26	27	28	29	30	31	32	33	34	35	36
答案	ACD	ACD	ABD	ABD	BC	ABC	BC	ACD	BCD	ABCD	AC	AD

三、判断题

序号	1	2	3	4	5	6	7	8	9	10	11	12
答案	×	×	√	√	×	×	√	×	×	×	×	√
序号	13	14	15									
答案	×	√	×									

参考答案及解析

一、单选题

1. 【答案】D 【解析】普通合伙企业由普通合伙人组成。选项 A、C，国有独资公司、国有企业、上市公司以及公益性的事业单位、社会团体不得成为普通合伙人。选项 B，无民事行为能力人和限制民事行为能力人不得成为普通合伙人。

2. 【答案】D 【解析】选项 D，设立普通合伙企业，应当有合伙人认缴或者实际缴付的出资。合伙协议生效后，合伙人应当按照合伙协议的规定缴纳出资，而不是必须一次性实缴。

3. 【答案】C 【解析】选项 C，合伙企业的营业执照签发日期，为合伙企业的成立日期。

4. 【答案】C 【解析】选项 A，合伙协议依法由全体合伙人协商一致，以书面形式订立。选项 B，合伙人可以是自然人，也可以是法人或者其他组织。选项 D，合伙人以实物出资，需要评估作价的，可以由全体合伙人协商确定，也可以由全体合伙人委托法定评估机构评估。

5. 【答案】D 【解析】选项 A、B、C，合伙人以实物、知识产权、土地使用权或者其他财产权利出资，需要评估作价的，可以由全体合伙人协商确定，也可以由全体合伙人委托法定评估机构评估。选项 D，合伙人以劳务出资的，其评估办法由全体合伙人协商确定，并在合伙协议中载明。

6. 【答案】D 【解析】本题考核合伙企业的财

产。因租赁占有的财产，所有权并没有发生转移，仍然属于出租人，因此选项 D 不属于合伙企业的财产。

7.【答案】C 【解析】选项 A、C，除合伙协议另有约定外，普通合伙人向合伙人以外的人转让其在合伙企业中的全部或者部分财产份额时，须经其他合伙人一致同意。在本题中，约定对外转让财产份额经持有 3/5 以上合伙财产份额的合伙人同意即可，因此经丙、丁（合计62%）同意，甲即可对外转让财产份额。选项 B、D，普通合伙人之间转让在合伙企业中的全部或者部分财产份额时，应当通知其他合伙人。

8.【答案】D 【解析】本题考核合伙人财产份额的内部转让。合伙人之间转让在合伙企业中的全部或者部分财产份额时，应当通知其他合伙人。合伙人财产份额的内部转让因不涉及合伙人以外的人参加，合伙企业存续的基础没有发生实质性变更，因此不需要经过其他合伙人一致同意，只需要通知其他合伙人即可产生法律效力。

9.【答案】A 【解析】（1）甲与乙：属于内部转让，只需通知丙，不需要丙同意，可惜乙出价过低，甲不愿转让；（2）甲与丁：属于对外转让，由于丙出价相同且合伙协议没有特殊约定，丙享有优先购买权，丁无法购买（选项 A 正确，选项 B、D 错误）；（3）甲与丙：属于内部转让，只需通知乙，不需乙表态（选项 C 错误）。

10.【答案】C 【解析】合伙人以外的人依法受让合伙人在合伙企业中的财产份额的，经修改合伙协议即成为合伙企业的合伙人，依照《合伙企业法》和修改后的合伙协议享有权利，履行义务。合伙人以外的人成为合伙人须修改合伙协议，未修改合伙协议的，不应视为"合伙企业的合伙人"。

11.【答案】B 【解析】合伙人以其在合伙企业中的财产份额出质的，须经其他合伙人一致同意；未经其他合伙人一致同意，其行为无效，即不产生法律上的效力，不受法律的保护。

12.【答案】C 【解析】《合伙企业法》规定，除合伙协议另有约定外，合伙企业的下列事项应当经全体合伙人一致同意：（1）改变合伙企业的名称；（2）改变合伙企业的经营范围、主要经营场所的地点；（3）处分合伙企业的不动产；（4）转让或者处分合伙企业的知识产权和其他财产权利；（5）以合伙企业名义为他人提供担保；（6）聘任合伙人以外的人担任合伙企业的经营管理人员。选项 C，生产设备属于动产，无须全体合伙人一致同意。

13.【答案】D 【解析】选项 A，属于普通合伙人与本合伙企业进行交易，除合伙协议另有约定外，应经全体合伙人一致同意。选项 B，属于转变合伙人身份，除合伙协议另有约定外，应经全体合伙人一致同意。选项 C，属于改变合伙企业的经营范围、主要经营场所地点的，除合伙协议另有约定外，应经全体合伙人一致同意。选项 D，属于没有法定要求的事项，按照合伙协议约定的表决办法办理，合伙协议未约定或者约定不明确的，实行合伙人一人一票并经全体合伙人过半数通过的表决办法。

14.【答案】B 【解析】选项 A，合伙人分别执行合伙事务的，执行事务合伙人可以对其他合伙人执行的事务提出异议。提出异议时，应当暂停该项事务的执行。选项 C，合伙人对执行合伙事务享有同等的权利；各合伙人无论其出资多少，都有权平等享有执行合伙企业事务的权利。选项 D，受委托执行合伙事务的合伙人不按照合伙协议或者全体合伙人的决定执行事务的，其他合伙人可以决定撤销该委托。

15.【答案】C 【解析】合伙人对合伙企业有关事项作出决议，按照合伙协议约定的表决办法办理。合伙协议未约定或者约定不明确的，实行合伙人一人一票并经全体合伙人过半数通过的表决办法；但《合伙企业法》对表决办法另有规定的，从其规定。《合伙企业法》对对外投资事项表决没有特别规定，本题合伙协议对该事项的表决办法未作约定，故适用一人一票并经全体合伙人过半数通过的表决办法。

16.【答案】D 【解析】普通合伙人不得自营或者同他人合作经营与本合伙企业相竞争的

业务。

17. 【答案】B 【解析】选项A，处分合伙企业的不动产属于"有约定按约定，无约定应当经全体合伙人一致同意"的事项，本题合伙协议无特别约定，转让合伙企业的不动产应当经甲、乙、丙一致同意。选项B，普通合伙人，不论是否执行合伙事务，均有权查阅合伙企业会计账簿等财务资料。选项C，丙不执行合伙事务，不享有异议权，丙行使监督权并不直接导致甲暂停事务执行。选项D，执行合伙事务产生的费用属于合伙企业的债务，全体普通合伙人承担无限连带责任。

18. 【答案】A 【解析】选项A，本题合伙企业委托杨某一人执行合伙事务，只有杨某可以对外代表合伙企业。选项B、C，除合伙协议另有约定外，以合伙企业名义为他人提供担保、处分合伙企业的不动产，应当经全体合伙人一致同意（有约定，可以由杨某自行决定；没有约定，应当经全体合伙人一致同意）。选项D，除合伙协议另有约定外，普通合伙人向合伙人以外的人转让其在合伙企业中的全部或者部分财产份额时，须经其他合伙人一致同意。

19. 【答案】D 【解析】选项A、B、C，合伙企业的利润分配、亏损分担，按照合伙协议的约定办理；合伙协议未约定或者约定不明确的，由合伙人协商决定；协商不成的，由合伙人按照实缴出资比例分配、分担；无法确定出资比例的，由合伙人平均分配、分担。选项D，普通合伙企业的合伙协议不得约定将全部利润分配给部分合伙人或者由部分合伙人承担全部亏损。

20. 【答案】C 【解析】对于合伙企业的债务承担，合伙协议未约定或者约定不明确的，由合伙人协商决定；协商不成的，由合伙人按照实缴出资比例分配、分担；无法确定出资比例的，由合伙人平均分配、分担。

21. 【答案】A 【解析】选项B，普通合伙人不得自营或者同他人合作经营与本合伙企业相竞争的业务。选项C，不执行合伙企业事务的合伙人有监督权，有权查阅合伙企业会计账簿。选项D，合伙企业聘用的经营管理人

员不具有企业合伙人资格。

22. 【答案】C 【解析】合伙协议未约定合伙期限的，合伙人在不给合伙企业事务执行造成不利影响的情况下，可以退伙，但应当提前30日通知其他合伙人。

23. 【答案】D 【解析】本题考核普通合伙人当然退伙的情形。选项D属于除名的情形。

24. 【答案】C 【解析】合伙人死亡或者被依法宣告死亡的，对该合伙人在合伙企业中的财产份额享有合法继承权的继承人，按照合伙协议的约定或者经全体合伙人一致同意，从继承开始之日起，取得该合伙企业的合伙人资格。普通合伙人的继承人为无民事行为能力人或者限制民事行为能力人的，经全体合伙人一致同意，可以依法成为有限合伙人，普通合伙企业依法转为有限合伙企业；全体合伙人未能一致同意的，合伙企业应当将被继承合伙人的财产份额退还该继承人。

25. 【答案】D 【解析】普通合伙企业的债务首先由合伙企业财产优先清偿；合伙企业不能清偿到期债务的，全体合伙人承担无限连带责任；合伙人承担责任后，超过规定的亏损分担比例的，有权向其他合伙人追偿。本题中，约定债务由各合伙人平均承担，因此，每人应承担3万元（12/4），甲多承担了6万元，乙刚好承担了3万元，因此，甲多承担的6万元只能向丙和丁各追偿3万元。

26. 【答案】D 【解析】本题考核特殊的普通合伙企业。一个合伙人或者数个合伙人在执业活动中因故意或者重大过失造成合伙企业债务的，应当承担无限责任或者无限连带责任，其他合伙人以其在合伙企业中的财产份额为限承担责任。合伙人在执业活动中非因故意或者重大过失造成的合伙企业债务以及合伙企业的其他债务，由全体合伙人承担无限连带责任。本题中，由于田某、赵某是因故意造成合伙企业债务，那么应由田某、赵某承担无限连带责任，李某承担有限责任。

27. 【答案】B 【解析】本题考核有限合伙企业设立的特殊规定。根据规定，有限合伙企业的名称中应当标明"有限合伙"的字样，而不能标明"普通合伙""特殊普通合伙""有限公司""有限责任公司"等字样。

28. 【答案】D 【解析】选项D，侯某属于有限合伙人，不执行合伙事务，不得对外代表有限合伙企业。

29. 【答案】B 【解析】新入伙的有限合伙人对入伙前有限合伙企业的债务，以其认缴的出资额为限承担责任。

30. 【答案】C 【解析】选项A，有限合伙人以认缴的出资额为限对合伙企业债务承担责任。在本题中，王某以出资额15万元为限对该债务承担责任。选项B，新入伙的有限合伙人对入伙前的合伙企业债务以认缴的出资额为限承担责任。在本题中，孟某以出资额30万元为限对该债务承担责任。选项C，新入伙的普通合伙人对入伙前的合伙企业债务承担无限连带责任。在本题中，乙银行可以要求张某承担全部60万元债务。选项D，普通合伙人对合伙企业债务承担无限连带责任。在本题中，乙银行可以要求李某承担全部60万元债务。

31. 【答案】D 【解析】有限合伙人退伙后，对基于其退伙前原因发生的有限合伙企业债务，以其退伙时从有限合伙企业中取回的财产承担责任。

32. 【答案】C 【解析】有限合伙人转变为普通合伙人的，对其作为有限合伙人期间有限合伙企业发生的债务承担无限连带责任。因此，选项C正确。

33. 【答案】A 【解析】选项B，有限合伙企业至少应当有1个普通合伙人，钱某虽然因此退伙，但甲企业还有普通合伙人赵某存在，不影响甲有限合伙企业的形式。选项C，若赵某丧失民事行为能力，其他合伙人无权要求其退伙。选项D，有限合伙人退伙后，对基于其退伙前的原因发生的有限合伙企业债务以其退伙时从有限合伙企业中取回的财产承担责任。

34. 【答案】D 【解析】根据规定，新合伙人入伙，除合伙协议有约定外，应当经全体合伙人一致同意，并依法订立书面入伙协议。

35. 【答案】C 【解析】普通合伙人转变为有限合伙人的，对其作为普通合伙人期间合伙企业发生的债务承担无限连带责任。有限合伙人转变为普通合伙人的，对其作为有限合伙

人期间有限合伙企业发生的债务承担无限连带责任。

36. 【答案】D 【解析】合伙人在合伙企业清算前私自转移或者处分合伙企业财产的，合伙企业不得以此对抗善意第三人。

37. 【答案】B 【解析】选项B，合伙企业财产依法清偿后仍有剩余时，对剩余财产依照《合伙企业法》的规定进行分配，即按照合伙协议的约定办理；合伙协议未约定或者约定不明确的，由合伙人协商决定；协商不成的，由合伙人按实缴出资比例分配；无法确定出资比例的，由合伙人平均分配。

38. 【答案】A 【解析】选项B、C、D，清算人由全体合伙人担任。经全体合伙人过半数同意，可以自合伙企业解散事由出现后15日内指定一个或者数个合伙人，或者委托第三人担任清算人。

二、多选题

1. 【答案】ACD 【解析】选项B，国有独资公司、国有企业、上市公司以及公益性的事业单位、社会团体不得成为普通合伙人，但可以成为有限合伙人。

2. 【答案】ABCD 【解析】合伙企业未分配的利润、合伙人的出资、合伙企业的债权、合伙企业合法取得的赠与财产，均构成合伙企业财产。因此选项A、B、C、D均正确。

3. 【答案】BCD 【解析】选项A，合伙人对其债务人的货款债权属于合伙人的个人财产，不属于合伙企业财产。

4. 【答案】AC 【解析】普通合伙人以其在合伙企业中的财产份额出质的，须经其他合伙人一致同意；未经其他合伙人一致同意，其行为无效，由此给善意第三人造成损失的，由行为人依法承担赔偿责任。

5. 【答案】AD 【解析】合伙人以其在合伙企业中的财产份额出质的，须经其他合伙人一致同意（不仅仅是通知）；未经其他合伙人一致同意，其行为无效（选项A、B）；由此给善意第三人造成损失的，由行为人依法承担赔偿责任（选项D）。

6. 【答案】AB 【解析】本题考核普通合伙人在执行合伙事务中的权利和义务。根据规定，

普通合伙企业的合伙人不得自营与本企业相竞争的业务，选项 C 错误。执行企业事务的合伙人"应当"向其他合伙人报告企业经营状况，选项 D 错误。

7. 【答案】ABD 【解析】选项 C，普通合伙人（不论其是否执行合伙事务）均应对合伙企业债务承担无限连带责任，法律另有规定的除外。

8. 【答案】ABC 【解析】选项 D，普通合伙企业的合伙协议不得约定将全部利润分配给部分合伙人或者由部分合伙人承担全部亏损。

9. 【答案】ABCD 【解析】普通合伙人之间的分担比例（4∶3∶3）对债权人没有约束力，在债权人丁面前，甲、乙、丙是连带关系，丁根据自己的清偿利益"爱找谁要找谁要、爱要多少要多少"。

10. 【答案】BC 【解析】选项 A、D，合伙人发生与合伙企业无关的债务，相关债权人不得以其债权抵销其对合伙企业的债务，也不得代位行使合伙人在合伙企业中的权利。选项 B、C，合伙人的自有财产不足清偿其与合伙企业无关的债务的，该合伙人可以以其从合伙企业中分取的收益用于清偿；债权人也可以依法请求人民法院强制执行该合伙人在合伙企业中的财产份额用于清偿。

11. 【答案】ABC 【解析】合伙企业对合伙人执行合伙事务以及对外代表合伙企业权利的限制，不得对抗善意第三人，因此合伙企业不得以其内部所作的在行使权利方面的限制为由，拒绝履行合伙企业应承担的责任，选项 D 错误。

12. 【答案】ABC 【解析】选项 A、B、C 正确，关于通知退伙，根据规定，需要符合以下三项条件：（1）必须是合伙协议未约定合伙企业的经营期限；（2）必须确保合伙人的退伙不给合伙企业事务执行造成不利影响；（3）必须提前 30 日通知其他合伙人。

13. 【答案】AC 【解析】发生下列情形，普通合伙人当然退伙：（1）作为合伙人的自然人死亡或者被依法宣告死亡；（2）个人丧失偿债能力；（3）作为合伙人的法人或者其他组织依法被吊销营业执照、责令关闭、撤销或者被宣告破产；（4）法律规定或者合伙协议

约定合伙人必须具有相关资格而丧失该资格；（5）合伙人在合伙企业中的全部财产份额被人民法院强制执行。

14. 【答案】ACD 【解析】《合伙企业法》规定，合伙人有下列情形之一的，经其他合伙人一致同意，可以决议将其除名：（1）未履行出资义务；（2）因故意或者重大过失给合伙企业造成损失；（3）执行合伙事务时有不正当行为；（4）发生合伙协议约定的事由。选项 B，属于当然退伙事由。

15. 【答案】BCD 【解析】选项 B，属于未履行出资义务，可以经其他合伙人一致决议而被除名。选项 C，属于执行合伙事务时有不正当行为，可以经其他合伙人一致决议而被除名。选项 D，属于因故意或者重大过失给合伙企业造成损失，可以经其他合伙人一致决议而被除名。

16. 【答案】AC 【解析】选项 B，除名决议应当书面通知被除名人，被除名人接到除名通知之日，除名生效，被除名人退伙。选项 D，赵某是普通合伙人，其应对其退伙之前合伙企业发生的债务承担无限连带责任。

17. 【答案】ABCD 【解析】（1）乙、丙作为普通合伙人，应当对合伙企业不能清偿的债务承担无限连带责任；（2）普通合伙人甲退伙后，对基于其退伙前的原因（发生事故的燃气炉系甲、乙、丙共同决定购买）发生的合伙企业债务，承担无限连带责任；（3）新入伙的普通合伙人丁应当对入伙前合伙企业的债务承担无限连带责任。

18. 【答案】AB 【解析】选项 C、D，一个合伙人或者数个合伙人在执业活动中因故意或者重大过失造成合伙企业债务的，应当承担无限责任或者无限连带责任，其他合伙人以其在合伙企业中的财产份额为限承担责任。

19. 【答案】BC 【解析】由于是甲、乙在执业活动中故意造成的债务：（1）甲、乙承担无限连带责任（A 会计师事务所先以其全部财产承担责任，不足部分甲、乙承担连带责任）；（2）丙、丁以其在合伙企业中的财产份额为限承担责任。

20. 【答案】ACD 【解析】选项 B，特殊的普通合伙企业的合伙人非故意或重大过失造成的

合伙企业债务，全体合伙人承担无限连带责任。

21.【答案】AC 【解析】本题考核合伙企业存续期的债务承担。国有企业只能成为有限合伙人，并以认缴的出资额为限承担责任，因此该合伙企业为有限合伙企业。根据规定，有限合伙企业至少应当有一个普通合伙人，因此乙有限责任公司为普通合伙人，对合伙企业的债务承担无限责任。

22.【答案】ABC 【解析】选项A、B、C，不论是普通合伙人，还是有限合伙人均可以以货币、实物、知识产权、土地使用权或者其他财产权利出资。选项D，普通合伙人可以以劳务出资。

23.【答案】AC 【解析】选项B，特殊的普通合伙企业有两个以上合伙人。选项D，普通合伙企业名称中应当标明"普通合伙"字样。特殊的普通合伙企业名称中应当标明"特殊普通合伙"字样。

24.【答案】ACD 【解析】选项A、D，有限合伙人的下列行为，不视为执行合伙事务：（1）参与决定普通合伙人入伙、退伙；（2）对企业的经营管理提出建议；（3）参与选择承办有限合伙企业审计业务的会计师事务所；（4）获取经审计的有限合伙企业财务会计报告；（5）对涉及自身利益的情况，查阅有限合伙企业财务会计账簿等财务资料；（6）在有限合伙企业中的利益受到侵害时，向有责任的合伙人主张权利或者提起诉讼；（7）执行事务合伙人怠于行使权利时，督促其行使权利或者为了本企业的利益以自己的名义提起诉讼；（8）依法为本企业提供担保。选项B，有限合伙企业不得将全部利润分配给部分合伙人；但是，合伙协议另有约定的除外。选项C，有限合伙人可以同本有限合伙企业进行交易，但是，合伙协议另有约定的除外。

25.【答案】ACD 【解析】选项B，戊属于有限合伙人，并且没有违反规定，所以不需要承担无限连带责任。

26.【答案】ACD 【解析】《合伙企业法》规定，有限合伙人可以自营或者同他人合作经营与本有限合伙企业相竞争的业务；但是，合伙协议另有约定的除外。与普通合伙人不同，有限合伙人一般不承担竞业禁止义务。

27.【答案】ABD 【解析】选项A、C，普通合伙人以其财产份额出质的，必须经其他合伙人一致同意，这是《合伙企业法》的强制性规定，合伙协议不得作出与此相矛盾的约定。选项B、D，有限合伙人以其财产份额出质的，先看合伙协议的约定（协议怎么约定都合法），没有约定的，有限合伙人可以以其财产份额出质。

28.【答案】ABD 【解析】选项A，有限合伙人可以将其在有限合伙企业中的财产份额出质；但是，合伙协议另有约定的除外。选项B、C，有限合伙人可以按照合伙协议的约定向合伙人以外的人转让其在有限合伙企业中的财产份额，但应当提前30日通知其他合伙人。选项D，有限合伙人向合伙人以外的人转让其在合伙企业中的财产份额的，在同等条件下，其他合伙人有优先购买权。

29.【答案】BC 【解析】根据规定，有限合伙人出现下列情形时当然退伙：（1）作为合伙人的自然人死亡或者被依法宣告死亡（选项C）；（2）个人丧失偿债能力（选项B）；（3）作为合伙人的法人或者其他组织依法被吊销营业执照、责令关闭、撤销，或者被宣告破产；（4）法律规定或者合伙协议约定合伙人必须具有相关资格而丧失该资格；（5）合伙人在合伙企业中的全部财产份额被人民法院强制执行。

30.【答案】ABC 【解析】选项A、B，新入伙的有限合伙人对入伙前有限合伙企业的债务，以其认缴的出资额为限承担责任。选项C、D，有限合伙人退伙后，对基于其退伙前原因发生的有限合伙企业债务，以其退伙时从有限合伙企业中取回的财产承担责任。

31.【答案】BC 【解析】本题考核合伙人性质的转变。选项A、B，普通合伙人转变为有限合伙人的，对其作为普通合伙人期间合伙企业发生的债务承担无限连带责任。选项C、D，有限合伙人转变为普通合伙人的，对其作为有限合伙人期间有限合伙企业发生的债务承担无限连带责任。

32.【答案】ACD　【解析】选项 B，应当转为普通合伙企业。

33.【答案】BCD　【解析】本题考核合伙企业应当解散的情形。根据规定，合伙企业有下列情形之一的，应当解散：合伙期限届满，合伙人决定不再经营；合伙协议约定的解散事由出现；全体合伙人决定解散；合伙人已不具备法定人数满 30 日；合伙协议约定的合伙目的已经实现或者无法实现；依法被吊销营业执照、责令关闭或者被撤销；法律、行政法规规定的其他原因。

34.【答案】ABCD　【解析】清算人职责有：(1) 清理合伙企业财产，分别编制资产负债表和财产清单；(2) 处理与清算有关的合伙企业未了结事务；(3) 清缴所欠税款；(4) 清理债权、债务；(5) 处理合伙企业清偿债务后的剩余财产；(6) 代表合伙企业参加诉讼或者仲裁活动。

35.【答案】AC　【解析】选项 B，经全体合伙人过半数同意，可以自合伙企业解散事由出现后 15 日内指定一个或者数个合伙人，或者委托第三人，担任清算人。选项 D，债权人应当自接到通知书 30 日内，未接到通知书的自公告之日起 45 日内，向清算人申报债权。

36.【答案】AD　【解析】选项 A、B，合伙企业的财产首先用于支付合伙企业的清算费用，合伙企业的财产支付合伙企业的清算费用后的清偿顺序如下：合伙企业职工工资、社会保险费用和法定补偿金；缴纳所欠税款；清偿债务。选项 C、D，合伙企业财产依法清偿后仍有剩余时，对剩余财产依照《合伙企业法》的规定进行分配，即按照合伙协议的约定办理；合伙协议未约定或者约定不明确的，由合伙人协商决定；协商不成的，由合伙人按照实缴出资比例分配；无法确定出资比例的，由合伙人平均分配。

三、判断题

1.【答案】×　【解析】合伙企业按合伙人的组成及责任承担形式分为普通合伙企业和有限合伙企业两类。

2.【答案】×　【解析】对于普通合伙企业合伙人数的最高限额，我国《合伙企业法》未作规定，有限合伙企业由 2 个以上 50 个以下合伙人设立。

3.【答案】√　【解析】合伙企业的财产具有独立性，即合伙企业的财产独立于合伙人，合伙人出资以后，便丧失了对其作为出资部分的财产的所有权或者持有权、占有权，合伙企业的财产权主体是合伙企业，而不是单独的每一个合伙人。

4.【答案】√　【解析】合伙人之间转让在合伙企业中的全部或者部分财产份额时，应当通知其他合伙人，不需要经过其他合伙人一致同意。

5.【答案】×　【解析】合伙人之间约定的损益分配的比例属于内部约定，不得对抗外部的债权人。

6.【答案】×　【解析】合伙人之间的债务分担比例对债权人是没有约束力的，但对合伙企业的合伙人是有约束力的。

7.【答案】√　【解析】本题考核合伙人的债务清偿与合伙企业的关系。根据规定，合伙人发生与合伙企业无关的债务，相关债权人不得以其债权抵销"其对合伙企业"的债务；也不得代位行使合伙人在合伙企业中的权利。

8.【答案】×　【解析】被除名人接到除名通知之日，除名生效，被除名人退伙。当然退伙以退伙事由实际发生之日为退伙生效日。

9.【答案】×　【解析】合伙人退伙以后，并不能解除对于合伙企业既往债务的连带责任。根据《合伙企业法》的规定，退伙人对基于其退伙前的原因发生的合伙企业债务，承担无限连带责任。

10.【答案】×　【解析】有限合伙企业登记事项中应当载明有限合伙人的姓名或者名称及认缴的出资数额。

11.【答案】×　【解析】合伙协议不得约定将全部利润分配给部分合伙人或者由部分合伙人承担全部亏损。

12.【答案】√　【解析】《合伙企业法》规定，有限合伙人可以同本有限合伙企业进行交易；但是，合伙协议另有约定的除外。

13.【答案】×　【解析】有限合伙人的自有财产不足清偿其与合伙企业无关的债务的，该合伙人可以以其从有限合伙企业中分取的收益用于清偿；债权人也可以依法请求人民法院强制执行该合伙人在有限合伙企业中的财产份额用于清偿。

14.【答案】√【解析】《合伙企业法》规定，作为有限合伙人的自然人死亡、被依法宣告

死亡或者作为有限合伙人的法人及其他组织终止时，其继承人或者权利承受人可以依法取得该有限合伙人在有限合伙企业中的资格。

15.【答案】×【解析】合伙期限届满，合伙人决定不再经营，合伙企业应当解散。

第四章　物权法律制度

强化练习题

一、单选题

1. 下列关于物权的表述中，符合规定的是（　　）。

   A. 物权是指物的所有权

   B. 物权的权利主体是特定的，义务主体也是特定的

   C. 物权是指权利人依法对特定的物享有直接支配和排他的权利

   D. 物权的客体可以是不特定的

2. 根据物权法律制度的规定，下列关于物的分类的表述中，不正确的是（　　）。

   A. 海域属于不动产

   B. 船舶属于动产

   C. 汽车和轮胎属于主物和从物

   D. 存款利息属于法定孳息

3. 根据物权法律制度的规定，物权相互间的优先效力原则上应以物权成立时间的先后为标准，但也有例外，下列说法中不正确的是（　　）。

   A. 同一动产上已经设立抵押权或者质权，该动产又被留置的，留置权人优先受偿

   B. 限制物权优先于所有权

   C. 先成立的动产抵押权没有登记，其效力优于成立在后但已登记的抵押权

   D. 同一房屋之上，先登记设立的抵押权效力优先于后登记设立的抵押权

4. 根据物权法律制度，下列各项中，不属于原始取得的是（　　）。

   A. 基于无主物之先占

   B. 善意取得

   C. 添附

   D. 在他人房屋所有权上设立取得抵押权

5. 根据物权法律制度的规定，下列各项中，属于基于法律行为之外的法律事实而发生物权变动的是（　　）。

   A. 甲与乙签订房屋买卖合同

   B. 乙将其身故后的遗产全部赠送给丙

   C. 丁基于善意取得制度取得的房屋

   D. 戊向银行贷款，双方办理了抵押登记

6. 关于物权变动的公示公信原则，下列说法中不正确的是（　　）。

   A. 动产交付，产生物权公示效力

   B. 动产交付加登记，产生物权公示效力

   C. 不动产登记，产生物权公示效力

   D. 公示所产生的法律效力受法律保护

7. 根据物权法律制度的规定，张某与甲公司于2024年1月1日签订商品房预售合同，当日进行了预告登记，约定6个月内交付房屋。经催告后，2025年6月30日甲公司宣布预售房屋达到预定可使用状态。下列选项中，在预告登记有效期限内，最晚进行登记的时间应是（　　）。

   A. 6月30日　　　　B. 7月30日

   C. 8月29日　　　　D. 9月28日

8. 根据物权法律制度的规定，下列关于更正登记与异议登记的表述中，正确的是（　　）。

   A. 提起更正登记之前，须先提起异议登记

   B. 更正登记的申请人可以是权利人，也可以是利害关系人

   C. 异议登记之日起10日内申请人不起诉的，异议登记失效

   D. 异议登记不当造成权利人损害的，登记机关应承担损害赔偿责任

9. 甲公司与乙银行签订300万元的借款合同，以甲的房屋提供债权额为300万元的抵押担

保，并已办理登记。其后，借款合同的借款金额增加到 400 万元，仍以该房屋提供抵押担保，担保债权额相应增加到 400 万元。为使新增抵押生效，根据物权法律制度的规定，乙银行应向不动产登记机构申请的登记类型是（　　）。

A. 更正登记　　　B. 预告登记

C. 变更登记　　　D. 转移登记

10. 刘某借用张某的名义购买房屋后，将房屋登记在张某名下。双方约定该房屋归刘某所有，房屋由刘某使用，产权证由刘某保存。后刘某欲主张自己为所有权人。关于刘某的权利主张，下列选项中不正确的是（　　）。

A. 不能直接向登记机构申请办理更正登记

B. 若张某不同意更正，刘某可向登记机构申请异议登记

C. 可向法院请求确认其为所有权人

D. 可依据法院确认其为所有权人的判决请求登记机关更正登记

11. 李某和王某于 4 月 15 日订立房屋买卖合同，双方约定 5 月 15 日办理过户登记，合同签订后王某以各种理由拒绝办理登记手续，根据物权法律制度规定，下列说法错误的是（　　）。

A. 房屋买卖合同未生效

B. 房屋买卖合同自 4 月 15 日生效

C. 李某可凭有效的合同要求王某办理登记手续

D. 若 5 月 15 日办理过户登记的，则物权于 5 月 15 日发生变动

12. 2025 年 5 月 10 日，张某出售汽车给钱某，合同当日生效。2025 年 5 月 20 日，交付价款的时候，钱某同意将汽车借给张某使用一个月。2025 年 6 月 10 日，张某交付汽车，2025 年 6 月 25 日办理产权登记，则钱某取得汽车所有权的时间是（　　）。

A. 5 月 10 日　　　B. 5 月 20 日

C. 6 月 10 日　　　D. 6 月 25 日

13. 甲向乙购买一辆汽车，两人于 3 月 10 日成立买卖合同，并约定过两天交车。3 月 14 日，乙将车交付甲。3 月 16 日，甲将车款全数汇至乙的账户。3 月 28 日，甲、乙完成了车辆的转移登记。甲于（　　）取得车辆

的所有权。

A. 3 月 10 日　　　B. 3 月 14 日

C. 3 月 16 日　　　D. 3 月 28 日

14. 王某发现邻居家的院墙受地震影响倾斜严重，估计很快倒塌并很可能砸坏王某家的院墙。根据物权法律制度的规定，王某可以行使的物权保护方法是（　　）。

A. 妨害排除请求权

B. 损害赔偿请求权

C. 消除危险请求权

D. 恢复原状请求权

15. 根据物权法律制度的规定，关于所有权的权能，下列说法不正确的是（　　）。

A. 所有权的权能仅包括积极权能

B. 所有权人有权变更、消灭其物或对物的权利

C. 所有权人有权收取物的孳息

D. 所有权具有排除他人干涉的权能

16. 2025 年 3 月 1 日，张某拾得吴某丢失的一幅名贵字画。4 月 10 日，张某将该字画转让给袁某。5 月 11 日，袁某将该字画交给拍卖行拍卖。5 月 15 日，李某通过拍卖取得了该字画。下列表述错误的是（　　）。

A. 吴某有权自知道或者应当知道受让人李某之日起 2 年内向李某请求返还字画

B. 张某无权将字画转让给袁某

C. 吴某无权向张某请求赔偿字画损失

D. 吴某请求李某返还字画时，李某有权请求吴某支付其购买字画的费用

17. 甲在上班途中遗失手机一部，被乙拾得。甲发布悬赏广告称，愿向归还手机者支付现金 2 000 元作为酬谢。根据物权法律制度的规定，下列表述中，正确的是（　　）。

A. 返还手机是乙的法定义务，故甲虽承诺向归还手机的拾得人支付 2 000 元酬金，乙仍无权请求甲支付该酬金，仅有权要求甲支付因返还手机而发生的必要费用

B. 若乙将手机以 3 500 元的市场价格卖给不知情的丙，则甲除非向丙支付 3 500 元，否则无权请求丙返还手机

C. 若乙将手机送交公安机关，而甲未于公安机关发出招领公告之日起 6 个月内认领，则乙取得该手机的所有权

D. 若乙将手机送交公安机关，而甲未于公安机关发出招领公告之日起 1 年内认领，则该手机归国家所有

18. 根据物权法律制度的规定，下列关于收到遗失物的部门权利义务的表述中，不正确的是（　　）。

A. 权利人领取遗失物时，应当向收到遗失物的部门支付保管遗失物的必要费用

B. 遗失物自发布招领公告之日起 1 年内无人认领的归收到遗失物的部门所有

C. 收到遗失物的部门，不知道遗失物权利人的，应当及时发布招领公告

D. 收到遗失物的部门因重大过失致使遗失物毁损的应当承担民事责任

19. 在画家齐某举办的个人画展上，荣某看中其一幅油画，双方达成买卖合同后，荣某即支付了画款，但应齐某的请求，荣某将该画借给齐某一个月，待画展结束再行取画。画展最后一日，方某提出要购买该画，齐某同意。方某不知该画已经卖给荣某，遂以合理市场价购买，齐某当场将画作交付给方某。下列关于本案的表述中，正确的是（　　）。

A. 齐某和荣某的买卖合同中，尚未交付买卖的画作

B. 齐某将画作出售给方某，属于有权处分

C. 方某取得该画作的所有权

D. 齐某有权向方某主张返还该画作

20. 王某将一部相机借给李某，李某擅自将相机卖给不知情的孙某并交付，孙某又将相机卖给不知情的丁某并交付。对此，下列说法正确的是（　　）。

A. 丁某在王某追认后方可取得相机的所有权

B. 丁某基于孙某的交付取得相机所有权

C. 丁某根据善意取得制度取得相机的所有权

D. 丁某在付清全部款项后方可取得相机的所有权

21. 2025 年 1 月 1 日，甲将笔记本电脑出租给乙使用，租期为 1 年，10 月 2 日乙将该电脑以市场价 1 万元卖给不知情的第三人丙，乙向丙交付了电脑，丙也支付了价款。根据物权法律制度的规定，下列表述中，正确的是（　　）。

A. 乙作为承租人对电脑有权占有，因此有

权处分

B. 乙、丙之间的买卖合同无效

C. 丙没有取得电脑的所有权

D. 甲无权请求丙返还电脑

22. 添附是所有权取得的特殊方式。根据物权法律制度的规定，下列各项中，不属于添附的是（　　）。

A. 先占　　　　　B. 加工

C. 附合　　　　　D. 混合

23. 朋友 6 人共同出资购买一辆小汽车，未约定共有形式，且每人的出资额也不能确定。现部分共有人欲对外转让该车，为避免该转让成为无权处分，在没有其他约定的情况下，同意转让的共有人至少应当达到的人数是（　　）人。

A. 4　　　　　　　B. 3

C. 6　　　　　　　D. 5

24. 唐某、孙某、朱某、沙某以 10%、20%、30%、40% 的份额共有一套房屋。现唐某拟将自己的份额以 50 万元转让给第三人李某，孙某、朱某均主张自己享有同等条件下的优先购买权，因协商不成产生纠纷。下列关于孙某、朱某享有优先购买权的表述中，正确的是（　　）。

A. 孙某、朱某均不享有优先购买权

B. 只有朱某享有优先购买权，因为朱某共有份额较大

C. 孙某、朱某均享有优先购买权，应均等行使优先购买权

D. 孙某、朱某均享有优先购买权，应按照各自的共有份额比例行使优先购买权

25. 甲、乙分别按 35% 和 65% 的份额共有一辆汽车，二人将该汽车出租给丙。现甲欲转让自己持有的该汽车的全部份额。根据物权法律制度的有关规定，下列表述中，正确的是（　　）。

A. 乙、丙都有优先购买权，乙的购买权优先于丙的购买权

B. 乙、丙都有优先购买权，丙的购买权优先于乙的购买权

C. 乙无优先购买权，丙有优先购买权

D. 乙有优先购买权，丙无优先购买权

26. 甲、乙、丙、丁按份共有一栋房屋，份额相

同。为提高该房屋使用价值，甲向乙、丙、丁提议拆旧翻新。在共有人之间未就该事项作出明确约定的情况下，下列表述中，符合物权法律制度规定的是（　　）。

A. 即使乙、丙、丁不同意，甲仍可以拆旧翻新

B. 只要乙、丙、丁中有一人同意，甲就可以拆旧翻新

C. 只要乙、丙、丁中有二人同意，甲就可以拆旧翻新

D. 只有乙、丙、丁均同意，甲才可以拆旧翻新

27. 王某、张某为多年朋友，他们一起买了一套住房。关于他们之间的关系的下列论述中，正确的是（　　）。

A. 如果没有约定，王某、张某对于房屋是共同共有关系

B. 该房屋出租后，因年久失修外墙倒塌，砸毁承租人李某的汽车，王某、张某各按50%的比例承担赔偿责任

C. 王某要出让其在房屋中的份额，但未通知张某，而且无法确定张某是否知道或者应当知道最终确定的同等条件的，张某行使优先受偿权的期限为王某的份额权属转移之日起6个月

D. 如果张某的优先购买权受到侵害，可以请求认定王某的共有份额转让合同无效

28. 下列关于建筑物区分所有权的说法中，不正确的是（　　）。

A. 建筑区划内的绿地，属于业主共有，但是属于城镇公共绿地或者明示属于个人的除外

B. 占用业主共有的道路用于停放汽车的车位，属于业主共有

C. 建筑区划内的物业服务用房，属于物业公司和业主共有

D. 建筑区划内的道路，属于业主共有，但是属于城镇公共道路的除外

29. 下列关于土地承包经营权的表述中，错误的是（　　）。

A. 土地承包经营权主体只能是农业经营者

B. 土地承包经营权存续有具体期限

C. 承包期限届满，土地承包经营权人可以

依照农村土地承包的法律规定继续承包

D. 土地承包经营权人可以将其依法承包经营的耕地、林地、草地等用于建造住宅及其附属设施建设，享有占有、使用和收益的权利

30. 下列关于建设用地使用权的说法中，不正确的是（　　）。

A. 建设用地使用权的取得，可以采取出让或划拨等方式

B. 建设用地使用权自登记时设立

C. 建设用地使用权自建设用地使用权合同签订时设立

D. 建设用地使用权转让、互换、出资或者赠与的，附着于该土地上的建筑物、构筑物及其附属设施一并处分

31. 下列关于宅基地使用权的说法，正确的是（　　）。

A. 农村宅基地使用权是无偿取得的、有期限的权利

B. 宅基地使用权一律禁止流转

C. 农村村民出卖住房后，还可以再行申请宅基地

D. 宅基地使用权可以继承

32. 根据物权法律制度的规定，下列有关居住权的说法中正确的是（　　）。

A. 当事人可以口头形式设立居住权

B. 居住权均为无偿设立

C. 居住权不得转让和继承

D. 居住权自合同成立时设立

33. 甲向乙借款10万元，丙将自己的一辆汽车抵押给乙担保甲到期付款，下列关于乙转让债权和抵押权的说法中，正确的是（　　）。

A. 可以转让其债权而自己保留抵押权

B. 可以转让其抵押权而自己保留债权

C. 在转让债权时抵押权随之转让

D. 可以将债权和抵押权分别转让给两个人

34. 根据物权法律制度的规定，下列财产中，可以用于设立抵押权的是（　　）。

A. 所有权有争议的房屋

B. 被法院查封的车辆

C. 土地所有权

D. 正在建造的船舶

35. 根据物权法律制度的规定，以下列财产设定

抵押的，抵押权自登记时设立的是（ ）。

A. 挖掘机

B. 远洋运输船

C. 未加工的钢管

D. 正在建造的厂房

36. 根据物权法律制度的规定，抵押物折价或者拍卖、变卖所得的价款，当事人没有约定的按（ ）顺序清偿。

A. 实现抵押权的费用，主债权的利息，主债权

B. 实现抵押权的费用，主债权，主债权的利息

C. 主债权，主债权的利息，实现抵押权的费用

D. 主债权的利息，实现抵押权的费用，主债权

37. 张三向李四借款 6 万元，以其所有的一台高级音响为李四设定抵押。6 月 10 日签订抵押合同时约定抵押期间张三不得将音响让与他人。6 月 20 日双方办理音响抵押登记时将该约定一并进行了登记。7 月 15 日，张三将该音响卖给王五并完成了交付。下列表述中，正确的是（ ）。

A. 李四的抵押权于 6 月 20 日设立

B. 张三与王五间买卖合同因违反抵押合同的约定而无效

C. 因音响已经交付丙，丙已经取得音响所有权

D. 假如王五代替张三向李四清偿了全部借款，则王五可以取得音响所有权

38. 甲企业将其现有的以及将有的生产设备、原材料、半成品、产品一并抵押给乙银行，但未办理抵押登记。抵押期间，甲企业以合理价格将一批产品出售给丙公司，丙公司支付合理对价后，甲企业交付产品。后甲企业不能向乙银行履行到期债务，乙银行拟行使抵押权。下列关于该抵押权效力的表述中，正确的是（ ）。

A. 该抵押权已成立且可以对抗丙公司

B. 该抵押权因未办理抵押登记而不能成立

C. 该抵押权因抵押物不特定而不能成立

D. 该抵押权已成立但不得对抗丙公司

39. 甲与乙签订借款合同，并约定由乙将自己的自行车出质给甲，其后乙并未将自行车如约交付给甲，而是把该自行车卖给了丙。丙取得自行车后，与甲因该自行车权利归属发生纠纷。根据物权法律制度的规定，下列关于该自行车权利归属的表述中，正确的是（ ）。

A. 丙不能取得该自行车的所有权，因为该自行车已质押给甲

B. 丙能取得该自行车的所有权，但甲可依其自行车向丙追偿

C. 丙能取得该自行车的所有权，甲不能向丙要求返还该自行车

D. 丙能否取得该自行车的所有权，取决于甲同意与否

40. 甲公司为生产经营需要向乙合伙企业借款 300 万元，由丙个人独资企业提供价值 200 万元的房屋作抵押。乙合伙企业、丙个人独资企业签订了房屋抵押合同，但未办理抵押登记。另外，甲公司又以一张汇票出质，与乙合伙企业签订了质押合同：甲公司将汇票交付给乙合伙企业，但未办理出质登记。根据物权法律制度的规定，下列关于本案合同效力和担保物权设立效力的说法中，正确的是（ ）。

A. 质押合同无效　　B. 抵押权设立无效

C. 质权设立无效　　D. 抵押合同无效

41. 根据规定，出质人以仓单设立质权的，下列说法正确的是（ ）。

A. 存货人或者仓单持有人在仓单上背书记载"质押"字样，并交付权利人即设立质权

B. 保管人为同一货物签发多份仓单，出质人在多份仓单上设立多个质权，按照交付的先后确定清偿顺序

C. 出质人既以仓单出质，又以仓储物设立担保，按照公示的先后确定清偿顺序

D. 在同一货物签发多份仓单设立多个质权的，债权人举证证明其损失系由出质人与保管人的共同行为所致，可以请求出质人与保管人各自承担责任

42. 李某向陈某借款 10 万元，将一辆卡车抵押给陈某。抵押期间，卡车因车祸严重受损，李某将卡车送至某修理厂大修，后李某无力支付 2 万元修理费，修理厂遂将卡车留置。

经催告，李某在约定的合理期间内仍未支付修理费。此时，李某亦无法偿还欠陈某的到期借款，陈某要求修理厂将卡车交给自己依法进行拍卖，修理厂拒绝。下列关于该争议如何处理的表述中，符合规定的是（   ）。

A. 修理厂应将卡车交给陈某依法拍卖，修理费只能向李某主张

B. 陈某应当向修理厂支付修理费，其后修理厂应向陈某交付卡车

C. 修理厂应将卡车交给陈某依法拍卖，拍卖所得资金优先偿付借款，剩余部分修理厂有优先受偿权

D. 修理厂可将卡车依法拍卖，所得资金先偿付修理费，剩余部分陈某有优先受偿权

43. 乙向甲租赁一辆汽车，租赁期间制动故障，乙通知甲，但甲未予理睬，于是乙自行维修，但未支付维修费，丙修理厂将汽车留置。根据物权法律制度规定，下列说法正确的是（   ）。

A. 如果乙、丙均是企业，丙才能行使留置权

B. 即使乙、丙不是企业，丙仍可行使留置权

C. 由于留置的是第三人的财产，所以丙不可以行使留置权

D. 甲有权要求丙修理厂返还财产

44. 根据物权法律制度的规定，下列关于占有的分类，说法不正确的是（   ）。

A. 质权人对质物的占有属于有权占有、他主占有、间接占有

B. 盗窃者对盗赃物的占有属于无权占有、恶意占有、自主占有

C. 承租人合同终止后对租赁物的占有属于无权占有、恶意占有、他主占有

D. 恶意占有和善意占有属于无权占有

45. 孙某将其所有的一辆小汽车出质给钱某。钱某经孙某同意，驾驶该辆小汽车与林某、赵某一起出游。林某驾驶的小汽车是其从甲公司租赁而来。赵某驾驶的小汽车为其同宿舍好友陈某所有，赵某未经陈某同意私自开走，赵某准备在陈某考试结束以后电话告知陈某。下列关于各主体占有类型的表述中，不正确的是（   ）。

A. 赵某对小汽车的占有属于恶意占有

B. 孙某对小汽车的占有属于间接占有

C. 林某对小汽车的占有属于自主占有

D. 钱某对小汽车的占有属于有权占有

二、多选题

1. 根据物权法律制度的规定，下列各项中，能够成为物权客体的有（   ）。

A. 土地　　　　　　B. 月亮
C. 专利权　　　　　D. 汽车尾气

2. 根据物权法律制度的规定，下列各项中，属于法定孳息的有（   ）。

A. 依股本所得的股息

B. 椰子树上长着的椰子

C. 母鸡生的鸡蛋

D. 出租房屋获得的租金

3. 根据物权法律制度的规定，下列关于可分物与不可分物的说法中，正确的有（   ）。

A. 依据物是否因实物分割而变更其性质或减损其价值，可将物分为可分物与不可分物

B. 共有物分割时，可分共有物可采用实物分割，不可分共有物只能采取变价分割或作价补偿等方法

C. 给付标的物是不可分物的多数人之债，多数债权人或债务人通常形成按份之债

D. 给付标的物是可分物的多数人之债，多数债权人或债务人通常连带地享有债权或承担债务

4. 根据物权法律制度的规定，下列关于物权特性的表述中，正确的有（   ）。

A. 物权法定原则　　B. 物权具有排他性
C. 物权是对世权　　D. 物权是请求权

5. 甲公司依法取得某块土地建设用地使用权并办理报建审批手续后，开始了房屋建设并已经完成了装修。对此，下列说法不正确的有（   ）。

A. 甲公司因为享有建设用地使用权而取得了房屋所有权

B. 甲公司因为事实行为而取得了房屋所有权

C. 甲公司因为法律行为而取得了房屋所有权

D. 甲公司尚未进行房屋登记，因此未取得房屋所有权

6. 李某和王某于3月1日订立房屋买卖合同，双方约定4月1日办理过户登记，合同签订后王某以各种理由拒绝办理登记手续，根据

物权法律制度规定，下列说法正确的有（　　）。

A. 房屋买卖合同未生效

B. 房屋买卖合同自 3 月 1 日生效

C. 李某可凭有效的合同要求王某办理过户登记

D. 若 4 月 1 日办理过户登记的，合同自 4 月 1 日生效

7. 甲公司开发写字楼一栋，将其中一层卖给了乙公司，约定半年后交房，乙公司办理了预告登记。后来甲公司急需用钱，将该层楼抵押给银行，下列说法中正确的有（　　）。

A. 抵押权设立

B. 抵押权不设立

C. 若甲公司将写字楼直接卖给银行，则银行取得写字楼所有权

D. 若甲公司将写字楼直接卖给银行，则银行未取得写字楼所有权

8. 根据物权法律制度的规定，下列物权自交付时设立的有（　　）。

A. 李某将其小汽车设定抵押权

B. 王某以钻戒设立质权

C. 赵某将其手机转卖给钱某

D. 孙某以机器设备为其贷款设定抵押

9. 自然人某某死亡后，其房屋由小王继承，小王欲将该房屋出售给张某。根据物权法律制度的规定，下列各项中，表述正确的有（　　）。

A. 小王自继承之日起取得该房屋的所有权

B. 小王自继承之日起便可将房屋出售给张某

C. 小王必须先将房屋过户登记在自己名下后才能出售给张某

D. 小王如果未将房屋过户登记在自己名下后才出售给张某，则小王、张某之间的房屋买卖合同无效

10. 根据物权法律制度的规定，下列关于物权请求权的做法，正确的有（　　）。

A. 甲侵占了某公司的汽车，某公司可以基于对汽车的所有权主张所有物返还请求权

B. 乙将垃圾堆放在小张的车库门口，小张可以基于对车库的所有权行使妨害排除请求权

C. 丙在自家挖地窖，可能危及小王房屋的安全，小王基于对房屋的所有权行使消除危险请求权

D. 丁公司未经授权，在小赵房屋的墙壁上悬挂广告牌，小赵可以基于对房屋的所有权行使妨害排除请求权

11. 乙拾得甲丢失的手机，以市场价 3 500 元转让给不知情的旧手机经销商丙。根据物权法律制度的规定，下列表述中正确的有（　　）。

A. 乙拾得手机后，甲即丧失了手机的所有权

B. 乙将手机转让给丙的行为属于无权处分

C. 甲有权请求乙给予损害赔偿

D. 甲有权请求丙返还手机，但应向丙支付 3 500 元

12. 付某将一价值 10 万元的项链托其朋友马某保管。保管期间，马某因急需用钱，擅自将该项链以 9.5 万元卖给不知情的陈某。陈某取得项链后不慎丢失，项链被赵某拾得，赵某将该项链以 9 万元卖给其邻居侯某。3 个月后陈某获知项链在侯某处，与侯某就项链所有权归属产生纠纷。下列说法中正确的有（　　）。

A. 马某将朋友付某托其保管的项链卖给陈某，属于无权处分

B. 陈某可依善意取得制度取得项链的所有权

C. 侯某购买的是陈某的遗失物，陈某可以自知道侯某为买受人之日起 2 年内要求侯某返还项链

D. 陈某向侯某支付 9 万元后可取回项链

13. 根据物权法律制度的规定，关于添附的法律后果，下列表述中正确的有（　　）。

A. 因加工、附合、混合而产生的物的归属，有约定的，按照约定

B. 没有约定或者约定不明确的，依照法律规定

C. 法律没有规定的，按照充分发挥物的效用以及保护无过错当事人的原则确定

D. 因一方当事人的过错或者确定物的归属造成另一方当事人损害的，应当给予赔偿或者补偿

14. 甲、乙、丙、丁按份共有某商铺，各自份额均为 25%。因经营理念发生分歧，甲与丙商定将其份额以 100 万元转让给丙，并通知了乙、丁。乙与戊约定将其份额以 120 万元转

让给戊，但未通知甲、丙、丁。根据物权法律制度的规定，下列表述中，正确的有（　　）。

A. 乙、丁对甲的份额享有优先购买权

B. 甲、丙、丁在同等条件下对乙的份额享有优先购买权

C. 如果甲、丙、丁均对乙的份额主张优先购买权，三人可协商确定各自购买的份额

D. 甲、丙、丁可以其优先购买权受到侵害为由，仅请求人民法院认定乙与戊之间的份额转让合同无效

15. 甲、乙、丙、丁、戊、庚六人对一台挖掘机按份共有，甲的份额是 2/3，其余五人的份额各为 1/15。根据物权法律制度规定，没有特别约定时，下列转让挖掘机的行为中，有效的有（　　）。

A. 甲将挖掘机转让给辛，乙、丙、丁、戊、庚均表示反对

B. 甲、乙将挖掘机转让给辛，丙、丁、戊、庚均表示反对

C. 乙、丙、丁、戊、庚将挖掘机转让给辛，甲表示反对

D. 丙、丁、戊、庚将挖掘机转让给辛，甲、乙均表示反对

16. 张大与张二兄弟二人，成年后各自立户，属同一集体经济组织成员。各自从所在村集体经济组织承包耕地若干。关于土地承包经营权，下列说法正确的有（　　）。

A. 张大向其他集体经济组织成员转让土地承包经营权的，需经发包方同意

B. 若张大向张二转让土地承包经营权的，需经发包方同意

C. 张大、张二可以互换土地承包经营权

D. 互换土地承包经营权的，未经登记，不得对抗善意第三人

17. 关于土地承包经营权的设立，下列表述中正确的有（　　）。

A. 自土地承包合同成立时设立

B. 自土地承包经营权合同生效时设立

C. 登记机构在土地承包经营权设立时应当发放土地承包经营权证

D. 登记机构应当对土地承包经营权登记造册，未经登记造册的，不得对抗善意第三人

18. 下列关于建设用地使用权的表述中，符合物权法律制度规定的有（　　）。

A. 建设用地使用权自登记时设立

B. 划拨方式取得的土地使用权最高使用年限为 40 年

C. 建设用地使用权期满后自动续期

D. 建筑物转让的，该建筑物占用范围内的建设用地使用权一并处分

19. 根据物权法律制度的规定，下列关于建设用地使用权的取得与转让，说法错误的有（　　）。

A. 建设用地使用权可以通过继承取得

B. 国家机关可以通过划拨方式取得建设用地使用权，且其取得的建设用地使用权无期限限制

C. 土地使用权出让，须订立书面出让合同，自合同生效时，建设用地使用权设立

D. 建设用地使用权不得转让

20. 根据《民法典》的规定，下列有关宅基地使用权，说法正确的有（　　）。

A. 设立宅基地使用权，可以用于从事种植业、林业、畜牧业等农业生产

B. 宅基地使用权是无偿取得的

C. 宅基地使用权禁止买卖

D. 随宅基地上的房屋所有权一并转让的，可再次申请宅基地

21. 根据物权法律制度的规定，下列关于居住权的说法中，正确的有（　　）。

A. 设立居住权应当向登记机关申请居住权登记

B. 居住权可以继承

C. 当事人可以口头形式订立居住权合同

D. 居住权可以有偿设立

22. 根据物权法律制度的规定，下列有关地役权的表述中，正确的有（　　）。

A. 设定地役权应当签订书面合同

B. 地役权自地役权合同生效时设立

C. 地役权属于用益物权

D. 地役权是供役地所有人或者使用人享有的权利

23. 根据物权法律制度的规定，下列属于无效担保合同的有（　　）。

A. 甲公立大学与乙银行签订保证合同，为丙企业的借款提供保证

B. 甲行政机关与乙银行签订担保合同，为丙公司的借款提供担保

C. 甲公立医院与乙银行签订保证合同，为丙公司的借款提供担保

D. 张某与债权人王某签订的未约定担保范围的担保合同

24. 甲公司向乙公司借款 10 万元，甲公司以自己的一辆小汽车进行抵押担保，双方于 2025 年 3 月 4 日签订书面抵押合同，并于 3 月 9 日办理了抵押登记。3 月 15 日，甲公司向丙公司借款 20 万元，约定以上述小汽车进行抵押担保，双方于当日签订书面抵押合同，但未办理抵押登记。4 月 30 日，甲公司向丁公司借款 10 万元，再次以上述小汽车进行抵押担保，双方于当日签订书面抵押合同，但未办理抵押登记。上述借款到期后，甲公司均无力清偿，相关债权人拟实现抵押权，根据物权法律制度的规定，下列说法中，不正确的有（   ）。

A. 乙公司的抵押权自 3 月 9 日登记时设立，丙公司和丁公司的抵押权因未办理抵押登记，抵押权并未设立

B. 乙、丙、丁公司的抵押权均自合同生效时设立，各个债权人应当按照抵押合同成立的先后顺序优先受偿

C. 乙、丙、丁公司的抵押权均自合同生效时设立，因为乙公司的抵押权进行了登记，应当优先受偿，丙、丁公司则按合同成立的先后顺序确定清偿顺序

D. 乙、丙、丁公司的抵押权均自合同生效时设立，因为乙公司的抵押权进行了登记，应当优先受偿，丙、丁公司则按债权比例清偿

25. 甲公司拥有 M、N 两处建设用地使用权（工业用地），甲公司均将其开发成酒店，后因生产经营需要，甲公司以 M 酒店作为抵押向 P 银行贷款，双方签订了抵押合同。后又以 N 地建设用地使用权向 Q 银行贷款，双方签订了抵押合同。后甲公司无力偿还贷款，债权人向人民法院起诉要求实现抵押权。下列说法中正确的有（   ）。

A. 甲公司与 P 银行签订的抵押合同无效

B. 在一审法庭辩论终结前，经政府有关部门批准 M 地块转为商业用地，则甲公司与 P

银行签订的抵押合同有效

C. 甲公司与 Q 银行的抵押合同无效

D. 甲公司以 N 地上酒店为违法建筑物为由主张与 Q 银行的抵押合同无效，人民法院不予支持

26. 甲公司以划拨的建设用地使用权及地上建筑物抵押向 P 银行贷款 2 000 万元，并办理了抵押登记。后甲公司无力偿还债务，P 银行诉至法院，拟实现抵押权。已知该土地使用权及地上建筑物如被拍卖可得价款 3 000 万元，该建设用地使用权的土地出让金为 1 200 万元。下列说法中正确的有（   ）。

A. 甲公司以该建设用地使用权为划拨取得，抵押时未办理批准手续为由，主张抵押合同无效，人民法院不予支持

B. P 银行仅能对地上建筑物实现抵押权

C. P 银行实现抵押权时可以对拍卖所得价款 3 000 万元优先受偿

D. P 银行实现抵押权时可以对拍卖所得价款中的 1 800 万元优先受偿

27. 下列各项中，担保物权已经设立的有（   ）。

A. 甲与乙签订机器设备抵押合同，合同已生效，但尚未办理登记

B. 甲与乙签订房屋抵押合同，合同已生效，但尚未办理登记

C. 甲与乙签订机器设备质押合同，合同已生效，机器设备已交付，但尚未办理登记

D. 甲与乙签订股权质押合同，合同已生效，但尚未向法定机构办理出质登记

28. 陈某用自己的轿车作抵押向银行借款 40 万元，并办理了抵押登记手续。陈某驾驶该车出行时，不慎发生交通事故。经鉴定，该车的价值损失了 30%，保险公司赔偿了该车损失，根据《民法典》的规定，下列关于该抵押担保的表述中，正确的有（   ）。

A. 该轿车不再担保银行债权

B. 该轿车应担保银行债权

C. 保险赔偿不应担保银行债权

D. 保险赔款应担保银行债权

29. 甲公司以库存商品抵押向 P 银行贷款 100 万元用于经营周转，并办理了抵押登记，双方未对抵押物的转让作特别约定。贷款到期，甲公司无力偿还，P 银行拟实现抵押权，人

民法院查封了抵押物，经评估其价值仅为 20 万元。经查抵押期间甲公司以市场价格将一批价值 30 万元的商品卖给了乙公司，将一批价值 60 万元的商品转让给了受同一母公司控制的丙公司。下列说法中正确的有（　　）。

A. 甲公司与乙公司签订的买卖合同有效

B. P 银行可以对乙公司购买的商品实现抵押权

C. 甲公司与丙公司签订的买卖合同无效

D. P 银行可以对丙公司购买的商品实现抵押权

30. 甲于 2024 年 6 月 1 日以设备作抵押向乙银行借款，期限 1 年。2025 年 2 月 1 日与丙签订设备租赁合同，租期 3 年。丙对抵押设立不知情。借款到期后，甲无力归还，乙银行向法院申请扣押设备，并向丙主张解除租赁合同，下列说法正确的有（　　）。

A. 乙银行可以主张解除租赁合同

B. 丙有权向乙主张租赁合同继续有效

C. 如果乙银行能证明丙对抵押权设立知情，则可以主张解除租赁合同

D. 由于抵押权未登记，抵押权人不得向善意的承租人解除租赁合同

31. 生产手机的甲企业将其现有的以及将有的生产设备、原材料、半成品、产品一并抵押给乙银行，并办理抵押登记。抵押期间，甲企业未经乙银行同意以合理价格将一批手机出售给丙公司，丙公司如数支付价款后取走该批手机。后甲企业不能向乙银行履行到期债务，乙银行拟使抵押权。根据物权法律制度规定，下列关于乙银行抵押权效力的表述中，不正确的有（　　）。

A. 该抵押权已成立且可以对抗丙公司

B. 该抵押权因未办理抵押登记而不能成立

C. 该抵押权因抵押物不特定而不能成立

D. 该抵押权已成立但不得对抗丙公司

32. 甲公司向乙银行借款 20 万元，以一台机器作抵押，办理了抵押登记。其后，甲公司将该机器质押给丙公司。丙公司在占有该机器期间，将其交给丁企业修理，因拖欠修理费而被丁企业留置。后乙银行、丙公司、丁企业均主张行使机器上的担保物权。下列关于各担保物权效力顺序的表述中，正确的有

（　　）。

A. 乙银行优先于丙公司受偿

B. 丙公司优先于丁企业受偿

C. 丁企业优先于乙银行受偿

D. 丙公司优先于乙银行受偿

33. 根据物权法律制度的规定，在最高额抵押权中，下列属于抵押权人的债权确定的情形的有（　　）。

A. 约定的债权确定期间届满

B. 没有约定债权确定期间或者约定不明确，抵押权人或者抵押人自最高额抵押权设立之日起满 2 年后未请求确定债权

C. 新的债权可能发生

D. 抵押权人知道或者应当知道抵押财产被查封、扣押

34. 甲对乙享有应收账款债权，因甲对丙有债务，甲于是将其对乙享有的应收账款债权出质给丙，与丙订立质押合同并办理了质押登记。后甲又将该应收账款债权转让给不知情的丁，下列说法正确的有（　　）。

A. 该质权在登记前生效，登记后可以对抗第三人

B. 甲、丙质押合同自成立时生效，不以办理出质登记为生效要件

C. 若丙不同意甲转让债权，则丙可以主张甲债权转让行为无效

D. 若丙同意甲转让，丙可以主张以该债权转让所得价款优先受偿

35. 赵某向侯某借款，将存放于甲仓库中 1/3 的货物质押给侯某。2025 年 3 月 1 日，赵某、侯某和甲仓库签订三方协议，约定质物仍存放在甲仓库，赵某提取质物应当经侯某同意。协议签订后，甲仓库并未按约定将质物置于独立的仓库中，赵某可以随意提取货物。后赵某到期无力偿还债务，侯某拟实现质权时发现质物早已被赵某提取并出售。下列说法中正确的有（　　）。

A. 侯某的质权于 2025 年 3 月 1 日设立

B. 侯某可以请求赵某返还质物以实现质权

C. 侯某可以请求赵某承担违约责任

D. 侯某可以请求甲仓库承担违约责任

36. 下列关于动产质权效力的说法中，正确的有（　　）。

A. 质押合同是诺成合同，质物的转移不是合同的生效要件

B. 动产质权设立后，在主债务清偿以前，质权人有权占有质物，但不能收取质物所产生的孳息

C. 质权人在债务履行期限届满前，与出质人约定债务人不履行到期债务时质押财产归债权人所有的，只能依法就质押财产优先受偿

D. 质权人在质权存续期间，未经出质人同意，擅自使用处分质押财产，给出质人造成损害的，应当承担赔偿责任

37. 甲公司向乙银行贷款，以存货质押。6月12日，甲公司、乙银行与丙仓库签订了三方协议，约定存货由丙仓库监管，甲公司提取货物应当经乙银行同意。6月20日，甲公司将存货交付给丙仓库保管。保管期间，因丙仓库管理不善致一部分存货丢失，10月未经乙银行同意，甲公司擅自以调换临期商品为由，以少量存货置换出大批存货。贷款到期，甲公司无力偿还，乙银行拟实现质权时发现上述情况，则下列说法中正确的有（　　）。

A. 乙银行的质权于6月12日设立

B. 因管理不善毁损的货物，乙银行有权请求丙仓库承担违约责任

C. 甲公司擅自从丙仓库提取的货物，乙银行有权请求丙仓库承担违约责任

D. 乙银行可以变卖剩余质物，以所得价款优先受偿

38. 下列权利人可以行使留置权的有（　　）。

A. 张某为王某送货约定货物送到后一周内支付运费，张某在货物运到后，立刻要求王某支付运费被拒绝，张某可留置部分货物

B. 刘某把汽车租给方某，到期后尚有部分租金未付，刘某可留置方某之前租给刘某的名牌手表

C. 何某将丁某的行李存放在火车站小件寄存处后，丁某取行李时认为寄存费过高而拒绝支付，寄存处可留置该行李

D. 甲公司加工乙公司的机器零件约定先付费后加工，付费和加工均已完成，但乙公司尚欠甲公司借款，甲公司可留置机器零件

39. 孙某将其所有的一辆小汽车出质给钱某。钱某经孙某同意，驾驶该辆小汽车与林某、赵某一起出游。林某驾驶的小汽车是其从甲公司租赁而来。赵某驾驶的小汽车为其同宿舍好友陈某所有，赵某未经陈某同意私自开走，赵某准备在陈某考试结束以后电话告知陈某。下列关于各主体占有类型的表述中，正确的有（　　）。

A. 赵某对小汽车的占有属于恶意占有

B. 孙某对小汽车的占有属于间接占有

C. 林某对小汽车的占有属于自主占有

D. 钱某对小汽车的占有属于有权占有

40. 甲向乙借款，并将其一辆电动三轮车出质给乙。在质押期间，为向丙借款，乙擅自将三轮车出质给不知情的丙，丙欠丁借款到期，丁多次催讨未果。某日，丁趁丙不在家，将该三轮车偷偷骑走。之后向丙声称："如不还借款，就以三轮车抵债。"下列有关三轮车占有的性质及效力的说法中，符合物权法律制度规定的有（　　）。

A. 丙可基于占有返还请求权请求丁返还三轮车

B. 乙因甲的出质而善意占有三轮车

C. 丁对三轮车的占有属于恶意占有

D. 丁基于对三轮车的占有而取得留置权

三、判断题

1. 预告登记的本质是限制现时登记的权利人处分其物权，但未经预告登记的权利人同意，所有权人转让预告登记不动产的，该处分行为有效。（　　）

2. 船舶、航空器和机动车等动产的物权的设立、变更、转让和消灭，未经登记，不得对抗善意第三人。（　　）

3. 钟某大学毕业，将自己的专业课书籍出售给李某，但约定继续借用该批书籍一个月。钟某的交付方式属于简易交付。（　　）

4. 乙拾得甲丢失的手机，以市场价4 000元卖给不知情的旧手机经销商丙，甲要求丙返还手机的时间为自知道丙之日起2年内。（　　）

5. 共有人对共有的不动产或者动产没有约定为按份共有或者共同共有，或者约定不明确的，

除共有人具有家庭关系等外，视为按份共有。
（　　）

6. 住宅建设用地使用权期限届满的，需经土地管理部门审批后才能续期。（　　）

7. 在购入或者以融资租赁方式承租教育设施、医疗卫生设施、养老服务设施和其他公益设施时，出卖人、出租人为担保价款或者租金实现而在该公益设施上保留所有权的担保无效。（　　）

8. 甲向乙借款，将自己的房屋抵押给乙，甲、乙在抵押合同中约定，若甲到期不返还借款本息，该房屋所有权归乙。借款到期，甲无力还款，乙有权主张取得房屋所有权，甲应当配合乙办理房屋过户手续。（　　）

9. 建设用地使用权抵押后，该土地上新增的建筑物属于抵押财产。（　　）

10. 担保财产毁损、灭失或者被征收等，相应的

担保合同终止。（　　）

11. 债务人以自己的财产设定抵押，抵押权人放弃该抵押权、抵押权顺位或者变更抵押权的，一般情况下，其他担保人在抵押权人丧失优先受偿权益的范围内免除担保责任。（　　）

12. 从物产生于抵押权依法设立前，抵押权人主张抵押权的效力及于从物的，人民法院不予支持，但是在抵押权实现时应当分别处分。（　　）

13. 以现有的以及将有的应收账款出质的，质权自办理出质登记时设立。（　　）

14. 出质人既以仓单出质，又以仓储物设立担保，按照登记先后确定清偿顺序；难以确定先后的，按照债权比例清偿。（　　）

15. 留置权人无权收取留置财产的孳息。（　　）

快速查答案

一、单选题

序号	1	2	3	4	5	6	7	8	9	10	11	12
答案	C	C	C	D	C	B	D	B	C	A	A	B
序号	13	14	15	16	17	18	19	20	21	22	23	24
答案	B	C	A	C	D	B	C	B	D	A	A	D
序号	25	26	27	28	29	30	31	32	33	34	35	36
答案	D	C	C	C	D	C	D	C	C	D	D	A
序号	37	38	39	40	41	42	43	44	45			
答案	D	D	C	B	C	D	B	A	C			

二、多选题

序号	1	2	3	4	5	6	7	8	9	10	11	12
答案	AC	AD	AB	ABC	ACD	BC	BD	BC	AC	ABCD	BC	ABC
序号	13	14	15	16	17	18	19	20	21	22	23	24
答案	ABCD	BC	AB	BCD	CD	AD	CD	BC	AD	ABC	ABC	ABC

续表

序号	25	26	27	28	29	30	31	32	33	34	35	36
答案	ABD	AD	AC	BD	AD	BCD	ABC	AC	AD	BCD	CD	ACD
序号	37	38	39	40								
答案	BCD	CD	ABD	AC								

三、判断题

序号	1	2	3	4	5	6	7	8	9	10	11	12
答案	×	√	×	√	√	×	×	×	×	×	√	×
序号	13	14	15									
答案	√	×	×									

参考答案及解析

一、单选题

1.【答案】C　【解析】选项 A，物权包括所有权、用益物权和担保物权；选项 B，物权的义务主体是不特定的；选项 D，物权的客体具有特定性。

2.【答案】C　【解析】本题考查物的分类。主从关系是基于两个独立存在的物，轮胎属于汽车的一部分，不是主从物关系，因此，选项 C 错误。

3.【答案】C　【解析】先成立的动产抵押权若未登记，其效力劣后于成立在后但已登记的抵押权。

4.【答案】D　【解析】本题考查物权的发生。原始取得，是指非依据他人既存的权利而独立取得物权，又称物权的固有取得或物权的绝对发生，如基于无主物之先占、拾得遗失物、添附、善意取得等取得物权。因此，选项 A、B、C 均为原始取得。选项 D 为创设继受取得。

5.【答案】C　【解析】本题考查物权变动的原因。基于法律行为之外的法律事实而发生的物权变动，主要有添附、法定继承、无主物的取得、善意取得，以及征用、没收、罚款等。因此，选项 C 正确。

6.【答案】B　【解析】选项 A、B，动产物权的设立和转让，自交付时发生效力，但法律另有规定的除外；选项 C，不动产物权的变动以完成登记为生效要件；选项 D，公信，是公示方法所表征的物权变动效力的可信赖性，旨在保护基于信赖公示方式进行物权交易的善意第三人。

7.【答案】D　【解析】预告登记后，债权消灭或者自能够进行不动产登记之日起 90 日内未申请登记的，预告登记失效。

8.【答案】B　【解析】选项 A，不动产登记簿记载的权利人不同意更正的，利害关系人可以申请异议登记；因此一般是先更正登记，再异议登记。选项 B，权利人、利害关系人认为不动产登记簿记载的事项错误的，可以申请更正登记。选项 C，登记机构予以异议登记的，申请人在异议登记之日起 15 日内不起诉，异议登记失效。选项 D，异议登记不当，造成权利人损害的，权利人可以向申请人请求损害赔偿。

9.【答案】C　【解析】抵押担保的主债权数额

发生变化的，不动产权利人可以向不动产登记机构申请变更登记。

10.【答案】A【解析】权利人、利害关系人认为不动产登记簿记载的事项错误的，可以申请更正登记。不动产登记簿记载的权利人不同意更正的，利害关系人可以申请异议登记。本题中，刘某与张某约定房屋登记在张某名下，由刘某使用房屋并保存产权证，约定本身并不违反法律和行政法规的强制性规定，因此合法有效。刘某可以申请更正登记（选项A），若张某不同意更正，刘某可向登记机构申请异议登记（选项B）。选项C、D，刘某可向法院起诉确认其为所有权人，刘某一旦胜诉，即法院判决确认其为不动产的真正权利人，登记机构可依据生效的判决文书或协助执行通知书进行更正登记。

11.【答案】A【解析】本题考查物权登记原则。当事人之间订立有关设立、变更、转让和消灭不动产物权的合同，除法律另有规定或者当事人另有约定外，自合同成立时生效；未办理物权登记的，不影响合同效力。本题于4月15日订立合同，合同自4月15日生效，王某未履行登记义务的，李某可以凭借有效的合同要求王某办理登记手续，因此选项A错误，选项B、C、D正确。

12.【答案】B【解析】动产物权转让时，当事人又约定由出让人继续占有该动产的，物权自该约定生效时发生效力。

13.【答案】B【解析】动产物权的设立和转让，自交付时发生效力，但法律另有规定的除外。

14.【答案】C【解析】妨害尚未发生，损害更无从谈起，只是客观存在危险，因此，王某可以行使消除危险请求权。

15.【答案】A【解析】本题考查所有权的权能。积极权能包括占有、使用、收益、处分，消极权能即排除他人不法侵害、干扰或妨害。

16.【答案】C【解析】拾得遗失物，应当返还权利人。拾得人应当及时通知权利人领取，或者送交公安等有关部门，选项B正确。所有权人或者其他权利人有权追回遗失物，该遗失物通过转让被他人占有的，权利人有权

向无处分权人请求损害赔偿，或者自知道或者应当知道受让人之日起2年内向受让人请求返还原物，选项A正确；但是，受让人通过拍卖或者向具有经营资格的经营者购得该遗失物的，权利人请求返还原物时应当支付受让人所付的费用，选项D正确。权利人向受让人支付所付费用后，有权向无处分权人追偿，选项C错误。

17.【答案】D【解析】本题考查拾得遗失物。在遗失人发出悬赏广告时，归还遗失物的拾得人享有悬赏广告所允诺的报酬请求权，选项A错误。遗失物通过转让被他人占有的，权利人有权向无处分权人请求损害赔偿，或者自知道或者应当知道受让人之日起2年内向受让人请求返还原物；但是，受让人通过拍卖或者向具有经营资格的经营者购得该遗失物的，权利人请求返还原物时应当支付受让人所付的费用。丙直接从乙手中购得手机（而非通过拍卖或者向具有经营资格的经营者购得），无权要求甲支付购买手机的费用，选项B错误。遗失物自发布招领公告之日起1年内无人认领的，归国家所有，选项C错误，选项D正确。

18.【答案】B【解析】有关部门收到遗失物，知道权利人的应当及时通知其领取；不知道的，应当及时发布招领公告。遗失物自发布招领公告之日起1年内无人认领的，归国家所有。

19.【答案】C【解析】齐某和荣某的买卖合同中，已交付买卖的画作，此种交付方式为占有改定，选项A不正确。齐某借用画作期间为合法占有，受让人方某为善意，以合理市场价格转让，且已交付，齐某与方某的买卖合同有效，虽然齐某无权处分，但方某依据善意取得制度已经拥有该画的所有权，选项B、D表述不正确，选项C表述正确。

20.【答案】B【解析】选项A、C、D错误，李某无权处分相机，孙某可以根据善意取得制度取得相机的所有权。孙某已经取得相机所有权，将相机卖给丁某的行为属于有权处分行为，丁某基于孙某的交付即可取得相机所有权。

21.【答案】D【解析】本题考查所有权的取

得。乙只是承租人占有电脑，但无权处分，选项 A 错误。乙、丙之间的买卖合同有效，且符合善意取得要件，丙取得所有权，选项 B、C 错误。因丙取得电脑的所有权，甲无权要求其返还，但甲有权要求乙承担损害赔偿责任，选项 D 正确。

22.【答案】A 【解析】本题考查添附。添附，是指不同所有权人的物因结合或因加工而形成不可分割的物或具有新质的物，由于恢复原状之不可能或不合理而由一所有人取得或数所有人共同取得该物所有权。

23.【答案】A 【解析】（1）"未约定共有形式"，出资人之间为"朋友"关系，应推定为按份共有；（2）共有人之间对转让决议没有特别约定，应当经占份额 2/3 以上的按份共有人同意；（3）由于没有约定份额，也无法确定出资额，视为等额享有，2/3 份额 = 6 × 2/3 = 4（人）。

24.【答案】D 【解析】本题中，按份共有人唐某拟转让自己的共有份额给第三人，其他按份共有人享有同等条件下的优先购买权。两个以上其他共有人主张行使优先购买权的，应协商确定各自的购买比例；协商不成的，按照转让时各自的共有份额比例行使优先购买权。

25.【答案】D 【解析】本题考查按份共有。按份共有人可以转让其享有的共有的不动产或者动产份额，其他共有人在同等条件下享有优先购买的权利。承租人优先购买权的行使，仅限于租赁物为房屋的情形。因此，选项 D 正确。

26.【答案】C 【解析】本题考查按份共有。对共有的不动产进行重大修缮的，应当经占份额 2/3 以上（≥2/3）的按份共有人同意，但共有人之间另有约定的除外，选项 C 正确。

27.【答案】C 【解析】本题考查共有。法律规定，对于约定不明确的共有关系，除共有人具有家庭关系等之外，均视为按份共有，故选项 A 错误。不论是按份共有人还是共同共有人，因共有的财产对外造成损失的，均应该承担连带的赔偿责任，除非法律另有规定或第三人知道共有人不具有连带关系的，故选项 B 错误。优先购买权受到侵害，只能向

侵害人请求侵权性质的损害赔偿救济，不能请求撤销共有份额转让合同或者认定该合同无效，故选项 D 错误。

28.【答案】C 【解析】选项 C，建筑区划内的其他公共场所、公用设施和物业服务用房，属于业主共有。

29.【答案】D 【解析】土地承包经营权，是指以种植、养殖、畜牧等农业目的，对集体经济组织所有或国家所有由农民集体使用的农用土地依法享有的占有、使用、收益的权利。故不得用于"建造住宅及其附属设施建设"。

30.【答案】C 【解析】建设用地使用权自登记时设立。

31.【答案】D 【解析】本题考查宅基地使用权。农村宅基地使用权是无偿取得的、永久性的权利，选项 A 错误。宅基地使用权原则上禁止流转，但作为例外承认宅基地使用权可以继承，以及随宅基地上的房屋所有权的转让而流转，选项 B 错误。根据"一户一宅"原则，农村村民出卖住房后，再申请宅基地的，不予批准，选项 C 错误。

32.【答案】C 【解析】选项 A，设立居住权，当事人应当采用书面形式订立居住权合同。选项 B，居住权无偿设立，但是当事人另有约定的除外。选项 C，居住权不得转让、继承。选项 D，设立居住权的，应当向登记机构申请居住权登记，居住权自登记时设立。

33.【答案】C 【解析】担保物权具有从属性，从属于主债权，所以本题中，如果乙要转让债权，则抵押权随之转让。

34.【答案】D 【解析】选项 A、B、C，所有权、使用权不明或者有争议的财产，依法被查封、扣押、监管的财产，土地所有权不得用于设立抵押权；选项 D，正在建造的建筑物、船舶、航空器，属于可以设立抵押权的财产。

35.【答案】D 【解析】以建筑物和其他土地附着物、建设用地使用权、海域使用权、正在建造的建筑物设定抵押的，应当办理抵押物登记。抵押权自登记之日设立。

36.【答案】A 【解析】抵押物折价或者拍卖、变卖所得的价款，当事人没有约定的，按下

列顺序清偿：（1）实现抵押权的费用；（2）主债权的利息；（3）主债权。

37.【答案】D【解析】选项A，以动产抵押的，抵押权自抵押合同生效时设立，未经登记，不得对抗善意第三人，李四的抵押权于6月10日设立。选项B、C、D，当事人约定禁止或者限制转让抵押财产且已经将约定登记，抵押人违反约定转让抵押财产，抵押权人请求确认转让合同无效的，不予支持；抵押财产已经交付或者登记，抵押权人主张转让不发生物权效力的，应予支持，但是因受让人代替债务人清偿债务导致抵押权消灭的除外。因此，选项D正确。

38.【答案】D【解析】动产浮动抵押的抵押标的物"不特定"，抵押权自抵押合同生效时设立，选项B、C错误；动产浮动抵押无论是否办理抵押登记，均不得对抗正常经营活动中已支付合理对价并取得抵押财产的买受人。

39.【答案】C【解析】根据规定，动产质权自出质人交付质押财产时设立。本题中，乙并未向甲交付自行车，因此质权并未设立，而乙将自行车给丙，丙取得了自行车的所有权，甲不能要求返还该自行车。

40.【答案】B【解析】本题考核担保物权设立。抵押合同与质押合同，均是依法成立即生效，所以，选项A、D错误。以不动产抵押的，抵押权自登记时设立，本题中未办理抵押登记，抵押权未设立，选项B正确。以汇票、支票、本票、债券、存款单、仓单、提单出质的，当事人应当订立书面合同；质权自权利凭证交付质权人时设立；没有权利凭证的，质权自有关部门办理出质登记时设立，本题中汇票已经交付，质权已设立，选项C错误。

41.【答案】C【解析】以仓单设立质权的，不仅在仓单上记载"质押"字样，而且经"保管人签章"，自仓单交付质权人时设立，因此，选项A错误。保管人为同一货物签发多份仓单，出质人在多份仓单上设立多个质权，按照公示的先后确定清偿顺序，选项B错误。在同一货物签发多份仓单设立多个质权的，债权人举证证明其损失系由出质人与

保管人的共同行为所致，可以请求出质人与保管人承担连带责任，故选项D错误。

42.【答案】D【解析】根据规定，同一动产上已设立抵押权或者质权，该动产又被留置的，留置权人优先受偿。

43.【答案】B【解析】债务人不履行到期债务，债权人因同一法律关系留置合法占有的第三人的动产，并主张就该留置财产优先受偿的，人民法院应予支持。第三人以该留置财产并非债务人的财产为由请求返还的，人民法院不予支持。本题中，债权人留置的财产与债权基于同一法律关系，因此无论是企业间还是非企业间均可留置第三人的动产。

44.【答案】A【解析】选项A，直接占有是占有人对物有事实上的控制，质权人对质物属于直接占有；而出质人对质物的占有才属于间接占有，间接占有是指占有人自己不直接占有物，基于法律关系对事实上占有其物之人享有返还请求权。

45.【答案】C【解析】本题考查占有的分类。选项A，恶意占有，是指占有人对物知其无占有的法律依据，或对于是否有权占有虽有怀疑而仍为占有，赵某对小汽车的占有属于恶意占有。选项B，间接占有，是指自己不直接占有其物，基于一定法律关系而对事实上占有其物之人有返还请求权，孙某对小汽车的占有属于间接占有。选项C，自主占有，是指以所有的意思对物为占有；他主占有，是指不以所有的意思而为占有，林某对小汽车的占有应为他主占有。选项D，有权占有，是指基于法律上依据而为的占有，钱某对小汽车的占有属于有权占有。

二、多选题

1.【答案】AC【解析】本题考核物权的客体。《民法典》中规定的物，具有以下特点：（1）有体性；（2）可支配和利用性；（3）在人的身体之外。月亮、汽车尾气不具可支配性和利用性不能成为物权客体，因此选项B、D错误。

2.【答案】AD【解析】本题考查原物和孳息。孳息可以分为天然孳息和法定孳息，天然孳息是指果实、动物的出产物及其他按照物的

使用方法所获得的出产物；法定孳息，是指原物依法律关系所获得的物。选项 A、D 属于法定孳息，选项 C 属于天然孳息，选项 B 椰子与椰子树没有分离，属于椰子树的一部分，不构成孳息。

3. 【答案】AB 【解析】本题考查物的分类。对于给付标的物是不可分物的多数人之债，多数债权人或债务人通常连带地享有债权或承担债务；反之，如果给付标的物为可分物，多数债权人或债务人可以形成按份之债。选项 C、D 错误。

4. 【答案】ABC 【解析】本题考核物权特性。物权的种类和内容，由法律规定，因此选项 A 正确；物权具有排他性，因此选项 B 正确；物权是对世权、绝对权，因此选项 C 正确；物权是支配权，债权是请求权，因此选项 D 错误。

5. 【答案】ACD 【解析】选项 A、B，本题甲公司是由于合法建造的事实行为而获得的房屋所有权，而不是因为享有土地使用权而获得了房屋的所有权；选项 C，甲公司在此过程中并不存在买卖、赠与、互易等法律行为；选项 D，非基于法律行为的物权变动无须公示，动产不用交付，不动产不用登记。

6. 【答案】BC 【解析】本题考核物权登记原则。当事人之间订立有关设立、变更、转让和消灭不动产物权的合同，除法律另有规定或者当事人另有约定外，自合同成立时生效；未办理物权登记的，不影响合同效力。本题于 3 月 1 日订立合同，合同自 3 月 1 日生效，王某未履行登记义务的，李某可以凭借有效的合同要求王某办理登记手续，因此选项 A、D 错误，选项 B、C 正确。

7. 【答案】BD 【解析】当事人签订买卖房屋或者其他不动产物权的协议，为保障将来实现物权，按照约定可以向登记机构申请预告登记。预告登记后，未经预告登记的权利人同意，处分该不动产的，不发生物权效力。乙公司办理了预告登记，未经其同意，抵押权不设立，所有权不发生变动。因此，选项 B、D 正确。

8. 【答案】BC 【解析】本题考核物权变动。选项 A、D，动产抵押权自抵押合同生效时设

立，无须交付；选项 B，动产质权自出质人交付质押财产时设立；选项 C，动产物权的设立、变更、转让和消灭，自交付时设立。

9. 【答案】AC 【解析】本题考查不动产物权的变动。因继承取得物权的，自继承开始时发生效力，选项 A 正确。如果小王将该房屋出售给张某，必须先将房屋过户登记在自己的名下，然后才能过户到张某的名下，选项 B 错误，选项 C 正确。如果小王未将房屋过户登记在自己名下而直接出售给张某，则小王、张某之间的房屋买卖合同有效，但不发生物权变动的效力，选项 D 错误。

10. 【答案】ABCD 【解析】本题考查物权请求权。物权人于其物权受到侵害、妨害或有被侵害的危险时，基于物权而请求侵害人为或不为一定行为，以恢复物权圆满状态的权利。物权请求权是物权所具有的旨在排除侵害或妨害的消极权能。物权请求权包括标的物返还请求权、妨害排除请求权、消除危险请求权。选项 A、B、C、D 均正确。

11. 【答案】BC 【解析】选项 A、B，乙不能取得遗失物的所有权，乙将手机转让给丙的行为属于无权处分；选项 C、D，该遗失物通过转让被他人占有的，权利人有权向无处分权人（乙）请求损害赔偿，或者自知道或者应当知道受让人之日起 2 年内向受让人（丙）请求无偿返还原物；但是，受让人通过拍卖或者向具有经营资格的经营者购得该遗失物的，权利人请求返还原物时应当支付受让人所付的费用。

12. 【答案】ABC 【解析】选项 A、B，马某将朋友付某托其保管的项链卖给陈某，属于无权处分，但陈某对此并不知情，属于善意买受人，陈某支付了合理的价款且已经取得项链的占有，所以，陈某可依善意取得制度取得项链的所有权；选项 C，侯某购买的是陈某的遗失物，陈某可以自知道侯某为买受人之日起 2 年内要求侯某返还项链；选项 D，遗失物通过转让被他人占有的，权利人有权向无处分权人请求损害赔偿，或者自知道或者应当知道受让人之日起 2 年内向受让人请求返还原物；但是，受让人通过拍卖或者向具有经营资格的经营者购得该遗失物的，权

利人请求返还原物时应当支付受让人所付的费用。本题中，侯某并非"通过拍卖或者向具有经营资格的经营者购得"，故陈某无须向侯某支付受让人所付费用。

13.【答案】ABCD 【解析】因加工、附合、混合而产生的物的归属，有约定的，按照约定；没有约定或者约定不明确的，依照法律规定；法律没有规定的，按照充分发挥物的效用以及保护无过错当事人的原则确定。因一方当事人的过错或者确定物的归属造成另一方当事人损害的，应当给予赔偿或者补偿。

14.【答案】BC 【解析】选项A，按份共有人之间转让共有份额，其他按份共有人主张优先购买的，人民法院不予支持，但按份共有人之间另有约定的除外；选项B，按份共有人可以转让其享有的共有的不动产或者动产份额，其他共有人在同等条件下享有优先购买的权利；选项C，两个以上其他共有人主张行使优先购买权的，协商确定各自的购买比例；协商不成的，按照转让时各自的共有份额比例行使优先购买权；选项D，按份共有人向共有人之外的人转让其份额，其他按份共有人以其优先购买权受到侵害为由，仅请求撤销共有份额转让合同或者认定该合同无效的，人民法院不予支持。

15.【答案】AB 【解析】处分按份共有的不动产或者动产，或者对按份共有的不动产或者动产进行重大修缮的，除另有约定外，应当经占"份额"2/3以上（≥2/3）的按份共有人同意。在本题中，共有人没有特别约定，甲一人份额已为2/3，必须取得甲的同意，共有物的转让方有效。故正确答案为选项A、B。

16.【答案】BCD 【解析】本题考查土地承包经营权的设立。土地承包经营权只能在本集体经济组织之间互换、转让。故选项A错误，选项C正确。转让土地承包经营权的，需经发包方同意，选项B正确。土地承包经营权互换、转让的，当事人可以申请登记，未经登记，不得对抗善意第三人，选项D正确。

17.【答案】BC 【解析】土地承包经营权自土地承包经营权合同生效时设立。登记机构应

当向土地承包经营权人发放土地承包经营权证、林权证，并登记造册，确认土地承包经营权。故选项A错误，选项B、C正确。土地承包经营权人将土地承包经营权互换、转让，当事人可以向登记机构申请登记；未经登记，不得对抗善意第三人。本题中是土地承包经营权的设立，而不是变更，且变更登记是由当事人提出去申请登记，而不是行政机关主动登记造册。故选项D错误。

18.【答案】AD 【解析】土地划拨是无偿取得建设用地使用权的一种方式，划拨土地没有期限的规定，选项B错误；住宅建设用地使用权期限届满的，自动续期。选项C错误。

19.【答案】CD 【解析】本题考查建设用地使用权取得与转让。选项A正确，不动产物权的一般取得原因，如继承，也适用于建设用地使用权。选项B正确，国家机关、国防等公益事业用地可以通过划拨方式无偿取得建设用地，且无期限限制。选项C错误，土地使用权出让，依法须订立书面出让合同，应向登记机构申请建设用地使用权登记。建设用地使用权自登记时设立。选项D错误，建设用地使用权可以转让，转让方式包括出售、交换、赠与等。

20.【答案】BC 【解析】本题考核宅基地使用权。选项A，宅基地使用权人依法对集体所有的土地享有占有和使用的权利，有权依法利用该土地建造住宅及其附属设施。选项D，原则上宅基地使用权禁止流转，作为例外，随宅基地上的房屋所有权的转让而流转的宅基地，农村村民出卖住房后，再申请宅基地的，不予批准。

21.【答案】AD 【解析】选项B，居住权不得转让、继承。选项C，当事人设立居住权，应当采用书面形式订立居住权合同。

22.【答案】ABC 【解析】选项A、B，设立地役权，当事人应当采用书面形式订立地役权合同；地役权自地役权合同生效时设立。选项C、D，地役权是用益物权，是需役地所有人或使用人享有的权利。

23.【答案】ABC 【解析】以公益为目的的非营利学校、幼儿园、医疗机构、养老机构等提供担保的，担保合同无效，选项A、C当

选。机关法人提供担保的，担保合同无效，但是经国务院批准为使用外国政府或国际经济组织贷款进行转贷的除外，选项 B 当选。当事人对担保的范围没有约定或者约定不明确的，担保人应当对全部债务承担责任，选项 D 担保合同有效。

24. 【答案】ABC 【解析】本题考查抵押权的顺位。选项 A，抵押财产为动产，各个债权人的抵押权均自抵押合同生效时设立。选项 B、C、D，同一个抵押财产设立多个抵押的，都登记的按照登记先后顺序确定清偿顺序；有的登记，有的未登记的，已经登记的抵押权先于未登记的抵押权，因此本题中乙公司应当优先受偿；未登记的抵押权应当按照债权比例进行清偿，本题中的丙公司和丁公司应当按照各自的债权比例进行清偿。

25. 【答案】ABD 【解析】选项 A、B，以违法的建筑物抵押的，抵押合同无效，但是一审法庭辩论终结前已经办理合法手续的除外；选项 C、D，当事人以建设用地使用权依法设立抵押，抵押人以土地上存在违法的建筑物为由主张抵押合同无效，人民法院不予支持。

26. 【答案】AD 【解析】当事人以划拨方式取得的建设用地使用权抵押，抵押人不得以未办理批准手续为由主张抵押合同无效或者不生效。已经依法办理抵押登记，抵押权人可以主张行使抵押权，抵押权依法实现时所得的价款，应当优先用于补缴建设用地使用权出让金。

27. 【答案】AC 【解析】选项 A，以动产抵押的，抵押权自抵押合同生效时设立，未经登记不得对抗善意第三人；选项 B，以不动产抵押的，应当办理抵押登记，未经登记，抵押权未设立；选项 C，动产质权自质物交付质权人占有时设立；选项 D，以可以转让的股权出质的，质权自办理出质登记时设立。

28. 【答案】BD 【解析】根据规定，在所担保的债权未受全部清偿前，担保权人可就担保物的全部行使权利，担保物部分灭失，残存部分仍担保债权全部；因此选项 A 错误，选项 B 正确；在抵押物灭失、毁损或者被征用的情况下，抵押权人可以就该抵押物的保险

金、赔偿金或者补偿金优先受偿；因此选项 C 错误，选项 D 正确。

29. 【答案】AD 【解析】选项 A、C，买卖合同为诺成合同，自当事人签字之日起生效；选项 B，以动产抵押，不得对抗正常经营活动中已经支付合理价款并取得抵押财产的买受人；选项 D，买受人与出卖人存在直接或者间接的控制关系不属于正常经营活动，非正常经营活动中，抵押物已登记且双方当事人未约定禁止或限制转让的，抵押期间，抵押人可以转让抵押财产，抵押财产转让的，抵押权不受影响。

30. 【答案】BCD 【解析】抵押人将抵押财产出租给他人并移转占有，抵押权人行使抵押权的，租赁关系不受影响（选项 B、D），但是抵押权人能够举证证明承租人知道或者应当知道已经订立抵押合同的除外（选项 C），即未登记的抵押权不得对抗善意租赁人。

31. 【答案】ABC 【解析】本题考查浮动抵押。以动产抵押的（包括动产浮动抵押），不得对抗正常经营活动中已经支付合理价款并取得抵押财产的买受人（即本题中的丙公司），选项 A 错误，选项 D 正确。动产抵押（包括动产浮动抵押），抵押权自抵押合同生效时设立，未经登记，不得对抗善意第三人，选项 B 错误。动产浮动抵押在设立时抵押财产的范围并不确定，选项 C 错误。

32. 【答案】AC 【解析】同一动产既设立抵押权又设立质权的，拍卖、变卖该财产所得的价款按照登记、交付的时间先后确定清偿顺序。因此，乙银行优先于丙公司。同一动产上已设立抵押权或者质权，该动产又被留置的，留置权人优先受偿。因此，丁企业优先于乙银行和丙公司。

33. 【答案】AD 【解析】有下列情形之一的，抵押权人的债权确定：（1）约定的债权确定期间届满；（2）没有约定债权确定期间或者约定不明确，抵押权人或者抵押人自最高额抵押权设立之日起满 2 年后请求确定债权；（3）新的债权不可能发生；（4）抵押权人知道或者应当知道抵押财产被查封、扣押；（5）债务人、抵押人被宣告破产或者被撤销；（6）法律规定债权确定的其他情形。

34. 【答案】BCD 【解析】本题考查权利质权。以应收账款出质的质权自办理出质登记时设立，选项 A 错误。登记为权利质权设立的生效要件，但是未办理出质登记，只是不能发生权利质权设立的物权效力，不影响质押合同的生效，选项 B 正确。应收账款出质后不得转让，但是经出质人与质权人协商同意的除外，出质人转让应收账款所得的价款应当向质权人提前清偿债务或者提存，选项 C 正确。转让所得价款为权利质权的代位物，基于担保物权的物上代位性权利，质权人丙有权就转让所得价款优先受偿，甲对丙的债务尚未到期的，可对转让所得价款予以担保提存，选项 D 正确。

35. 【答案】CD 【解析】选项 A、B，质物监管人虽然受债权人委托但是未实际履行监管职责，导致货物仍由"出质人实际控制"的，质权不设立；选项 C，债权人可以基于质押合同的约定请求出质人承担违约责任，但是不得超过质权有效设立时出质人应当承担的责任范围；选项 D，监管人未履行监管职责，债权人有权请求监管人承担责任。

36. 【答案】ACD 【解析】选项 B，动产质押设立后，在主债务清偿以前，质权人有权占有质物，并有权收取质物所生的孳息。

37. 【答案】BCD 【解析】选项 A，债权人、出质人与监管人订立三方协议，出质人通过一定数量、品种等概括描述能够确定范围的货物为债务的履行提供担保，当事人有证据证明监管人系"受债权人的委托"监管并实际控制该货物的，质权于"监管人实际控制货物之日"起设立；选项 B、C，监管人违反约定向出质人或者其他人放货、因保管不善导致货物毁损灭失，债权人有权请求监管人承担"违约责任"；选项 D，债务人不履行到期债务或者发生当事人约定的实现质权的情形，质权人可以与出质人协议以质押财产折价，也可以就拍卖、变卖质押财产所得的价款优先受偿。

38. 【答案】CD 【解析】本题考查留置权。债权需到期是留置权的成立条件，选项 A 错误。债权人留置的动产应当与债权属于同一法律关系，但是企业之间留置的除外，选项 B 错误。

39. 【答案】ABD 【解析】本题考查占有的分类。选项 C，他主占有，是指不以所有的意思而为占有，如承租人、借用人、保管人、质权人等对标的物的占有，小汽车属于林某租借而来，属于他主占有。选项 A、B、D 所述均正确。

40. 【答案】AC 【解析】选项 A，占有的不动产或者动产被侵占的，占有人有权请求返还原物；选项 B，乙因甲的出质对三轮车的占有为有权占有，而善意占有属无权占有；选项 C，丁对自己无权占有属于明知，故丁为恶意占有；选项 D，留置权要求留置权人合法占有债务人的动产。

三、判断题

1. 【答案】× 【解析】预告登记后，未经预告登记的权利人同意，处分该不动产的，不发生物权效力。

2. 【答案】√ 【解析】特殊动产，如船舶、航空器和机动车，以登记为物权变动的对抗要件。

3. 【答案】× 【解析】本题考查占有改定。动产物权转让时，当事人又约定由出让人继续占有该动产的，物权自该约定生效时发生效力。这种交付方式为占有改定。

4. 【答案】√ 【解析】所有权人或者其他权利人有权追回遗失物。该遗失物通过转让被他人占有的，权利人有权向无处分权人请求损害赔偿，或者自知道或者应当知道受让人之日起 2 年内向受让人请求返还原物。

5. 【答案】√ 【解析】本题考查共有的分类。

6. 【答案】× 【解析】住宅建设用地使用权期限届满的，自动续期。

7. 【答案】× 【解析】以公益为目的的非营利性学校、幼儿园、医疗机构、养老机构等提供担保的，担保合同无效，但是有下列情形之一的除外：（1）在购入或者以融资租赁方式承租教育设施、医疗卫生设施、养老服务设施和其他公益设施时，出卖人、出租人为担保价款或者租金实现而在该公益设施上保留所有权。规定此例外的原因在于，这些非营利机构之所以能获得公益设施的占有、使用、收益，条件就是公益设施作为出卖人、出租人提供信用的担保。（2）以教育设施、医疗卫生设施、养老服务设施和其他公益设施以外的不动产、动产或者财产权利设立担保物权。

8.【答案】×【解析】"若甲到期不返还借款本息，该房屋所有权归乙"属于流押条款，流押条款无效，借款到期，甲无力还款，乙并不能直接取得抵押房屋的所有权，而是应将该房屋折价或拍卖、变卖以优先受偿。

9.【答案】×【解析】建设用地使用权抵押后，该土地上新增的建筑物不属于抵押财产。

10.【答案】×【解析】担保财产毁损、灭失或者被征收等，担保物权人可就获得的保险金、赔偿金或者补偿金等优先受偿。

11.【答案】√【解析】债务人以自己的财产设定抵押，抵押权人放弃该抵押权、抵押权顺位或者变更抵押权的，其他担保人在抵押权人丧失优先受偿权益的范围内免除担保责任，但是其他担保人承诺仍然提供担保的除外。

12.【答案】×【解析】从物产生于抵押权依法设立前，抵押权人主张抵押权的效力及于从物的，人民法院应予支持，但是当事人另有约定的除外；从物产生于抵押权依法设立后，抵押权人主张抵押权的效力及于从物的，人民法院不予支持，但是在抵押权实现时可以一并处分。

13.【答案】√【解析】以现有的以及将有的应收账款出质的，质权自办理出质登记时设立。

14.【答案】×【解析】出质人既以仓单出质，又以仓储物设立担保，按照公示的先后确定清偿顺序；难以确定先后的，按照债权比例清偿。

15.【答案】×【解析】留置权人有权收取留置财产的孳息，所收取的孳息应当首先冲抵收取孳息的费用。

第五章 合同法律制度

强化练习题

一、单选题

1. 凡不以另一合同的存在为前提即能独立存在的合同是（   ）。
   A. 单务合同
   B. 要式合同
   C. 主合同
   D. 诺成合同

2. 下列选项中，关于合同形式的说法，正确的是（   ）。
   A. 书面形式合同是指纸质合同
   B. 当事人的特定行为间接推知其意思表示构成默示合同
   C. 自动售货机，消费者只要按要求投入货币，即可得到所想得到的商品，此为推定形式合同
   D. 合同订立的形式中，口头形式、推定形式、默示形式属于以其他形式订立合同

3. 要约邀请是希望他人向自己发出要约的表示。根据《民法典》的规定，下列情形中，不属于发出要约邀请的是（   ）。
   A. 甲公司向数家贸易公司寄送价目表
   B. 乙公司通过报刊发布招标公告
   C. 丙公司在其运营中的鲜榨果汁自动售货机上载明"十元一杯"
   D. 丁公司向社会公众发布招股说明书

4. 甲公司于 3 月 5 日向乙企业发出签订合同要约的信函。3 月 8 日乙企业收到甲公司声明该要约作废的传真。3 月 10 日乙企业收到该要约的信函。根据规定，甲公司发出传真声明要约作废的行为属于（   ）。
   A. 要约撤回

   B. 要约撤销
   C. 要约生效
   D. 要约失效

5. 2024 年 10 月 8 日，甲厂向乙厂发函称其可提供 X 型号设备，请乙厂报价。10 月 10 日乙厂复函表示愿以 5 万元购买一台，甲厂 10 月 12 日复函称每台价格 6 万元，10 月 30 日前回复有效。乙厂于 10 月 19 日复函称愿以 5.5 万元购买一台，甲厂收到后未作回复。后乙厂反悔，于 10 月 26 日发函称同意甲厂当初 6 万元的报价。下列关于双方往来函件法律性质的表述中，不符合合同法律制度规定的是（   ）。
   A. 甲厂 10 月 8 日的发函为要约邀请
   B. 乙厂 10 月 10 日的复函为要约
   C. 甲厂 10 月 12 日的复函为反要约
   D. 乙厂 10 月 26 日的发函为承诺

6. 根据合同法律制度的规定，下列情形中，不属于要约失效原因的是（   ）。
   A. 受要约人拒绝要约的通知到达要约人
   B. 受要约人对要约的内容作出实质性变更
   C. 承诺期限届满，受要约人未作出承诺
   D. 在受要约人作出承诺后，要约人表示撤销要约

7. 9 月 30 日，李某以手机短信形式向刘某发出购买一台笔记本电脑的要约，刘某于当日回短信同意要约。但由于"十一"假期期间短信系统繁忙，李某于 10 月 3 日才收到刘某的短信，并因个人原因于 10 月 8 日才阅读刘某的短信，后于 10 月 9 日回复刘某"短信收到"。根据合同法律制度的规定，李某、刘某之间买卖合同的成立时间是（   ）。

A. 9 月 30 日

B. 10 月 3 日

C. 10 月 8 日

D. 10 月 9 日

8. 2024 年 6 月 1 日，甲公司向乙公司发出一封信件表示"采购 10 件绣花窗帘，1 000 元一件"。6 月 2 日乙公司收到该要约，6 月 3 日，甲公司向乙公司发出撤销要约的信件，但该信件因天气原因于 6 月 5 日才到达乙公司，6 月 4 日，乙公司电话回复甲公司"暂无绣花窗帘，是否愿意选购 800 元一件印花窗帘"。甲公司经过考虑，6 月 6 日电话回复乙公司，拒绝购买印花窗帘。甲公司购买绣花窗帘的要约失效时间为（ ）。

A. 6 月 6 日

B. 6 月 5 日

C. 6 月 4 日

D. 6 月 3 日

9. 2024 年 10 月 24 日，甲向乙发出函件称："本人欲以每吨 5 000 元的价格出售螺纹钢 100 吨。如欲购买，请于 11 月 10 日前让本人知悉。"乙于 10 月 27 日收到甲的函件，并于次日回函表示愿意购买。但由于投递错误，乙的回函于 11 月 11 日方到达甲处。因已超过 11 月 10 日的最后期限，甲未再理会乙，而将钢材售与他人。乙要求甲履行钢材买卖合同。根据合同法律制度的规定，下列表述中，正确的是（ ）。

A. 甲、乙之间的合同未成立，甲对乙不承担任何责任

B. 甲、乙之间的合同未成立，但乙有权要求甲赔偿信赖利益损失

C. 甲、乙之间的合同成立但未生效，甲有权撤销要约

D. 甲、乙之间的合同成立且已生效，乙有权要求甲履行合同

10. 根据合同法律制度的规定，下列情形中，构成有效承诺的是（ ）。

A. 受要约人向要约人发出承诺函后，随即又发出一份函件表示收回承诺，两封函件同时到达要约人

B. 受要约人在承诺期内发出承诺，正常情形下可如期到达要约人，但因连日暴雨致道路冲毁，承诺通知到达要约人时已超过承诺期限，要约人收到承诺通知后未作任何表示

C. 受要约人发出表示承诺的函件时已超过要约人规定的承诺期限，要约人收到后未作任何表示

D. 受要约人向要约人回函表示若价格下调 5% 即订立合同

11. 根据合同法律制度的规定，下列关于要约撤销的表述中，不正确的是（ ）。

A. 要约人以确定承诺期限的形式明示要约不可撤销的，要约不得撤销

B. 受要约人有理由认为要约不可撤销，并已为履行合同做了合理准备工作的，要约不得撤销

C. 要约人不得以对话方式作出撤销要约的意思表示

D. 撤销要约的意思表示以非对话方式作出的，应当在受要约人作出承诺前到达受要约人

12. 张某与陆某在甲地商品交易洽谈会上谈妥买卖合同的主要条款，张某于乙地在合同上签字，随后陆某于丙地在合同上签字，合同在丁地履行，当事人对合同成立地点未作特别约定，该买卖合同的成立地点为（ ）。

A. 甲地　　　　　B. 乙地

C. 丙地　　　　　D. 丁地

13. 根据合同法律制度的规定，下列关于采用数据电文形式订立合同的表述中，不正确的是（ ）。

A. 以电子邮件等数据电文形式订立的合同，属于采用书面形式的合同

B. 对通过电子邮件发出的要约，当事人未约定生效时间的，该要约自电子邮件发出时生效

C. 采用数据电文形式订立合同，收件人没有主营业地的，收件人的住所地为合同成立的地点

D. 当事人采用数据电文形式订立合同，在合同成立前要求签订确认书的，签订确认书时合同成立

14. 下列有关缔约过失责任和违约责任区别的表述中，错误的是（ ）。

A. 缔约过失赔偿的是信赖利益的损失；违

约责任赔偿的是履行利益的损失

B. 缔约过失责任适用于合同不成立、无效、被撤销等情况；违约责任适用于生效合同

C. 缔约过失责任赔偿的损失要大于或等于违约责任赔偿的损失

D. 缔约过失责任发生在合同成立之前；而违约责任产生于合同生效之后

15. 根据合同法律制度的规定，当事人就有关合同内容约定不明确的，可以协议补充，不能达成补充协议的，按照合同有关条款或者交易习惯确定，仍不能确定的，适用法定规则。下列关于该法定规则的表述中，正确的是（　　）。

A. 履行费用的负担不明确的，由接受履行一方承担

B. 价款或者报酬约定不明确的，按照履行合同时履行地的市场价格履行

C. 履行地点不明确，给付货币的，在支付货币一方所在地履行

D. 履行方式不明确的，按照有利于实现合同目的的方式履行

16. 甲、乙双方签订一份煤炭买卖合同，约定甲向乙购买煤炭1 000吨，甲于4月1日向乙支付全部煤款，乙于收到煤款半个月后装车发煤。3月31日，甲经调查发现，乙的煤炭经营许可证将于4月15日到期，目前煤炭库存仅剩700余吨，且正加紧将库存煤炭发往别处。甲遂决定暂不向乙付款，并于4月1日将暂不付款的决定及理由通知了乙。根据《民法典》的规定，下列表述中，正确的是（　　）。

A. 甲无权暂不付款，因为在乙的履行期届至之前，无法确知乙将来是否会违约

B. 甲无权暂不付款，因为甲若怀疑乙届时不能履行合同义务，应先通知乙提供担保，只有在乙不能提供担保时，甲方可中止履行己方义务

C. 甲有权暂不付款，因为甲享有先履行抗辩权

D. 甲有权暂不付款，因为甲享有不安抗辩权

17. 根据合同法律制度的规定，下列债务中，可以法定抵销的是（　　）。

A. 甲因重大过失侵害他人财产对乙产生的赔偿之债

B. 按照约定应当向第三人丙给付的债务

C. 甲欠乙的为租金之债，乙欠甲的为运费之债

D. 甲提出将自己的到期债务与乙的未到期债务抵销

18. 赵某欠侯某250万元，已到清偿期限，但赵某一直宣称无力偿还。侯某经调查发现，高某因借款购房欠赵某120万元已到清偿期限，邻居王某因生活琐事将赵某打伤欠其医药费2万元，郭某因替考中级职称考试欠赵某1万元，吴某因炒股刚刚向赵某借款50万元并约定一年后偿还。赵某无其他可供执行的财产，并对其享有的债权都怠于行使。根据《民法典》的规定，下列说法中正确的是（　　）。

A. 侯某可以对高某欠赵某的债务行使代位权

B. 侯某可以对王某欠赵某的债务行使代位权

C. 侯某可以对郭某欠赵某的债务行使代位权

D. 侯某可以对吴某欠赵某的债务行使代位权

19. 甲对乙享有50 000元债权，已到清偿期限，但乙一直宣称无能力清偿欠款。甲调查发现，乙对丁享有3个月后到期的7 000元债权，戊因赌博欠乙8 000元；另外，乙在半年前发生交通事故，因事故中的人身伤害对丙享有10 000元债权，因事故中的财产损失对丙享有5 000元债权。乙无其他可供执行的财产，乙对其享有的债权都怠于行使。下列各项中，甲可以代位行使的债权是（　　）。

A. 乙对丙的10 000元债权

B. 乙对丙的5 000元债权

C. 乙对丁的7 000元债权

D. 乙对戊的8 000元债权

20. 下列各项中，出卖人应当承担标的物毁损、灭失风险的是（　　）。

A. 标的物交付买受人后，被发现存在质量问题，且质量问题由出卖人造成

B. 标的物已运抵交付地点，买受人因标的物质量不合格而拒收货物

C. 买受人下落不明，出卖人将标的物提存

D. 当事人没有约定交付地点并且标的物需要运输，出卖人已将标的物交付给第一承运人

21. 根据合同法律制度的规定，下列关于合同保全制度中撤销权行使的表述中，不正确的是（　　）。

A. 债权人应以自己的名义行使撤销权

B. 自债务人行为发生之日起 5 年内没有行使撤销权的，撤销权消灭

C. 撤销权的行使范围以债权人的债权为限

D. 债权人行使撤销权的必要费用，由债权人负担

22. 甲公司欠乙公司 50 万元货款，一直无力偿付。现与甲公司有关联关系的丙公司欠甲公司 50 万元且已到期，但甲公司明示放弃对丙公司的债权。对于甲公司放弃债权的行为，乙公司拟行使撤销权。下列说法中，正确的是（　　）。

A. 乙公司可以请求人民法院判令丙公司偿还乙公司 50 万元

B. 乙公司可以请求人民法院撤销甲公司放弃债权的行为

C. 乙公司行使撤销权的必要费用应由丙公司承担

D. 乙公司应在知道或应当知道甲公司放弃债权之日起 2 年内行使撤销权

23. 乙承租甲的房屋，约定租赁期限为 2025 年 1 月 1 日至 2026 年 12 月 31 日。经甲同意，乙将该房屋转租给丙，租赁期限为 2025 年 6 月 1 日至 2026 年 5 月 31 日。根据合同法律制度的规定，下列表述中，正确的是（　　）。

A. 甲有权直接向丙收取租金

B. 甲和乙之间的租赁合同在转租期内失效

C. 甲有权解除乙和丙之间的转租合同

D. 若丙对房屋造成损害，甲有权向乙主张赔偿

24. 根据合同法律制度的规定，下列关于合同权利转让的表述中，正确的是（　　）。

A. 受让人取得债权时，一并取得与债权相关的专属于让与人的从权利

B. 因债权转让增加的履行费用，由受让人

负担

C. 债务人接到债权转让通知后，不得向受让人主张债务人对让与人的抗辩

D. 当事人约定金钱债权不得转让的，不得对抗第三人

25. 赵某向钱某购买一批瓷砖，价款为 5 万元，合同履行前，钱某未经赵某的同意，将价款债权转让给孙某，并通知赵某直接向孙某付款。已知，赵某与钱某未约定合同权利不得转让。下列有关钱某的债权转让行为效力的说法中，符合合同法律制度规定的是（　　）。

A. 钱某的转让行为无效，赵某仍应向钱某付款

B. 钱某的转让行为有效，但如赵某仍向钱某付款，可发生清偿效力

C. 钱某的转让行为有效，赵某应向孙某付款

D. 钱某的转让行为效力待定，取决于赵某是否表示同意

26. 根据《民法典》的规定，关于债务人对同一债权人负担的数项债务的履行顺序，下列说法中不正确的是（　　）。

A. 债务人未作指定的，应当优先履行已经到期的债务

B. 数项债务均到期的，优先履行对债权人缺乏担保或者担保最少的债务

C. 担保数额相同的，优先履行债务负担较轻的债务

D. 债务负担相同的，按照债务到期的先后顺序抵充

27. 周某与李某互负到期债务，李某对周某所负债务是支付利息。周某对李某负有的下列债务中，可以适用法定抵销的是（　　）。

A. 不开展竞争性营业活动

B. 支付人身损害赔偿金

C. 提供劳务

D. 支付租金

28. 甲公司拖欠乙公司借款本金 100 万元，利息 10 万元。人民法院对甲公司财产依法进行扣押、拍卖，取得价款 60 万元，产生拍卖相关费用 5 万元。甲公司、乙公司未对抵充债务的顺序作出约定，该 60 万元价款按照法定顺序进行了清偿。乙公司借款本金应偿还

余额为（   ）万元。

A. 60   B. 50

C. 45   D. 55

29. 债权人甲下落不明，致使债务人乙难以履行债务，乙依法将标的物提存。提存期间，该标的物发生意外毁损。根据合同法律制度的规定，下列关于对该标的物损失承担的表述中，正确的是（   ）。

A. 应由甲承担

B. 应由乙承担

C. 应由甲、乙共同承担

D. 应由提存机关承担

30. 甲向商场购买 1 台 47 寸、1 台 50 寸液晶电视及遥控器，收货时发现 47 寸液晶屏已损坏，50 寸的遥控器无法使用，根据《民法典》的规定，下列关于甲如何解除合同的表述中，正确的是（   ）。

A. 甲可以全部解除商场的买卖合同

B. 甲只能就买卖合同中 47 寸电视解除合同

C. 甲可以就买卖合同中 47 寸电视及遥控器与 50 寸的遥控器解除合同

D. 甲不能就合同部分瑕疵解除合同

31. 下列关于合同解除的说法中，正确的是（   ）。

A. 赠与合同的赠与人可以随时解除合同

B. 发生不可抗力，双方当事人可以解除合同

C. 租赁物危及承租人的安全或健康的，承租人可以随时解除合同

D. 先履行义务的一方有确切的证据证明后履行义务的一方不能履行合同，可以随时解除合同

32. 2024 年 3 月 10 日，甲公司和乙公司签订借款合同，约定乙公司借给甲公司 100 万元，借款期限 1 年。同日为担保乙公司 100 万元债权的实现，乙公司与丙公司签订了担保合同，2025 年 5 月 15 日，甲公司无力清偿乙公司 60 万元债务。随后，人民法院认定担保合同无效，乙公司与丙公司对比均有过错，对该 60 万元债务，丙公司应当承担的最高赔偿责任金额为（   ）万元。

A. 60   B. 30

C. 20   D. 0

33. 甲和乙订立一份价款为 300 万元的买卖合同，合同约定的违约金比例为合同价款的 20%，合同成立后甲依照合同约定向乙支付定金 40 万元。后乙完全违约，根据《民法典》的规定，甲可以向乙主张赔偿的最佳方案是（   ）。

A. 60 万元违约金

B. 60 万元违约金并双倍返还定金 80 万元

C. 60 万元违约金并返还定金 40 万元

D. 双倍返还定金 80 万元

34. 2024 年 2 月 1 日，赵某与甲公司签订机器设备购买合同，约定甲公司于 2024 年 3 月 1 日前交付机器设备一台，价款为 10 万元。赵某支付定金 3 万元，合同签订后，赵某交付甲公司 3 万元定金。2024 年 3 月 1 日，甲公司未如期交付机器设备，赵某有权请求甲公司返还的金额最高为（   ）万元。

A. 6   B. 3

C. 4   D. 2

35. 甲向乙订购 30 万元货物，双方约定："乙收到甲的 10 万元定金后，即应交付全部货物。"合同订立后，乙在约定时间内只收到甲的 6 万元定金，但并未提出异议，而是在收到 6 万元定金当日即交付全部货物。有关本案的下列说法中，正确的是（   ）。

A. 实际交付的定金少于约定数额的，视为定金合同不成立

B. 实际交付的定金少于约定数额的，视为定金合同不生效

C. 实际交付的定金少于约定数额的，视为定金合同变更

D. 当事人约定的定金数额超过主合同标的额的 20%，定金合同无效

36. 2024 年 3 月 1 日，出卖人甲公司与买受人乙公司订立电脑买卖合同，未约定交付地点和风险转移时间。甲公司分别委托独立承运人丙公司和丁公司负责海上运输和公路运输。3 月 15 日，甲公司将电脑交给丙公司。3 月 30 日，丙公司将电脑交给丁公司。4 月 10 日，丁公司按照约定将电脑运送至乙公司，因乙公司未做好收货准备而未能交付。4 月 15 日，丁公司将电脑交给乙公司。根据合同法律制度的规定，该批电脑毁损、灭失的风

险转移给乙公司的时间为（　　）。

A. 4 月 15 日

B. 3 月 30 日

C. 3 月 15 日

D. 4 月 10 日

37. 甲有一箱珠宝拟出售，于 2024 年 5 月 10 日与乙签订买卖合同，约定 5 日后交货付款；5 月 11 日，丙愿以更高的价格购买该箱珠宝，甲遂与丙签订合同，约定 3 日后交货付款；5 月 12 日，甲又与丁签订合同，将该箱珠宝卖给丁，丁当即支付了价款，约定 2 日后交货。后因甲未交付珠宝，乙、丙、丁均要求甲履行合同，诉至人民法院，下列有关该箱珠宝交付和所有权归属的说法中，正确的是（　　）。

A. 应支持乙对甲交付该箱珠宝的请求

B. 应支持丙对甲交付该箱珠宝的请求

C. 应支持丁对甲交付该箱珠宝的请求

D. 应认定乙、丙、丁共同取得该箱珠宝的所有权

38. 2024 年 6 月 1 日，赵某向钱某借款 15 万元，约定借款期限 1 年，未约定利息条款。还款时钱某与赵某就利息支付产生纠纷，下列关于借款利息支付的表述中，正确的是（　　）。

A. 赵某可以不支付借款利息

B. 赵某应当按照当地民间借贷交易习惯支付借款利息

C. 赵某应当按照同期贷款市场报价利率支付借款利息

D. 赵某应当按照当地市场利率支付借款利息

39. 李某向张某借款，合同约定：借款本金 10 万元，借款期限为 2023 年 5 月 5 日至 2024 年 5 月 5 日，年利率为 3%。合同未约定逾期利率。合同到期后，李某拒绝向张某还款，张某提出诉讼，要求李某归还本金、借期内利息及逾期利息。下列表述中，正确的是（　　）。

A. 因借款合同未约定逾期利率，张某无权主张逾期利息

B. 张某主张以 2024 年 5 月一年期贷款市场报价利率计算逾期利息的，人民法院应予支持

C. 张某主张以 2023 年 5 月一年期贷款市场报价利率计算逾期利息的，人民法院应予支持

D. 张某主张以年利率 3% 计算逾期利息的，人民法院应予支持

40. 下列关于保证人的责任的说法中，正确的是（　　）。

A. 村民委员会不得为保证人，但是依法代行村集体经济组织职能的村民委员会可以作为保证人

B. 第三人单方以书面形式向债权人作出保证，债权人接收且未提出异议的，债务人不能履行到期债务时，第三人可以以自己未与债权人订立书面保证合同为由拒绝承担责任

C. 债务人下落不明，且无财产可供执行的保证人仍享有先诉抗辩权

D. 一般保证中，债权人可以仅起诉一般保证人

41. 下列关于主合同变更与保证责任承担的说法中，正确的是（　　）。

A. 债权人转让债权并通知保证人的，保证债权同时转让

B. 债权人转让债权，若保证人与债权人事先约定禁止债权转让，则保证人对受让人不再承担保证责任

C. 第三人加入债务，未通知保证人的，该债务转移对保证人不发生效力

D. 债权人与债务人对主合同履行期限作了变更，未经保证人书面同意，保证期间为主债务履行期届满之日起 6 个月

42. 根据《民法典》的规定，下列情形中的租赁合同，属于定期租赁合同的是（　　）。

A. 甲将一台机器租赁给乙，双方订有书面合同，租赁期限约定为 20 年

B. 甲、乙签订一租赁合同，未约定租赁期限，且不能通过补充协议或根据合同条款、交易习惯确定租赁期限

C. 甲、乙订立一口头租赁合同且不能确定租期

D. 甲将一私房出租给乙，租赁期限为 3 年，现租期已届满，甲未收回房屋，乙继续居住并交纳房租

43. 下列关于融资租赁合同中的说法中，符合《民法典》规定的是（　　）。

A. 租赁物不符合约定或者不符合使用目的的，出租人一律不承担责任

B. 出租人履行占有租赁物期间的维修义务

C. 出租人享有出租期间租赁物的所有权

D. 租赁期间届满租赁物的所有权归承租人

44. 甲公司与乙公司签订大型机械设备融资租赁合同，合同约定：根据乙公司的选择，甲公司向丙公司订购一台大型机械设备，出租给乙公司使用，乙公司向甲公司支付租金。下列关于甲公司权利义务的表述中，正确的是（   ）。

A. 乙公司占有机械设备期间，甲公司履行该机械设备的维修义务

B. 乙公司占有机械设备期间，该机械设备造成第三人人身伤害的，甲公司承担责任

C. 甲公司要求丙公司变更订购的机械设备型号，无须经乙公司同意

D. 在租赁期间内，甲公司享有该机械设备的所有权

45. 甲公司与乙公司签订建设工程合同，由丙公司为工程价款的支付提供了保证。下列关于建设工程合同的表述，正确的是（   ）。

A. 建设工程合同属于主民事法律行为

B. 建设工程合同属于不要式法律行为

C. 建设工程合同属于单方法律行为

D. 建设工程合同属于无偿法律行为

二、多选题

1. 根据《民法典》的规定，下列合同中，应当采用书面形式订立的有（   ）。

A. 技术开发合同

B. 建设工程合同

C. 融资租赁合同

D. 自然人之间的借款合同

2. 下列意思表示中，属于要约邀请的有（   ）。

A. 丁发布的符合要约条件的商业广告

B. 乙向客户寄送的价目表

C. 丙发布的招股说明书

D. 甲在报纸上发布的拍卖广告

3. 赵某欲从甲公司购入一批电脑，向甲公司销售人员钱某发出要约，则下列情况中，要约于8月3日生效的有（   ）。

A. 8月1日赵某当面告知钱某欲购买甲公司

A 型号电脑 10 台，钱某获知了赵某的具体需求，8月3日钱某告知赵某库房有货，可以交易

B. 赵某于 8 月 1 日发出要约，8 月 3 日，快递送至甲公司前台，当日钱某外出谈业务并未在公司，8 月 4 日，钱某回到公司拆阅快递知道赵某的具体需求

C. 赵某于 8 月 2 日以电子邮件方式向钱某指定的"北极熊邮箱"发出要约，邮件同时进入邮箱。由于钱某此时在海上出差手机信号较差，8 月 3 日才收到 App 的提示，得知赵某已向自己发出邮件，但由于业务繁忙并未查看。8 月 4 日钱某出差结束回到公司，查阅邮件后知道赵某的具体需求

D. 赵某于 8 月 2 日以电子邮件方式向钱某三个电子邮箱发出要约，邮件同时进入邮箱。由于钱某此时在海上出差手机信号较差，8 月 3 日才收到 App 的提示，得知赵某已向自己发出邮件，但由于业务繁忙并未查看。8 月 4 日钱某出差结束回到公司，查阅邮件后知道赵某的具体需求

4. 根据合同法律制度的规定，下列关于要约和承诺的表述中，正确的有（   ）。

A. 要约人以确定承诺期限的形式明示要约不可撤销的，要约不得撤销

B. 承诺的内容应与要约的内容一致，否则视为新要约

C. 撤销要约的意思表示以对话方式作出的，应当在受要约人作出承诺之前为受要约人所知道

D. 要约没有确定承诺期限且以对话方式作出的，承诺应当在合理期限内到达

5. 根据合同法律制度的规定，下列关于合同权利转让的表述中，正确的有（   ）。

A. 因债权转让增加的履行费用，由受让人负担

B. 受让人取得债权时，一并取得与债权相关的非专属于让与人的从权利

C. 债务人接到债权转让通知后，债务人对让与人的抗辩不可以向受让人主张

D. 若一方约定了承担竞业禁止义务，另一方不得将请求承担该不作为义务的权利转让给他人

6. 根据合同法律制度的规定，下列关于格式条款的表述中，正确的有（   ）。

A. 提供格式条款一方对免除或者限制其责任的内容，应举证其已尽合理提示及说明义务

B. 对格式条款有两种以上解释的，应当作出有利于提供格式条款一方的解释

C. 格式条款和非格式条款不一致的，应当采用格式条款

D. 提供格式条款一方排除合同对方当事人主要权利的，格式条款无效

7. 甲公司与乙公司就一批货物的买卖进行磋商，甲公司在传真中表示，如达成协议则以最终签订售货确认书为准。乙公司在接到甲公司的最后一份传真时认为，双方已就该笔买卖的价格、期限等主要问题达成一致，遂向甲公司开出信用证，则下列说法中正确的有（   ）。

A. 合同不成立，甲公司有权拒绝发货

B. 合同成立，甲公司应当给乙公司发货

C. 若甲公司接受信用证，则合同成立

D. 即使甲公司接受信用证，合同也不成立

8. X市甲公司因购买Y市乙公司的一批木材与乙公司签订了一份买卖合同，但合同中未约定交货地与付款地，双方未就此达成补充协议，按照合同相关条款或者交易习惯也不能确定。根据合同法律制度的规定，下列关于交货地及付款地的表述中，正确的有（   ）。

A. X市为交货地

B. Y市为交货地

C. X市为付款地

D. Y市为付款地

9. 根据《民法典》的规定，当事人就有关合同内容约定不明确的，可以补充协议，不能达成补充协议，按照合同有关条款或者交易习惯确定，仍不能确定的，适用法定规则。下列关于法定规则的表述中，正确的有（   ）。

A. 履行期限不明确的，债务人可随时履行，但债权人不可以随时要求履行

B. 履行费用的负担不明确的，由权利人一方负担

C. 履行地点不明确，给付货币的，在接受货币一方所在地履行

D. 履行方式不明确的，按照有利于实现合同目的的方式履行

10. 根据合同法律制度的规定，应当先履行债务的合同当事人，有确切证据证明对方当事人具有的下列情形中，可以行使不安抗辩权的有（   ）。

A. 转移财产、抽逃资金，以逃避债务

B. 丧失商业信誉

C. 经营状况严重恶化

D. 变更经营方式

11. 甲、乙双方签订一份买卖合同，约定甲向乙购买口罩1 000箱，甲于2月1日向乙支付全部货款，乙于收到款项半个月后发货。1月29日，甲调查发现，乙因资不抵债已将口罩生产机卖掉抵债，剩余口罩库存已不足100箱。甲遂决定暂不向乙付款，并于当日将暂不付款的决定及理由通知了乙。根据合同法律制度的规定，下列表述中，正确的有（   ）。

A. 甲应先通知乙提供担保，只有在乙不能提供担保时，甲方可中止履行义务

B. 甲可以行使不安抗辩权中止履行合同

C. 若在合理期限内乙提供了担保，甲应当向乙付款

D. 若在合理期限内乙未提供担保，甲有权解除合同并要求乙承担违约责任

12. 2024年8月8日，赵某欠侯某的250万元欠款已到清偿期限，但赵某一直宣称无力偿还。侯某经调查发现，2024年8月赵某将自己的现金70万元，无偿赠送给弟弟赵二。下列说法中正确的有（   ）。

A. 侯某可以到法院起诉撤销赵某的无偿赠送行为

B. 因赵二不知情，侯某向法院起诉撤销赵某无偿赠送的行为，人民法院不予支持

C. 侯某向法院起诉应将赵二列为被告

D. 如果侯某胜诉，行使撤销权的必要费用应当由赵某承担

13. A公司拖欠B公司货款5 000万元，B公司多次催要无果。A公司将其唯一一栋价值5 000万元的写字楼以2 500万元的价格出售给知情的M公司；B公司得知后，请求A公司将转让写字楼的款项2 500万元用于偿还

B公司货款，A公司照办。而后A公司无力清偿对B公司的其余债务。关于该案的下列表述中，正确的有（　　）。

A. B公司有权代位行使A公司对M公司的权利

B. B公司有权请求人民法院撤销A公司和M公司之间的合同

C. B公司行使撤销权的必要费用，由M公司负担

D. 如果人民法院支持B公司的撤销请求，则A公司和M公司之间的写字楼买卖行为自始无效

14. 陈某租住王某的房屋，租期至2024年1月初，约定10万元租金于租期届满时一并支付。王某欠陈某10万元货款，应于2024年2月初偿付。有关本案的下列说法中，正确的有（　　）。

A. 2024年1月底，王某有权向陈某主张抵销

B. 2024年2月底，王某有权向陈某主张抵销

C. 2024年1月底，王某向陈某主张抵销时，陈某有权行使后履行抗辩权

D. 陈某欠王某的是租金，王某欠陈某的是货款，标的物种类不相同，双方应协商一致后抵销

15. 根据《民法典》的规定，下列关于提存的法律效果的表述中，正确的有（　　）。

A. 债务人交付合同标的物时债权人没有正当理由拒绝受领，债务人可以将标的物提存

B. 债务人交付合同标的物时债权人下落不明，债务人可以将标的物提存

C. 标的物提存后，毁损、灭失的风险由债务人承担

D. 债权人提取提存物的权利，自提存之日起2年内不行使而消灭

16. 下列合同中，可以解除的有（　　）。

A. 甲建筑公司与乙钢厂签订合同购买200吨普通钢材，双方约定3个月后交货，1个月后乙钢铁厂告知甲公司本企业转为生产特种钢，现有库存的普通钢材仅剩30吨，无法履行合同

B. 甲公司与乙公司签订合同购买一批N95

口罩，双方谈妥2月1日交货，由于原材料紧缺，乙公司无法向甲公司交货

C. 赵某定于1月14日结婚，与某酒店签订合同预订酒席30桌，并交纳定金2万元，1月10日酒店电话通知赵某，由于装修工程尚未完工，酒店于1月18日才能营业，并询问赵某是否可以改期

D. 赵某订购一批红木家具，双方谈妥4月1日交货，4月1日赵某向家具厂催要，家具厂声称家具运输过程中碰坏，需要返厂重做，并与赵某约定10日后交付，但直至4月15日家具厂仍未交付

17. 根据《民法典》的规定，下列关于定金罚则的表述中，正确的有（　　）。

A. 因不可抗力致使主合同不能履行的，不适用定金罚则

B. 因意外事件致使主合同不能履行的，不适用定金罚则

C. 因合同关系以外的第三人的过错，致使主合同不能履行的，不适用定金罚则

D. 收受定金的一方不履行债务或者履行债务不符合约定，致使不能实现合同目的的，应当双倍返还定金

18. 甲公司向乙公司购买一台大型设备，由于疏忽未在合同中约定检验期。该设备运回后，甲公司即组织人员进行检验，未发现质量问题，于是投入使用。至第3年，该设备出现故障，经反复检查，发现该设备关键部位存在隐蔽瑕疵。该设备说明书标明质量保证期为4年。根据《民法典》的规定，下列关于乙公司是否承担责任的表述中，不正确的有（　　）。

A. 乙公司在合理期限内未收到甲公司有关设备质量不合格的通知，故该设备质量应视为合格，乙公司不承担责任

B. 乙公司在2年内未收到甲公司有关设备存在瑕疵的通知，故该设备质量应视为合格，乙公司不承担责任

C. 该设备说明书标明质量保证期为4年，故乙公司应承担责任

D. 甲公司与乙公司双方未约定质量检验期限，都有过错，应分担责任

19. 甲、乙约定卖方甲负责将所卖货物运送至买

方乙指定的仓库。甲如约交货，乙验收，但甲未将产品合格证和原产地证明文件如约交付给乙；乙已经支付了80%的货款。交货当晚，因山洪暴发，乙仓库内的货物全部毁损。有关本案的下列说法中，正确的有（　　）。

A. 乙应当支付剩余20%的货款

B. 因甲未交付产品合格证和原产地证明文件，构成违约，但货物损失应由乙承担

C. 乙有权解除合同，并请求甲返还已支付的80%货款

D. 甲有权要求乙支付剩余20%的货款，但应当补交已经毁损的货物

20. 根据合同法律制度的规定，下列情形中，买受人应承担标的物毁损、灭失风险的有（　　）。

A. 标的物已运抵交付地点，买受人因标的物质量不合格而拒绝接受

B. 买受人已受领标的物，但出卖人按约定未交付标的物的单证

C. 出卖人按照约定将标的物置于交付地点，约定时间已过，买受人未前往提货

D. 因买受人下落不明，出卖人无法向其交付标的物而将标的物提存

21. 甲向乙出售房屋并订立买卖合同。双方约定：乙应在一年内分期支付完毕价款；甲先将房屋交付乙使用，一年后转移所有权。房屋交付后，双方前往房屋登记机构办理了预告登记。下列表述中，正确的有（　　）。

A. 乙已取得房屋所有权

B. 若甲未经乙同意，将房屋另行出卖给丙，则甲、丙的买卖合同无效

C. 若甲未经乙同意，将房屋抵押给丁，该抵押行为不能发生物权效力

D. 若甲因为乙没有按期支付价款而依法解除合同，则预告登记失效

22. 关于试用买卖合同，下列表述中正确的有（　　）。

A. 如果试用买卖的当事人没有约定使用费，则出卖人可以主张买受人支付使用费

B. 在试用期内，买受人将标的物抵押给他人，此行为不视为买受人同意购买

C. 当事人约定标的物经过试用或者检验符

合一定要求时，买受人应当购买标的物的，此情形不属于试用买卖

D. 当事人约定买受人在一定期间内可以调换或退还标的物的，此情形不属于试用买卖

23. 下列情形中，赠与人不得主张撤销赠与的有（　　）。

A. 张某将1辆小轿车赠与李某，且已交付

B. 甲公司与某地震灾区小学签订赠与合同，将赠与50万元用于修复教学楼

C. 乙公司表示将赠与某大学3辆校车，双方签订了赠与合同，且对该赠与合同进行了公证

D. 陈某将1块名表赠与王某，且已交付，但王某不履行赠与合同约定的义务

24. 根据合同法律制度的规定，下列关于民间借贷合同借款利息的表述中，正确的有（　　）。

A. 借款利息预先在本金中扣除的，应当按照实际借款数额返还借款并计算利息

B. 自然人之间的借款合同对支付利息没有约定的，应按照合同成立时1年期贷款市场报价利率支付利息

C. 借款合同约定的利率超过合同成立时1年期贷款市场报价利率4倍的，对超过部分的利息人民法院不予支持

D. 借贷双方对逾期利率的约定以不超过合同成立时1年期贷款市场报价利率4倍为限

25. 李某向侯某借款10万元，双方签订了书面的借款合同，赵某作为债务人李某的连带责任保证人与债权人侯某签订了保证合同。高某以汽车为李某的借款提供抵押担保，与侯某签订了抵押合同，但未办理登记。后侯某因支付购货款将对李某的10万元债权转让给了郭某，并通知了李某，但未通知赵某及高某。已知侯某与李某、赵某、高某对债权转让均未做其他约定。根据合同法律制度的规定，下列说法中正确的有（　　）。

A. 债务到期时，郭某可以要求李某还款

B. 债务到期时，若李某未还款，侯某可以要求李某承担违约责任

C. 债务到期时，若李某未还款，郭某可以要求赵某承担保证责任

D. 债务到期时，若李某未还款，郭某可以

要求高某承担担保责任

26. 陈某向李某借款 10 万元,并签订了借款合同。张某向李某单方面提交了签名的保证书,其中仅载明"若陈某不能清偿到期借款本息,张某将代为履行"。借款到期后,陈某未清偿借款本息。下列关于保证合同效力及张某承担保证责任的表述中,不正确的有( )。
A. 张某单方提交的保证书,李某接收,保证合同成立
B. 张某可以以自己未与李某签订保证合同为由主张保证合同不成立
C. 张某须向李某承担一般保证责任
D. 张某须向李某承担连带保证责任

27. 甲银行与乙公司签订一份借款合同,合同签订后,甲银行依约发放了部分贷款,乙公司未按照约定的用途使用借款,根据《民法典》的规定,甲银行因此可以行使的权利有( )。
A. 停止发放后续贷款
B. 提前收回已发放贷款
C. 解除借款合同
D. 对乙公司罚款

28. 根据合同法律制度的规定,下列关于保证的表述中,正确的有( )。
A. 当事人对保证方式没有约定的,保证人与债务人对债务承担连带责任
B. 保证合同是保证人与债权人之间的合同关系
C. 以公益为目的的非营利法人可以担任保证人
D. 当事人对保证担保的范围没有约定的,保证人应当对全部债务承担责任

29. 根据《民法典》的规定,下列不得担任保证人的有( )。
A. 丁上市公司
B. 乙市消费者协会
C. 丙有限责任公司
D. 甲公立大学

30. 下列关于保证人的说法中,正确的有( )。
A. 某公办学校不得成为保证人
B. 村委会原则上不得为保证人,但是依法代行村集体经济组织职能的、依照规定讨论

决定程序对外提供担保的除外
C. 某公益协会可以成为保证人
D. 经国务院批准为使用外国政府贷款进行转贷,国家机关可以作保证人

31. 一般保证的债权人在保证期间届满前对债务人提起诉讼的,保证人先诉抗辩权消灭之日即开始计算保证债务的诉讼时效,下列各项中,属于先诉抗辩权消灭之日的有( )。
A. 人民法院作出终结本次执行程序裁定或者作出终结执行裁定的,自裁定送达债权人之日起开始计算
B. 人民法院收到申请执行书满一年仍未作出终结执行裁定的,则自前述日期满一年之日起开始计算
C. 保证人有证据证明债务人仍有财产可供执行的
D. 债权人有证据证明债务人的财产不足以履行全部债务或者丧失履行债务能力的,自债权人知道之日起

32. 下列关于保证期间的说法中,正确的有( )。
A. 保证合同约定保证人承担保证责任直到债务人还清本息为止,则保证期间自主债务履行期限届满之日起 6 个月内
B. 未约定保证期间或保证期间约定不明的,自主债务履行期限届满之日起 6 个月内承担保证责任
C. 一般保证债权人在保证期间未对保证人起诉的,保证人不承担保证责任
D. 一般保证债权人在保证期间内对债务人提起诉讼后,又撤回起诉,债权人在保证期间届满前未再行提起诉讼或者申请仲裁,保证人可以主张不再承担保证责任

33. 甲公司与乙银行签订借款合同,由丙公司作为连带责任保证人,甲公司与乙银行未征得丙公司书面同意,对借款合同内容进行协议变更。下列关于丙公司承担保证责任的表述中,正确的有( )。
A. 甲公司与乙银行协议减轻债务的,丙公司对变更后的债务承担保证责任
B. 甲公司与乙银行协议加重债务的,丙公司对原债务承担保证责任

C. 甲公司与乙银行协议加重债务的，丙公司对加重的部分也承担保证责任

D. 甲公司与乙银行协议变更主债务履行期限的，丙公司不再承担保证责任

34. 甲公司向乙银行借款 100 万元，丙以自己的房产向乙银行设定抵押，并办理了抵押登记；丁、戊与乙银行约定，若甲公司不偿还到期借款，二人各承担 50% 的保证责任，并出具担保函。甲到期无力偿还借款本息。下列说法中正确的有（　　）。

A. 乙银行可以就丙的房产行使抵押权

B. 丙承担担保责任后，可向甲公司追偿，也可以要求丁、戊清偿其应承担的份额

C. 乙银行可以要求丁承担全部保证责任

D. 乙银行可以要求丁承担 50 万元的保证责任

35. 根据合同法律制度的规定，出租人出卖租赁房屋时，承租人享有以同等条件优先购买的权利。但在某些特殊情形下，承租人主张优先购买房屋的，人民法院不予支持。该特殊情形有（　　）。

A. 出租人履行通知义务后，承租人在 15 日内未明确表示购买的

B. 出租人将租赁房屋出售给其孙子的

C. 租赁房屋共有人行使优先购买权的

D. 出租人将租赁房屋出售给其侄女的

36. 根据合同法律制度的规定，下列对租赁合同的相关表述中，正确的有（　　）。

A. 甲与乙口头订立了长期租房合同，若无法确定租赁期限的，应视为不定期租赁

B. 租赁期限不得超过 20 年，但在期限届满后可以续订

C. 租赁物在承租人按照租赁合同占有期限内发生所有权变动的，不影响租赁合同的效力

D. 如果租赁合同双方没有对租金支付期限达成意思表示一致，则该租赁合同不生效

37. 根据合同法律制度的规定，下列关于租赁合同的表述中，正确的有（　　）。

A. 租赁物全部毁损，致使不能实现合同目的的，承租人可以解除合同

B. 租赁合同约定的租赁期限超过 20 年的，租赁合同无效

C. 租赁合同中租赁期限为 6 个月以上的，应当采用书面形式

D. 承租人与出租人同意，可以将租赁物转租给第三人

38. 根据合同法律制度的规定，下列关于房屋租赁合同解除的表述中，正确的有（　　）。

A. 承租人未经出租人同意转租房屋的，出租人可以解除合同

B. 房屋租赁合同未办理登记备案手续的，承租人或出租人可以解除合同

C. 租赁房屋因被司法机关查封无法使用的，承租人可以解除合同

D. 租赁房屋危及承租人健康的，承租人可以随时解除合同

39. 下列情形中的租赁合同，属于不定期租赁合同的有（　　）。

A. 甲将一台机器租赁给乙，双方订有书面合同，租赁期限约定为 30 年

B. 甲、乙签订一租赁合同，未约定租赁期限，且不能通过补充协议或根据合同条款、交易习惯确定租赁期限

C. 甲、乙订立一口头租赁合同，租赁期限为 1 年；之后甲、乙发生争议不能确定具体租期

D. 甲将一私房出租给乙，租赁期限为 3 年，现租期已届满，甲未收回房屋，乙继续居住并交纳房租

40. 赵某有一套房屋欲出租，与高某签订合同，约好近期腾房，10 日后交付；第二天，郭某听说赵某有房出租，愿以更高的价格租下，赵某遂与郭某签订合同，约好近期腾房，5 日内交付，郭某不放心，于是双方到当地房地产管理部门办理了登记备案手续；第三天，侯某听说赵某有房出租，于是要求赵某将房子租给自己，赵某碍于情面答应，双方签订了房屋租赁合同，侯某当即搬入该房屋。后高某、郭某均要求赵某履行合同，诉至法院。下列说法中正确的有（　　）。

A. 三份租赁合同均有效

B. 侯某为履行合同的承租人

C. 高某为履行合同的承租人

D. 郭某为履行合同的承租人

41. 根据合同法律制度的规定，下列关于融资租

赁合同的说法中，不正确的有（   ）。

A. 对于租赁物的经营使用应当取得行政许可的，出租人未取得行政许可的，融资租赁合同无效

B. 当事人约定租赁期限届满租赁物归承租人所有，承租人已经支付大部分租金，但无力支付剩余租金，出租人无权主张解除合同收回租赁物

C. 融资租赁合同的租金，除当事人另有约定外，应当根据经营租赁同类租赁物的市场租金以及出租人的合理利润确定

D. 当事人约定租赁期限届满，承租人仅需向出租人支付象征性价款的，视为约定的租金义务履行完毕后租赁物的所有权归承租人

42. 甲公司欲购买乙公司生产的塔吊，因缺乏资金，遂由丙公司提供融资租赁。由于塔吊存在质量问题，吊装的物品坠落并砸伤行人丁，甲公司被迫停产修理。根据合同法律制度的规定，下列各项中，正确的有（   ）。

A. 甲公司无权请求丙公司赔偿修理塔吊的费用

B. 甲公司不得以塔吊存在质量问题并发生事故为由，延付或者拒付租金

C. 丙公司应当对甲公司承担违约责任

D. 丁可以请求丙公司赔偿损失

三、判断题

1. 因借款而签订抵押合同，抵押合同是主合同，借款合同是从合同。   （   ）

2. 王某与吴某通过电子邮件签订的化妆品买卖合同视为书面形式的合同。   （   ）

3. 缔约过失责任适用于合同不成立、无效、被撤销等情形，赔偿的是履行利益的损害。   （   ）

4. 合同生效后，当事人就质量、价款或者报酬、履行地点等内容没有约定或者约定不明确的，可以协议补充；不能达成补充协议的，应解除合同。   （   ）

5. 债权转让后，抵押权未办理转移登记手续的，受让人无权取得与债权有关的抵押权。   （   ）

6. 合同的消灭，不影响合同中有关解决争议的方法、结算和清理条款的效力。   （   ）

7. 债权人申报债权后在破产程序中未受清偿的部分，保证人不需承担保证责任。   （   ）

8. 主合同解除后，担保人对债务人应当承担的民事责任不再承担担保责任。   （   ）

9. 甲公司与乙公司签订买卖合同，经丙公司同意，约定由丙公司向买受人甲公司交付货物。后丙公司交付的货物质量不符合约定，甲公司可以请求丙公司承担违约责任。   （   ）

10. 甲向乙购买一台设备价格 100 万元，规定分 5 期付款，每期支付 20 万元，设备所有权自交付时归甲。在支付第二期后甲无力支付剩余款项，经催告后仍未能支付，此时乙只能要求解除合同。   （   ）

11. 甲、乙签订一份设备买卖合同，双方约定由甲向乙的客户丙交付该设备，若甲、乙之间与乙、丙之间对该设备约定的检验标准不一致，则质量标准以乙、丙之间的约定为准。   （   ）

12. 债权人未在保证期间行使权利导致保证责任消灭的，债权人要求保证人在对账单上签字、盖章或者按指印，并以此要求保证人继续承担保证责任的，人民法院支持。（   ）

13. 甲公司作为乙公司向银行借款的保证人，借款到期后银行同意展期但未通知甲公司，则甲公司保证责任消灭。   （   ）

14. 债务人在履行主债务外还应当支付利息和实现债权的有关费用，其给付不足以清偿全部债务的，除当事人另有约定外，应当优先清偿主债务。   （   ）

15. 甲公司与乙公司签订大型设备的融资租赁合同，合同约定：根据乙公司的选择，甲公司向丙公司订购一台大型设备，出租给乙公司使用。在乙公司占有大型设备的期间，突遇地震，导致该设备毁损，若当事人未另作约定，乙公司无须继续支付租金。   （   ）

快速查答案

一、单选题

序号	1	2	3	4	5	6	7	8	9	10	11	12
答案	C	C	C	A	D	D	B	C	D	B	C	C
序号	13	14	15	16	17	18	19	20	21	22	23	24
答案	B	C	D	D	C	A	B	B	D	B	D	D
序号	25	26	27	28	29	30	31	32	33	34	35	36
答案	C	C	D	C	A	C	C	B	C	C	C	C
序号	37	38	39	40	41	42	43	44	45			
答案	C	A	D	A	A	A	C	D	A			

二、多选题

序号	1	2	3	4	5	6	7	8	9	10	11	12
答案	ABC	BCD	BD	AC	BD	AD	AC	BD	CD	ABC	BCD	AD
序号	13	14	15	16	17	18	19	20	21	22	23	24
答案	BD	AB	AB	ABCD	ABD	ABD	AB	BCD	CD	CD	ABC	ACD
序号	25	26	27	28	29	30	31	32	33	34	35	36
答案	AD	BD	ABC	BD	BD	ABD	ABD	ABD	AB	AD	ABC	ABC
序号	37	38	39	40	41	42						
答案	ACD	ACD	BCD	AB	ABC	AB						

三、判断题

序号	1	2	3	4	5	6	7	8	9	10	11	12
答案	×	√	×	×	×	√	×	×	×	×	×	×
序号	13	14	15									
答案	×	×	×									

第五章

参考答案及解析

一、单选题

1.【答案】C 【解析】凡不以另一合同的存在为前提即能独立存在的合同为主合同。

2.【答案】C 【解析】选项A，书面形式指合同书、信件、数据电文等可以有形地表现所载内容的形式；选项B，当事人的特定行为间接推知其意思表示构成推定形式；选项D，推定形式、默示形式属于以其他形式订立合同。口头形式不属于其他形式订立合同。

3.【答案】C 【解析】要约邀请是希望他人向自己发出要约的表示。拍卖公告、招标公告、招股说明书、债券募集办法、基金招募说明书、商业广告和宣传、寄送的价目表等为要约邀请。

4.【答案】A 【解析】要约撤回是指要约在发出后、生效前，阻止要约的生效，而要约的撤销是使要约失效。由于要约到达受要约人生效，本题中要约生效时间为3月10日，因此3月8日声明作废的信函为要约的撤回。

5.【答案】D 【解析】甲厂10月8日的发函中的价格等内容不够具体，故是要约邀请，选项A正确；乙厂10月10日复函内容的价格、数量等都已明确，故为要约，选项B正确；甲厂10月12日复函对价格作出变更，是对原要约作出的实质性变更，故为反要约，乙厂10月10日的要约失效，选项C正确；乙厂10月26日的发函是对甲厂10月12日复函的实质性变更（价格变更），应该为新要约，故选项D错误。

6.【答案】D 【解析】有下列情形之一的，要约失效：（1）要约被拒绝（选项A属于要约失效的原因）；（2）要约被依法撤销（撤销要约的通知应当在受要约人作出承诺之前到达受要约人，选项D不属于要约失效的原因）；（3）承诺期限届满，受要约人未作出承诺（选项C属于要约失效的原因）；（4）受要约人对要约的内容作出实质性变更（选项B属于要约失效的原因）。

7.【答案】B 【解析】承诺到达对方时（10月3日）生效；承诺生效时合同成立，但是法律另有规定或者当事人另有约定的除外。

8.【答案】C 【解析】选项C，受要约人对要约的内容作出实质性变更，要约失效。

9.【答案】D 【解析】受要约人乙在承诺期限内发出承诺，按照通常情况能够及时到达要约人，但因其他原因致使承诺到达要约人甲时超过了承诺期限，由于甲未及时通知乙"因承诺超过期限不接受该承诺"，因此，该承诺于5月11日已经生效，甲、乙之间的合同已经成立且生效，乙有权要求甲履行合同。

10.【答案】B 【解析】选项A，撤回承诺的通知与承诺通知同时到达要约人，该承诺已被成功撤回，不生效；选项B，属于迟到的承诺，除要约人及时通知受要约人因承诺超过期限不接受该承诺的以外，迟到承诺为有效承诺；选项C，属于迟延的承诺，除要约人及时通知受要约人该承诺有效的以外，迟延承诺应视为新要约；选项D，受要约人对要约的内容作出实质性变更的，视为新要约。其中，有关合同标的、数量、质量、价款或者报酬、履行期限、履行地点和方式、违约责任和解决争议方法等内容的变更，是对要约内容的实质性变更。

11.【答案】C 【解析】选项C，撤销要约的意思表示以对话方式作出的，该意思表示的内容应当在受要约人作出承诺之前为受要约人所知道。

12.【答案】C 【解析】当事人采用合同书、确认书形式订立合同的，双方当事人签名、盖章或者按指印的地点为合同成立的地点。双方当事人签名、盖章或者按指印不在同一地点的，最后签名、盖章或者按指印的地点为合同成立地点。

13.【答案】B 【解析】书面形式是合同书、信件、电报、电传、传真等可以有形地表现所载内容的形式。以非对话方式作出的采用数据电文形式的要约，相对人指定特定系统接收数据电文的，该数据电文进入该特定系统时生效；未指定特定系统的，相对人知道或者应当知道该数据电文进入其系统时生效。当事人对采用数据电文形式的意思表示的生效时间另有约定的，按照其约定。

14.【答案】C【解析】选项C，缔约过失赔偿的是信赖利益的损失；而违约责任赔偿的是履行利益的损失。履行利益的损失要大于或者等于信赖利益的损失。

15.【答案】D【解析】选项A，履行费用的负担不明确的，由履行义务一方负担；因债权人原因增加的履行费用，由债权人负担；选项B，价款或者报酬不明确，按照订立合同时履行地的市场价格履行；依法应当执行政府定价或政府指导价的，依照规定履行；选项C，履行地点不明确，给付货币的，在接受货币一方所在地履行。

16.【答案】D【解析】应当先履行债务的当事人，有确切证据证明对方有下列情形之一的，可以中止履行：（1）经营状况严重恶化；（2）转移财产、抽逃资金，以逃避债务；（3）丧失商业信誉；（4）有丧失或者可能丧失履行债务能力的其他情形。因为乙的煤炭经营许可证将于4月15日到期，有可能丧失履行债务的能力，因此甲可以行使不安抗辩权。

17.【答案】C【解析】选项A，因侵害自然人人身权益，或者故意、重大过失侵害他人财产权益产生的损害赔偿债务，不得抵销；选项B，按照约定应当向第三人给付的债务，不得抵销；选项C，不论是租金还是运费，均为货币，种类相同，可以抵销；选项D，只有当主动提出抵销的当事人一方享有的债权已到期（对方债务已到期），才可以提出抵销。

18.【答案】A【解析】选项B，专属债权不能代位行使；选项C，违法行为取得的债权不能代位行使；选项D，未到期债权不能代位行使。

19.【答案】B【解析】选项A，此为专属于债务人自身的权利；选项C，乙对丁的债权没有到期；选项D，赌债不属于合法债权。

20.【答案】B【解析】选项A，标的物的毁损、灭失风险，交付之后由买受人承担，但是法律另有规定或者当事人另有约定的除外。出卖人履行债务不符合约定的，不影响标的物毁损、灭失风险的转移；选项C，标的物提存后，风险由债权人（买受人）承担；选项D，当事人没有约定交付地点并且标的物需要运输，出卖人将标的物交付给第一承运人后，标的物的毁损、灭失风险由买受人承担。

21.【答案】D【解析】选项D，债权人行使撤销权的必要费用，由债务人负担。

22.【答案】B【解析】选项A，乙公司可以行使撤销权，但对撤销权行使的结果并无优先受偿权；选项C，债权人行使撤销权的必要费用，由债务人（甲公司）承担；选项D，撤销权自债权人知道或者应当知道撤销事由之日起1年内行使，自债务人的行为发生之日起5年内没有行使撤销权的，该撤销权消灭。

23.【答案】D【解析】选项A、B错误，承租人经出租人同意转租的，承租人与出租人之间的租赁合同继续有效。本题中，乙经甲同意转租，甲、乙之间的租赁合同继续有效，而甲、丙之间并不存在合同关系，甲只能根据甲、乙之间的租赁合同继续向乙收取租金。选项C错误，承租人"未经出租人同意"转租的，出租人可以解除合同，其解除的是出租人与承租人之间的合同，而非承租人与第三人之间的合同；选项D正确，承租人经出租人同意转租的，第三人造成租赁物损失的，承租人应当赔偿损失。

24.【答案】D【解析】选项A，债权人转让债权的，受让人取得与债权有关的从权利，但是该从权利专属于债权人自身的除外；选项B，因债权转让增加的履行费用，由让与人（原债权人）负担；选项C，债务人接到债权转让通知后，债务人对让与人的抗辩可以向受让人主张。

25.【答案】C【解析】（1）债权人转让权利无须债务人同意，因此，钱某未经赵某的同意将价款债权转让给孙某是有效的；（2）债权转让通知债务人后对债务人生效，钱某已经通知赵某，债权转让对赵某生效，赵某应当向新的债权人孙某付款；（3）如果钱某未通知赵某，则赵某有权拒绝向孙某付款，但钱某和孙某之间的债权转让仍是有效的，孙某有权要求钱某通知赵某付款。

26.【答案】C【解析】根据《民法典》的规定，债务人对同一债权人负担的数项债务种类相同，债务人的给付不足以清偿全部债务的，除当事人另有约定外，由债务人在清偿时指定其履行的债务。债务人未作指定的，应当优先履行已经到期的债务；数项债务均到期的，优先履行对债权人缺乏担保或者担保最少的债务；均无担保或者担保相等的，优先履行债务人负担较重的债务；负担相同的，按照债务到期的先后顺序履行；到期时间相同的，按照债务比例履行。

27.【答案】D【解析】当事人互负债务，该债务的标的物种类、品质相同的，任何一方可以将自己的债务与对方的到期债务抵销，但根据债务性质、按照当事人约定或依照法律规定不得抵销的除外。选项A、B、C，均属于按债务性质（不作为债务、提供劳务的债务、与人身不可分离的债务，如抚恤金、退休金、最低生活保险金等）不能抵销的情形。

28.【答案】C【解析】债务人在履行主债务外还应当支付利息和实现债权的有关费用，其给付不足以清偿全部债务的，除当事人另有约定外，应当按照下列顺序履行：（1）实现债权的有关费用；（2）利息；（3）主债务。本题中，应优先偿还5万元费用，其次偿还10万元利息，本金应偿还金额剩余为60 – 5 – 10 = 45（万元）。

29.【答案】A【解析】根据规定，提存期间，标的物的孳息归债权人所有。提存费用由债权人负担。标的物提存后，毁损、灭失的风险由债权人承担，故应由甲承担责任，选项A正确。

30.【答案】C【解析】标的物为数物，其中一物不符合约定的，买受人可以就该物解除合同，但该物与他物分离使标的物的价值显受损害的，当事人可以就数物解除合同。在本题中：（1）并无迹象表明，就47寸解除合同会导致50寸无法使用或者价值显受损害，47寸存在重大质量瑕疵而无法使用的，不必

然解除50寸合同；（2）因标的物的主物不符合约定而解除合同的，解除合同的效力及于从物。因标的物的从物不符合约定被解除的，解除的效力不及于主物，因此，50寸附带的遥控器不符合质量要求的，仅就遥控器部分解除合同即可。

31.【答案】C【解析】选项A，赠与合同的赠与人不可以随时解除合同；赠与人在赠与财产权利转移之前可以撤销合同。选项B，因不可抗力致使"不能实现合同目的"的，双方均可解除合同。选项D，先履行义务的一方有确切的证据证明后履行义务的一方不能履行合同，可以中止履行合同，中止履行合同后，如果对方在合理期限内未恢复履行能力并且未提供适当担保的，视为以自己的行为表明不履行主要债务，中止履行合同的一方可以解除合同，并可以请求对方承担违约责任。

32.【答案】B【解析】主合同有效而第三人提供的担保合同无效，债权人与担保人均有过错的，应根据其过错各自承担相应的民事责任。本题中，担保人承担的赔偿责任不应超过债务人不能清偿部分的1/2（30万元）。

33.【答案】C【解析】违约金和定金罚则不可同时适用，但违约金可以和原数返还定金同时适用。

34.【答案】C【解析】定金的数额由当事人约定；但是，不得超过主合同标的额的20%，超过部分不产生定金的效力。收受定金的一方不履行债务或者履行债务不符合约定，致使不能实现合同目的的，应当双倍返还定金。本题有效定金数额为2万元，双倍返还定金数额为4万元。

35.【答案】C【解析】选项A、B、C，实际交付的定金数额多于或者少于约定数额的，视为变更约定的定金数额。选项D，定金的数额不得超过主合同标的额的20%［30 × 20% = 6（万元）］，"超过部分"无效；在本题中，如果甲按原约定交付了10万元，定金合同仅在6万元范围内有效，超出部分（4万元）视为预付款。

36.【答案】C【解析】当事人没有约定交付地点或者约定不明确的，可以协议补充；不能

达成补充协议的，按照合同有关条款或者交易习惯确定；仍不能确定，标的物需要运输的，出卖人甲公司于3月15日将标的物交付给第一承运人丙公司后，标的物毁损、灭失的风险由买受人承担。

37.【答案】C【解析】3个买受人均未受领交付，但丁已付款，甲应交付给丁，由丁取得所有权，乙、丙则有权要求甲承担违约责任。

38.【答案】A【解析】借款合同对支付利息没有约定的，视为没有利息。

39.【答案】D【解析】借贷双方约定了借期内利率但是未约定逾期利率，出借人主张借款人自逾期还款之日起按照借期内利率支付资金占用期间利息的，人民法院应予支持。

40.【答案】A【解析】第三人单方以书面形式向债权人作出保证，债权人接收且未提出异议的，保证合同成立，选项B错误。有下列情形之一的，一般保证人不得主张先诉抗辩权：（1）债务人下落不明，且无财产可供执行；（2）人民法院已经受理债务人破产案件、中止执行程序的；（3）债权人有证据证明债务人的财产不足以履行全部债务或者丧失履行债务能力；（4）保证人书面表示放弃先诉抗辩权，选项C错误。债权人未就主合同纠纷提起诉讼或者申请仲裁，仅起诉一般保证人的，人民法院应当驳回起诉，选项D错误。

41.【答案】A【解析】选项B，若保证人与债权人约定禁止债权转让，则债权人未经保证人书面同意转让债权的，保证人对受让人不再承担保证责任；选项C，第三人加入债务的，保证人的保证责任不受影响；选项D，债权人与债务人对主合同履行期限作了变更，未经保证人书面同意，保证期间为原合同约定的或者法律规定的期间。

42.【答案】A【解析】按照规定，当事人未采用书面形式无法确定租赁期限的，视为不定期租赁。租赁期限不得超过20年。超过20年的，超过部分无效。选项A中，订有书面合同，租赁期限也有明确的约定，因此属于定期租赁合同。

43.【答案】C【解析】租赁物不符合约定或者

不符合使用目的的，出租人不承担责任。承租人依赖出租人的技能确定租赁物或者出租人干预选择租赁物的除外，选项A错误；承租人履行占有租赁物期间的维修义务，选项B错误；出租人和承租人可以约定租赁期间届满租赁物的归属。对租赁物的归属没有约定或者约定不明确，依照《民法典》相关规定仍不能确定的，租赁物的所有权归出租人，选项D错误。

44.【答案】D【解析】选项A，融资租赁期间，机械设备（租赁物）的维修义务由承租人（乙公司）承担；选项B，在融资租赁合同中，承租人占有租赁物期间，租赁物造成第三人的人身伤害或者财产损失的，出租人（甲公司）不承担责任；选项C，出租人（甲公司）根据承租人对出卖人（丙公司）、租赁物的选择订立的买卖合同，未经承租人（乙公司）同意，出租人不得变更与承租人有关的合同内容；选项D，融资租赁期间，租赁物所有权归出租人（甲公司）。

45.【答案】A【解析】选项B、C、D，建设工程合同属于要式民事法律行为、双方民事法律行为、有偿民事法律行为。

二、多选题

1.【答案】ABC【解析】选项D，借款合同应当采用书面形式，但自然人之间借款另有约定的除外。

2.【答案】BCD【解析】选项B、C、D，要约邀请是希望他人向自己发出要约的表示。拍卖公告、招标公告、招股说明书、债券募集办法、基金招募说明书、商业广告和宣传、寄送的价目表等为要约邀请；选项A，商业广告和宣传的内容符合要约条件的，构成要约。

3.【答案】BD【解析】选项A，以对话方式作出的意思表示，自钱某知道其内容时，要约生效（8月1日）；选项B，以非对话方式作出的要约，一般自到达受要约人时生效（8月3日）；选项C，以非对话方式作出的采用数据电文形式的意思表示，相对人指定特定系统接收数据电文的，该数据电文进入该特定系统时生效（8月2日）；选项D，以非对话方式作出的采用数据电文形式的意思表示，相对人未指定特定系统的，相对人知道或者应当知道该数据电文进入其系统时生效（8月3日）。

4.【答案】AC 【解析】选项B，如果承诺内容与要约不一致，要具体看是否为实质性变更。属于实质性变更的，为新要约；属于非实质性变更的，除要约人及时表示反对或者要约表明承诺不得对要约的内容作出任何变更外，该承诺有效；选项D，要约没有确定承诺期限且以对话方式作出的，应当即时作出承诺。

5.【答案】BD 【解析】选项A，因债权转让增加的履行费用，由让与人负担；选项C，债务人接到债权转让通知后，债务人对让与人的抗辩，可以向受让人主张。

6.【答案】AD 【解析】选项B，对格式条款有两种以上解释的，应当作出不利于提供格式条款一方的解释；选项C，格式条款和非格式条款不一致的，应当采用非格式条款。

7.【答案】AC 【解析】选项A、B，当事人采用信件、数据电文等形式订立合同要求签订确认书的，签订确认书时合同成立，本题没有签订，所以合同未成立，不需要发货。选项C、D，当事人约定采用书面形式订立合同的，当事人未采用书面形式但一方已经履行主要义务，对方接受的，该合同成立。

8.【答案】BD 【解析】（1）付款地不明确的，在接受货币的一方（出卖人）所在地履行；（2）交货地不明确的，在履行义务的一方（出卖人）所在地履行。

9.【答案】CD 【解析】（1）合同生效后，当事人就质量、价款或者报酬、履行地点等内容没有约定或者约定不明确的，可以协议补充；不能达成补充协议的，按照合同有关条款或者交易习惯确定。（2）具体法定规则：履行地点不明确的，给付货币的，在接受货币一方所在地履行（选项C）；交付不动产的，在不动产所在地履行；其他标的，在履行义务一方所在地履行（选项D）。履行期限不明确的，债务人可以随时履行，债权人也可以随时请求履行，但应当给对方必要的准备时间（选项A）。履行方式不明确的，按照有利于实现合同目的的方式履行（选项D）。履行费用的负担不明确的，由履行义务一方负担（选

项B）。

10.【答案】ABC 【解析】应当先履行债务的当事人，有确切证据证明对方有下列情况之一的，可以行使不安抗辩权，中止合同履行：（1）经营状况严重恶化（选项C）；（2）转移财产、抽逃资金，以逃避债务（选项A）；（3）丧失商业信誉（选项B）；（4）有丧失或者可能丧失履行债务能力的其他情形。

11.【答案】BCD 【解析】先履行义务的一方有确切的证据证明后履行义务的一方不能履行合同或有不履行合同的可能性，先履行义务的一方可以：（1）中止合同并通知对方，要求对方证明有履行能力或提供相应的担保（选项A、B）；（2）在合理期限内，对方未恢复履行能力或提供相应担保，视为以自己的行为表明不履行主要债务，中止履行合同的一方可以解除合同，并可以请求对方承担违约责任（选项C、D）。

12.【答案】AD 【解析】选项A、B，债权人放弃到期债权、无偿转让财产等无偿行为，不论第三人善意或恶意，债权人均得以请求撤销。选项C，撤销权诉讼应将债务人（赵某）列为被告。选项D，债权人行使撤销权所支付的律师费、差旅费等必要费用，由债务人承担。

13.【答案】BD 【解析】代位权针对的是债务人的消极不作为，A公司和M公司之间的行为是积极作为，选项A不正确。债务人A公司以明显不合理的低价（转让价格达不到交易时交易地的指导价或者市场交易价70%的，可以视为明显不合理的低价）转让财产，影响债权人B公司的债权实现，并且相对人M公司知道该情形，符合撤销权行使的条件，选项B正确。债权人行使撤销权的必要费用，应由债务人A公司负担，选项C不正确。人民法院确认债权人的撤销权成立的，债务人的处分行为即归于无效，选项D正确。

14.【答案】AB 【解析】选项A，2024年1月底，王某可以将自己的"未到期"债务（2月初到期）与陈某的"到期"债务（1月初到期）抵销；选项B，2024年2月底，两项债务均已到期，王某、陈某均有权向对方主

张抵销；选项 C，后履行抗辩权应当在同一双务合同中谈，本案是租赁和买卖两个双务合同；选项 D，无论是租金还是货款，均为货币，种类相同。

15. 【答案】AB 【解析】选项 C，标的物提存后，毁损、灭失的风险由债权人承担；选项 D，债权人提取提存物的权利，自提存之日起 5 年内不行使则消灭。

16. 【答案】ABCD 【解析】选项 A、C，在履行期限届满之前，当事人一方明确表示或者以自己的行为表明不履行主要债务的，对方当事人可以解除合同；选项 B，因不可抗力致使合同目的不能实现，可以解除合同；选项 D，当事人一方迟延履行主要债务，经催告后在合理期限内仍未履行的，可以解除合同。

17. 【答案】ABD 【解析】选项 A、B，因不可抗力、意外事件致使主合同不能履行的，不适用定金罚则；选项 C，因合同关系以外第三人的过错，致使主合同不能履行的，适用定金罚则。受定金处罚的一方当事人，可以依法向第三人追偿；选项 D，收受定金的一方不履行债务或者履行债务不符合约定，致使不能实现合同目的的，应当双倍返还定金。

18. 【答案】ABD 【解析】出卖人交付标的物后，买受人应当对收到的标的物及时进行检验，买受人在合理期间内未通知或者自标的物收到之日起 2 年内未通知出卖人的，视为标的物的数量或者质量符合约定；但对标的物有质量保证期的，适用质量保证期，不适用该 2 年的规定。本题中，该设备说明书标明质量保证期为 4 年，乙公司应承担责任。

19. 【答案】AB 【解析】（1）甲的行为是否构成违约：出卖人应当按照约定或者交易习惯向买受人交付提取标的物单证以外的有关单证和资料；在本题中，甲未按照约定时间交付产品合格证和原产地证明，构成违约。（2）风险应由哪方负担：货物（主标的物）已经交付，风险应由乙承担，甲未交付产品合格证和原产地证明文件不影响标的物风险的转移，而风险由乙承担意味着，货物虽已经毁损，乙应依约付款，甲不承担补交货

物的义务。（3）是否构成法定解除：当事人一方迟延履行债务或者有其他违约行为致使"不能实现合同目的"的，另一方当事人有权单方通知解除合同；在本题中，甲的违约行为并不导致合同目的不能实现，尚不构成法定解除。

20. 【答案】BCD 【解析】因标的物质量不符合要求，致使不能实现合同目的的，买受人可以拒绝接受标的物或者解除合同。买受人拒绝接受标的物或者解除合同的，标的物毁损、灭失的风险由出卖人承担，因此选项 A 中是出卖人承担风险；出卖人按照约定未交付有关标的物的单证和资料的，不影响标的物毁损、灭失风险的转移，因此选项 B 中是已经受领标的物的买受人承担风险；出卖人按照约定将标的物置于交付地点，买受人违反约定没有收取的，标的物毁损、灭失的风险自违反约定时起由买受人承担，因此选项 C 中是买受人承担风险；标的物提存后，风险是债权人承担，因此选项 D 中是买受人（债权人）承担风险。

21. 【答案】CD 【解析】选项 A、C，当事人签订买卖房屋或者其他不动产物权的协议，为保障将来实现物权，按照约定可以向登记机构申请预告登记。预告登记后，未经预告登记的权利人同意，处分该不动产的，不发生物权效力。本题中，由于双方没有办理正式的登记，因此乙并没有取得房屋所有权。选项 B，预告登记的作用在于使得权利人擅自处分不动产时不发生物权变动效力，而对合同的效力没有影响，因此甲、丙签订的买卖合同还是有效的。选项 D，预告登记后，债权消灭的，预告登记失效。

22. 【答案】CD 【解析】选项 A，试用买卖当事人没有约定使用费或者约定不明确，出卖人无权主张买受人支付使用费；选项 B，试用买卖的买受人在试用期内已经支付部分价款或者对标的物实施出卖、出租、设立担保物权等行为的，视为同意购买。

23. 【答案】ABC 【解析】赠与人在赠与财产的权利"转移之前"可以撤销赠与，但经过"公证"的赠与合同或者依法不得撤销的具有"救灾、扶贫、助残等公益、道德义务性

质"的赠与合同，不得撤销。选项 A，动产已经交付，因此不得主张撤销；选项 B，属于救灾性质的赠与，不得主张撤销；选项 C，属于经过公证的赠与，不得主张撤销；选项 D，受赠人不履行赠与合同约定的义务，赠与人可以撤销赠与。

24. 【答案】ACD 【解析】选项 B，自然人之间的借款合同，没有约定利息或是约定不明确，均视为没有利息。

25. 【答案】AD 【解析】选项 A，债权人转让权利无须经债务人同意，但应当通知债务人。未经通知，该转让对债务人不发生效力；选项 B，合同权利全部转让，原合同关系消灭，受让人取代原债权人的地位，成为新的债权人，原债权人脱离合同关系；选项 C，债权人转让全部或者部分债权，未通知保证人的，该转让对保证人不发生效力；选项 D，主债权转让的，担保该债权的抵押权一并转让，但法律另有规定或者当事人另有约定的除外。

26. 【答案】BD 【解析】选项 A、B，第三人单方以书面形式向债权人作出保证，债权人接收且未提出异议的，保证合同成立；选项 C，当事人在保证合同中约定，在债务人不能履行债务时，由保证人承担保证责任的，为一般保证。

27. 【答案】ABC 【解析】根据规定，借款人未按照约定的借款用途使用借款的，贷款人可以停止发放借款、提前收回借款或者解除合同。

28. 【答案】BD 【解析】选项 A，当事人在保证合同中对保证方式没有约定或者约定不明确的，按照一般保证承担保证责任；选项 C，以公益为目的的非营利法人、非法人组织不得为保证人。

29. 【答案】BD 【解析】选项 B、D，学校、幼儿园、医院等以公益为目的的非营利法人、非法人组织，不得作保证人。

30. 【答案】ABD 【解析】选项 A、C，以公益为目的的非营利法人、非法人组织，不得为保证人；选项 B，居民委员会、村民委员会不得为保证人，但是依法代行村集体经济组织职能的村民委员会，依照村民委员会组织

法规定的讨论决定程序对外提供担保的除外；选项 D，在经国务院批准为使用外国政府或者国际经济组织贷款进行转贷的情况下，国家机关可以作保证人。

31. 【答案】ABD 【解析】选项 A，人民法院作出终结本次执行程序裁定，或者因作为被执行人的自然人死亡，无遗产可供执行且无义务承担人或生活困难无力偿还借款，无收入来源且丧失劳动能力而作出终结执行裁定的，自裁定送达债权人之日起开始计算。选项 B，收到申请执行书之日起 1 年内未作出终结裁定的，自人民法院收到申请执行书满 1 年之日开始计算，但是保证人有证据证明债务人仍有财产可供执行的除外。选项 C，既然债务人仍有财产可供执行，一般保证人承担补充责任，所以一般保证人无须承担责任。选项 D，一般保证的债权人在保证期间届满前对债务人提起诉讼或者申请仲裁，债权人举证证明存在保证人不得主张先诉抗辩权情形的，保证债务的诉讼时效自债权人知道或者应当知道该情形之日起开始计算，有下列情形之一的，保证人不得行使先诉抗辩权：（1）债务人下落不明，且无财产可供执行；（2）人民法院已经受理债务人破产案件；（3）债权人有证据证明债务人的财产不足以履行全部债务或者丧失履行债务能力；（4）保证人书面表示放弃先诉抗辩权。

32. 【答案】ABD 【解析】选项 A、B，保证合同约定保证人承担保证责任直至主债务本息还清时为止等类似内容的，视为约定不明，没有约定或者约定不明确的，保证期间为主债务履行期限届满之日起 6 个月。一般保证人享有先诉抗辩权，因此一般保证债权人应在保证期间起诉或仲裁债务人，否则一般保证人不再承担责任，因此选项 C 错误。一般保证人的责任承担前提是债务人强制执行仍不能履行时，因此起诉后又撤回并不能对债务人强制执行产生实际效果，因此选项 D 正确。

33. 【答案】AB 【解析】根据规定，保证期间，债权人与债务人对主合同数量、价款、币种、利率等内容做了变动，未经保证人书面同意的，如果减轻债务人债务的，保证

仍应当对变更后的合同承担保证责任（选项 A）；如果加重债务人债务的，保证人对加重的部分不承担保证责任（选项 B、C）。债权人与债务人对主合同履行期限做了变动，未经保证人书面同意的，保证期间为原合同约定的或者法律规定的期间（选项 D）。

34.【答案】AD　【解析】被担保的债权既有物的担保又有人的担保，债务人不履行到期债务或发生当事人约定的实现担保物权的情形，债权人应当按照约定实现债权；没有约定或者约定不明确，债务人自己提供物的担保的，债权人应当先就该物的担保实现债权。第三人提供物的担保的，债权人可以就物的担保实现债权，也可以请求保证人承担保证责任。提供担保的第三人承担担保责任后，有权向债务人追偿。

35.【答案】ABC　【解析】出租人出卖租赁房屋的，具有下列情形之一的，承租人不得主张优先购买权：房屋按份共有人行使优先购买权的；出租人将房屋出卖给近亲属，包括配偶、父母、子女、兄弟姐妹、祖父母、外祖父母、孙子女、外孙子女。出租人履行通知义务后，承租人在 15 日内未明确表示购买的；第三人善意购买租赁房屋并已经办理登记手续的。因此，选项 A、B、C 正确。侄女不属于近亲属，因此，选项 D 错误。

36.【答案】ABC　【解析】承租人应当按照约定的期限支付租金。对支付期限没有约定或者约定不明确，依照相关规定仍不能确定，租赁期间不满 1 年的，应当在租赁期间届满时支付；租赁期间 1 年以上的，应当在每届满 1 年时支付，剩余期间不满 1 年的，应当在租赁期间届满时支付。

37.【答案】ACD　【解析】选项 B，租赁期限不得超过 20 年，超过 20 年的，超过部分无效。

38.【答案】ACD　【解析】选项 A，承租人未经出租人同意转租的，出租人可以解除合同；选项 B，当事人未依照法律、行政法规规定办理租赁合同登记备案手续的，不影响合同的效力；选项 C，租赁物被司法机关或者行政机关依法查封、扣押致使租赁物无法使用的，承租人可以解除合同；选项 D，租赁物危及承租人的安全或者健康的，即使承租人

订立合同时明知该租赁物质量不合格，承租人仍然可以随时解除合同。

39.【答案】BCD　【解析】选项 A，租赁期限不得超过 20 年，超过 20 年的，超过部分无效，即租赁期限视为 20 年，属于定期租赁；选项 B，当事人对租赁期限没有约定或者约定不明确，可以协议补充，不能达成补充协议的，按照合同有关条款或者交易习惯确定，仍不能确定的，视为不定期租赁；选项 C，租赁合同中租赁期限为 6 个月以上的，应当采用书面形式，当事人未采用书面形式，无法确定租赁期限的，视为不定期租赁；选项 D，房屋到期未续租，继续居住并交纳房租视为不定期租赁。

40.【答案】AB　【解析】出租人就同一房屋订立数份租赁合同，在合同均有效的情况下，承租人均主张履行合同的，人民法院按照下列顺序确定履行合同的承租人：（1）已经合法占有租赁房屋的；（2）已经办理登记备案手续的；（3）合同成立在先的。

41.【答案】ABC　【解析】选项 A，依照法律、行政法规的规定，对于租赁物的经营使用应当取得行政许可的，出租人未取得行政许可不影响融资租赁合同的效力；选项 B，当事人约定租赁期限届满租赁物归承租人所有，承租人已经支付大部分租金，但无力支付剩余租金，出租人因此解除合同收回租赁物的，收回的租赁物的价值超过承租人欠付的租金以及其他费用的，承租人可以请求相应返还；选项 C，融资租赁合同的租金，除当事人另有约定外，应当根据购买租赁物的大部分或者全部成本以及出租人的合理利润确定。

42.【答案】AB　【解析】选项 A，融资租赁期间，维修义务由承租人（甲公司）承担；选项 C，租赁物不符合租赁合同约定或者不符合使用目的的，出租人（丙公司）不承担违约责任，但承租人依赖出租人的技能确定租赁物或者出租人干预选择租赁物的除外；选项 D，承租人占有租赁物期间，租赁物造成第三人的人身伤害或者财产损失的，出租人（丙公司）不承担责任。

三、判断题

1. 【答案】× 【解析】当事人之间订立一项借款合同，为保证合同的履行，又订立一项担保合同。其中，借款合同是主合同，担保合同是从合同。

2. 【答案】√ 【解析】以电子数据交换、电子邮件等方式能够有形地表现所载内容，并可以随时调取查用的数据电文，视为书面形式。

3. 【答案】× 【解析】缔约过失责任适用于合同不成立、无效、被撤销等情形，赔偿的是信赖利益的损失。

4. 【答案】× 【解析】合同生效后，当事人就质量、价款或者报酬、履行地点等内容没有约定或者约定不明确的，可以协议补充；不能达成补充协议的，按照合同相关条款或者交易习惯确定。

5. 【答案】× 【解析】债权人转让主权利时，附属于主权利的从权利也一并转让，受让人在取得债权时，也取得与债权有关的从权利，但该从权利专属于债权人自身的除外。受让人取得从权利不因该从权利未办理转移登记手续或者未转移占有而受到影响。

6. 【答案】√ 【解析】合同的消灭，除导致合同权利义务终止外，还发生如下效力：（1）从权利义务（如保证债权）归于消灭；（2）债权人应当将债权文书返还债务人；（3）当事人应当遵循诚信等原则，根据交易习惯履行通知、协助、保密、旧物回收等义务；（4）合同的消灭，不影响合同中有关解决争议的方法、结算和清理条款的效力。

7. 【答案】× 【解析】债权人申报债权后在破产程序中未受清偿的部分，保证人仍应当承担保证责任。

8. 【答案】× 【解析】主合同解除后，担保人对债务人应当承担的民事责任仍应当承担担保责任，但是担保合同另有约定的除外。

9. 【答案】× 【解析】当事人约定由第三人向债权人履行债务的，第三人不履行债务或者履行债务不符合约定，债务人应当向债权人承担违约责任。

10. 【答案】× 【解析】分期付款的买受人未支付到期价款的金额达到全部价款的1/5，经催告后在合理期限内仍未支付到期价款的，出卖人可以要求买受人支付全部价款或者解除合同。本题中买受人仅支付40万元，未支付的金额超过100万元的1/5且经催告后仍未支付，乙可以要求甲支付剩余价款或者解除合同。

11. 【答案】× 【解析】出卖人依照买受人的指示向第三人交付标的物，出卖人和买受人之间约定的检验标准与买受人和第三人之间约定的检验标准不一致的，应当以出卖人和买受人之间约定的检验标准为标的物的检验标准。

12. 【答案】× 【解析】保证期间届满保证责任已经消灭，要重新承担保证责任，就要重新形成保证合意，另成立新的保证合同，而不仅仅以签章视为继续承担保证责任，因此除了债权人有证据证明成立了新的保证合同的以外，保证人不再承担保证责任。

13. 【答案】× 【解析】债权人和债务人变更主债权债务合同的履行期限，未经保证人书面同意的，保证期间为原合同约定的或法律规定的期间。

14. 【答案】× 【解析】债务人在履行主债务外还应当支付利息和实现债权的有关费用，其给付不足以清偿全部债务的，除当事人另有约定外，应当按照下列顺序履行：（1）实现债权的有关费用；（2）利息；（3）主债务。

15. 【答案】× 【解析】在融资租赁合同中，承租人占有租赁物期间，租赁物毁损、灭失的，出租人有权请求承租人继续支付租金，但是法律另有规定或者当事人另有约定的除外。

第六章　金融法律制度

强化练习题

一、单选题

1. 甲、乙签订买卖合同后，甲向乙背书转让 3 万元的汇票作为价款。后乙又将该汇票背书转让给丙。如果在乙履行合同前，甲、乙协议解除合同。甲的下列行为中，符合票据法律制度规定的是（　　）。
   A. 请求乙返还汇票
   B. 请求乙返还 3 万元价款
   C. 请求丙返还汇票
   D. 请求付款人停止支付汇票上的款项

2. 下列各项中，不属于远期汇票的是（　　）。
   A. 定日付款汇票
   B. 出票后定期付款汇票
   C. 见票后定期付款汇票
   D. 未记载到期日的汇票

3. 下列各项中，不属于电子商业汇票转让背书必须记载内容的是（　　）。
   A. 背书人名称
   B. 被背书人名称
   C. 背书人签章
   D. 被背书人签章

4. 一张汇票的出票人是甲，乙、丙、丁依次是背书人，戊是持票人。戊在行使票据权利时发现该汇票的金额被变造。经查，乙是在变造之前签章，丁是在变造之后签章，但不能确定丙是在变造之前或之后签章。根据《票据法》的规定，下列关于甲、乙、丙、丁对汇票金额承担责任的表述中，正确的是（　　）。
   A. 甲、乙、丙、丁均只就变造前的汇票金额对戊负责

   B. 甲、乙、丙、丁均需就变造后的汇票金额对戊负责
   C. 甲、乙就变造前的汇票金额对戊负责，丙、丁就变造后的汇票金额对戊负责
   D. 甲、乙、丙就变造前的汇票金额对戊负责，丁就变造后的汇票金额对戊负责

5. 根据《票据法》的规定，下列关于汇票的表述中，正确的是（　　）。
   A. 汇票金额中文大写与数码记载不一致的，以中文大写金额为准
   B. 汇票保证中，被保证人的名称属于绝对记载事项
   C. 汇票的金额不得更改，更改的票据无效
   D. 汇票承兑后，承兑人可以以出票人在承兑人处的资金不足为由对抗持票人

6. 根据票据法律制度的规定，下列各项中，属于无须提示承兑的汇票是（　　）。
   A. 见票后定期付款的汇票
   B. 见票即付的汇票
   C. 定日付款的汇票
   D. 出票后定期付款的汇票

7. 甲私刻乙公司的财务专用章，假冒乙公司名义签发一张转账支票交给收款人丙，丙将该支票背书转让给丁，丁又背书转让给戊。当戊主张票据权利时，根据票据法律制度的规定，下列表述中，正确的是（　　）。
   A. 甲不承担票据责任
   B. 乙公司承担票据责任
   C. 丙不承担票据责任
   D. 丁不承担票据责任

8. 根据《票据法》的规定，下列关于票据挂失止付制度的表述中，不正确的是（　　）。

A. 挂失止付是公示催告的必经程序

B. 挂失止付是暂时保全失票人票据权利的补救措施

C. 付款人在收到挂失止付通知书之前已经依法向持票人付款的，不再接受挂失止付

D. 失票人应在通知付款人挂失止付后 3 日内向人民法院申请公示催告

9. 甲公司对乙公司负有债务。为了担保其债务的履行，甲公司同意将一张以本公司为收款人的纸质汇票质押给乙公司，为此双方订立了书面的质押合同，并交付了票据。甲公司未按时履行债务，乙公司遂于该票据到期时持票据向承兑人提示付款。下列表述中，正确的是（　　）。

A. 承兑人应当向乙公司付款

B. 如果乙公司同时提供了书面质押合同证明自己的权利，承兑人应当付款

C. 如果甲公司书面证明票据质押的事实，承兑人应当付款

D. 承兑人应当拒绝付款

10. 赵某持汇票在法定期限内向付款人提示承兑，付款人在 3 日内未作承兑与否的表示。下列关于该汇票承兑效力的表述中，正确的是（　　）。

A. 应视为承兑效力待定

B. 应视为拒绝承兑，赵某可以请求付款人作出拒绝承兑证明

C. 应视为同意承兑，赵某可以在汇票到期后请求付款人付款

D. 应视为同意承兑，赵某可以请求付款人在汇票上签章

11. 根据票据法律制度的规定，下列关于汇票背书的表述中，正确的是（　　）。

A. 背书附条件的，所附条件具有汇票上的效力

B. 被拒绝承兑的汇票背书转让的，背书人不承担汇票责任

C. 出票人记载"不得转让"字样，收款人背书转让的，出票人对受让人不承担票据责任

D. 背书记载"委托收款"字样的，被背书人取得票据权利

12. 根据票据法律制度的规定，下列各项中，不

属于票据债务人可以对任何持票人行使票据抗辩的情形是（　　）。

A. 票据未记载绝对必要记载事项

B. 票据未记载相对必要记载事项

C. 票据债务人的签章被伪造

D. 票据债务人为无行为能力人

13. 根据票据法律制度的规定，关于票据追索的下列说法中，不正确的是（　　）。

A. 持票人对汇票债务人中的一人已经进行追索的，对其他汇票债务人仍可以进行追索

B. 持票人应当自收到被拒绝承兑或者被拒绝付款的有关证明之日起 3 日内，将被拒绝事由书面通知其前手

C. 持票人可以不按照汇票债务人的先后顺序行使追索权

D. 纸质商业汇票的持票人不能出示拒绝证明、退票理由书或者未按照规定期限提供其他合法证明的，会丧失对所有前手的追索权

14. 根据票据法律制度的规定，下列关于本票的表述中，不正确的是（　　）。

A. 本票自出票日起，最长付款期限为 3 个月

B. 无条件支付的承诺是绝对记载事项之一

C. 本票无须承兑

D. 仅限于银行本票，且为记名本票

15. 根据票据法律制度的规定，下列关于本票和支票的表述中，正确的是（　　）。

A. 本票和支票出票时，都必须记载收款人名称，否则票据无效

B. 本票和支票的出票人都只能是经批准的银行机构

C. 本票和支票上未记载付款地及出票地的，均不影响票据效力

D. 支票是见票即付的票据，本票则可以是远期票据

16. 票据的对物抗辩是指基于票据本身的内容而发生的事由所进行的抗辩。下列情形中，不属于对物抗辩的理由是（　　）。

A. 背书不连续

B. 票据被伪造

C. 票据债务人无行为能力

D. 直接后手交付的货物存在质量问题

17. 甲公司签发了一张经其开户银行 P 银行承兑的电子银行承兑汇票，后为支付合同价款将

该汇票交付给乙公司。之后，乙公司通过电子商业汇票系统将该汇票背书转让给丙公司。当日，丁公司通过电子商业汇票系统为该汇票提供了保证。根据规定，被保证人是（　　）。

A. 甲公司

B. 乙公司

C. 丙公司

D. P银行

18. 因延期通知而给前手或者出票人造成损失的，由没有按照规定期限通知的汇票当事人承担对该损失的赔偿责任，但是所赔偿金额的限额是（　　）。

A. 汇票金额

B. 间接损失

C. 实际损失

D. 能够预见到的损失

19. 根据我国《票据法》的规定，持票人应当自收到被拒绝承兑或者被拒绝付款的有关证明后，将被拒绝事由书面通知其前手的期限是（　　）日内。

A. 3　　　　　　　　B. 5

C. 7　　　　　　　　D. 10

20. 根据票据法律制度的规定，下列关于支票记载事项的表述中，正确的是（　　）。

A. 支票上未记载付款日期的，该票据无效

B. 支票上未记载付款地的，出票人的营业场所为付款地

C. 支票上未记载出票日期的，该票据无效

D. 支票的出票人不得记载"禁止转让"字样

21. 根据票据法律制度的规定，下列涉外票据的票据行为中，可以适用行为地法律的是（　　）。

A. 票据的背书行为

B. 票据追索权的行使期限

C. 票据丧失时，失票人请求保全票据权利的程序

D. 汇票出票时的记载事项

22. 下列各项中，不符合境外基础证券发行人公开发行以其股票为基础证券的存托凭证的条件是（　　）。

A. 最近3年内实际控制人未发生变更

B. 为依法设立且持续经营1年以上的公司

C. 会计基础工作规范、内部控制制度健全

D. 董事、监事和高级管理人员符合公司注册地法律规定的任职要求

23. 下列关于电子商业汇票的说法中，不正确的是（　　）。

A. 电子商业汇票以数据电文形式制作，依托电子商业汇票系统，票据当事人在电子商业汇票上的签章，为该当事人可靠的电子签名

B. 电子商业汇票的交付是指出票人将电子商业汇票发送给收款人，且收款人签收的行为

C. 电子商业汇票为定日付款票据，自出票日起至到期日止最长不得超过6个月

D. 电子商业汇票行使与保全票据权利必须通过电子商业汇票系统办理，故而，不受营业场所与营业时间的限制

24. 下列各项中，符合公开发行证券注册程序步骤的是（　　）。

A. 发行人内部决议—保荐人保荐—签订承销协议—提出发行申请

B. 保荐人保荐—发行人内部决议—提出发行申请—发行注册

C. 发行人内部决议—保荐人保荐—证券交易所审核—签订承销协议

D. 保荐人保荐—发行人内部决议—签订承销协议—发行注册

25. 根据证券法律制度的规定，为上市公司发行新股出具审计报告的注册会计师在法定期间内，不得买卖该上市公司的股票。该法定期间为（　　）。

A. 自接受上市公司委托之日起至审计报告公开后5日内

B. 上市公司股票承销期内和期满后6个月内

C. 自接受上市公司委托之日起至上市公司股票承销期满后6个月内

D. 自接受上市公司委托之日起至出具审计报告后6个月内

26. 下列各项中关于场内交易受让股份表述正确的是（　　）。

A. 通过证券交易所的证券交易，投资者及其一致行动人拥有一个上市公司已发行的有

表决权股份达到 5% 时，应当在该事实发生之日起 3 日内编制权益变动报告书

B. 通过证券交易所的证券交易，投资者及其一致行动人拥有一个上市公司已发行的有表决权股份达到 10% 时，应当在该事实发生之日起 3 日内编制权益变动报告书

C. 违反规定买入上市公司有表决权的股份的，在买入后的 12 个月内，对该超过规定比例部分的股份不得行使表决权

D. 违反规定买入上市公司有表决权的股份的，在买入后的 24 个月内，对该超过规定比例部分的股份不得行使表决权

27. 下列关于注册制下证券的承销的说法中，错误的是（　　）。

A. 向不特定对象发行的证券，法律、行政法规规定应当由证券公司承销的，发行人应当同证券公司签订承销协议

B. 向不特定对象发行证券聘请承销团承销的，承销团应当由主承销和参与承销的证券公司组成

C. 证券的代销期最长不得超过 60 日

D. 证券公司不得为本公司预留所代销的证券和预先购入并留存所包销的证券

28. 下列各项中，属于境内发行人申请首次发行股票上市市值及财务指标应符合的标准的是（　　）。

A. 最近 1 年净利润均为正且最近 1 年净利润累计不低于 1.5 亿元

B. 预计市值不低于 30 亿元且最近 1 年净利润为正

C. 预计市值不低于 100 亿元且最近 1 年净利润为正，最近 1 年营业收入不低于 10 亿元

D. 最近 3 年经营活动产生的现金流量净额累计不低于 1 亿元或营业收入累计不低于 15 亿元

29. 对于未在境外上市的红筹企业，申请发行股票或者存托凭证并上市的情形，下列说法中，符合标准的是（　　）。

A. 预计市值不低于 100 亿元且最近 1 年营业收入不低于 30 亿元

B. 营业收入快速增长，拥有自主研发、国际领先技术，在同行业竞争中处于相对优势地位且预计市值不低于 100 亿元

C. 营业收入快速增长，拥有自主研发、国际领先技术，在同行业竞争中处于相对优势地位且预计市值不低于 50 亿元

D. 预计市值不低于 200 亿元且最近 1 年营业收入不低于 20 亿元

30. 下列关于私募基金的表述，正确的是（　　）。

A. 设立私募基金管理机构应设行政审批

B. 私募基金可以保证投资者投资本金不受损失

C. 私募基金可以通过电子方式，向不特定对象宣传推介

D. 不得向为他人代持的投资者募集

31. 根据证券法律制度的规定，下列各项中，属于欺诈客户行为的是（　　）。

A. 丙公司与戊公司串通相互交易以抬高证券价格

B. 乙上市公司在上市公告书中夸大净资产金额

C. 甲证券公司挪用客户账户的资金

D. 丁公司董事赵某提前泄露公司增资计划以使李某获利

32. 根据证券法律制度的规定，证券公司实施的下列行为中，属于合法行为的是（　　）。

A. 丁证券公司购入其包销售后剩余股票

B. 乙证券公司为谋取佣金收入，诱使客户进行不必要的证券买卖

C. 丙证券公司集中资金优势连续买入某上市公司股票，造成该股票价格大幅上涨

D. 甲证券公司得知某上市公司正在就重大资产重组进行谈判，在信息未公开前，大量买入该上市公司的股票

33. 发行人因欺诈发行、虚假陈述或者其他重大违法行为给投资者造成损失的，发行人的控股股东、实际控制人、相关的证券公司可以委托特定主体，就赔偿事宜与受到损失的投资者达成协议，予以先行赔付。根据证券法律制度的规定，可以委托的主体是（　　）。

A. 投资者保护机构

B. 中国证监会

C. 国务院证券监督管理机构

D. 证券交易所

34. 根据证券法律制度的规定，上市公司应当在每一会计年度的上半年结束之日起的法定期

限内报送并公告中期报告。该期限是
（　　）个月。

A. 2　　　　　　　　B. 6

C. 1　　　　　　　　D. 3

35. 根据证券法律制度的规定，下列关于证券信息披露的表述中，不正确的是（　　）。

A. 信息披露义务人披露的信息应当通俗易懂

B. 信息披露的对象是特定的社会公众

C. 信息披露义务人披露的信息应当简明清晰

D. 信息披露义务人自愿披露的信息不得与依法披露的信息相冲突

36. 根据证券法律制度的规定，下列关于要约收购的表述中，不正确的是（　　）。

A. 收购要约约定的收购期限不得少于30日，并不得超过60日，除非出现竞争要约

B. 收购人在收购要约确定的承诺期限内，不得撤销其收购要约

C. 收购要约期限届满前15日内，收购人不得变更要约，除非出现竞争要约

D. 收购人应当采取现金方式支付收购上市公司的价款

37. 根据证券法律制度的规定，下列关于上市公司收购中收购要约变更的表述中，正确的是（　　）。

A. 收购要约期限届满前20日内，收购人不得变更要约

B. 收购人可以将原定的收购期限从30日改为40日

C. 收购人可以减少预定收购的股份数额

D. 收购人可以根据证券市场变化，降低收购价格

38. 根据证券法律制度的规定，下列关于上市公司协议收购的表述中，不正确的是（　　）。

A. 收购协议达成后，收购人必须公告该收购协议

B. 收购协议达成后，收购人必须将该收购协议向国务院证券监督管理机构及证券交易所作出书面报告

C. 协议收购是在证券交易所之外进行的收购

D. 收购人拟通过协议方式收购上市公司

30% 股份的，需经国务院证券监督管理机构批准

39. 王某以自己为被保险人向某保险公司投保健康险，指定其子为受益人，保险公司承保并出具保单。两个月后，王某突发心脏病死亡。保险公司经调查发现，王某两年前曾做过心脏手术，但他在填写投保单以及回答保险公司相关询问时均未如实告知。对此，下列表述中，正确的是（　　）。

A. 因王某违反如实告知义务，保险公司可对其主张违约责任

B. 保险公司无权解除保险合同，但有权拒绝王某之子的保险金请求

C. 保险公司有权解除保险合同，并不退还保险费

D. 保险公司有权解除保险合同，但须退还保险费

40. 某保险公司针对 50～60 岁年龄人群推出一款医疗保险，如果投保人向保险公司申报的被保险人年龄为 60 岁，但被保险人真实年龄为 62 岁，关于保险人是否能解除合同的表述中，符合保险法律制度规定的是（　　）。

A. 可以解除合同，并退还保险费

B. 可以解除合同并退还保单现金价值

C. 不可解除合同，投保人应按实际年龄补交保费

D. 不可以解除合同，保险人按实际应付的比例支付保险金

41. 王某为其妻子钱某投保人身险，在保险责任期间双方离婚，王某因此主张保险合同无效。下列关于保险合同效力的表述中，正确的是（　　）。

A. 保险合同的效力由钱某自主选择

B. 保险合同有效

C. 保险合同因丧失保险利益而自始无效

D. 保险合同自双方离婚之日起无效

42. 2021 年刘某为自己投保人寿保险，并指定其妻宋某为受益人。2023 年刘某实施抢劫时被他人打死。事后，宋某请求保险公司支付保险金遭到拒绝。经查，刘某已缴纳 3 年保险费。下列关于保险公司是否承担支付保险金责任的表述中，符合保险法律制度规定的是（　　）。

A. 保险公司应承担支付保险金的责任

B. 保险公司不承担支付保险金的责任，也不退还保险单的现金价值

C. 保险公司不承担支付保险金的责任，但应退还保险单的现金价值

D. 保险公司不承担支付保险金的责任，但应退还保险费

43. 陈某向甲保险公司投保人寿保险，陈某为被保险人，陈某指定何某为唯一受益人，保险期间内，陈某和何某乘车出行时，被企图变道的货车撞击导致二人当场死亡，经有关部门调查确认，无法确定陈某、何某二人死亡时间的先后顺序，货车司机梁某对事故的发生承担全部责任，现陈某的继承人和何某的继承人均要求甲保险公司支付保险金，下列表述正确的是（　　）。

A. 甲保险公司承担保险责任后对梁某享有代位求偿权

B. 保险金全部由陈某的继承人继承

C. 保险金由陈某和何某继承人平均分配

D. 保险金由何某的继承人继承

44. 下列关于责任免除的表述中，不正确的是（　　）。

A. 责任免除条款一般采用列举式规定

B. 免赔额条款是规定一定数额内的损失免除保险人的保险责任

C. 对保险人的免责条款，保险人在订立合同时可以口头形式向投保人说明

D. 对保险人的免责条款，保险人在订立合同时必须以书面形式向投保人说明

45. 根据保险法律制度的规定，以保险标的的保险价值是否先予确定为标准，保险合同可以划分为（　　）。

A. 特定危险保险合同和一切险保险合同

B. 定值保险合同和不定值保险合同

C. 足额保险合同、不足额保险合同和超额保险合同

D. 人身保险合同和财产保险合同

46. 根据保险法律制度的规定，保险合同中记载内容不一致时，下列关于认定规则的表述中，不正确的是（　　）。

A. 投保单与保险单不一致的，以投保人选择的内容为准

B. 保险凭证记载的时间不同的，以形成时间在后的为准

C. 保险凭证存在手写和打印两种方式的，以双方签字、盖章的手写部分的内容为准

D. 非格式条款与格式条款不一致的，以非格式条款为准

47. 甲保险公司的代理人张某向王某推销一款保险产品，王某符合该保险的承保条件。张某向王某出具了一份投保单，王某口头同意投保，张某代替王某在投保单上签字，王某向甲保险公司交纳了保险费。由于内部工作流程问题，甲保险公司迟迟未向王某签发保险单，王某在保险期间发生了保险事故。下列关于保险合同效力及保险责任的表述中，正确的是（　　）。

A. 王某已经缴纳保险费，甲保险公司应当承担保险责任

B. 保险合同未生效，甲保险公司无须承担责任

C. 张某代替王某签字，该合同对王某不生效

D. 张某代替签字有过错，应当承担对王某的保险责任

48. 张某为自己的房屋向某保险公司投保，主要保障因自然灾害和意外事故造成的房屋损失。保险公司接受了张某的投保单和保险费，但尚未表示同意承保。在此期间张某的房屋因泥石流毁损，对此下列选项表述不正确的是（　　）。

A. 符合承保条件的，张某可以要求保险公司承担保险合同约定的赔偿责任

B. 不符合承保条件的，保险公司不承担保险责任，但应当退还已经收取的保险费

C. 无论是否符合承保条件，保险公司都不承担保险责任，但应当退还已经收取的保险费

D. 保险人主张不符合承保条件的，应承担举证责任

二、多选题

1. 根据票据法律制度的规定，下列支票上的记载事项中可以授权补记的有（　　）。

A. 收款人名称

B. 出票日期

C. 付款人名称

D. 支票金额

2. 下列有关票据伪造的表述中，不符合票据法律制度规定的有（　　）。

A. 善意的且支付相当对价的合法持票人有权要求被伪造人承担票据责任

B. 票据的伪造仅指假冒他人名义签章的行为

C. 伪造人因未在票据上以自己的名义签章，故不承担任何责任

D. 票据上有伪造签章的，不影响票据上其他真实签章的效力

3. 下列关于电子商业汇票的保证说法中，正确的有（　　）。

A. 必须通过电子商业汇票系统办理

B. 记载表明"保证"的字样

C. 获得承兑前，保证人作出保证行为的，被保证人为出票人

D. 获得承兑后，保证人作出保证行为的，被保证人为承兑人

4. 根据票据法律制度的规定，下列情形中，汇票不得背书转让的有（　　）。

A. 汇票超过付款提示期限的

B. 汇票上未记载付款日期的

C. 汇票被拒绝付款的

D. 汇票被拒绝承兑的

5. 甲公司受乙公司胁迫开出一张以甲为付款人，以乙为收款人的汇票，之后乙公司通过背书将该汇票赠与丙公司，丙公司又将该汇票背书转让与丁公司，以支付货款。丙、丁对乙胁迫甲取得票据一事毫不知情。下列说法中，正确的有（　　）。

A. 甲有权请求丁返还汇票

B. 乙不享有该汇票的票据权利

C. 丙不享有该汇票的票据权利

D. 丁不享有该汇票的票据权利

6. 下列关于电子商业汇票付款的说法中，正确的有（　　）。

A. 持票人在票据到期日前提示付款的，承兑人可付款或拒绝付款

B. 持票人在票据到期日前提示付款的，承兑人可于到期日付款

C. 承兑人拒绝付款或未予应答的，持票人可待票据到期后再次提示付款

D. 持票人应在提示付款期内通过电子商业汇票系统向承兑人提示付款

7. 根据票据法律制度的规定，下列情形中，背书行为无效的有（　　）。

A. 附有条件的背书

B. 只将汇票金额的一部分进行转让的背书

C. 将汇票金额分别转让给2人以上的背书

D. 背书人在汇票上记载"不得转让"字样，其后手又进行背书转让的

8. 下列关于电子商业汇票追索权发生的实质要件的表述中，正确的有（　　）。

A. 汇票到期被拒绝付款

B. 承兑人被依法宣告破产

C. 承兑人终止业务活动

D. 承兑人因违法被责令终止业务活动

9. 下列关于票据签章的表述中，符合规定的有（　　）。

A. 出票人在票据上签章不符合规定的，票据无效

B. 保证人在票据上的签章不符合规定的，其签章无效

C. 背书人在票据上签章不符合规定的，票据无效

D. 无民事行为能力人在票据上签章的，其签章无效

10. 下列关于电子商业汇票追索的表述中，正确的有（　　）。

A. 可以不通过电子商业汇票系统行使追索权

B. 持票人在票据到期日前提示付款被拒付的，因票据尚未到期，不得因拒付行使追索权

C. 持票人在提示付款期内被拒付的，可向特定前手行使拒付追索权

D. 持票人在提示付款期内被拒付的，可向所有前手行使拒付追索权

11. 甲公司为支付货款，签发了一张以同城的乙银行为付款人、以丙公司为收款人的转账支票。丙公司在出票日之后的第14天向乙银行提示付款。下列关于票据付款和责任承担的表述中，正确的有（　　）。

A. 甲公司在乙银行的存款足以支付支票金额的，乙银行应当足额付款

B. 甲公司应当对丙公司承担票据责任

C. 乙银行拒绝付款的，丙公司无权对甲公司进行追索

D. 乙银行可以拒绝付款

12. 根据法律制度的规定，下列证券交易行为中属于操纵市场的有（   ）。

A. 未经客户的委托，擅自为客户买卖证券

B. 与他人串通，以事先约定的时间、价格和方式相互进行证券交易

C. 利用不确定的重大信息，诱导投资者证券交易

D. 不以成交为目的，大量申报并撤销申报

13. 下列各项中，发行和交易适用《证券法》的有（   ）。

A. 可转换公司债券

B. 期货

C. 证券投资基金份额

D. 存托凭证

14. 根据证券法律制度的规定，下列关于公开发行公司债券募集资金的表述中，正确的有（   ）。

A. 募集资金可以用于非生产性支出

B. 改变资金用途，必须经债券持有人会议作出决议

C. 募集资金不得用于弥补亏损

D. 发行人应当指定专项账户，用于公司债券募集资金的接收、存储、划转

15. 下列各项中，属于上市公司不得向不特定对象发行股票的情形有（   ）。

A. 擅自改变前次募集资金用途未作纠正，或者未经股东大会认可

B. 上市公司现任高级管理人员最近3年受到中国证监会行政处罚

C. 上市公司最近1年存在未履行向投资者作出的公开承诺的情形

D. 上市公司或者其控股股东、实际控制人最近1年存在贪污、贿赂行为

16. 下列公开发行的公司债券中，专业投资者和普通投资者可以参与认购的有（   ）。

A. 发行人最近1年无债务违约或者延迟支付本息的事实

B. 发行人最近3年平均可分配利润不少于债券一年利息的1.5倍

C. 发行人最近一期末净资产规模不少于250亿元

D. 发行人最近36个月内累计公开发行债券不少于3期，发行规模不少于200亿元

17. 根据证券法律制度的规定，下列属于证券发行市场信息披露文件的有（   ）。

A. 临时报告

B. 定期报告

C. 招股说明书

D. 上市公告书

18. 根据证券投资法律制度，以下关于私募基金的说法中，正确的有（   ）。

A. 私募基金可以采用公司、合伙企业、契约等形式设立

B. 目前，单个投资者认购单只私募证券基金的限额为实缴金额不低于人民币200万元

C. 不得采取为单一融资项目设立多只私募基金等方式，突破法律规定的人数限制

D. 管理人可以自行募集资金，也可以委托他人募集资金

19. 根据证券法律制度的规定，下列关于公开募集资金的基金份额上市交易的表述中，正确的有（   ）。

A. 基金管理人应当与证券交易所签订上市协议

B. 基金合同期限为1年以上

C. 基金募集金额不低于2亿元人民币

D. 基金份额持有人不超过200人

20. 下列各项中，属于证券交易内幕信息的知情人员的有（   ）。

A. 持有上市公司3%股份的股东赵某

B. 上市公司的财务负责人秦某

C. 上市公司重大资产重组交易方的董事吴某

D. 负责上市公司重大资产重组方案文印工作的秘书苏某

21. 甲、乙两公司签署协议共同收购丙上市公司，当甲、乙两公司共同拥有表决权的股份达到丙上市公司已发行股份的5%时，应当履行法定义务。有关该法定义务，下列说法正确的有（   ）。

A. 在达到5%之日起3日内向中国证监会、证券交易所作出书面报告

B. 在达到5%之日起3日内通知丙上市公司

并予公告

C. 在履行该法定义务期限内，不得再行买卖丙上市公司的股票

D. 在履行该法定义务期限内违规买入丙上市公司股票的，中国证监会将强制转让并予罚款

22. 甲公司的高级管理人员在执行公司职务时因违反公司章程的规定给公司造成了损失，下列说法中，正确的有（　　）。

A. 持有甲公司股份的投资者保护机构，可以为公司的利益以自己的名义向人民法院提起诉讼，持股比例和持股期限不受《公司法》规定的限制

B. 持有甲公司股份的投资者保护机构，可以为公司的利益以自己的名义向人民法院提起诉讼，持股比例必须符合《公司法》规定的限制

C. 《公司法》规定的股东代表诉讼不足以充分发挥对违法行为的抑制机能，《证券法》确立了投资者保护机构的代表诉讼

D. 《证券法》规定的股东代表诉讼不足以充分发挥对违法行为的抑制机能，《公司法》确立了投资者保护机构的代表诉讼

23. 下列各项中，属于持股权益变动公告应当包括的内容有（　　）。

A. 持股人的名称、住所

B. 持有的股票的名称、数额

C. 持股达到法定比例

D. 在上市公司中拥有有表决权的股份变动的时间及方式

24. 根据《证券法》的规定，下列各项中，属于禁止的证券交易行为的有（　　）。

A. 甲证券公司在证券交易活动中传播了虚假信息，对市场交易量产生了一定影响

B. 乙证券公司不在规定的时间内向客户李某提供交易的书面确认文件

C. 丙证券公司利用其资金优势连续买入某上市公司股票，造成该股票价格大幅上涨

D. 丁证券公司在自身网站上发布对某上市公司股票价格的预测信息

25. 根据证券法律制度的规定，凡发生可能对上市公司股票交易价格产生较大影响的重大事件，投资者尚未得知时，上市公司应当立即

报送临时报告，并予公告，下列情形中，属于重大事件的有（　　）。

A. 公司分配股利的计划

B. 公司1年内购买重大资产达到公司资产总额的20%

C. 公司注册资本减少的决定

D. 公司涉嫌违法受到刑事处罚

26. 根据证券法律制度的规定，发行人因欺诈发行给投资者造成损失的，特定主体可以委托投资者保护机构，就赔偿事宜与受到损失的投资者达成协议，予以先行赔付。该特定主体有（　　）。

A. 发行人的控股股东

B. 相关的证券公司

C. 发行人的实际控制人

D. 证券交易所

27. 根据证券法律制度的规定，下列关于上市公司收购人义务的表述中，不正确的有（　　）。

A. 要约收购期间，收购人不得以超出要约的条件买入被收购公司的股票

B. 收购人持有的被收购上市公司的股票，在收购行为完成后的12个月内不得转让

C. 收购人应当在收购完成后的15日内，向证监会和证券交易所提交关于收购情况的书面报告，并予以公告

D. 收购人在被收购公司中拥有表决权的股份，不得在同一实际控制人控制的不同主体之间进行转让

28. 甲公司拟收购乙上市公司。根据证券法律制度的规定，下列投资者中，如无相反证据，属于甲公司一致行动人的有（　　）。

A. 由甲公司的监事担任董事的丙公司

B. 持有乙公司1%股份且为甲公司董事之弟弟的张某

C. 持有甲公司20%股份且持有乙公司35%股份的王某

D. 在甲公司中担任董事会秘书且持有乙公司2%股份的李某

29. 某投资者以要约收购方式收购甲上市公司，收购行为完成后甲公司公开发行的股份比例已经不再满足上市条件，则下列说法中正确的有（　　）。

A. 甲上市公司的股票应由证券交易所终止

上市交易

B. 持有甲上市公司股份1%的股东赵某，要求以收购要约的同等条件向收购人出售其股票的，收购人不得拒绝

C. 收购人持有的甲公司股票，在收购行为完成后的12个月内不得转让

D. 收购行为完成后，收购人应当在15日内将收购情况报告国务院证券监督管理机构和证券交易所，并予公告

30. 甲通过证券交易所陆续买入力扬股份公司的表决权股票。持股达4.8%时，利用筹集的大量资金前后两天分两次购入力扬股份公司的表决权股票，第一次购入后持股比例达5.2%，第二次购入后持股比例达6%。甲于第二次购入的当日进行了报告、公告。此后，被证券监督管理机构以增持股份与信息披露违法为由实施处罚。6个月后，甲欲继续购入力扬公司股票，力扬公司的股东乙、丙反对，持股4%的股东丁同意。对此，下列说法正确的有（　　）。

A. 甲的行为已违法，故无权再买入力扬公司股票

B. 乙可邀请其他公司对力扬公司展开要约收购

C. 丙可主张甲已违法，撤销其先前购买股票的行为

D. 丁可与甲签订股权转让协议，将自己所持全部股份卖给甲

31. 根据证券法律制度规定，下列关于公司债券受托管理人的表述中，正确的有（　　）。

A. 债券持有人会议可以决议变更债券受托管理人

B. 债券发行人未能按期兑付债券本息的，债券受托管理人可以接受全部债券持有人的委托以自己的名义代表债券持有人提起诉讼

C. 公开发行公司债券的，发行人应当为债券持有人聘请债券受托管理人，并订立债券受托管理协议

D. 受托管理人应当由本次发行的承销机构或者其他经国务院证券监督管理机构认可的机构担任

32. 根据保险法律制度的规定，下列关于被保险人和死亡保险的表述中，正确的有（　　）。

A. 子女未征得父母的意见，可以为父母购买以死亡为给付保险金条件的人身保险

B. 财产保险的被保险人可以是自然人和法人

C. 投保人不得为任何无民事行为能力人投保以死亡为给付保险金条件的人身保险

D. 父亲为28岁的儿子购买以死亡为给付保险金条件的人身保险，但事后其子向保险公司表示同意指定父亲为受益人，该保险合同有效

33. 关于保险合同的履行，下列表述中正确的有（　　）。

A. 保险合同约定分期支付保险费，投保人支付首期保险费后，除另有约定，投保人超过约定期限60日未支付当期保险费，合同效力终止

B. 保险事故发生时，被保险人应当尽力采取必要的措施，防止或者减少损失

C. 发生保险事故，投保人故意未及时通知保险人，致使保险事故的损失程度难以确定的部分，即使保险人通过其他途径已经及时知道也不承担赔偿责任

D. 投保人未按照约定履行其对保险标的的安全应尽责任的，保险人有权要求增加保险费或者解除合同

34. 根据保险法律制度的规定，下列关于保险合同变更的说法中正确的有（　　）。

A. 财产保险合同中，保险标的的转让，受让人继承被保险人的权利和义务，无须通知保险人

B. 货物运输合同允许保险单随货物所有权的转移而转移，只需投保方背书即可转让，无须通知保险人

C. 人身保险合同中投保人或者被保险人变更受益人未通知保险人，变更对保险人不发生效力

D. 投保人变更受益人未经被保险人同意，变更行为无效

35. 根据保险法律制度的规定，被保险人死亡后，保险金作为被保险人遗产的情形有（　　）。

A. 受益人放弃受益权，没有其他受益人的

B. 受益人先于被保险人死亡，没有其他受益人的

C. 受益人依法丧失受益权，没有其他受益人的

D. 受益人指定不明无法确定的

36. 投保人甲与保险公司订立人身保险合同，甲为被保险人，并指定其妻子和儿子为受益人。保险期间内，甲与妻子因同一起交通事故意外身亡，且不能确定死亡时间的先后顺序。根据保险法律制度的规定，下列表述中，正确的有（　　）。

A. 应推定甲死亡在先

B. 应推定甲的妻子死亡在先

C. 保险金不作为遗产，全部由甲的儿子作为受益人享有

D. 保险金作为甲的遗产，全部由甲的儿子继承

37. 根据保险法律制度的规定，下列情形中，保险人有权解除保险合同的有（　　）。

A. 被保险人在未发生保险事故的情形下，谎称发生了保险事故，向保险人提出赔偿请求

B. 受益人在未发生保险事故的情形下，谎称发生了保险事故，向保险人提出赔偿请求

C. 被保险人故意制造保险事故

D. 受益人故意制造保险事故

38. 下列有关保险代位求偿权的表述中，正确的有（　　）。

A. 保险人未赔偿保险金之前，被保险人放弃对第三人请求赔偿的权利的，保险人不承担赔偿保险金的责任

B. 保险人向被保险人赔偿保险金后，被保险人未经保险人同意放弃对第三人请求赔偿的权利的，该放弃行为无效

C. 因被保险人故意致使保险人不能行使代位请求赔偿的权利的，保险人可以扣减或者要求返还相应的保险金

D. 即使被保险人的家庭成员故意损害保险标的而造成保险事故，保险人也不得对被保险人的家庭成员行使代位求偿权

39. 根据保险法律制度的规定，当事人签订的下列保险合同中，保险责任开始后合同当事人不得解除的有（　　）。

A. 货物运输保险合同

B. 运输工具航程保险合同

C. 人身意外伤害保险合同

D. 短期健康保险合同

40. 根据保险法律制度的规定，下列关于投保人告知义务的表述中，正确的有（　　）。

A. 订立保险合同，保险人就保险标的或者被保险人的有关情况提出询问的，投保人应当如实告知

B. 投保人的告知义务限于保险人询问的范围和内容

C. 当事人对询问范围及内容有争议的，保险人负举证责任

D. 保险人以投保人违反了对投保单询问表中所列有具体内容的概括性条款的如实告知义务为由请求解除合同的，人民法院均不予支持

三、判断题

1. 电子商业汇票交付收款人前，应由付款人承兑；承兑人应在票据到期日承兑电子商业汇票。（　　）

2. 电子商业汇票的保证必须通过电子商业汇票系统办理。（　　）

3. 票据债务人的民事行为能力，适用行为地法律。（　　）

4. 持票人对汇票债务人中的一人或数人已经进行追索的，对其他汇票债务人仍可以行使追索权。（　　）

5. 基金管理人应当自收到准予注册文件之日起6个月内进行公募基金的募集。超过6个月开始募集，应当向国务院证券监督管理机构重新提交申请。（　　）

6. 李某收购甲上市公司，当持有的股份达到甲上市公司已发行股份的5%，在该事实发生之日起3日内，违规买入上市公司有表决权的股份。因此，李某在未来36个月内无权再买入甲上市公司股票。（　　）

7. 在上市公司收购要约确定的承诺期限内，收购人有权撤销其收购要约。（　　）

8. 甲、乙两公司签署协议共同收购丙上市公司，当甲、乙两公司共同拥有权益的股份达到丙上市公司已发行股份的3%时，应当在该事实发生之日起5日内编制权益变动报告书，向中国证监会、证券交易所提交书面报告，通

知丙上市公司，并予以公告。　　（　　）

9. 人身保险合同订立后，因投保人丧失对被保险人的保险利益，当事人主张保险合同无效的，人民法院应予支持。　　（　　）

10. 保险事故发生后，被保险人为防止或者减少保险标的的损失所支付的必要合理费用，由受益人承担。　　（　　）

11. 重复保险的投保人可以就保险金额总和超过保险价值的部分，请求各保险人按比例返还

保险费。　　（　　）

12. 赵某中年丧偶，有一子小赵，后娶妻张某，张某为赵某投保人身意外伤害险，受益人为其子小赵，后赵某于出差途中遇车祸死亡，张某书面通知保险人变更受益人为自己，并要求保险人给付保险金，该变更行为无效，张某的请求人民法院不予支持。　　（　　）

13. 受益人故意造成被保险人死亡，该受益人丧失受益权。　　（　　）

快速查答案

一、单选题

序号	1	2	3	4	5	6	7	8	9	10	11	12
答案	B	D	D	D	C	B	A	A	D	B	C	B
序号	13	14	15	16	17	18	19	20	21	22	23	24
答案	D	A	C	D	B	A	A	C	A	B	C	A
序号	25	26	27	28	29	30	31	32	33	34	35	36
答案	B	A	C	C	B	D	C	A	A	A	B	D
序号	37	38	39	40	41	42	43	44	45	46	47	48
答案	B	D	C	B	B	C	B	D	B	A	A	C

二、多选题

序号	1	2	3	4	5	6	7	8	9	10	11	12
答案	AD	ABC	ABC	ACD	BC	ABCD	BC	ABD	ABD	BD	BD	BCD
序号	13	14	15	16	17	18	19	20	21	22	23	24
答案	AD	BCD	ABCD	BCD	CD	AC	AC	BCD	ABC	AC	ABCD	ABC
序号	25	26	27	28	29	30	31	32	33	34	35	36
答案	ACD	ABC	BD	ABD	ABD	BD	ABCD	BD	BD	BCD	ABCD	BC
序号	37	38	39	40								
答案	ABC	ABC	AB	ABC								

三、判断题

序号	1	2	3	4	5	6	7	8	9	10	11	12
答案	×	√	×	√	×	×	×	×	×	×	√	√
序号	13											
答案	√											

参考答案及解析

一、单选题

1. 【答案】B 【解析】本题考核票据法上的关系和票据基础关系。根据规定，甲、乙解除合同，不影响持票人丙的票据权利，票据基础关系的存在与否、有效与否，与票据权利原则上互不影响。这里甲支付给丙票据款后，还可以请求乙返还3万元价款。

2. 【答案】D 【解析】远期汇票是指约定一定的到期日付款的汇票，包括定日付款汇票、出票后定期付款汇票和见票后定期付款汇票。选项D属于即期汇票。

3. 【答案】D 【解析】电子商业汇票的转让背书必须记载背书人名称、被背书人名称、背书日期、背书人签章四项内容。选项D，被背书人的签章不是必须记载的内容。

4. 【答案】D 【解析】本题考核票据的变造。根据规定，如果当事人签章在变造之前，应按原记载的内容负责；如果当事人签章在变造之后，则应按变造后的记载内容负责；如果无法辨别是在票据被变造之前或之后签章的，视同在变造之前签章。本题中，甲、乙都是在变造之前签章，丙无法辨别是变造前还是变造后，视同变造前签章，因此甲、乙、丙对变造之前的金额承担责任，丁是在变造后签章，对变造后的金额承担责任。

5. 【答案】C 【解析】本题考核汇票的承兑。汇票金额中文大写与数码记载不一致的票据无效，因此选项A错误；被保证人属于相对记载事项，汇票未承兑的，出票人作为被保证人，已承兑的，承兑人作为被保证人，因

此选项B错误；承兑人不得以其与出票人之间的资金关系来对抗持票人，拒绝支付汇票金额，因此选项D错误。

6. 【答案】B 【解析】本题考核汇票的承兑。见票即付的汇票无须提示承兑。

7. 【答案】A 【解析】选项A，由于伪造人（甲）在票据上根本没有以自己的名义签章，因此不承担票据责任；选项B，持票人即使是善意取得，对被伪造人（乙公司）也不能行使票据权利；选项C、D，票据上有伪造签章的，不影响票据上其他真实签章的效力，在票据上真实签章的当事人（丙和丁），仍应对被伪造据的持票人承担票据责任。

8. 【答案】A 【解析】选项A，挂失止付并不是公示催告的必经程序。

9. 【答案】D 【解析】以汇票设定质押时，出质人在汇票上只记载了"质押"字样而未在票据上签章的，或者出质人未在汇票、粘单上记载"质押"字样而另行签订质押合同、质押条款的，不构成票据质押。本题中是"另行签订质押合同"，而没有在票据上记载"质押"字样，不符合票据质押的规定，且只交付票据，并未在票据上签章，所以乙公司不享有票据质权，承兑人应当拒绝付款。

10. 【答案】B 【解析】付款人收到提示承兑的汇票后，如果在3日内不作承兑与否表示的，应视为拒绝承兑，持票人可以请求其作出拒绝承兑证明，向其前手行使追索权。

11. 【答案】C 【解析】选项A，背书附条件的，所附条件不具有汇票上的效力。选项B，被拒绝承兑的汇票背书转让的，背书人应承

担汇票责任。选项 D，委托收款背书属于非转让背书，被背书人只是代理人，未取得票据权利，背书人仍是票据权利人。

12.【答案】B【解析】本题考核行使票据抗辩中对物抗辩的情形。根据规定，绝对必要记载事项不得欠缺，如果未记载导致票据无效；相对必要记载事项如果没有记载，适用法律的有关规定而不会使票据失效。所以票据上未记载相对必要记载事项不是抗辩事由。

13.【答案】D【解析】选项 D，纸质商业汇票的持票人不能出示拒绝证明、退票理由书或者未按照规定期限提供其他合法证明的，会丧失对其前手的追索权。但是，承兑人或者付款人仍应当对持票人承担责任。

14.【答案】A【解析】选项 A，银行本票自出票日起，付款期限最长不得超过 2 个月。

15.【答案】C【解析】选项 A，本票的收款人名称，属于本票的绝对必要记载事项，未记载将导致票据无效；支票上的收款人名称，可以授权补记，但并不属于出票行为的绝对记载事项，未记载不会导致票据无效。选项 B，支票的出票人为在经批准的银行机构开立存款账户的单位和个人。选项 D，本票和支票均为见票即付的票据。

16.【答案】D【解析】选项 D 属于对人抗辩的范围。

17.【答案】B【解析】电子商业汇票的出票人将电子商业汇票交付收款人后，保证人作出保证行为的，被保证人为背书人。

18.【答案】A【解析】因延期通知而给其前手或者出票人造成损失的，由没有按照规定期限通知的汇票当事人承担对该损失的赔偿责任，但是所赔偿的金额以汇票金额为限。

19.【答案】A【解析】根据我国《票据法》的规定，持票人应当自收到被拒绝承兑或者被拒绝付款的有关证明之日起 3 日内，将被拒绝事由书面通知其前手。

20.【答案】C【解析】选项 A，我国的支票限于见票即付，不得另行记载付款日期；另行记载付款日期的，该记载无效，支票有效。选项 B，支票上未记载付款地的，付款人的营业场所为付款地。选项 D，在票据上记载

"不得转让""禁止转让"等字样，属于票据的任意记载事项。出票人在票据上记载"不得转让"字样，该票据不得转让。

21.【答案】A【解析】选项 B，票据追索权的行使期限，适用出票地法律。选项 C，票据丧失时，失票人请求保全票据权利的程序，适用付款地法律。选项 D，汇票、本票出票时的记载事项，适用出票地法律。

22.【答案】B【解析】境外基础证券发行人公开发行以其股票为基础证券的存托凭证，应当满足下列条件：（1）为依法设立且持续经营 3 年以上的公司，公司的主要资产不存在重大权属纠纷；（2）最近 3 年内实际控制人未发生变更，且控股股东和受控股股东、实际控制人支配的股东持有的境外基础证券发行人股份不存在重大权属纠纷；（3）境外基础证券发行人及其控股股东、实际控制人最近 3 年内不存在损害投资者合法权益和社会公共利益的重大违法行为；（4）会计基础工作规范、内部控制制度健全；（5）董事、监事和高级管理人员应当信誉良好，符合公司注册地法律规定的任职要求，近期无重大违法失信记录；（6）中国证监会规定的其他条件。

23.【答案】C【解析】电子商业汇票为定日付款票据，自出票日起至到期日止最长不得超过 1 年。

24.【答案】A【解析】公开发行证券的注册程序有以下步骤：（1）发行人内部决议；（2）保荐人保荐；（3）签订承销协议；（4）提出发行申请；（5）证券交易所审核；（6）发行注册。

25.【答案】B【解析】根据规定，为证券发行出具审计报告或者法律意见书等文件的专业机构和人员，在该股票承销期内和期满后 6 个月内，不得买卖该股票。

26.【答案】A【解析】通过证券交易所的证券交易，投资者及其一致行动人拥有一个上市公司已发行的有表决权股份达到 5% 时，应当在该事实发生之日起 3 日内编制权益变动报告书，向国务院证券监督管理机构、证券交易所作出书面报告，通知该上市公司，并予公告，在前述期限内不得再行买卖该上市

公司的股票，但国务院证券监督管理机构规定的情形除外，故选项 B 错误。违反规定买入上市公司有表决权的股份的，在买入后的 36 个月内，对该超过规定比例部分的股份不得行使表决权，故选项 C、D 均不正确。

27.【答案】C　【解析】本题考核证券发行的程序。证券的代销、包销期限最长不得超过 90 日。

28.【答案】C　【解析】境内发行人申请首次发行股票上市，市值及财务指标应当至少符合下列标准中的一项：（1）最近 3 年净利润均为正，且最近 3 年净利润累计不低于 2 亿元，最近 1 年净利润不低于 1 亿元，最近 3 年经营活动产生的现金流量净额累计不低于 2 亿元或营业收入累计不低于 15 亿元；（2）预计市值不低于 50 亿元，且最近 1 年净利润为正，最近 1 年营业收入不低于 6 亿元，最近 3 年经营活动产生的现金流量净额累计不低于 2.5 亿元；（3）预计市值不低于 100 亿元，且最近 1 年净利润为正，最近 1 年营业收入不低于 10 亿元。

29.【答案】B　【解析】未在境外上市的红筹企业，申请发行股票或者存托凭证并上市的，应当至少符合下列标准中的一项：（1）预计市值不低于 200 亿元，且最近 1 年营业收入不低于 30 亿元；（2）营业收入快速增长，拥有自主研发、国际领先技术，在同行业竞争中处于相对优势地位，且预计市值不低于 100 亿元；（3）营业收入快速增长，拥有自主研发、国际领先技术，在同行业竞争中处于相对优势地位，且预计市值不低于 50 亿元，最近 1 年营业收入不低于 5 亿元。

30.【答案】D　【解析】根据规定，设立私募基金管理机构和发行私募基金不设行政审批，选项 A 错误。私募基金不得向合格投资者以外的单位和个人募集；不得为他人代持的投资者募集；不得通过报刊、电台、电视台、互联网等大众传播媒介，电话、短信、即时通讯工具、电子邮件、传单，或者讲座、报告会、分析会等方式向不特定对象宣传推介；不得以虚假、片面、夸大等方式宣传推介；不得以私募基金托管人名义宣传推介；不得向投资者承诺投资本金不受损失或

者承诺最低收益。选项 B、C 错误，选项 D 正确。

31.【答案】C　【解析】选项 A，属于操纵证券市场行为。选项 B，属于虚假陈述行为。选项 D，属于内幕交易行为。

32.【答案】A　【解析】证券包销分两种情况：（1）先包后销；（2）先销后包，即证券公司在承销期结束后将售后剩余证券全部自行购入。

33.【答案】A　【解析】发行人因欺诈发行、虚假陈述或者其他重大违法行为给投资者造成损失的，发行人的控股股东、实际控制人、相关的证券公司可以委托"投资者保护机构"，就赔偿事宜与受到损失的投资者达成协议，予以先行赔付。

34.【答案】A　【解析】中期报告在每个会计年度的上半年结束之日起 2 个月内。

35.【答案】B　【解析】选项 B，信息披露的对象是不特定的社会公众。

36.【答案】D　【解析】选项 D，收购人可以采用现金、依法可以转让的证券、现金与证券相结合等合法方式支付收购上市公司的价款。

37.【答案】B　【解析】选项 A，收购要约"期限届满前 15 日内"，收购人不得变更收购要约，但是出现竞争要约的除外；选项 B、C、D，收购人需要变更收购要约的，必须及时公告，载明具体变更事项，并通知被收购公司，且不得存在下列情形：（1）降低收购价格；（2）减少预定收购股份数额；（3）缩短收购期限。

38.【答案】D　【解析】选项 A、B，收购协议达成后，收购人必须在 3 日内将该收购协议向国务院证券监督管理机构及证券交易所作出书面报告，并予公告。选项 C，协议收购是指收购人在证券交易所之外，通过与被收购公司的股东协商一致达成协议，受让其持有的上市公司的股份而进行的收购。选项 D，收购人拟通过协议方式收购上市公司 30% 股份的，无须经国务院证券监督管理机构批准。

39.【答案】C　【解析】投保人王某故意不履行告知义务，保险人有权解除保险合同，对解除前发生的保险事故不承担给付保险金责

任，并不退还保险费。

40.【答案】B 【解析】本题考核人身保险合同的特殊条款。投保人申报的被保险人年龄不真实，并且其真实年龄不符合合同约定的年龄限制的，保险人可以解除合同，并按照合同约定退还保险单的现金价值。需要注意的是，此种情形下保险人的解除权，自保险人知道有解除事由之日起，超过 30 日不行使而消灭；自合同成立之日起超过 2 年的，保险人不得解除合同，发生保险事故的，保险人应当承担赔偿或者给付保险金的责任；保险人在合同订立时已经知道投保人未如实告知的情况的，保险人不得解除合同，发生保险事故的，保险人应当承担赔偿或者给付保险金的责任。

41.【答案】B 【解析】人身保险合同仅在合同订立时要求投保人对被保险人具有保险利益，并不要求保险责任期间始终存在保险利益关系。（人身）保险合同订立后，因投保人丧失对被保险人的保险利益（离婚后不再是妻子），当事人主张保险合同无效的，人民法院不予支持。

42.【答案】C 【解析】被保险人故意犯罪或者抗拒依法采取的刑事强制措施导致其伤残或者死亡的，保险人不承担给付保险金的责任。投保人已交足 2 年以上保险费的，保险人应当按照合同约定退还保险单的现金价值。

43.【答案】B 【解析】（1）受益人与被保险人在同一事件中死亡，且不能确定死亡先后顺序的，推定受益人死亡在先。（2）受益人先于被保险人死亡，没有其他受益人的，保险金作为被保险人（陈某）的遗产，由保险人依照法律规定履行给付保险金的义务。

44.【答案】D 【解析】责任免除又称除外责任，是指保险人不承担保险责任的范围。保险人对在责任免除范围内发生的危险事故造成的损害，不承担保险责任。具体采取的方式主要有责任免除条款或规定免赔额条款。责任免除条款一般采用列举式加以规定，免赔额条款则是规定一定数额内的损失免除保险人的保险责任。对保险人的免责条款，保险人在订立合同时应以书面或口头形式向投保人说明，未作提示或未明确说明的，该条款不产生效力。

45.【答案】B 【解析】以保险标的的保险价值是否先予确定为标准，保险合同可以划分为定值保险合同和不定值保险合同。

46.【答案】A 【解析】选项 A，投保单与保险单或者其他保险凭证不一致的，以投保单为准，但不一致的情形系经保险人说明并经投保人同意的，以投保人签收的保险单或者其他保险凭证载明的内容为准。

47.【答案】A 【解析】投保人或者投保人的代理人订立保险合同时没有亲自签字或者盖章，而由保险人或者保险人的代理人代为签字或者盖章的，对投保人不生效；但投保人已经交纳保险费的，视为其对代替签字或者盖章行为的追认，保险合同生效，保险公司应当承担保险责任。

48.【答案】C 【解析】本题考核保险合同的订立。保险人接受了投保人提交的投保单并收取了保险费，尚未作出是否承保的意思表示，发生保险事故，被保险人或者受益人请求保险人按照保险合同承担赔偿或者给付保险金责任，符合承保条件的，人民法院应予支持；不符合承保条件的，保险人不承担保险责任，但应当退还已经收取的保险费。保险人主张不符合承保条件的，应承担举证责任。

二、多选题

1.【答案】AD 【解析】支票上的金额可以由出票人授权补记，未补记前的支票，不得使用；支票上未记载收款人名称的，既可以由出票人授权收取支票的相对人补记，也可以由相对人再授权他人补记。

2.【答案】ABC 【解析】（1）选项 A，被伪造人未从事票据行为，无须承担票据责任。（2）选项 B，票据的伪造，是指无权限人假冒他人名义或以虚构人名义签章的票据行为。（3）选项 C，伪造人没有以自己的名义签章，不承担票据责任。但如果伪造人的行为给他人造成损失的，必须承担民事责任甚至刑事责任。

3.【答案】ABC 【解析】电子商业汇票的保证必须通过电子商业汇票系统办理，并记载表明"保证"的字样；保证人名称；保证人住所；被保证人名称；保证日期；保证人签章。电子商业汇票获得承兑前，保证人作出保证行为的，被保证人为出票人；电子商业汇票获得承兑后，出票人将电子商业汇票交付收款人前，保证人作出保证行为的，被保证人为承兑人；出票人将电子商业汇票交付收款人后，保证人作出保证行为的，被保证人为背书人。选项 D，表述不完整。

4.【答案】ACD【解析】汇票被拒绝承兑、被拒绝付款或者超过付款提示期限的，不得背书转让；背书转让的，背书人应当承担汇票责任。

5.【答案】BC【解析】选项 A、D，行为人合法取得票据，即取得了票据权利，甲无权请求丁返还票据；选项 B，因胁迫而取得票据的，不得享有票据权利；选项 C，因税收、继承、赠与可以依法无偿取得票据的，不受给付对价的限制。但是，所享有的票据权利不得优于前手。本题中，丙的前手乙没有票据权利，丙也不享有票据权利。

6.【答案】ABCD【解析】电子商业汇票的持票人应在提示付款期内通过电子商业汇票系统向承兑人提示付款。持票人在票据到期日前提示付款的，承兑人可付款或拒绝付款，或于到期日付款；承兑人拒绝付款或未予应答的，持票人可待票据到期后再次提示付款。持票人在提示付款期内提示付款的，承兑人应在收到提示付款请求的当日至迟次日付款或拒绝付款。持票人超过提示付款期提示付款的，接入机构不得拒绝受理；持票人在作出合理说明后，承兑人仍应当承担付款责任，并在收到提示付款请求的当日至迟次日付款或拒绝付款。

7.【答案】BC【解析】选项 A，背书时附有条件的，所附条件不具有汇票上的效力，背书有效；选项 D，背书人在汇票上记载"不得转让"字样，其后手再背书转让的，原背书人对其后手的被背书人不承担保证责任，但该背书有效。

8.【答案】ABD【解析】电子商业汇票追索权发生的实质要件包括：（1）汇票到期被拒绝付款；（2）承兑人被依法宣告破产；（3）承兑人因违法被责令终止业务活动。

9.【答案】ABD【解析】根据规定，选项 A，出票人在票据上的签章不符合规定的，票据无效；选项 B、D，承兑人、保证人在票据上的签章不符合规定的，或者无民事行为能力人、限制民事行为能力人在票据上签章的，其签章无效，但不影响其他符合规定签章的效力；选项 C，背书人在票据上的签章不符合规定的，其签章无效，但不影响其前手符合规定签章的效力。选项 C 的表述不符合规定。

10.【答案】BD【解析】电子商业汇票的持票人具备追索权的实质要件，必须通过电子商业汇票系统行使追索权。持票人在提示付款期内被拒付的，可向所有前手行使拒付追索权；持票人超过提示付款期提示付款被拒付的，若持票人在提示付款期内曾发出过提示付款，则可向所有前手行使拒付追索权；若未在提示付款期内发出过提示付款，则只可向出票人、承兑人行使拒付追索权。电子商业汇票的持票人在票据到期前提示付款被拒付的，因票据尚未到期，不得因拒付行使追索权。

11.【答案】BD【解析】选项 A、D，支票的持票人应当自出票日起 10 日内提示付款；超过提示付款期限提示付款的，付款人可以不予付款。选项 B，付款人不予付款的，出票人仍应当对持票人承担票据责任。选项 C，持票人超过提示付款期限的，并不丧失对出票人的追索权。

12.【答案】BCD【解析】禁止任何人以下列手段操纵证券市场，影响或者意图影响证券交易价格或者证券交易量：（1）单独或者通过合谋，集中资金优势、持股优势或者利用信息优势联合或者连续买卖；（2）与他人串通，以事先约定的时间、价格和方式相互进行证券交易；（3）在自己实际控制的账户之间进行证券交易；（4）不以成交为目的，频繁或者大量申报并撤销申报；（5）利用虚假或者不确定的重大信息，诱导投资者进行证券交易；（6）对证券、发行人公开作出评价、预测或者投资建议，并进行反向证券交易；（7）利用在其他相关市场的活动操纵证券市场。选项 A 属于欺诈客户行为。

13.【答案】AD 【解析】证券投资基金份额的上市交易适用《证券法》，发行不适用。期货交易适用《期货和衍生品法》。故选项 B、C 错误。

14.【答案】BCD 【解析】选项 A，公开发行公司债券募集的资金，不得用于弥补亏损和非生产性支出。

15.【答案】ABCD 【解析】上市公司存在下列情形之一的，不得向不特定对象发行股票：（1）擅自改变前次募集资金用途未作纠正，或者未经股东大会认可；（2）上市公司或者其现任董事、监事和高级管理人员最近 3 年受到中国证监会行政处罚，或者最近 1 年受到证券交易所公开谴责，或者因涉嫌犯罪正在被司法机关立案侦查或者涉嫌违法违规正在被中国证监会立案调查；（3）上市公司或者其控股股东、实际控制人最近 1 年存在未履行向投资者作出的公开承诺的情形；（4）上市公司或者其控股股东、实际控制人最近 3 年存在贪污、贿赂、侵占财产、挪用财产或者破坏社会主义市场经济秩序的刑事犯罪，或者存在严重损害上市公司利益、投资者合法权益、社会公共利益的重大违法行为。

16.【答案】BCD 【解析】资信状况符合以下标准的公开发行公司债券，专业投资者和普通投资者可以参与认购：（1）发行人最近 3 年无债务违约或者延迟支付本息的事实；（2）发行人最近 3 年平均可分配利润不少于债券 1 年利息的 1.5 倍；（3）发行人最近一期末净资产规模不少于 250 亿元；（4）发行人最近 36 个月内累计公开发行债券不少于 3 期，发行规模不少于 100 亿元；（5）中国证监会根据投资者保护的需要规定的其他条件。

17.【答案】CD 【解析】证券发行市场信息披露文件主要有招股说明书、公司债券募集办法、上市公告书等。证券交易市场信息披露文件主要有定期报告和临时报告。

18.【答案】AC 【解析】目前，单个投资者认购单只私募证券基金的限额为实缴金额不低于人民币 100 万元，选项 B 错误。私募基金

管理人应自行募集资金，不得委托他人募集资金，另有规定的除外，选项 D 错误。

19.【答案】AC 【解析】证券投资基金份额上市交易，应当符合下列条件：（1）基金募集期限届满，封闭式基金募集的基金份额总额达到准予注册规模的 80% 以上；（2）基金合同期限为 5 年以上（选项 B 错误）；（3）基金募集金额不低于 2 亿元人民币；（4）基金份额持有人不少于 1 000 人（选项 D 错误）；（5）基金份额上市交易规则规定的其他条件。

20.【答案】BCD 【解析】选项 A，持有公司 5% 以上股份的股东及其董事、监事、高级管理人员，公司的实际控制人及其董事、监事、高级管理人员为内幕信息知情人员。

21.【答案】ABC 【解析】选项 D，在履行该法定义务期限内违规买入上市公司有表决权的股份的，在买入后的 36 个月内，对该超过规定比例部分的股份不得行使表决权。

22.【答案】AC 【解析】《公司法》规定的股东代表诉讼不足以充分发挥对违法行为的抑制机能，《证券法》确立了投资者保护机构的代表诉讼，发行人的董事、监事、高级管理人员执行公司职务时违反法律、行政法规或者公司章程的规定给公司造成损失，发行人的控股股东、实际控制人等侵犯公司合法权益给公司造成损失，投资者保护机构持有该公司股份的，可以为公司的利益以自己的名义向人民法院提起诉讼，持股比例和持股期限不受《公司法》规定的限制。

23.【答案】ABCD 【解析】依照规定所作的持股权益变动公告应当包括下列内容：（1）持股人的名称、住所；（2）持有的股票的名称、数额；（3）持股达到法定比例或者持股增减变化达到法定比例的日期、增持股份的资金来源；（4）在上市公司中拥有有表决权的股份变动的时间及方式。

24.【答案】ABC 【解析】选项 A，利用虚假或不确定的重大信息，诱导投资者进行证券交易，影响证券交易价格或者证券交易量，属于操纵证券市场行为。选项 B，属于欺诈客户行为。选项 C，属于操纵证券市场行为。选项 D，并未进行反向交易，不属于操纵证

券市场行为。

25.【答案】ACD　【解析】选项 B，公司在 1 年内购买、出售重大资产超过公司资产总额 30% 才属于重大事件。

26.【答案】ABC　【解析】发行人因欺诈发行、虚假陈述或者其他重大违法行为给投资者造成损失的，发行人的控股股东、实际控制人、相关的证券公司可以委托投资者保护机构，就赔偿事宜与受到损失的投资者达成协议，予以先行赔付。

27.【答案】BD　【解析】选项 B、D，收购人持有的被收购的上市公司的股票，在收购行为完成后的 18 个月内不得转让。但是，收购人在被收购公司中拥有表决权的股份在同一实际控制人控制的不同主体之间进行转让不受前述 18 个月的限制。

28.【答案】ABD　【解析】选项 A，上市公司的董事、监事或者高级管理人员中的主要成员，同时在另一个上市公司担任董事、监事或者高级管理人员。选项 B，在上市公司任职的董事、监事及高级管理人员，其父母、配偶、子女及其配偶、兄弟姐妹等与投资者持有同一上市公司股份的，构成一致行动人。选项 C，持有投资者 30% 以上股份的自然人，与投资者持有同一上市公司股份的，构成一致行动人。选项 D，在上市公司任职的董事、监事及高级管理人员，与投资者持有同一上市公司股份构成一致行动人。

29.【答案】ABD　【解析】选项 C，收购人持有的被收购的上市公司的股票，在收购行为完成后的 18 个月内不得转让。

30.【答案】BD　【解析】选项 A、C，通过证券交易所的证券交易，投资者持有一个上市公司已发行的有表决权股份达到 5% 时，应当在该事实发生之日起 3 日内，向国务院证券监督管理机构、证券交易所作出书面报告，通知该上市公司，并予公告，在上述期限内不得再行买卖该上市公司的股票。本案中的甲投资者违反了场内交易受让股份权益披露与增持股份的规定，但不影响交易行为的有效，也不影响甲依法继续买入股票。选项 B，股东乙反对甲收购，可以独自或是邀请其他

投资者发起收购。选项 D，甲持有的股份尚未触及强制要约收购的触发点 30%，依然可以与股东丁签订股权转让协议，受让力扬股份公司的股份，此时股东丁与甲的转让协议属于大宗交易，交易完成后，甲属于持股 5% 后持股增加 5%，按照法律规定，甲在受让丁的股份时每持股变动幅度达 1%，需要进行公告，无须停止买卖。

31.【答案】ABCD　【解析】选项 A、D，受托管理人应当由本次发行的承销机构或者其他经中国证监会认可的机构担任，债券持有人会议可以决议变更债券受托管理人。选项 B，债券发行人未能按期兑付债券本息的，债券受托管理人可以接受全部或者部分债券持有人的委托，以自己名义代表债券持有人提起、参加民事诉讼或者清算程序。选项 C，公开发行公司债券的发行人应当为债券持有人聘请债券受托管理人，并订立债券受托管理协议。

32.【答案】BD　【解析】选项 A，只有父母为未成年子女投保以死亡为给付保险金条件的人身保险才不需要被保险人同意。选项 C，投保人不得为无民事行为能力人投保以死亡为给付保险金条件的人身保险，保险人也不得承保；父母为其未成年子女投保的人身保险，不受此限。

33.【答案】BD　【解析】选项 A，保险合同约定分期支付保险费，投保人支付首期保险费后，除另有约定，投保人超过约定期限 60 日未支付当期保险费，合同效力中止；选项 C，投保人、被保险人或者受益人知道保险事故发生后，应当及时通知保险人。故意或者因重大过失未及时通知，致使保险事故的性质、原因、损失程度等难以确定的部分，不承担赔偿或者给付保险金的责任，但保险人通过其他途径已经及时知道或者应当及时知道保险事故发生的除外。

34.【答案】BCD　【解析】选项 A，财产保险合同中，保险标的的转让，受让人继承被保险人的权利和义务，应当及时通知保险人。

35.【答案】ABCD　【解析】被保险人死亡后，有下列情形之一的，保险金作为被保险人的遗产，由保险人依照《民法典》的规定

履行给付保险金的义务：（1）没有指定受益人，或者受益人指定不明无法确定的；（2）受益人先于被保险人死亡，没有其他受益人的；（3）受益人依法丧失受益权或者放弃受益权，没有其他受益人的。

36.【答案】BC 【解析】（1）受益人与被保险人在同一事件中死亡，且不能确定死亡先后顺序的，推定受益人（甲的妻子）死亡在先；（2）受益人先于被保险人死亡，没有其他受益人时，保险金才作为被保险人的遗产。在本题中，由于甲的妻子和儿子均为受益人，甲的妻子死亡之后，其儿子属于唯一受益人。因此，保险金不属于甲的遗产，全部由甲的儿子作为受益人享有。如果甲的妻子是唯一受益人，则保险金应作为被保险人甲的遗产。

37.【答案】ABC 【解析】选项 A、B，被保险人或者受益人未发生保险事故，谎称发生了保险事故，向保险人提出赔偿或者给付保险金请求的，保险人有权解除合同，并不退还保险费；选项 C、D，投保人、被保险人（不包括受益人）故意制造保险事故的，保险人有权解除合同，不承担赔偿或者给付保险金的责任。

38.【答案】ABC 【解析】选项 D，除被保险人的家庭成员或者其组成人员"故意"对保险标的损害而造成保险事故外，保险人不得对被保险人的家庭成员或者其组成人员行使代位请求赔偿的权利。

39.【答案】AB 【解析】货物运输保险合同和运输工具航程保险合同，其保险责任开始后，合同当事人不得解除合同。

40.【答案】ABC 【解析】选项 D，保险人以投保人违反了对投保单询问表中所列概括性条款的如实告知义务为由请求解除合同的，人民法院不予支持。但该概括性条款有具体内容的除外。

三、判断题

1.【答案】× 【解析】电子商业汇票交付收款人前，应由付款人承兑；承兑人应在票据到期日前承兑电子商业汇票。

2.【答案】√ 【解析】电子商业汇票的保证必须通过电子商业汇票系统办理，并记载下列事项：（1）表明"保证"的字样；（2）保证人名称；（3）保证人住所；（4）被保证人名称；（5）保证日期；（6）保证人签章。

3.【答案】× 【解析】票据债务人的民事行为能力，适用其本国法律。票据债务人的民事行为能力，依照其本国法律为无民事行为能力或者为限制民事行为能力而依照行为地法律为完全民事行为能力的，适用行为地法律。

4.【答案】√ 【解析】根据规定，持票人对汇票债务人中的一人或数人已经进行追索的，对其他汇票债务人仍可以行使追索权。

5.【答案】× 【解析】基金管理人应当自收到准予注册文件之日起 6 个月内进行基金募集。超过 6 个月开始募集，原注册的事项未发生实质性变化的，应当报国务院证券监督管理机构备案；发生实质性变化的，应当向国务院证券监督管理机构重新提交注册申请。

6.【答案】× 【解析】通过证券交易所的证券交易，投资者持有或者通过协议、其他安排与他人共同持有一个上市公司已发行的有表决权股份达到 5%，在报告、通知、公告期限内，不得再行买卖该上市公司的股票。违规买入上市公司有表决权的股份，在买入后的 36 个月内，对该超过规定比例部分的股份不得行使表决权。

7.【答案】× 【解析】在收购要约确定的承诺期限内，收购人不得撤销其收购要约。

8.【答案】× 【解析】投资者及其一致行动人拥有表决权的股份达到一个上市公司已发行股份的 5% 时，应当在该事实发生之日起 3 日内编制权益变动报告书，向中国证监会、证券交易所提交书面报告，通知该上市公司，并予公告。

9.【答案】× 【解析】人身保险合同订立后，因投保人丧失对被保险人的保险利益，当事人主张保险合同无效的，人民法院不予支持。

10.【答案】× 【解析】保险事故发生后，被保险人为防止或者减少保险标的的损失所支付的必要的、合理的费用，由保险人承担；保险人所承担的费用数额在保险标的的损失赔偿金额以外另行计算，最高不超过保险金额的数额。

11. 【答案】√【解析】重复保险的投保人可以就保险金额总和超过保险价值的部分，请求各保险人按比例返还保险费。

12. 【答案】√【解析】投保人或者被保险人在保险事故发生后变更受益人，变更后的受益人请求保险人给付保险金的，人民法院不予支持。

13. 【答案】√【解析】受益人故意造成被保险人死亡、伤残、疾病的，或者故意杀害被保险人未遂的，该受益人丧失受益权。

第七章　财政法律制度

强化练习题

一、单选题

1. 下列关于我国政府预算体系的说法中，错误的是（　　）。
   A. 一般公共预算是对以税收为主体的财政收入，安排用于保障和改善民生、推动经济社会发展、维护国家安全、维持国家机构正常运转等方面的收支预算
   B. 政府性基金预算应当按基金项目编制，做到以支定收
   C. 国有资本经营预算应当按照收支平衡的原则编制，不列赤字
   D. 社会保险基金预算应当按照统筹层次和社会保险项目分别编制，做到收支平衡

2. 根据预算法律制度的规定，下列一般公共预算收入中，属于转移性收入的是（　　）。
   A. 行政事业性收费收入
   B. 税收收入
   C. 国有资源有偿使用收入
   D. 返还性收入

3. 根据预算法律制度的规定，下列关于预算支出的表述中，错误的是（　　）。
   A. 为全面反映政府各项收支情况，一般公共预算支出按支出功能和支出经济性质两套体系分类编制
   B. 各级一般公共预算支出的编制，应当统筹兼顾，在保证基本公共服务合理需要的前提下优先安排国家确定的重点支出
   C. 各级预算支出的编制，应当贯彻勤俭节约的原则
   D. 地方各级预算按量出为入，收支平衡的原则编制，可列赤字

4. 根据预算法律制度的规定，我国预算年度的起止日期为（　　）。
   A. 自公历10月1日起，至次年9月30日止
   B. 自公历4月1日起，至次年3月31日止
   C. 自公历1月1日起，至12月31日止
   D. 自公历6月1日起，至次年5月31日止

5. 根据预算法律制度的规定，下列关于预算编制的表述中，不正确的是（　　）。
   A. 各级一般公共预算支出的编制，应当统筹兼顾，在保证基本公共服务合理需要的前提下，优先安排各部门、各单位的机关运行经费和楼堂馆所等基本建设支出
   B. 政府全部收入均应列入预算，不得隐瞒、少列
   C. 一般公共预算支出按支出功能和支出经济性质两套体系分类编制
   D. 中央一般公共预算中举借的债务实行余额管理

6. 各级预算经本级人民代表大会批准后，本级政府财政部门应当在规定的期限内向本级各部门批复预算，该期限是（　　）日。
   A. 5　　B. 10　　C. 15　　D. 20

7. 根据预算法律制度的规定，下列关于地方举债的表述中，不正确的是（　　）。
   A. 省、自治区、直辖市依照国务院下达的限额举债的债务，列入本级预算调整方案，报本级人民代表大会常务委员会批准
   B. 只能用于经常性支出，不能用于资本性支出
   C. 地方政府债务由国务院财政部门实施监督
   D. 地方举借债务的规模，由国务院报全国人民代表大会或者全国人民代表大会常务委员会批准

8. 根据企业国有资产管理法律制度的规定，下列关于企业国有资本经营预算的表述中，不

正确的是（　　）。

A. 从国家出资企业取得的清算收入应当纳入国有资本经营预算

B. 国有资本经营预算支出按照当年预算收入规模安排，不列赤字

C. 国有资本经营预算纳入本级人民政府预算，报本级人民代表大会常务委员会批准

D. 国务院和有关地方人民政府财政部门负责国有资本经营预算草案的编制工作

9. 根据预算法律制度的规定，甲省预算调整方案由特定部门审查和批准，该特定部分是（　　）。

A. 全国人民代表大会

B. 全国人民代表大会常务委员会

C. 甲省人民代表大会常务委员会

D. 甲省人民代表大会

10. 根据预算法律制度的规定，中央决算草案在编制后需经特定机关审查和批准，该特定机关是（　　）。

A. 全国人民代表大会

B. 全国人民代表大会常务委员会

C. 财政部

D. 国务院

11. 根据企业国有资产法律制度的规定，代表国家行使企业国有资产所有权的是（　　）。

A. 国务院

B. 中国人民银行

C. 国有资产监督管理委员会

D. 财政部

12. 根据企业国有资产法律制度的规定，下列关于国有资本经营预算的表述中，不正确的是（　　）。

A. 国有资本经营预算可列赤字

B. 国有资本经营预算按年度单独编制

C. 国有资本经营预算的执行情况应接受审计监督

D. 国有资本经营预算草案的编制由财政部门负责

13. 根据国有资产管理法律制度的规定，国家出资企业的下列人员中，不由履行出资人职责的机构任免的是（　　）。

A. 国有资本参股公司的监事

B. 国有独资公司的董事长

C. 国有独资企业的经理

D. 国有独资企业的财务负责人

14. 根据国有资产管理法律制度的规定，关于履行出资人职责的机构，下列表述中不正确的是（　　）。

A. 履行出资人职责的机构应当依照法律、行政法规的规定，参与制定国家出资企业的章程

B. 履行出资人职责的机构对本级人民政府负责，向上级人民政府报告履行出资人职责的情况

C. 履行出资人职责的机构应当依照法律、行政法规的规定，保障出资人权益

D. 履行出资人职责的机构应当代表本级人民政府对国家出资企业依法享有资产收益、参与重大决策和选择管理者等出资人权利

15. 根据企业国有资产法律制度的规定，下列关于履行出资人职责的机构对国家出资企业管理者的任免行为的说法中，不正确的是（　　）。

A. 可以任免国有独资企业的经理

B. 可以任免国有独资公司的董事长、副董事长

C. 可以向国有资本控股公司、国有资本参股公司的股东会提出董事人选

D. 可以任免国有资本控股公司的经理

16. 根据国有资产管理法律制度的规定，下列与关联方交易的限制的表述中不正确的是（　　）。

A. 未经履行出资人职责的机构同意，国有独资公司不得为关联方提供担保

B. 国有独资公司可以无偿向关联方提供商品

C. 国家出资企业的关联方不得利用与国家出资企业之间的交易，谋取不当利益，损害国家出资企业利益

D. 未经履行出资人职责的机构同意，国有独资公司不得与关联方订立借款协议

17. 根据国有资产管理法律制度的规定，转让部分国有股权致使国家不再拥有控股地位的，需要报相关部门批准，该部门是（　　）。

A. 本级人民政府

B. 上级人民政府

C. 国务院

D. 全国人民代表大会

18. 根据国有资产管理法律制度的规定，行政事业性国有资产的下列配置方式中，各部门及其所属单位应当优先采取的是（　　）。

　　A. 租用　B. 购置　C. 调剂　D. 建设

19. 根据国有资产管理法律制度的规定，下列行政事业性国有资产中，不应予以报废、报损的是（　　）

　　A. 可满足现有工作需求，但已超过使用年限的资产

　　B. 因技术原因需淘汰的资产

　　C. 因不可抗力造成毁损的资产

　　D. 非正常损失的资产

20. 甲行政机关拟采购一批设备，该批设备具有特殊性只能从有限范围的供应商处采购，甲行政机关可以选择的政府采购方式是（　　）。

　　A. 询价　　　　　　B. 单一来源采购

　　C. 邀请招标　　　　D. 竞争性谈判

21. 根据政府采购法律制度的规定，采购人应当在中标、成交通知书发出之日起一定期限内，与中标、成交供应商按照采购文件确定的事项签订政府采购合同。该期限为（　　）日内。

　　A. 10　　　　　　　B. 60

　　C. 20　　　　　　　D. 30

22. 根据政府采购法律制度的规定，下列关于政府采购程序的表述中，不正确的是（　　）。

　　A. 采购人应当自政府采购合同签订之日起2个工作日内，将政府采购合同在省级以上政府财政部门指定的媒体上公告，但涉及国家、商业秘密的除外

　　B. 采购人或者采购代理机构应当自中标、成交供应商确定之日起2个工作日内，发出中标、成交通知书

　　C. 询价小组由采购人的代表和有关专家共3人以上的单数组成，其中专家的人数不得少于成员总数的1/3

　　D. 采购人不得将应当以公开招标方式采购的货物或者服务化整为零或者以其他任何方式规避公开招标采购

23. 某事业单位拟采购一种特定的技术服务，经向社会公开招标没有合格标的，在此情形下，根据政府采购法的规定，该事业单位可以采用的采购方式是（　　）。

　　A. 询价　　　　　　B. 邀请招标

　　C. 竞争性谈判　　　D. 单一来源采购

24. 根据政府采购法律制度的规定，下列关于公开招标的说法中，不正确的是（　　）。

　　A. 公开招标面向的对象是不特定的供应商

　　B. 公开招标适用于货物规格、标准统一，现货货源充足而且价格变动幅度比较小的采购项目

　　C. 采购人不得将应当以公开招标方式采购的货物或者服务化整为零或者以其他任何方式规避公开招标采购

　　D. 采用公开招标方式采购的，自招标文件开始发出之日起至投标人提交投标文件截止之日止，不得少于20日

25. 根据政府采购法律制度的规定，下列情形中，可以采用单一来源方式采购的是（　　）。

　　A. 具有特殊性，只能从有限范围的供应商处采购

　　B. 发生了不可预见的紧急情况不能从其他供应商处采购

　　C. 招标后没有供应商投标

　　D. 招标后没有合格标的

26. 根据政府采购法律制度的规定，下列各项中，属于竞争性谈判适用范围的是（　　）。

　　A. 具有特殊性，只能从有限范围的供应商处采购的

　　B. 不能事先计算出价格总额的

　　C. 必须保证原有采购项目一致性或者服务配套的要求，需要继续从原供应商处添购，且添购资金总额不超过原合同采购金额10%的

　　D. 采购的货物规格、标准统一，现货货源充足且价格变化幅度小的政府采购项目

27. 根据政府采购法律制度的规定，下列情形中，采购人不可以采用竞争性谈判方式采购的是（　　）。

　　A. 采用招标方式所需时间不能满足用户紧急需要的

　　B. 不能事先计算出价格总额的

　　C. 采用公开招标方式的费用占政府采购项目总价值的比例过大的

　　D. 技术复杂或者性质特殊，不能确定详细

规格或者具体要求的

28. 根据政府采购法律制度的规定，下列关于政府采购合同的说法正确的是（　　）。

A. 采购人只能亲自与供应商签订采购合同

B. 采购人与中标供应商在中标通知书发出之日起 45 日内，签订政府采购合同

C. 采购人同意，中标供应商可以依法采取分包方式履行合同

D. 成交供应商就采购项目向采购人负责，分包供应商就分包项目承担责任

29. 某国家机关采购一项工程，甲供应商与其成交，经过该国家机关同意，甲将该成交项目的部分工作分包给乙和丙完成。根据政府采购法的有关规定，下列说法中正确的是（　　）。

A. 甲不得采用分包方式履行合同

B. 甲仅就采购项目向采购人负责，分包项目不予负责

C. 乙和丙仅受分包合同的约束，不受采购合同的约束

D. 乙和丙应就分包项目与甲承担连带责任

30. 根据政府采购法律制度的规定，招标文件要求投标人提交投标保证金的，投标保证金不得超过采购项目预算金额的一定比例，该比例是（　　）。

A. 2%　　B. 5%　　C. 10%　　D. 20%

31. 根据政府采购法律制度的规定，下列关于政府采购的质疑与投诉的表述，正确的是（　　）。

A. 供应商对政府采购活动事项有疑问的，可以在知道权益受损之日起 7 个工作日内向采购人提出质疑

B. 质疑供应商对采购人、采购代理机构的答复不满意，可在答复期满后 15 个工作日内向采购人所属预算级次本级财政部门投诉

C. 政府采购监督管理部门应当在收到投诉后 20 个工作日内作出处理决定

D. 供应商认为采购文件、采购过程和成交结果使自己的权益受到损害，可以以书面形式向采购人投诉

二、多选题

1. 下列各项中，属于预算法基本原则的有（　　）。

A. 预算法定

B. 预算完整

C. 预算保密

D. 相互制约、相互协调

2. 根据预算法律制度的规定，下列各项中，属于一般公共预算收入的有（　　）。

A. 国家所有的森林使用收入

B. 行政事业性收费收入

C. 下级上解收入

D. 税收收入

3. 下列各项中，构成一般性转移支付的有（　　）。

A. 对革命老区的财力补助

B. 对民族地区的财力补助

C. 对贫困地区的财力补助

D. 均衡性转移支付

4. 根据预算法律制度的规定，下列关于国库制度的说法中，正确的有（　　）。

A. 各级国库库款的支配权属于本级政府财政部门

B. 乡镇以上各级预算必须设立国库

C. 中央国库业务由中国人民银行经理

D. 国家实行国库集中收缴和集中支付制度

5. 根据预算法律制度的规定，预算年度开始后，各级预算草案在本级人民代表大会批准前，可以安排的支出有（　　）。

A. 用于自然灾害等突发事件处理的支出

B. 本单位列入预算的购买汽车支出

C. 参照上一年同期的预算支出数额安排必须支付的本年度部门基本支出

D. 上一年度结转的支出

6. 根据预算法律制度的规定，下列预算收入中，属于政府性基金预算收入的有（　　）。

A. 国有土地使用权出让金收入

B. 国有资源（资产）有偿使用收入

C. 国有产权转让收入

D. 国家重大水利建设基金收入

7. 根据预算法律制度的规定，下列关于预算编制的说法中，正确的有（　　）。

A. 各级政府、各部门、各单位应当依照法律规定，将所有政府收入全部列入预算

B. 各级一般公共预算支出的编制，在保证基本公共服务合理需要的前提下，优先安排国

家确定的重点支出

　C. 各级一般公共预算应当按照本级一般公共预算支出额的 5% 设置预备费

　D. 预算周转金用于弥补以后年度预算资金的不足

8. 根据预算法律制度的规定，下列关于预算的执行说法中，正确的有（　　）。

　A. 各级一般公共预算年度执行中有超收收入的，可以结转下年自行安排

　B. 预备费可以用于当年预算执行中的自然灾害等突发事件处理增加的支出

　C. 各级一般公共预算的结余资金，应当补充预算稳定调节基金

　D. 各级一般公共预算年度执行中有超收收入的，可以用于冲减赤字

9. 根据预算法律制度的规定，经批准的中央预算在执行中出现下列情形时，应当进行预算调整的有（　　）。

　A. 需要增加预算总支出的

　B. 需要减少举借债务数额的

　C. 需要调入预算稳定调节基金的

　D. 需要调减预算安排的重点支出数额的

10. 下列有关预决算管理监督的表述中，正确的有（　　）。

　A. 全国人民代表大会及其常务委员会对中央和地方预算、决算进行监督

　B. 县级以上地方各级人民代表大会及其常务委员会对本级和下级政府预算、决算进行监督

　C. 乡、民族乡、镇人民代表大会对本级预算、决算进行监督

　D. 各级政府财政部门负责监督本级各部门及其所属各单位预算的执行，并向上一级政府报告预算执行情况

11. 下列各项中，属于国有资产监督管理机构可以代表本级政府履行出资人职责的事项有（　　）。

　A. 制定或者参与制定国家出资企业的章程

　B. 委派股东代表参加国有资本控股公司召开的股东会或者股东大会

　C. 任免国有独资企业的财务负责人

　D. 任命国有资本参股公司的监事

12. 下列各项中，依照《国有资产管理法律制度》及有关法律、行政法规的规定，代表国

家对国家出资企业履行出资人职责的有（　　）。

　A. 全国人民代表大会

　B. 全国人民代表大会常务委员会

　C. 国务院

　D. 地方人民政府

13. 根据国有资产法律制度的规定，下列人员中，由国有资产监督管理机构任免的有（　　）。

　A. 国有独资公司的董事长

　B. 国有资本控股公司的非职工代表担任董事

　C. 国有独资企业的副经理

　D. 国有资本参股公司的非职工代表担任的监事

14. 根据国有资产管理法律制度的规定，下列关于履行出资人职责机构职权的说法中，正确的有（　　）。

　A. 任免国有资本参股公司的经理

　B. 任免国有独资企业的财务负责人

　C. 任免国有资本参股公司的董事长

　D. 任免国有独资公司的监事

15. 根据国有资产管理法律制度的规定，未经履行出资人职责的机构同意，与关联方发生的下列交易中，应该禁止的有（　　）。

　A. 国有独资企业为关联方提供担保

　B. 国有独资企业与关联方订立财产转让协议

　C. 国有独资公司与关联方订立借款协议

　D. 国有独资公司按照市场价格购买关联方的商品

16. 根据行政事业性国有资产管理法律制度的规定，行政单位、事业单位通过以下方式取得或者形成的资产，属于行政事业性国有资产的有（　　）。

　A. 接受捐赠但不确认为国有的资产

　B. 使用财政资金形成的资产

　C. 接受调拨形成的资产

　D. 接受置换形成的资产

17. 根据国有资产管理法律制度的规定，下列关于行政事业性国有资产的基础管理的表述中，正确的有（　　）。

　A. 对有账簿记录但权证手续不全的行政事业性资产，可以向本级人民政府有关主管部门提出确认资产权属申请，及时办理权属登记

B. 各部门及所属单位应当定期或不定期对资产进行盘点对账

C. 各部门及其所属单位可以根据业务需要形成账外资产

D. 会计信息的严重失真需要各部门及其所属单位对行政事业性国有资产进行清查

18. 根据国有资产管理法律制度的规定，下列行政事业性国有资产应当予以报废、报损的有（ ）。

A. 会计信息严重失真

B. 会计制度重大变更涉及资产核算方法发生重要变化

C. 非正常损失的资产

D. 无维修价值的资产

19. 根据国有资产管理法律制度的规定，各部门及其所属行政事业单位发生的下列情形中，应当进行资产清查的有（ ）。

A. 因不可抗力造成资产毁损、灭失

B. 国家统一的会计制度发生重大变更，但资产核算方法未发生变化

C. 发生重大资产调拨、划转

D. 单位合并

20. 根据行政事业性国有资产管理法律制度的规定，下列关于行政事业性国有资产使用的表述中正确的有（ ）。

A. 接受捐赠的资产应当按照捐赠约定的用途使用

B. 捐赠人没有约定用途的应当统筹安排使用

C. 各部门及其所属单位应当明确资产使用人和管理人的岗位责任

D. 事业单位国有资产应当用于保障事业发展、提供公共服务

21. 根据政府采购法律制度的规定，下列情形中，可以采用竞争性谈判方式采购的有（ ）。

A. 不能事先计算出价格总额的

B. 具有特殊性，只能从有限范围的供应商处采购的

C. 采用招标所需时间不能满足用户紧急需求的

D. 发生了不可预见的紧急情况不能从其他供应商处采购的

22. 根据政府采购法律制度规定，下列各项中，属于以不合理的条件对供应商实行差别待遇或歧视的有（ ）。

A. 指定特定的专利、商标、品牌或供应商

B. 设定与合同履行有关的资格、技术和商务条件

C. 就同一采购项目向供应商提供有差别的项目信息

D. 对供应商采取不同的资格审查或评审标准

23. 黄河水利委员会政府采购办公室就中小河流水文监测系统黄河流域水文应急机动测验队建设项目设计和监理进行国内公开招标。该项目共分2个标段：（1）设计；（2）监理。则下列情形中，甲公司不能成为该政府采购项目第二标段的供应商的有（ ）。

A. 甲公司与乙公司共同受控于丙公司，乙公司已经中标该政府采购项目的第一标段

B. 甲公司已中标该项目的第一标段

C. 甲公司与丙公司组成联合体进行第二标段的投标

D. 甲公司与乙公司组成联合体已经中标该政府采购项目的第一标段，现准备与丙公司组成联合体进行第二标段的投标

24. 下列关于政府采购方式的表述中，正确的有（ ）。

A. 公开招标是政府采购的主要方式

B. 邀请招标只能邀请3家供应商

C. 特殊商品只能从唯一供应商处采购的，可以选择单一来源方式

D. 在询价采购方式下，为保证满足符合采购需求，质量和服务相等且报价最低的原则，应对供应商多次报出的价格进行反复分析和比较

25. 根据政府采购法律制度的规定，下列关于政府采购方式的表述中，正确的有（ ）。

A. 竞争性谈判的方式要求最少2家供应商，就采购事宜由采购人或者采购代理机构与供应商分别进行一对一的谈判

B. 只能从唯一供应商处采购的，可以采用单一来源采购的方式

C. 公开招标应作为政府采购的主要方式

D. 具有特殊性，并且只能从有限范围的供应商处采购商品或者服务的，可采用邀请招标的方式

26. 在招标采购中，出现下列情形，应当废标的

有（　　）。

A. 符合专业条件的供应商不足 5 家的

B. 出现影响采购公正的违法、违规行为的

C. 投标人的报价均超过了采购预算，采购人不能支付

D. 因重大事故，取消采购任务的

27. 在政府采购活动中，采购人员及相关人员与供应商有下列利害关系之一应当回避的情形有（　　）。

A. 参加采购活动前 3 年内与供应商存在劳动关系

B. 参加采购活动前 3 年内担任供应商的董事、监事

C. 参加采购活动前 3 年内是供应商的控股股东或者实际控制人

D. 与供应商的法定代表人或者负责人有夫妻、直系血亲、三代以内旁系血亲或者近姻亲关系

28. 根据政府采购法律制度的规定，关于政府采购合同，下列说法错误的有（　　）。

A. 政府采购合同适用民法典合同编

B. 政府采购合同应当采用书面形式

C. 采购人与中标、成交供应商应当在中标、成交通知书发出之日起 10 日内签订政府采购合同

D. 采购文件的保存期限为从采购结束之日起至少保存 20 年

29. 根据政府采购法律制度的规定，下列关于政府采购合同签订和履行的表述中，正确的有（　　）。

A. 履约保证金的数额不得超过政府采购合同金额的 10%

B. 采购人不得委托采购代理机构代表其与供应商签订政府采购合同

C. 政府采购合同签订后，采购人应当将合同副本报同级政府采购监督管理部门和有关部门备案

D. 供应商不得采取分包方式履行政府采购合同

30. 根据政府采购法律制度的规定，下列关于供应商对政府采购活动事项质疑的表述中，正确的有（　　）。

A. 政府采购评审专家应当配合采购人答复供应商的质疑

B. 对供应商的询问，采购人答复的内容不得涉及商业秘密

C. 政府采购供应商可以口头形式提出质疑

D. 采购人委托采购代理机构采购的，供应商可以向采购代理机构提出质疑

三、判断题

1. 我国的预算分为中央预算和地方预算，中央预算由国务院审查和批准。（　　）

2. 出口产品退税由海关负责处理。（　　）

3. 根据预算法律制度的规定，国库分为中央国库和地方国库，其中中央国库业务由中国人民银行经理。（　　）

4. 在预算执行中，地方各级政府因上级政府增加不需要本级政府提供配套资金的专项转移支付而引起的预算支出变化，也属于预算调整。（　　）

5. 国务院财政部门编制中央决算草案，经国务院审计部门审计后，报国务院审定，由国务院提请全国政协委员会审查和批准。（　　）

6. 全国人民代表大会代表国家行使国有资产所有权。（　　）

7. 未经履行出资人职责的机构同意，国有资本控股公司的董事长不得兼任经理。（　　）

8. 行政事业性国有资产配置方式包括调剂、购置、建设、租用、接受捐赠等，各部门及其所属单位应当优先通过租用方式配置资产。（　　）

9. 行政部门发生重大资产调拨，应当对本部门行政事业性国有资产进行清查。（　　）

10. 采购人不得将应当以公开招标方式采购的货物或者服务化整为零或者以其他任何方式规避公开招标采购。（　　）

11. 某国家机关与某公司签订了一份购买某品牌打印机 20 台（每台 5 000 元，总价值 10 万元）的政府采购合同。在合同履行过程中，该国家机关要追加 5 台同品牌的打印机，价值 2.5 万元。在不改变合同其他条款的前提下，国家机关与该公司可以直接协商签订书面的补充合同。（　　）

12. 采购文件要求中标或者成交供应商提交履约保证金的，供应商应当以支票、汇票、本票

或者金融机构、担保机构出具的保函等非现金形式提交。履约保证金的数额不得超过政府采购合同金额的20%。　　　（　）

13. 采购人应当自政府采购合同签订之日起2个工作日内，将政府采购合同在省级以上人民政府财政部门指定的媒体上公告，但政府采购合同中涉及国家秘密、商业秘密的内容除外。　　　（　）

14. 政府采购项目的采购合同自签订之日起7个工作日内，采购人应当将合同副本报同级政府采购监督管理部门和有关部门备案。　　　（　）

15. 采购人或者采购代理机构应当自中标通知书发出之日起5个工作日内退还未中标供应商的投标保证金，自政府采购合同签订之日起5个工作日内退还中标供应商的投标保证金。　　　（　）

快速查答案

一、单选题

序号	1	2	3	4	5	6	7	8	9	10	11	12
答案	B	D	D	C	A	D	B	C	C	B	A	A
序号	13	14	15	16	17	18	19	20	21	22	23	24
答案	A	B	D	B	A	C	A	C	D	C	C	B
序号	25	26	27	28	29	30	31					
答案	B	B	C	C	D	A	B					

二、多选题

序号	1	2	3	4	5	6	7	8	9	10	11	12
答案	ABD	ABCD	ABCD	ACD	ACD	AD	AB	BCD	ACD	ABC	ABC	CD
序号	13	14	15	16	17	18	19	20	21	22	23	24
答案	AC	BD	ABC	BCD	ABD	CD	ACD	ABCD	AC	ACD	ABD	AC
序号	25	26	27	28	29	30						
答案	BCD	BCD	ABCD	CD	AC	ABD						

三、判断题

序号	1	2	3	4	5	6	7	8	9	10	11	12
答案	×	×	√	×	×	×	×	×	√	√	×	×
序号	13	14	15									
答案	√	√	√									

参考答案及解析

一、单选题

1. 【答案】B 【解析】政府性基金应当根据基金项目收入情况和实际支出需要，按基金项目编制，做到以收定支。

2. 【答案】D 【解析】转移性收入包括：上级税收返还和转移支付、下级上解收入、调入资金以及按照财政部规定列入转移性收入的无隶属关系政府的无偿援助。

3. 【答案】D 【解析】选项D，地方各级预算按量入为出、收支平衡的原则编制，除《预算法》另有规定外，不列赤字。

4. 【答案】C 【解析】预算年度自公历1月1日起，至12月31日止。

5. 【答案】A 【解析】选项A，各级一般公共预算支出的编制，应当统筹兼顾，在保证基本公共服务合理需要的前提下，优先安排国家确定的重点支出。

6. 【答案】D 【解析】各级预算经本级人民代表大会批准后，本级政府财政部门应当在20日内向本级各部门批复预算。

7. 【答案】B 【解析】选项B，只能用于公益性资本支出，不得用于经常性支出。

8. 【答案】C 【解析】选项C，企业国有资本经营预算按年度单独编制，纳入本级人民政府预算，报本级人民代表大会批准。

9. 【答案】C 【解析】县级以上地方各级预算的调整方案应当提请本级人民代表大会常务委员会审查和批准。

10. 【答案】B 【解析】国务院财政部门编制中央决算草案，经国务院审计部门审计后，报国务院审定，由国务院提请全国人民代表大会常务委员会审查和批准。

11. 【答案】A 【解析】国务院代表国家行使企业国有资产所有权。

12. 【答案】A 【解析】选项A，企业国有资本经营预算支出按照当年预算收入规模安排，不列赤字。

13. 【答案】A 【解析】履行出资人职责的机构依照法律、行政法规以及企业章程的规定，任免或者建议任免国家出资企业的下列人员：（1）任免国有独资企业的经理、副经理、财务负责人和其他高级经理人员；（2）任免国有独资公司的董事长、副董事长、董事、监事会主席和监事；（3）向国有资本控股公司、国有资本参股公司的股东会提出董事、监事人选。国家出资企业中应当由职工代表出任的董事、监事，依照有关法律、行政法规的规定由职工民主选举产生。国有资本参股公司的监事（非职工代表），履行出资人职责的机构有权提出人选，不能直接任免，选项A错误。

14. 【答案】B 【解析】履行出资人职责的机构对本级人民政府负责，向本级人民政府报告履行出资人职责的情况，接受本级人民政府的监督和考核，对国有资产的保值增值负责。

15. 【答案】D 【解析】履行出资人职责的机构依照法律、行政法规以及企业章程的规定，任免或者建议任免国家出资企业的下列人员：（1）任免国有独资企业的经理、副经理、财务负责人和其他高级经理人员；（2）任免国有独资公司的董事长、副董事长、董事、监事会主席和监事；（3）向国有资本控股公司、国有资本参股公司的股东会提出董事、监事人选。选项D错误。

16. 【答案】B 【解析】选项B，国有独资企业、国有独资公司、国有资本控股公司不得无偿向关联方提供资金、商品、服务或者其他资产，不得以不公平的价格与关联方进行交易。

17. 【答案】A 【解析】国有资产监督管理机构决定其所出资企业的国有股权转让。其中，转让全部国有股权或者转让部分国有股权致使国家不再拥有控股地位的，报本级人民政府批准。

18. 【答案】C 【解析】资产配置包括调剂、购置、建设、租用、接受捐赠等方式。各部门及其所属单位应当优先通过调剂方式配置资产，不能调剂的，可以采用购置、建设、租用等方式。

19.【答案】A　【解析】各部门及其所属单位应当对下列资产及时予以报废、报损：（1）因技术原因确需淘汰或者无法维修、无维修价值的资产（选项B）；（2）涉及盘亏、坏账以及非正常损失的资产（选项D）；（3）已超过使用年限且无法满足现有工作需要的资产；（4）因自然灾害等不可抗力造成毁损、灭失的资产（选项C）。

20.【答案】C　【解析】符合下列情形之一的货物或者服务，可以依法采用邀请招标方式采购：（1）具有特殊性，只能从有限范围的供应商处采购的；（2）采用公开招标方式的费用占政府采购项目总价值的比例过大的。

21.【答案】D　【解析】采购人与中标、成交供应商应当在中标、成交通知书发出之日起30日内，按照采购文件确定的事项签订政府采购合同。

22.【答案】C　【解析】选项C，询价小组由采购人的代表和有关专家共3人以上的单数组成，其中专家的人数不得少于成员总数的2/3。

23.【答案】C　【解析】招标后没有供应商投标或者没有合格标的或者重新招标未能成立的，应当采用竞争性谈判方式采购。

24.【答案】B　【解析】选项B，采购货物规格、标准统一，现货货源充足且价格变化幅度小的政府采购项目，可以采用询价方式采购。

25.【答案】B　【解析】选项A，应该采用邀请招标的方式采购。选项C、D，可以采用竞争性谈判方式采购。

26.【答案】B　【解析】选项A，采用邀请招标方式；选项C，采用单一采购来源；选项D，属于询价方式。符合下列情形之一的货物或者服务，可以采用竞争性谈判方式采购：（1）招标后没有供应商投标或者没有合格标的或者重新招标未能成立的；（2）技术复杂或者性质特殊，不能确定详细规格或者具体要求的；（3）采用招标所需时间不能满足用户紧急需要的；（4）不能事先计算出价格总额的。

27.【答案】C　【解析】符合下列情形之一的货物或者服务，可以采用邀请招标方式采购：

（1）具有特殊性，只能从有限范围的供应商处采购的；（2）采用公开招标方式的费用占政府采购项目总价值的比例过大的。选项C，应采用邀请招标方式采购。

28.【答案】C　【解析】采购人可以委托采购代理机构代表其与供应商签订政府采购合同，选项A错误；采购人与中标、成交供应商应当在中标、成交通知书发出之日起"30日内"，按照采购文件确定的事项签订政府采购合同，选项B错误。成交供应商要对采购项目和"分包项目"向采购人负责，分包供应商就分包项目承担责任，选项D错误。

29.【答案】D　【解析】经过采购人同意，中标、成交供应商可以依法采取分包方式履行合同。中标、成交供应商必须就采购项目和分包项目向采购人负责，分包供应商也要接受政府采购合同的约束，就分包项目承担责任。

30.【答案】A　【解析】招标文件要求投标人提交投标保证金的，投标保证金不得超过采购项目预算金额的2%。

31.【答案】B　【解析】（1）选项A、D，供应商对政府采购活动事项有疑问的，可以提出询问。供应商认为采购文件、采购过程和中标、成交结果使自己的权益受到损害，可以在知道或者应知其权益受损之日起7个工作日内，以书面形式向采购人提出质疑。（2）选项C，政府采购监督管理部门应当在收到投诉后30个工作日内，对投诉事项作出处理决定，并以书面形式通知投诉人和与投诉事项有关的当事人。

二、多选题

1.【答案】ABD　【解析】预算法的基本原则包括：（1）统筹兼顾、勤俭节约、量力而行、讲求绩效、收支平衡；（2）预算法定；（3）预算完整；（4）预算公开；（5）相互制约、相互协调。

2.【答案】ABCD　【解析】选项A，属于国有资源（资产）有偿使用收入；选项C，属于转移性收入。一般公共预算收入以税收为主体，具体包括各项税收收入（选项D）、行政事业性收费收入（选项B）、国有资源（资产）有偿使用收入、转移性收入和其他收入，也可概括为税收收入和非税收入。

3.【答案】ABCD 【解析】一般性转移支付主要包括：（1）均衡性转移支付；（2）对革命老区、民族地区、边疆地区、贫困地区的财力补助；（3）其他一般性转移支付。

4.【答案】ACD 【解析】选项B，县级以上各级预算必须设立国库。

5.【答案】ACD 【解析】预算年度开始后，各级预算草案在本级人民代表大会批准前，可以安排下列支出：（1）上一年度结转的支出（选项D正确）；（2）参照上一年同期的预算支出数额安排必须支付的本年度部门基本支出、项目支出，以及对下级政府的转移性支出（选项C正确）；（3）法律规定必须履行支付义务的支出，以及用于自然灾害等突发事件处理的支出（选项A正确）。选项B，不属于在本级人大批准前可以安排的支出。

6.【答案】AD 【解析】政府性基金预算收入包括政府性基金各项收入（如国有土地使用权出让金收入、民航发展基金收入，国家重大水利建设基金收入）和转移性收入。

7.【答案】AB 【解析】选项C，预备费按照本级一般公共预算支出额的1%～3%设置；选项D，预算周转金用于本级政府调剂预算年度内季节性收支差额。

8.【答案】BCD 【解析】选项A，各级一般公共预算年度执行中有超收收入的，只能用于冲减赤字或者"补充预算稳定调节基金"。

9.【答案】ACD 【解析】选项B，需要增加举借债务数额的，应当进行预算调整。

10.【答案】ABC 【解析】选项D，各级政府财政部门负责监督检查本级各部门及其所属各单位预算的执行，并向本级政府和上一级政府财政部门报告预算执行情况。

11.【答案】ABC 【解析】国务院和地方人民政府依照法律、行政法规的规定，分别代表国家对国家出资企业履行出资人职责，享有出资人权益。国有资产监督管理机构作为履行出资人职责的机构，代表本级人民政府对国家出资企业依法享有资产收益、参与重大决策和选择管理者等出资人权利。有权依照法律、行政法规的规定，制定或者参与制定

国家出资企业的章程；委派股东代表参加国有资本控股公司、国有资本参股公司召开的股东会会议、股东大会会议，按照委派机构的指示提出提案、发表意见、行使表决权，并将其履行职责的情况和结果及时报告委派机构。依照法律、行政法规以及企业章程的规定，任免或者建议任免国家出资企业的下列人员：任免国有独资企业的经理、副经理、财务负责人和其他高级经理人员；任免国有独资公司的董事长、副董事长、董事、监事会主席和监事；向国有资本控股公司、国有资本参股公司的股东会提出董事、监事人选（前两项规定的企业管理者，国务院和地方人民政府规定由本级人民政府任免的，依照其规定）。

12.【答案】CD 【解析】根据规定，国务院和地方人民政府依照法律、行政法规的规定，分别代表国家对国家出资企业履行出资人职责，享有出资人权益。

13.【答案】AC 【解析】国有独资公司和国有独资企业的管理者由履行出资人职责的机构任免，而国有资本控股公司、国有资本参股公司的管理者由履行出资人职责的机构向股东会提出董事、监事人选。

14.【答案】BD 【解析】履行出资人职责的机构依照法律、行政法规以及企业章程的规定，任免或者建议任免国家出资企业的下列人员：（1）任免国有独资企业的经理、副经理、财务负责人和其他高级经理人员；（2）任免国有独资公司的董事长、副董事长、董事、监事会主席和监事；（3）向国有资本控股公司、国有资本参股公司的股东会提出董事、监事人选。

15.【答案】ABC 【解析】选项A、B、C，可能导致国有资产流失，应当经履行出资人职责的机构批准；选项D，市场价格交易，不会导致国有资产流失，无须经过批准。本题考查未经履行出资人职责的机构同意，国有独资企业、国有独资公司不得有下列行为：（1）与关联方订立财产转让、借款的协议；（2）为关联方提供担保；（3）与关联方共同出资设立企业，或者向董事、监事、高级管理人员或者其近亲属所有或者实际控制的企

业投资。

16. 【答案】BCD　【解析】行政事业性国有资产，是指行政单位、事业单位通过以下方式取得或者形成的资产：（1）使用财政资金形成的资产；（2）接受调拨或者划转、置换形成的资产；（3）接受捐赠并确认为国有的资产；（4）其他国有资产。

17. 【答案】ABD　【解析】选项C，各部门及其所属单位应当按照国家规定设置行政事业性国有资产台账，依照国家统一的会计制度进行会计核算，不得形成账外资产。

18. 【答案】CD　【解析】各部门及其所属单位应当对下列资产及时予以报废、报损：（1）因技术原因确需淘汰或者无法维修、无维修价值的资产；（2）涉及盘亏、坏账以及非正常损失的资产；（3）已超过使用年限且无法满足现有工作需要的资产；（4）因自然灾害等不可抗力造成毁损、灭失的资产。

19. 【答案】ACD　【解析】有下列情形之一的，各部门及其所属单位应当对行政事业性国有资产进行清查：（1）根据本级政府部署要求；（2）发生重大资产调拨、划转以及单位分立、合并、改制、撤销、隶属关系改变等情形；（3）因自然灾害等不可抗力造成资产毁损、灭失；（4）会计信息严重失真；（5）国家统一的会计制度发生重大变更，涉及资产核算方法发生重要变化；（6）其他应当进行资产清查的情形。选项B，国家统一的会计制度发生重大变更，涉及资产核算方法发生重要变化的应当进行资产清查。

20. 【答案】ABCD　【解析】各部门及其所属单位应当加强对本单位固定资产、在建工程、流动资产、无形资产等各类国有资产的管理，明确管理责任，规范使用流程，加强产权保护，推进相关资产安全有效使用。应当明确资产使用人和管理人的岗位责任。接受捐赠的资产，应当按照捐赠约定的用途使用。捐赠人意愿不明确或者没有约定用途的，应当统筹安排使用。

21. 【答案】AC　【解析】符合下列情形之一的货物或者服务，可以采用竞争性谈判方式采购：（1）招标后没有供应商投标或者没有合格标的或者重新招标未能成立的；（2）技术复杂或者性质特殊，不能确定详细规格或者具体要求的；（3）采用招标所需时间不能满足用户紧急需要的；（4）不能事先计算出价格总额的。选项B，采用邀请招标方式采购；选项D，采用单一来源采购。

22. 【答案】ACD　【解析】采购人或者采购代理机构不得以不合理的条件对供应商实行差别待遇或者歧视待遇，有下列情形之一的，属于以不合理的条件对供应商实行差别待遇或者歧视待遇：（1）就同一采购项目向供应商提供有差别的项目信息；（2）设定的资格、技术、商务条件与采购项目的具体特点和实际需要不相适应或者与合同履行无关；（3）采购需求中的技术、服务等要求指向特定供应商、特定产品；（4）以特定行政区域或者特定行业的业绩、奖项作为加分条件或者中标、成交条件；（5）对供应商采取不同的资格审查或者评审标准；（6）限定或者指定特定的专利、商标、品牌或者供应商；（7）非法限定供应商的所有制形式、组织形式或者所在地；（8）以其他不合理条件限制或者排斥潜在供应商。

23. 【答案】ABD　【解析】选项A，单位负责人为同一人或者存在直接控股、管理关系的不同供应商，不得参加同一合同项下的政府采购活动；选项B，除单一来源采购项目外，为采购项目提供整体设计、规范编制或者项目管理、监理、检测等服务的供应商，不得再参加该采购项目的其他采购活动；选项D，以联合体形式参加政府采购活动的，联合体各方不得再单独参加或者与其他供应商另外组成联合体参加同一合同项下的政府采购活动。

24. 【答案】AC　【解析】选项B，邀请招标应当至少邀请3家供应商；选项D，在询价采购方式下，为保证满足符合采购需求，质量和服务相等且报价最低的原则，应对供应商一次报出的价格进行反复分析和比较，而不是多次的。

25. 【答案】BCD　【解析】选项A，竞争性谈判的方式要求3家以上的供应商就采购事宜与供应商分别进行一对一的谈判，最后通过谈判结果来选择供应商的一种采购方式。

26. 【答案】BCD 【解析】符合专业条件的供应商或者对招标文件作实质响应的供应商"不足3家"的，应予废标（选项A错误）。在招标采购中，出现下列情形之一的，应予废标：（1）符合专业条件的供应商或者对招标文件作实质响应的供应商不足3家的；（2）出现影响采购公正的违法、违规行为的；（3）投标人的报价均超过了采购预算，采购人不能支付的；（4）因重大事故，采购任务取消的。

27. 【答案】ABCD 【解析】在政府采购活动中，采购人员及相关人员与供应商有下列利害关系之一的，应当回避：（1）参加采购活动前3年内与供应商存在劳动关系；（2）参加采购活动前3年内担任供应商的董事、监事；（3）参加采购活动前3年内是供应商的控股股东或者实际控制人；（4）与供应商的法定代表人或者负责人有夫妻、直系血亲、三代以内旁系血亲或者近姻亲关系；（5）与供应商有其他可能影响政府采购活动公平、公正进行的关系。

28. 【答案】CD 【解析】采购人与中标、成交供应商应当在中标、成交通知书发出之日起30日内，按照采购文件确定的事项签订政府采购合同。采购文件的保存期限为从采购结束之日起至少保存15年。

29. 【答案】AC 【解析】选项B，采购人可以委托采购代理机构代表其与供应商签订政府采购合同；选项D，经采购人同意，中标、成交供应商可以依法采取分包方式履行合同。

30. 【答案】ABD 【解析】选项C，供应商认为采购文件、采购过程和中标、成交结果使自己的权益受到损害的，可以在知道或者应知其权益受到损害之日起7个工作日内，以书面形式向采购人提出质疑。

三、判断题

1. 【答案】× 【解析】中央预算由全国人民代表大会审查和批准。

2. 【答案】× 【解析】我国目前共有18个税种，其中16个税种由税务部门负责征收，关税、船舶吨税由海关征收，进口环节的增值税、消费税由海关代征，出口产品退还的增值税、消费税由税务机关办理。

3. 【答案】√ 【解析】国库制度：县级以上各级预算必须设立国库；具备条件的乡、民族乡、镇也应当设立国库。中央国库业务由中国人民银行经理，地方国库业务依照国务院的有关规定办理。

4. 【答案】× 【解析】在预算执行中，地方各级政府因上级政府增加不需要本级政府提供配套资金的专项转移支付而引起的预算支出变化，不属于预算调整。

5. 【答案】× 【解析】国务院财政部门编制中央决算草案，经国务院审计部门审计后，报国务院审定，由国务院提请全国人大常委会审查和批准。

6. 【答案】× 【解析】国务院代表国家行使国有资产所有权。

7. 【答案】× 【解析】未经股东会同意，国有资本控股公司的董事长不得兼任经理。

8. 【答案】× 【解析】行政事业性国有资产配置方式包括调剂、购置、建设、租用、接受捐赠等。各部门及其所属单位应当优先通过调剂方式配置资产，不能调剂的，可以采用购置、建设、租用等方式。

9. 【答案】√ 【解析】有下列情形之一的，各部门及其所属单位应当对行政事业性国有资产进行清查：（1）根据本级政府部署要求；（2）发生重大资产调拨、划转以及单位分立、合并、改制、撤销、隶属关系改变等情形；（3）因自然灾害等不可抗力造成资产毁损、灭失；（4）会计信息严重失真；（5）国家统一的会计制度发生重大变更，涉及资产核算方法发生重要变化；（6）其他应当进行资产清查的情形。

10. 【答案】√ 【解析】采购人不得将应当以公开招标方式采购的货物或者服务化整为零或者以其他任何方式规避公开招标采购。

11. 【答案】× 【解析】采购人需追加与合同标的相同的货物、工程或者服务的，在不改变合同其他条款的前提下，可以与供应商协商签订补充合同，但所有补充合同的采购金额不得超过原合同采购金额的10%。在本题中，原合同采购金额为10万元，本次补充合同的金额为 2.5 万元，已经超过了原合同金额的 10%，不可以直接签订补充合同。

12.【答案】×【解析】采购文件要求中标或者成交供应商提交履约保证金的，供应商应当以支票、汇票、本票或者金融机构、担保机构出具的保函等非现金形式提交。履约保证金的数额不得超过政府采购合同金额的 10%。

13.【答案】√【解析】采购人应当自政府采购合同签订之日起 2 个工作日内，将政府采购合同在省级以上人民政府财政部门指定的媒体上公告，但政府采购合同中涉及国家秘密、商业秘密的内容除外。

14.【答案】√【解析】政府采购项目的采购合同自签订之日起 7 个工作日内，采购人应当将合同副本报同级政府采购监督管理部门和有关部门备案。

15.【答案】√【解析】政府采购的一般程序，采购人或者采购代理机构应当自中标通知书发出之日起 5 个工作日内退还未中标供应商的投标保证金，自政府采购合同签订之日起 5 个工作日内退还中标供应商的投标保证金。

第三部分　主观题演练

专题一 公司法律制度

命题思路

从历年各批次考试情况看，公司法律制度基本都涉及主观题，在简答题和综合题中频繁出现。复习中既要准确理解有限责任公司与股份有限公司的相关概念，又要记忆涉及不同会议制度的数字型考点。整体而言，需要记忆的内容较多，建议考生考前着重于数字型考点的对比记忆。在考查知识点的范围上，主要涉及出资、组织机构和有限公司的股权转让、股权代持等规则。

出题方式上，有纯粹公司法律制度的考查，也有和其他章节结合的考题。例如，公司法律制度有结合票据法律制度进行考核的，但相对而言票据法律制度的知识点比较独立，不会特别增加考试难度。部分年度会结合证券法律制度的相关规则共同考查，主要有股票限售规则、上市公司特别决议事项、上市公司独立董事以及禁止的交易行为（如内幕交易）等知识点。考虑到教材结构调整，证券法律制度与公司法律制度相关内容的结合考查，需引起考生的注意。

经典例题

一、公司法考点

1. 2021 年 8 月，赵某、钱某、孙某和李某各出资 100 万元，设立甲有限责任公司（以下简称甲公司），四名股东各持股 25%，公司章程对股权转让及股权继承未作特别规定，对全体股东也未作特别约定。

2024 年 9 月，赵某因病去世，其女儿周某作为唯一继承人要求继承赵某所持公司全部股权。钱某不同意该股权继承，向周某主张行使优先购买权，提出按照市场公允价值 200 万元购买该股权，遭到周某拒绝，钱某向人民法院提起诉讼，请求行使优先购买权。

2025 年 2 月，孙某为儿子购买婚房缺少资金，遂与李某签订股权转让协议，将其所持甲公司 10% 的股权以 120 万元的价格转让给李某，钱某得知后，不同意该股权转让，主张按照相同条件行使优先购买权或者购买孙某所持甲公司 5% 的股权，遭到孙某拒绝。

2025 年 5 月，因孙某与其他股东在经营理念上的差异越来越大，其他股东在甲公司股东会会议上一致通过甲公司分立的决议，由孙某独立持有一家小公司，其他股东留在甲公司。孙某不愿独立经营，对该决议投了反对票，甲公司股东会依法通过了公司分立决议。孙某因此对甲公司经营心灰意冷，遂要求甲公司以合理的价格收购其股权，以退出公司。

要求：根据上述资料和公司法律制度的规定，不考虑其他因素，回答下列问题。

（1）2024 年 9 月，钱某请求行使优先购买权，人民法院是否应予支持？简要说明理由。

（2）2025 年 2 月，钱某对孙某转让的股权是否享有优先购买权？简要说明理由。

（3）2025 年 5 月，孙某是否有权请求甲公司以合理价格收购其股权？简要说明理由。

【答案】

（1）法院不予支持。

根据规定，有限责任公司的自然人股东因继

承发生变化时，其他股东主张行使优先购买权的，人民法院不予支持，但公司章程另有规定或者全体股东另有约定的除外。

本题中，在公司章程、全体股东没有另外约定的情况下，自然人股东赵某死亡后，其合法继承人周某（无论是否具备完全民事行为能力）可以直接继承股东资格，钱某无权请求行使优先购买权。

（2）钱某不享有优先购买权。

根据规定，除公司章程另有规定外，有限责任公司的股东之间可以相互转让其全部或者部分股权。

本题中，孙某将其股权转让股东李某，钱某无权请求行使优先购买权。

（3）孙某有权请求公司收购其股权。

根据规定，有限责任公司对公司合并、分立决议投反对票的股东可以请求公司按照合理的价格收购其股权，退出公司。

本题中，孙某对公司分立的决议投了反对票，有权请求甲公司以合理价格收购其股权。

2. 2024 年 8 月 21 日，甲有限责任公司（以下简称甲公司）由赵某、钱某、孙某和乙公司实缴出资设立。赵某以一套商铺评估作价 200 万元出资，钱某以一组机器设备评估作价 100 万元出资，孙某以货币 40 万元出资，乙公司以土地使用权评估作价 90 万元出资。

甲公司章程规定股东按照出资比例行使表决权和分红权，对其他事项未作特别规定。

2025 年 9 月 8 日，甲公司向丙公司采购一批货物，约定一个月内支付 1 000 万元货款。2025 年 10 月 8 日，丙公司了解到甲公司的经营者状况不佳，遂要求甲公司尽快支付货款。甲公司表示账面仅有 200 万元，无力支付全部货款，请求丙公司宽限几个月。丙公司拟请求甲公司提供担保，调查后发现：

（1）赵某虽然于 2024 年 9 月 1 日将上述商铺交付甲公司使用，但一直未办理不动产物权转移登记手续。

（2）钱某出资的机器设备因为市场变化发生贬值，2025 年 10 月的公允价仅为 50 万元。

（3）乙公司的出资形式为划拨土地使用权。

2025 年 10 月 20 日，丙公司向人民法院提起诉讼，请求：（1）认定赵某未履行出资义务，

要求其补足出资；（2）认定钱某出资额为 50 万元，要求其补足出资；（3）认定乙公司未全面履行出资义务，要求其全面履行出资义务。

人民法院审理后，责令赵某和乙公司于 15 日内予以纠正。在该期限内，赵某办理了权属变更手续，乙公司未办理土地变更手续。

要求：根据上述资料和公司法律制度的规定，不考虑其他因素，回答下列问题。

（1）丙公司请求认定赵某未履行出资义务，人民法院是否应予支持？简要说明理由。

（2）丙公司请求钱某补足出资，人民法院是否应予支持？简要说明理由。

（3）丙公司请求认定乙公司未全面履行出资义务，人民法院是否应予支持？简要说明理由。

【答案】

（1）人民法院不予支持。

根据规定，出资人以房屋出资，已经交付公司使用但未办理权属变更手续，公司、其他股东或者公司债权人主张认定出资人未履行出资义务的，人民法院应当责令当事人在指定的合理期限内办理权属变更手续；在前述期间内办理了权属变更手续的，人民法院应当认定其已经履行了出资义务。

本题中，赵某在人民法院指定的合理期间内办理了权属变更手续，人民法院应当认定其已经履行了出资义务。

（2）人民法院不予支持。

根据规定，出资人以符合法定条件的非货币财产出资后，因市场变化或者其他客观因素导致出资财产贬值，公司、其他股东或者公司债权人请求该出资人承担补足出资责任的，人民法院不予支持，但当事人另有约定的除外。

（3）人民法院应予支持。

根据规定，出资人以划拨土地使用权出资，公司、其他股东或者公司债权人主张认定出资人未履行出资义务的，人民法院应当责令当事人在指定的合理期间内办理土地变更手续；逾期未办理的，人民法院应当认定出资人未依法全面履行出资义务。

本题中，乙公司未在人民法院指定的合理期限内办理土地变更手续，人民法院应当认定其未依法全面履行出资义务。

3. 赵某、钱某等 5 位股东设立甲有限责任

公司（以下简称甲公司），赵某持有该公司1.7%的股权。鉴于甲公司连续 7 年盈利且符合法定利润分配条件，但均未向股东分配利润，赵某书面提出查阅公司账簿的请求，甲公司拒绝，理由是赵某的持股比例太低，无权查阅公司账簿。

2025 年 5 月，股东钱某意欲退出公司并与非股东孙某就股权转让事宜进行磋商，确认按价格 120 万元、现金支付方式转让其全部股权。钱某将上述详情书面通知赵某和其他股东征求意见。其他股东均同意，赵某要求行使优先购买权，并提出以市场价格为 120 万元的名下房产换取钱某的股权。钱某予以拒绝，并将股权转让给了孙某。

2025 年 6 月，甲公司股东会会议决定，虽然 2024 年度公司盈利且符合利润分配条件，但是为了扩大再生产，2024 年度的利润不作分配。赵某在该次股东会会议上投票反对，并于 7 月初请求甲公司收购其股权。

要求：根据上述资料和公司法律制度的规定，不考虑其他因素，回答下列问题。

（1）甲公司拒绝赵某查阅公司账簿，是否符合法律规定？简要说明理由。

（2）钱某将股权转让给孙某而非赵某，是否符合法律规定？简要说明理由。

（3）赵某是否有权请求甲公司收购其股权？简要说明理由。

【答案】

（1）不符合规定。

根据公司法律制度规定，有限责任公司的股东有权要求查阅公司会计账簿。股东要求查阅公司会计账簿的，应当向公司提出书面请求，说明目的。公司有合理根据认为股东查阅会计账簿有不正当目的，可能损害公司合法利益的，可以拒绝提供查阅，并应当自股东提出书面请求之日起 15 日内书面答复股东并说明理由。本题中甲公司拒绝理由系赵某持股比例太低，不属于法定"不正当目的"之情形，因此不符合公司法律制度规定。

（2）符合规定。

根据公司法律制度规定，经股东同意转让的股权，在同等条件下，转让股东以外的其他股东有权主张优先购买权，但转让股东依法放弃转让的除外。本题中，孙某系以现金形式支付，而赵

某系以市场价格为 120 万元的房产换取股权，二者是不同支付方式，不构成"同等条件"，因此，钱某将股权转让给孙某而非赵某符合法律规定。

（3）赵某有权请求甲公司收购其股权。

根据公司法律制度规定，有限责任公司连续 5 年不向股东分配利润，而公司该 5 年连续盈利，并且符合《公司法》规定的分配利润条件的，对股东会该项决议投反对票的股东可以请求公司按照合理的价格收购其股权。本题中甲公司连续 7 年盈利且符合法定利润分配条件但均未向股东分配利润，因此，在股东会上投反对票的股东赵某享有请求公司按照合理的价格收购其股权的权利。

4. 2021 年 7 月，赵某、钱某、孙某、李某拟设立甲有限公司（以下简称甲公司），四人认缴的出资分别是 400 万元、300 万元、200 万元和 50 万元，股东会会议决议按照认缴的出资比例行使表决权，7 月 5 日，鉴于孙某组织能力比较强，由孙某召集和主持首次股东会会议。

2024 年 7 月，甲公司召开股东会会议，决议公司不设董事会，由赵某任执行董事，不设监事会，由李某担任监事。根据公司章程规定，由赵某任免钱某为经理，任免孙某为财务负责人。

2025 年 3 月，甲公司发生经营亏损，李某提议召开临时股东会，执行董事赵某认为李某持股比例未达 1/10，不符合召开临时股东会的条件，予以拒绝。

2025 年 7 月，甲公司召开年度股东会，李某认为四位股东均未实缴出资额，造成公司经营困难，提出修改公司章程，提高股东实缴的出资比例，钱某和孙某表示同意，赵某拒绝。

要求：根据上述资料和公司法律制度的规定，不考虑其他因素，分析回答下列问题。

（1）7 月 5 日孙某召集和主持首次股东会会议是否符合公司法律制度的规定，并说明理由。

（2）2025 年 3 月，李某提议召开临时股东会是否符合公司法律制度的规定，并说明理由。

（3）2025 年 7 月，李某提议修改公司章程的规定是否能通过，并说明理由。

【答案】

（1）不符合规定。

根据规定，首次股东会会议由出资最多的股东召集和主持。

（2）符合规定。

根据规定，代表 1/10 以上表决权的股东，1/3 以上的董事，监事会或者不设监事会的公司的监事，有权提议召开临时股东会。本题中，李某是监事，不论他是否持股、持股比例多少，均有权以监事身份提议召开临时股东会。

（3）不能通过。

根据规定，有限责任公司股东会对修改公司章程作出决议，必须经代表（全体）2/3 以上表决权的股东通过。本题中，李某、钱某和孙某所持表决权为（300＋200＋50）/（400＋300＋200＋50）＝57.89%＜2/3，不能通过。

5. 2024 年 1 月，甲股份有限公司（以下简称甲公司）首次公开发行股份并在证券交易所上市交易。公司董事赵某未持有甲公司股份。公司监事孙某持有甲公司 10 万股股份。公司总经理李某持有甲公司 5 万股股份。公司章程对公司董事、监事、高级管理人员转让其所持有的本公司股份未作特别规定。

2024 年 5 月，为了增加员工对公司的信心，赵某买入甲公司 10 万股股份。赵某认为，只有转让股份才需要向公司报告，买入股份不需要报告，故未向甲公司报告其买入股份的行为。

2024 年 8 月，孙某转让其持有的甲公司 2 万股股份。

2024 年 12 月，公司总经理李某辞职。因担心公司股价下跌，李某于 2025 年 3 月将其持有的甲公司 5 万股股份全部转让。

要求：根据上述资料和公司法律制度的规定，不考虑其他因素，回答下列问题。

（1）赵某不向甲公司报告其买入甲公司股份的行为是否符合法律规定？简要说明理由。

（2）孙某转让其持有的甲公司 2 万股股份的行为是否符合法律规定？简要说明理由。

（3）李某全部转让其持有的甲公司 5 万股股份的行为是否符合法律规定？简要说明理由。

【答案】

（1）赵某不向甲公司报告其买入甲公司股份的行为不符合法律规定。

根据公司法律制度规定，公司董事、监事、高级管理人员应当向公司申报所持有的本公司的股份及其变动情况。赵某作为公司董事，其不向甲公司报告其买入甲公司股份的行为不符合法律

规定。

（2）孙某转让其持有的甲公司 2 万股股份的行为不符合法律规定。

根据公司法律制度规定，公司董事、监事、高级管理人员所持本公司股份自公司股票上市交易之日起 1 年内不得转让。孙某作为监事，其所持本公司股份自公司股票上市交易之日起 1 年内（甲公司股票于 2024 年 1 月上市交易，孙某转让行为发生于 2024 年 8 月）不得转让，因此不符合法律规定。

（3）李某全部转让其持有的甲公司 5 万股股份的行为不符合法律规定。

根据公司法律制度规定，公司董事、监事、高级管理人员离职后半年内，不得转让其所持有的本公司股份。李某 2024 年 12 月从甲公司离职，2025 年 3 月即转让所持公司股份，转让时点距离其离职时间不足半年，因此不符合法律规定。

6. 2023 年，甲、乙公司与张某在 A 市共同出资设立丙卫浴有限责任公司（以下简称丙公司），注册资本为 1 000 万元。甲公司、乙公司、张某的出资比例为 5 : 4 : 1。丙公司章程对股东表决权行使及股东会议事规则未作特别规定。股东会未授权董事会行使属于股东会的职权。2025 年，丙公司发生如下事项：

（1）5 月，张某申请丙公司为其个人住房贷款提供担保。为此丙公司召开股东会会议。甲公司、乙公司参加该事项的表决，甲公司同意，乙公司不同意，股东会遂通过为张某个人住房贷款提供担保的决议。

（2）下半年，产品销售额持续下降，丙公司调查发现：非职工代表担任的公司董事田某于 2022 年与朋友共同出资设立丁卫浴有限责任公司（以下简称丁公司），并负责丁公司的生产经营；由于丁公司的卫浴产品在款式、功能等方面与丙公司产品相差无几，致使丙公司产品销售额下降，丙公司董事会遂作出决议：①将田某从丁公司所得的收入收归丙公司所有；②撤销田某公司董事职务。

要求：根据上述资料和公司法律制度的规定，不考虑其他因素，回答下列问题。

（1）丙公司股东会通过为张某贷款提供担保的决议是否符合法律规定？简要说明理由。

（2）丙公司董事会的决议①是否符合法律规定？简要说明理由。

（3）丙公司董事会的决议②是否符合法律规定？简要说明理由。

【答案】

（1）丙公司股东会通过为张某贷款提供担保的决议符合法律规定。

根据公司法律制度规定，有限责任公司为股东或者实际控制人提供担保的，必须经股东会决议。接受担保的股东或者受实际控制人支配的股东不得参加表决，该项表决由出席会议的其他股东所持表决权的过半数通过。公司章程未对股东表决权行使事项作出特别规定，按照出资比例确定股东表决权。在本题中，接受担保的张某未参加表决，并经出席会议的甲公司、乙公司所持表决权的5/9通过。

（2）决议①符合法律规定。

根据公司法律制度规定，公司董事、高级管理人员不得未经股东会同意，利用职务便利为自己或者他人谋取属于公司的商业机会，自营或者为他人经营与所任职公司同类的业务；公司董事、高级管理人员违反规定所得的收入应当归公司所有。

（3）决议②不符合法律规定。

根据公司法律制度规定，股东会有权选举和更换非由职工代表担任的董事、监事。

7. 2021 年 1 月，周某、吴某、蔡某和其他十人共同出资设立甲有限责任公司（以下简称甲公司）。根据公司章程的记载，周某为第一大股东，出资 550 万元，占公司注册资本的 55%；股东认缴的出资应当在公司成立后的 6 个月内缴足。公司章程对股权转让和议事规则未作特别规定。

2025 年 3 月，蔡某认缴的出资经催告仍未足额缴纳，甲公司遂向人民法院提起诉讼，请求蔡某补足出资，并承担相应的责任。蔡某以甲公司的请求已过诉讼时效期间为由拒绝。2023 年 4 月，吴某拟将其持有的甲公司股权转让给股东以外的人李某，并书面通知其他股东。周某同意，其他股东未作答复。2025 年 6 月吴某与李某签订股权转让合同。

2025 年 5 月，为提高市场竞争力，甲公司拟与乙公司合并，并召开股东会会议进行表决，股东钱某投了反对票，其他人赞成，决议通过。钱某提出退出甲公司，要求甲公司以合理价格收购其持有的本公司股权，遭到拒绝。

要求：根据上述资料和公司法律制度的规定，不考虑其他因素，回答下列问题。

（1）蔡某拒绝甲公司诉讼请求的理由是否符合法律规定？简要说明理由。

（2）吴某将股权转让给李某是否符合法律规定？简要说明理由。

（3）甲公司是否有权拒绝收购钱某股权？简要说明理由。

【答案】

（1）蔡某拒绝甲公司诉讼请求的理由不符合法律规定。

公司股东未履行或者未全面履行出资义务，公司或者其他股东请求其向公司全面履行出资义务，被告股东以诉讼时效为由进行抗辩的，人民法院不予支持。

（2）吴某将股权转让给李某符合法律规定。

《公司法》规定，股东向股东以外的人转让股权，应当将股权转让的数量、价格、支付方式和期限等事项书面通知其他股东，其他股东在同等条件下有优先购买权。股东自接到书面通知之日起 30 日内未答复的，视为放弃优先购买权。公司章程对股权转让另有规定的，从其规定。

（3）甲公司无权拒绝收购钱某股权。

根据公司法律制度规定，有限责任公司对公司合并、分立决议投反对票的股东可以请求公司按照合理的价格收购其股权，退出公司。

8. 张某拟与王某、赵某共同投资设立甲有限责任公司（以下简称甲公司），因张某不愿以自己名义投资，遂与李某约定，李某为名义股东，张某实际出资并享有投资收益。后李某按照约定，认缴出资 100 万元，设立了甲公司。李某被记载于甲公司股东名册，并在公司登记机关登记。王某、赵某认缴的出资全部缴足，李某认缴的出资张某仅实际缴纳 60 万元。

甲公司经营期间，李某未经张某同意将其在甲公司的股权进行质押，并造成了损失。张某得知后，要求李某赔偿损失，遭到拒绝。

为防止李某继续损害自己的利益，张某要求甲公司将其变更为股东并记载于股东名册，遭到王某、赵某反对，发生争议。

在变更股东的争议未解决前，甲公司因资不抵债，破产清算。债权人郑某以李某未完全履行出资义务为由，要求李某承担补充赔偿责任，李某以其为名义股东为由抗辩。

要求：根据上述资料和公司法律制度的规定，不考虑其他因素，回答下列问题。

（1）李某是否有权拒绝张某的赔偿请求？简要说明理由。

（2）张某未经王某、赵某同意能否变更为甲公司股东？简要说明理由。

（3）李某是否有权拒绝承担补充赔偿责任？简要说明理由。

【答案】

（1）李某无权拒绝张某的赔偿请求。

根据公司法律制度规定，名义股东将登记于其名下的股权转让、质押或者以其他方式处分，造成实际出资人损失，实际出资人请求名义股东承担赔偿责任的，人民法院应予支持。

（2）张某不能变更为甲公司股东。

根据公司法律制度规定，实际出资人未经公司其他股东半数以上同意，请求公司变更股东、签发出资证明书、记载于股东名册、记载于公司章程并办理公司登记机关登记的，人民法院不予支持。

（3）李某无权拒绝承担补充赔偿责任。

根据公司法律制度规定，公司债权人以登记于公司登记机关的股东未履行出资义务为由，请求其对公司债务不能清偿的部分在未出资本息范围内承担补充赔偿责任，股东不得以其仅为名义股东为由进行抗辩。

9. 2024年9月，赵某、钱某、孙某、李某、周某五人共同出资设立甲有限责任公司（以下简称甲公司）。公司章程规定：（1）公司注册资本500万元。（2）赵某、钱某、孙某各以现金90万元出资；李某以自有房屋作价100万元出资；周某以专利权作价130万元出资。股东的货币出资在6个月内缴足，非货币出资财产转移手续在6个月内办理完毕。（3）股东享有均等表决权。

公司成立后，李某按期办理了出资房屋所有权转移手续，但一直未将房屋交付公司。

2025年10月，甲公司召开临时股东会修改公司章程。赵某、钱某、孙某赞成，李某和周某反对。赵某认为，李某未将出资房屋交付公司，不得行使表决权。

要求：根据上述资料和公司法律制度的规定，不考虑其他因素，回答下列问题。

（1）甲公司章程规定股东均等行使表决权是否符合法律规定？简要说明理由。

（2）赵某主张李某不得行使表决权是否符合法律规定？简要说明理由。

（3）甲公司修改公司章程的决议能否通过？简要说明理由。

【答案】

（1）甲公司章程规定股东均等行使表决权符合法律规定。

根据公司法律制度规定，有限责任公司的股东按照出资比例行使表决权，但公司章程另有规定的除外。在本题中，公司章程对表决权的行使有特别规定，各股东可以均等行使表决权。

（2）赵某主张李某不得行使表决权符合法律规定。

根据规定，出资人以房屋、土地使用权或者需要办理权属登记的知识产权等财产出资，出资人已经就前述财产出资，办理权属变更手续但未交付给公司使用，公司或者其他股东主张其向公司交付，并在实际交付之前不享有相应股东权利的，人民法院应予支持。

（3）甲公司修改公司章程的决议能够通过。

根据规定，股东会会议作出修改公司章程的决议，必须经代表2/3以上表决权的股东通过。在本题中，李某不享有表决权，享有表决权的4人按照章程约定享有均等表决权，其中有3人同意，表决权超过2/3，故该决议能够通过。

10. 2022年4月，张某、王某、李某三人投资设立了甲有限责任公司（以下简称甲公司），张某担任公司董事长，王某担任公司董事。2025年5月，乙投资公司拟收购甲公司，经查、甲公司存在下列情况：

（1）张某将其已转入甲公司账户的200万元出资转出100万元。

（2）王某曾于2018年因行贿罪被判有期徒刑3年，2021年刑满释放。

（3）李某出资的办公用房，虽已办理权属变更手续，但经其他股东催促，至今仍未交付甲公司使用。为此，其他股东主张李某不得享有相应的股东权利。

要求：根据上述资料和公司法律制度的规定，不考虑其他因素，回答下列问题。

（1）张某转出 100 万元出资是什么行为？张某应向甲公司承担什么民事责任？简要说明理由。

（2）王某担任甲公司董事是否合法？简要说明理由。

（3）其他股东主张李某不享有相应的股东权利是否合法？简要说明理由。

【答案】

（1）张某转出 100 万元出资的行为构成抽逃出资。

本题中，张某应承担向甲公司返还抽逃出资本息的民事责任。

（2）王某担任甲公司董事不合法。

根据规定，因贪污、贿赂、侵占财产、挪用财产或者破坏社会主义市场经济秩序，被判处刑罚，执行期满未逾 5 年的，被宣告缓刑的，自缓刑考验期满之日起未逾 2 年，不得担任董事、监事、高级管理人员。本题中，王某 2021 年刑满释放，2022 年 4 月担任董事时尚未超过 5 年，故王某担任甲公司董事不合法。

（3）其他股东主张李某不享有相应的股东权利合法。

根据规定，出资人以房屋、土地使用权或者需要办理权属登记的知识产权等财产出资，已经办理权属变更手续但未交付给公司使用的，公司或者其他股东主张其向公司交付，并在实际交付之前不享有相应股东权利的，人民法院应予支持。本题中，李某尚未交付，故其他股东可以主张李某不享有相应的股东权利。

11. 2023 年 6 月，甲公司、乙公司、丙公司和陈某共同投资设立丁有限责任公司（以下简称丁公司）。丁公司章程规定：（1）公司注册资本 500 万元。（2）甲公司以房屋作价 120 万元出资，乙公司以机器设备作价 100 万元出资；陈某以货币 100 万元出资；丙公司出资 180 万元，首期以原材料作价 100 万元出资，余额以知识产权出资，2021 年 12 月前缴足。（3）公司设股东会，1 名执行董事和 1 名监事。（4）股东按照 1∶1∶1∶1 行使表决权。公司章程对出资及表决权事项未作其他特殊规定。

公司设立后，甲公司、乙公司和陈某按照公

司章程的规定实际缴纳了出资，并办理了相关手续，丙公司按公司章程规定缴纳首期出资后，于 2023 年 11 月以特许经营权作价 80 万元缴足出资。

2025 年 6 月，因股东之间经营理念存在诸多冲突且无法达成一致，陈某提议解散丁公司。丁公司召开股东会就该事项进行表决。甲公司、乙公司和陈某赞成，丙公司反对。于是股东会作出了解散丁公司的决议。丁公司进入清算程序。

清算期间，清算组发现如下情况：

（1）由于市场行情变化，甲公司出资的房屋贬值 10 万元。

（2）乙公司出资时机器设备的实际价额为 70 万元，明显低于公司章程所定价额 100 万元。

清算组要求甲公司补足房屋贬值 10 万元，甲公司拒绝；要求乙公司和其他股东对乙公司实际出资价额的不足承担相应的民事责任。

要求：根据上述资料和公司法律制度的规定，不考虑其他因素，回答下列问题。

（1）指出丁公司股东出资方式中的不合法之处。

（2）丁公司设 1 名执行董事和 1 名监事是否合法？简要说明理由。

（3）丁公司股东会作出解散公司的决议是否合法？简要说明理由。

（4）甲公司拒绝补足房屋贬值 10 万元是否合法？简要说明理由。

（5）对乙公司的实际出资价额的不足，乙公司和其他股东应分别承担什么民事责任？

【答案】

（1）丙公司以特许经营权作价出资不合法。

根据规定，股东不得以劳务、信用、自然人姓名、商誉、特许经营权或者设定担保的财产等作价出资。

（2）丁公司设 1 名执行董事和 1 名监事合法。

根据规定，股东人数较少或者规模较小的有限责任公司，可以设 1 名执行董事、1 名监事，不设立董事会、监事会。

（3）丁公司股东会作出解散公司的决议合法。

根据规定，公司解散属于股东会的特别决议，必须经代表（全体）2/3 以上表决权的股东通过。本题中，股东按照 1∶1∶1∶1 行使表决权，甲公司、乙公司和陈某赞成解散公司，占表决权比例 3/4，超过全部表决权的 2/3，因此作出解散公司的决议合法。

（4）甲公司拒绝补足房屋贬值 10 万元合法。

根据规定，出资人以符合法定条件的非货币财产出资后，因市场变化或者其他客观因素导致出资财产贬值，公司、其他股东或者公司债权人请求该出资人承担补足出资责任的，人民法院不予支持。本题中，由于市场行情变化，甲公司出资的房屋贬值 10 万元，故甲公司有权拒绝补足房屋贬值部分。

（5）①乙公司应依法全面履行出资义务，向丁公司补足出资不足部分的本息，还应当向已按期足额缴纳出资的股东承担违约责任。②丁公司其他发起人股东应与乙公司承担连带责任。

12. 2021 年 8 月 1 日，陈某、魏某、刘某和孙某共同设立甲有限责任公司（以下简称甲公司），注册资本为 100 万元，四人持股比例分别为 10%、20%、30%、40%。陈某和孙某均以货币足额缴纳了出资，魏某认缴 20 万元，按照公司章程规定应于 2024 年 8 月 1 日前缴清。刘某伪造出资评估报告，以其所有的一台机器设备作价 30 万元出资，后经评估机构评估该设备在作价出资时的市场价值为 10 万元。

2025 年 1 月 5 日，由于魏某经多次催缴后在合理期限内仍不缴纳出资，甲公司股东会作出了解除魏某股东资格的决议，魏某随后向人民法院提起诉讼，请求确认该解除行为无效。陈某向人民法院提起诉讼，请求魏某承担违约责任。

2025 年 6 月 10 日，甲公司陷入经营危机，无力向公司支付 40 万元货款，甲公司请求魏某补足其出资差额 20 万元。甲公司遂又请求陈某、孙某二人就该 20 万元承担连带责任。

要求：根据上述资料和公司法律制度的规定，不考虑其他因素，回答下列问题。

（1）人民法院是否应支持魏某的请求？简要说明理由。

（2）陈某是否有权请求魏某承担违约责任？简要说明理由。

（3）甲公司是否有权请求陈某、孙某二人就该 20 万元承担连带责任？简要说明理由。

【答案】

（1）人民法院不予支持魏某的请求。

根据规定，有限责任公司的股东未履行出资义务，经公司催告缴纳，其在合理期间内仍未缴纳出资，公司有权以股东会决议解除该股东的股东资格。

（2）陈某有权请求魏某承担违约责任。

根据规定，股东不按照规定缴纳出资的，除应当向公司足额缴纳外，还应当向已按期足额缴纳出资的股东承担违约责任。

（3）甲公司有权请求陈某、孙某二人就该 20 万元承担连带责任。

根据规定，股东在公司设立时未履行或者未全面履行出资义务，发起人与该股东承担连带责任，但公司发起人承担责任后，可以向该股东追偿。

13. 2025 年 1 月 5 日，甲股份有限公司（以下简称甲公司）股东会选举 7 个董事，组成新一届董事会，董事会第一次会议选举王某任董事长、赵某任副董事长。2025 年 3 月 1 日，甲公司董事会召开第三次董事会，王某因突发疾病未能出席。赵某主持了该次董事会会议，董事钱某、孙某、李某出席了该次会议，董事周某、吴某因故未能出席，分别书面委托钱某、孙某代其表决。

该董事会会议讨论的议案是解聘承接甲公司审计业务的乙会计师事务所。赵某认为，董事会有权解聘乙会计师事务所，同意解聘。钱某认为，应该允许乙会计师事务所陈述意见后再进行表决，不同意解聘。董事周某给钱某的委托书上明确表示同意解聘。孙某同意解聘，但董事吴某给孙某的委托书上明确表示不同意解聘。李某弃权。赵某认为，董事会会议通过了解聘乙会计师事务所的决议，钱某表示不认同。

要求：根据上述资料及公司制度规定，不考虑其他因素，回答下列问题。

（1）赵某主持董事会，是否符合法律规定？请说明理由。

（2）甲公司董事会第三次会议出席的人数是否符合相关规定？请说明理由。

（3）赵某认为董事会通过了解聘乙会计师事务所的决议，该观点是否正确？请说明理由。

【答案】

（1）赵某主持董事会符合法律规定。

根据规定，董事会会议由董事长召集和主持；董事长不能或者不履行职务的，由副董事长召集和主持；副董事长不能或者不履行职务的，由半数以上董事共同推举一名董事召集和主持。

（2）甲公司董事会第三次会议出席的人数符合规定。

根据规定，董事会会议应有过半数的董事出席方可举行。董事因故不能出席的，可以书面委托其他董事代为出席，委托书中应载明授权范围。

（3）该观点不正确。

根据规定，董事会作出决议必须经全体董事的过半数通过。在本题中，赵某、周某、孙某表示同意，未超过全体董事的半数。

14. 2024 年 7 月 1 日，赵某、钱某、孙某依法设立甲有限责任公司（以下简称甲公司），甲公司章程规定：赵某、钱某和孙某认缴出资分别为 10 万元、20 万元和 30 万元，出资期限分别为公司成立之日起 1 个月、2 个月和 3 个月，甲公司章程对股权转让事项未作特别规定。

2024 年 7 月 3 日，赵某书面通知钱某、孙某，拟将其所持全部股权以 100 元转让给李某，李某于股权变更登记日当日以现金支付价款，接到通知的股东均未回复。

2024 年 8 月 5 日，甲公司将李某记载于股东名册，赵某与李某办理了股权变更登记，赵某未缴纳出资，李某对此知情，8 月 6 日，甲公司将周某记载于股东名册，钱某与周某办理了股权变更登记。8 月 7 日，孙某以赵某和钱某侵犯了其优先购买权为由对上述股权转让行为提出异议。

2024 年 8 月 8 日，甲公司请求赵某缴纳 10 万元出资，由李某承担连带责任，赵某以股权已经转让给李某为由予以拒绝，李某以股权转让时赵某已过出资期限为由予以拒绝。

2024 年 9 月 2 日，甲公司请求周某缴纳 20 万元出资，周某以其与钱某约定由钱某出资为由予以拒绝。

要求：根据上述资料和公司法律制度的规定，不考虑其他因素，回答下列问题。

（1）孙某以赵某和钱某侵犯了其优先购买权为由对上述股权转让行为提出异议，是否符合法律规定？简要说明理由。

（2）甲公司请求赵某缴纳 10 万元出资，李某承担连带责任，是否符合法律规定？简要说明理由。

（3）甲公司请求周某缴纳 20 万元出资是否

符合法律规定？简要说明理由。

【答案】

（1）不符合法律规定。

根据规定，股东自接到书面通知之日起 30 日内未答复的，视为放弃优先购买权。本题中，赵某于 7 月 3 日通知孙某，钱某于 7 月 4 日通知孙某，孙某接到通知后未予答复。8 月 7 日，孙某主张侵犯了其优先购买权，已经超过了 30 日，视为放弃了优先购买权。

（2）符合法律规定。

根据规定，有限责任公司未按照公司章程规定的出资日期缴纳出资的股东转让股权的，转让人与受让人在出资不足的范围内承担连带责任；受让人不知道且不应当知道存在上述情形的，由转让人承担责任。本题中，8 月 5 日，甲公司将李某记载于股东名册时出资期限已届满，赵某未缴纳 10 万元出资，李某对此知情，故赵某与李某在出资不足的 10 万元范围内承担连带责任。

（3）符合法律规定。

有限责任公司股东转让已认缴出资但未届出资期限的股权的，由受让人承担缴纳该出资的义务；受让人未按期足额缴纳出资的，转让人对受让人未按期缴纳的出资承担补充责任。①本题中，8 月 6 日，甲公司将周某记载于股东名册时，出资期限尚未届满，则 9 月 2 日前，缴清 20 万元出资的义务应由周某承担。如果周某未按期足额缴纳出资，钱某应对周某未按期缴纳的出资承担补充责任。②钱某和周某之间的出资约定属于内部约定，不产生对外效力，周某不得以此为由对抗甲公司，但事后可以约定为由向钱某追偿。

二、公司法结合证券法

1. 甲股份有限公司（以下简称甲公司）于 2019 年 1 月成立，专门从事药品生产。张某为其发起人之一，持有甲公司股票 1 000 000 股，系公司第十大股东。王某担任总经理，未持有甲公司股票。2023 年 11 月，甲公司公开发行股票并上市。

2025 年 5 月，甲公司股东刘某在查阅公司 2024 年度报告时发现：

（1）2024 年 9 月，王某买入甲公司股票 20 000 股；2024 年 12 月，王某将其中的 5 000

股卖出。

（2）2024年10月，张某转让了其持有的甲公司股票200 000股。

2025年6月，刘某向甲公司董事会提出：王某无权取得转让股票的收益；张某转让其持有的甲公司股票不合法。董事会未予理睬。

2025年8月，刘某向法院提起诉讼。经查：该公司章程对股份转让未作特别规定；王某12月转让股票取得收益3万元归其个人所有；张某因急需资金不得已转让其持有的甲公司股票200 000股。

要求：根据上述资料和公司、证券法律制度的规定，不考虑其他因素，回答下列问题。

（1）王某是否有权将3万元收益归其个人所有？简要说明理由。

（2）张某转让股票的行为是否合法？简要说明理由。

【答案】

（1）王某无权将3万元收益归其个人所有。

根据规定，上市公司、股票在国务院批准的其他全国性证券交易场所交易的公司持有5%以上股份的股东、董事、监事、高级管理人员，将其持有的该公司的股票或者其他具有股权性质的证券在买入后6个月内卖出，或者在卖出后6个月内又买入，由此所得收益归该公司所有，公司董事会应当收回其所得收益。但是，证券公司因购入包销售后剩余股票而持有5%以上股份，以及有国务院证券监督管理机构规定的其他情形的除外。本题中，王某属于甲公司总经理，为高级管理人员，受到短线交易限制，所以无权将3万元收益归其个人所有。

（2）张某转让股票的行为不合法。

根据规定，公司公开发行股份前已发行的股份，自公司股票在证券交易所上市交易之日起1年内不得转让。本题中，甲公司2023年11月上市，张某在2024年10月转让时，尚未超过1年，故其转让股票的行为不合法。

2. 甲股份有限公司于2024年3月上市，董事会成员为7人。2025年甲公司召开了3次董事会，分别讨论的事项如下：

（1）讨论通过了为其子公司一次性提供融资担保4 000万元的决议，此时甲公司总资产为1亿元。

（2）拟提请股东会聘任乙公司的总经理刘某担任甲公司独立董事，乙公司为甲公司最大的股东。

（3）讨论向丙公司投资的方案。参加会议的6名董事会成员中，有4人同时为丙公司董事，经参会董事一致同意，通过了向丙公司投资的方案。

要求：根据上述资料和公司法律制度的规定，不考虑其他因素，回答下列问题。

（1）甲公司董事会是否有权作出融资担保决议？简要说明理由。

（2）甲公司能否聘任刘某担任本公司独立董事？简要说明理由。

（3）甲公司董事会通过向丙公司投资的方案是否合法？简要说明理由。

【答案】

（1）甲公司董事会无权作出融资担保决议。

根据证券法律制度规定，上市公司在1年内购买、出售重大资产或者担保金额超过公司资产总额30%的，应当由股东会作出决议，并经出席会议的股东所持表决权的2/3以上通过。题述情况下，甲公司对外担保金额（4 000万元）超过了资产总额（1亿元）的30%，该事项应由股东会审议批准。

（2）甲公司不能聘任刘某担任独立董事。

根据证券法律制度规定，在直接或者间接持有上市公司已发行股份5%以上的股东单位或者在上市公司前5名股东单位任职的人员及其直系亲属，不得担任该上市公司的独立董事。题述情况下，乙公司为甲公司最大（在前5名内排名第1）的股东，而刘某在乙公司任职，不得担任甲公司的独立董事。

（3）甲公司董事会通过向丙公司投资的方案不合法。

根据证券法律制度规定，上市公司董事与董事会会议决议事项所涉及的企业有关联关系的，不得对该项决议行使表决权，也不得代理其他董事行使表决权。如果出席董事会的无关联关系董事人数不足3人的，应将该事项提交上市公司股东会审议。题述情况下，待议事项与丙公司直接相关，因此丙公司派出的4名董事应回避表决；回避后，出席董事会的无关联关系董事仅为2人，不足3人，该事项应提交股东会审议。

三、公司法结合票据法

2023 年 1 月 10 日，甲有限责任公司（以下简称甲公司）与赵某、钱某、孙某、李某分别认缴出资 300 万元、350 万元、280 万元、100 万元和 20 万元成立乙有限责任公司（以下简称乙公司）。乙公司章程规定公司设立董事会，不设立监事会；对股东会会议的议事方式、表决程序和对外担保等事项均未作特别规定。赵某、钱某和孙某担任董事，李某担任监事。董事会选举赵某为董事长。

2025 年 2 月 1 日，甲公司因办公室装修需以一张票面金额为 20 万元的商业承兑汇票支付装修款。该汇票的出票人为丙公司，承兑人为丁公司，持票人为甲公司。应装修公司的要求，甲公司请求乙公司为其所持上述汇票提供担保。乙公司为此召开股东会会议，在表决时，赵某、钱某和孙某同意，李某未参加会议也未表决。乙公司随后在甲公司提供的上述汇票上以保证人的身份签章，但未记载被保证人。

2025 年 2 月 10 日，李某得知上述担保决议后认为乙公司提供担保有损乙公司利益，遂提议召开股东会临时会议审议乙公司提供担保的合法性。董事长赵某认为李某持股比例尚未达到 1/10，无权提议召开股东会临时会议，遂拒绝了李某的提议。李某转而要求乙公司提供资产负债表、现金流量表等财务报表进行检查。赵某认为其无权查阅，也予以拒绝。

2025 年 5 月，李某认为其在乙公司的权益无法得到保护，遂将股权转让给股东孙某，同时向乙公司提出辞去监事职务。赵某认为李某转让股权无效，并要求其继续履行监事职务，理由是李某转让股权给孙某既未通知其他股东，也未经其同意。

要求：根据上述资料和公司法律制度、票据法律制度的规定，不考虑其他因素，回答下列问题。

（1）乙公司股东会为甲公司提供担保的决议程序是否符合法律规定？说明理由。

（2）乙公司在甲公司提供的汇票上签章保证，该票据上的被保证人是谁？说明理由。

（3）赵某拒绝李某召开股东会临时会议的提议是否符合法律规定？说明理由。

（4）李某要求乙公司提供财务报表是否符合法律规定？说明理由。

（5）李某未经其他股东同意便将乙公司股权转让给孙某是否符合法律规定？说明理由。

（6）赵某要求李某继续履行监事职务是否符合法律规定？说明理由。

【答案】

（1）符合法律规定。

根据公司法律制度规定，有限责任公司为公司股东提供担保的，必须经股东会决议。接受担保的股东，不得参加该事项的表决。该项表决由出席会议的其他股东所持表决权的过半数通过。本题中，接受担保的股东甲公司未参加表决，李某未参加会议也未表决，该事项由出席会议的其他股东赵某、钱某和孙某一致同意，因此乙公司股东会为甲公司提供担保的决议程序符合法律规定。

（2）该票据上的被保证人是丁公司。

根据票据法律制度规定，保证人在汇票或者粘单上未记载被保证人名称的，已承兑的汇票，承兑人（丁公司）为被保证人；未承兑的汇票，出票人为被保证人。

（3）不符合法律规定。

根据公司法律制度规定，对于有限责任公司，代表 1/10 以上表决权的股东，1/3 以上的董事，监事会或者不设监事会的公司的监事提议召开股东会临时会议的，应当召开临时会议。股东会会议由股东按照出资比例行使表决权；但是，公司章程另有规定的除外。本题中在乙公司章程未作特别规定的情况下，李某出资比例仅为 1.9%［20÷（300 + 350 + 280 + 100 + 20）= 1.9%］，因此不符合"代表 1/10 以上表决权的股东"之法定条件，但李某作为乙公司监事则符合条件，因此赵某拒绝李某召开股东会临时会议的提议的理由不符合法律规定。

（4）符合法律规定。

根据公司法律制度规定，有限责任公司股东有权查阅、复制公司财务会计报告，因此，李某要求乙公司提供财务报表符合法律规定。

（5）符合法律规定。

根据公司法律制度规定，有限责任公司的股东之间可以相互转让其全部或者部分股权。公司章程对股权转让另有规定的，从其规定。本题中，公司章程未作特别规定，因此，李某将乙公司股权转让给股东孙某不需要征得其他股东同意，因此李某未经其他股东同意便将乙公司股权转让给孙某符合法律规定。

（6）符合法律规定。

根据公司法律制度规定，有限责任公司监事任期届满未及时改选，或者监事在任期内辞职导致监事会成员低于法定人数的，在改选出的监事就任前，原监事仍应当依照法律、行政法规和公司章程的规定，履行监事职务。本题中，乙公司仅李某1名监事，因此在改选出的监事就任前，李某仍应当依照法律、行政法规和公司章程的规定，履行监事职务。

考点总结

考点1　公司法人财产权

项目	内容	
概念	公司作为企业法人享有法人财产权，法人财产权是指公司拥有由股东投资形成的法人财产，并依法对该财产行使占有、使用、收益、处分的权利	
限制	公司向其他企业投资或者为他人提供担保的限制	公司向其他企业投资或者为他人提供担保，按照公司章程的规定，由董事会或者股东会决议；公司章程对投资或者担保的总额及单项投资或者担保的数额有限额规定的，不得超过规定的限额
	公司为公司股东或者实际控制人提供担保的限制	公司为公司股东或者实际控制人提供担保的，应当经股东会决议。接受担保的股东或者受接受担保的实际控制人支配的股东，不得参加前述规定事项的表决。该项表决由出席会议的其他股东所持表决权的过半数通过
	公司原则上不得成为承担连带责任的出资人	公司可以向其他企业投资；法律规定公司不得成为对所投资企业的债务承担连带责任的出资人的，从其规定

考点2　有限责任公司的设立

1. 有限责任公司设立条件

项目	内容
人数	1人以上50人以下股东出资设立，既可以是自然人，也可以是法人或者非法人主体
出资	全体股东认缴的出资额由股东按照公司章程的规定自公司成立之日起5年内缴足。 出资包括认缴的货币、实物、知识产权、土地使用权、股权、债权等；法律对数据、虚拟财产的权属等另有规定的，可以数据、网络虚拟财产作价出资。 不得以土地所有权、非法财产、劳务、信用、自然人姓名、商誉、特许经营权或者设定担保的财产等作价出资。 【注意】合伙企业的"普通合伙人"可以用劳务出资
公司章程	（1）由股东共同依法制定且签名或者盖章，对公司、股东、董事、监事、高级管理人员（经理、副经理、财务负责人、上市公司董事会秘书和公司章程规定的其他人员）具有约束力。 （2）内容包括公司名称和住所、经营范围、注册资本、股东姓名或名称、出资方式、出资额、出资日期、机构、法定代表人的产生、变更办法等
其他	名称、组织机构和住所（主要办事机构所在地）

2. 各类财产的具体出资规定

财产		规定
货币性财产		足额存入为设立公司而在银行开设的账户
非货币性财产出资	转移所有权	财产权的转移手续一般在"6个月"内办理完毕
	出资时未评估	（1）法院应委托具有合法资格的评估机构对该财产"评估"； （2）评估价额"显著低于"公司章程所定价额的，法院应当认定出资人未全面履行出资义务
	出资后贬值	（1）贬值原因：因市场变化或其他客观因素导致； （2）责任承担：该出资人不承担补足出资责任（当事人另有约定除外）
	以划拨或设定权利负担的土地使用权出资	（1）法院应当责令当事人在指定的合理期间内办理土地变更手续或解除权利负担； （2）逾期未办理或未解除，法院应当认定出资人未全面履行出资义务
	出资已交付公司但未办理权属变更	（1）法院应当责令当事人在指定的合理期间内办理权属变更手续； （2）前述期间内办理了权属变更手续，法院应当认定其已履行出资义务； （3）出资人可以主张其自"实际交付"财产给公司使用时享有股东权益
	出资已办理权属变更但未交付公司	该股东应当向公司交付出资财产，并在实际交付之前不享有相应股东权利
非法财产出资	财产类型	贪污、受贿、侵占、挪用等违法犯罪所得的货币
	处理方式	采取"拍卖或者变卖"的方式处置其股权（不得将出资直接抽出）

3. 设立程序

程序	内容
发起人发起	只能发起设立，设立时的股东为数人时，应签订设立协议或作成发起人会议决议
订立公司章程	公司最基本的法律文件，是公司处理内外关系和经营活动的基本规则，包括绝对必要记载事项（公司名称、住所、经营范围、注册资本、股东姓名或名称、法定代表人的产生及变更方法、机构等）、相对必要记载事项（特别股的权利和义务、特别股股东或受益人姓名和名称及住所、实物出资事项、公司设立费用及支付方法、盈余分配方法、公司解散事由及清算办法等）和任意记载事项（法律未列举但与公司运作有关）
行政审批	法律、行政法规规定必须批准的，应当在登记前办理批准
缴纳出资	货币出资应当足额存入公司账户；非货币应当依法办理财产转移手续
申请登记	全体股东指定的代表或者共同委托的代理人申请登记
登记发照	营业执照的签发日为公司成立日期，公司向股东签发出资证明书

4. 股东未尽出资义务
（1）对内责任（对公司和公司其他股东）。

项目	内容
责任承担	应当向公司足额缴纳出资，并对给公司造成的损失承担赔偿责任（包括未出资部分的利息）
股东权利限制	公司可以根据章程或股东会决议对其"利润分配请求权、新股优先认购权、剩余财产分配请求权"等股东权利作出相应的"合理限制"

续表

项目	内容
解除股东资格	股东"未履行出资义务",经公司"催告"缴纳,在合理期间内仍未缴纳,公司可以以股东会决议"解除"该股东的股东资格。 【链接】《民法典》规定:当事人一方延迟履行主要债务,"经催告在合理期限内仍未履行",对方当事人可以解除合同。 【提示】解除股东资格的规定仅适用于"未履行"出资义务的股东,不适用于"未全面履行"出资义务的股东

（2）对外责任（对债权人）。

项目	内容		
责任承担	在"未出资本息范围内",对"公司债务不能清偿的部分"承担"补充赔偿责任"		
与被告股东承担连带（相应）责任	设立时未尽出资义务	设立时的其他股东与该股东在出资不足的范围内承担连带责任	公司的发起人承担责任后,可以向被告股东追偿
	董事会的核查义务	董事会发现股东未按期足额缴纳出资的,应当由公司向该股东发出书面催缴书,可以载明缴纳出资的宽限期（不得少于60日）。宽限期届满,股东仍未履行出资义务的,公司经董事会决议可以向该股东发出失权通知	未及时履行上述义务,给公司造成损失的,负有责任的董事应当承担赔偿责任
转让已认缴出资但未届出资期限的股权的	由受让人承担缴纳该出资的义务;受让人未按期足额缴纳出资的,转让人对受让人未按期缴纳的出资承担补充责任		
未按期缴纳出资或者转让出资的非货币财产的实际价额显著低于所认缴的出资额股权的	转让人与受让人在出资不足的范围内承担连带责任;受让人不知道且不应当知道存在上述情形的,由转让人承担责任		

5. 股东抽逃出资

（1）法定情形。

①制作"虚假"财务会计报表虚增利润进行分配;

②通过"虚构"债权债务关系将其出资转出;

③利用"关联"交易将出资转出。

④其他未经法定程序将出资抽回的行为。

（2）对内责任（对公司和公司其他股东）。

考点	具体内容
责任承担	返还出资本息
与被告股东承担连带责任	"协助"抽逃出资的"其他股东、董事、高级管理人员或实际控制人"对此承担连带责任
股东权利限制	公司可以根据章程或股东会决议对其"利润分配请求权、新股优先认购权、剩余财产分配请求权"等股东权利作出相应的"合理限制"
解除股东资格	股东"抽逃全部出资",经公司"催告"返还,在合理期间内仍未返还出资,公司可以以股东会决议"解除"该股东的股东资格。 【提示】解除股东资格的规定仅适用于"抽逃全部"出资的股东,不适用于"抽逃部分"出资的股东

（3）对外责任（对债权人）。

考点	具体内容
责任承担	在"抽逃出资本息范围内"，对"公司债务不能清偿的部分"承担"补充赔偿责任"
与被告股东承担连带责任	"协助"抽逃出资的"其他股东、董事、高级管理人员或实际控制人"对此承担连带责任

6.【比较】未尽出资义务责任与抽逃出资的责任

情形	考点	未尽出资义务责任	抽逃出资的责任
对公司内部	责任股东	补足本息	返还本息
	违约责任	对给公司造成的损失承担赔偿责任	—
	连带责任	公司设立时的发起人	"协助"抽逃的其他股东、实际控制人、董事、高级管理人员
	股东资格合理限制	√	√
	股东资格的解除	√	√
	不受诉讼时效限制	√	√
对债权人	补充赔偿责任	责任股东在未尽出资的本息范围内承担	责任股东在抽逃出资的本息范围内承担
	连带责任	公司设立时的发起人	"协助"抽逃的其他股东、实际控制人、董事、高级管理人员
	诉讼时效	债权人对公司债权未超过诉讼时效的，对责任股东不适用	

考点3　有限责任公司股东权利及股权转让

1. 名义股东与实际出资人

项目		内容
股份代持协议	效力	实际出资人与名义出资人订立合同，约定由实际出资人出资并享有投资权益，以名义出资人为名义股东，且无合同无效或可撤销情形的，该合同有效
	投资权益归属争议	（1）实际出资人可以以其实际履行了出资义务为由向名义股东主张权利；（2）名义股东不得以公司股东名册记载、公司登记机关登记为由否认实际出资人权利
名义股东擅自处分股权	股权归属	如果受让方"符合善意取得的条件，受让方取得股权"
	损失	造成实际出资人损失，实际出资人可以请求名义股东承担赔偿责任

项目		内容
未履行出资义务	债权人	可以以登记于公司登记机关的股东（名义股东）未履行出资义务为由，请求其对公司债务不能清偿的部分在未出资本息范围内承担"补充赔偿责任"
	名义股东	（1）不得以其仅为名义股东而非实际出资人为由进行抗辩； （2）在承担相应的赔偿责任后，可以向实际出资人追偿

【提示】根据合同的相对性原则，实际出资人与名义股东签订的股份代持协议仅在双方之间有效

2. 股东权利的分类

项目	内容
行使目的	共益权和自益权（股利分配、股权转让、查阅账簿）
行使条件	单独股东权（自益权、表决权）和少数股东权（股东会召集：10%、提案权：3%、派生诉权：1%）

【提示】股东有权要求查阅公司会计账簿，应当向公司提出书面请求，说明目的。公司有合理根据认为股东查阅会计账簿有不正当目的，可能损害公司合法利益的，可以拒绝提供查阅，并应当自股东提出书面请求之日起15日内书面答复股东并说明理由

【总结】股东查阅权的查阅范围。

范围		内容
法定查阅范围	查阅、复制	公司章程、股东名册、股东会会议记录、董事会会议决议、监事会会议决议和财务会计报告
	查阅	股东要求查阅公司会计账簿、会计凭证的，应当向公司提出书面请求，说明目的
约定查阅范围		公司章程、股东之间的协议等不得实质性剥夺股东依法享有的查阅或者复制公司文件材料的权利

3. 公司法人人格否认的司法认定规则

项目	内容
把握要点	（1）股东实施的"滥用行为"必须"严重损害公司债权人利益（致使公司财产不足清偿）"； （2）只针对实施了"滥用行为"的股东； （3）并非全面、彻底、永久地否定公司的法人资格，只针对具体案件特事特判； （4）滥用行为常见情形：人格混同、过度支配与控制、资本显著不足

续表

项目		内容
人格混同	根本判定标准	公司是否具有独立意思和独立财产
	最主要表现	公司的财产与股东的财产是否混同且无法区分
	考虑因素	（1）股东无偿使用公司资金或者财产，不作财务记载； （2）股东用公司的资金偿还股东的债务，或将公司资金供关联公司无偿使用，不作财务记载； （3）公司账簿与股东账簿不分，致使公司财产与股东财产无法区分； （4）股东自身收益与公司盈利不加区分，致使双方利益不清； （5）公司的财产记载于股东名下，由股东占有、使用。 【提示】"业务混同、员工混同、住所混同"并非人格混同考虑的因素，只是人格混同的补强
过度支配与控制	常见情形	（1）母子公司之间或者子公司之间进行利益输送； （2）母子公司或者子公司之间进行交易，收益归一方，损失却由另一方承担； （3）先从原公司抽走资金，然后再成立经营目的相同或者类似的公司，逃避原公司的债务； （4）先解散公司，再以原公司场所、设备、人员及相同或者相似的经营目的另设公司，逃避原公司债务
	对控股股东和实际控制人的追责原则	控制股东或实际控制人控制多个子公司或者关联公司，滥用控制权使多个子公司或者关联公司财产边界不清、财务混同，利益相互输送，丧失人格独立性，沦为控制股东逃避债务、非法经营，甚至违法犯罪工具的，可以综合案件事实，否认子公司或者关联公司法人人格，判令承担连带责任
资本显著不足		公司设立后在经营过程中，股东实际投入公司的资本数额与公司经营所隐含的风险相比明显不匹配

4. 股权转让

转让情形			内容
对内转让	无限制		除公司章程另有规定外，公司股东之间可以相互转让其全部或者部分股权
对外转让	优先购买权	告知	股东向股东以外的人转让股权，应当将股权转让的数量、价格、支付方式和期限等事项书面通知其他股东，其他股东在同等条件下有优先购买权
		放弃	股东自接到书面通知之日起30日内未答复的，视为放弃优先购买权
		两个以上股东主张	两个以上股东行使优先购买权的，协商确定各自的购买比例；协商不成的，按照转让时各自的出资比例行使优先购买权
	继承股权		自然人股东死亡后，其合法继承人可以继承股东资格；但是，公司章程另有规定的除外。此时，其他股东不得主张优先购买权
人民法院强制执行			人民法院依照强制执行程序转让有限责任公司股东的股权时，应当通知公司及全体股东，其他股东在同等条件下有优先购买权
			其他股东自人民法院通知之日起满20日不行使优先购买权的，视为放弃优先购买权

5. 异议股东回购请求权

项目	内容
法定条件	有下列情形之一的，对股东会该项决议投反对票的股东可以请求公司按照合理的价格收购其股权，退出公司： （1）公司连续 5 年不向股东分配利润，而公司该 5 年连续盈利，并且符合《公司法》规定的分配利润条件的； （2）公司合并、分立、转让主要财产的； （3）公司章程规定的营业期限届满或者章程规定的其他解散事由出现，股东会决议修改章程使公司存续的
法定程序	自股东会会议决议通过之日起"60 日内"，股东与公司不能达成股权收购协议的，股东可以自股东会会议决议通过之日起"90 日内"向人民法院提起诉讼

考点4　国家出资公司

项目	内容
出资人	国家出资公司，由国务院或者地方人民政府分别代表国家依法履行出资人职责，享有出资人权益。国务院或者地方人民政府可以授权国有资产监督管理机构或者其他部门、机构代表本级人民政府对国家出资公司履行出资人职责
中国共产党的组织	国家出资公司中中国共产党的组织，按照中国共产党章程的规定发挥领导作用，研究讨论公司重大经营管理事项，支持公司的组织机构依法行使职权
公司章程	国有独资公司章程由履行出资人职责的机构制定
股东	国有独资公司不设股东会，由履行出资人职责的机构行使股东会职权。 履行出资人职责的机构可以授权公司董事会行使股东会的部分职权，但公司章程的制定和修改，公司的合并、分立、解散、申请破产，增加或者减少注册资本，分配利润，应当由履行出资人职责的机构决定
董事会	国有独资公司的董事会成员中，应当过半数为外部董事，并应当有公司职工代表。 董事会成员由履行出资人职责的机构委派；但是，董事会成员中的职工代表由公司职工代表大会选举产生
经理	国有独资公司的经理由董事会聘任或者解聘。 经履行出资人职责的机构同意，董事会成员可以兼任经理。 国有独资公司的董事、高级管理人员，未经履行出资人职责的机构同意，不得在其他有限责任公司、股份有限公司或者其他经济组织兼职
审计委员会	国有独资公司在董事会中设置由董事组成的审计委员会行使《公司法》规定的监事会职权的，不设监事会或者监事

考点5　股份有限公司的设立

1. 股份有限公司的设立条件

条件	内容
发起人人数	1 人以上 200 人以下，须有半数以上在中国境内有住所
股本总额	注册资本为在公司登记机关登记已发行股份的股本总额

续表

条件	内容
公司章程	发起设立：全体发起人共同制定公司章程； 募集设立：发起人制定的公司章程，并召开成立大会，公司章程须经出席会议的认股人所持表决权过半数通过
其他	符合法律规定、名称、组织机构、公司住所

2. 发起设立方式设立股份有限公司的程序

程序	内容
认购股份	发起人书面认足公司章程规定的公司设立时应发行的股份
缴纳出资	发起人以货币出资的，应当将货币出资足额存入股份有限公司在银行开设的账户；以非货币财产出资的，应当依法办理其财产权的转移手续。发起人不按照其认购的股份缴纳股款，或者作为出资的非货币财产的实际价额显著低于所认购的股份的，其他发起人与该发起人在出资不足的范围内承担连带责任
选举董事和监事	以发起设立方式设立股份有限公司成立大会的召开和表决程序由公司章程或者发起人协议规定。公司成立大会依法行使职权，选举董事、监事
申请设立登记	董事会应当授权代表，于公司成立大会结束后30日内向公司登记机关申请设立登记

3. 募集设立方式设立股份有限公司的程序

程序	内容
发起人认购股份	发起人认购的股份不得少于公司章程规定的公司设立时应发行股份总数的35%；但是法律、行政法规另有规定的，从其规定
向社会公开募集股份	发起人向社会公开募集股份，应当公告招股说明书，并制作认股书
召开成立大会	（1）向社会公开募集股份的股款缴足后，必须经依法设立的验资机构验资并出具证明。 （2）发起人应当在股款缴足之日起30日内主持召开公司成立大会，发起人应当在成立大会召开15日前将会议日期通知各认股人或者予以公告。 （3）成立大会作出决议，必须经出席会议的认股人所持表决权过半数通过。 （4）发行的股份超过招股说明书规定的截止限尚未募足的，或者发行股份的股款缴足后，发起人在30日内未召开成立大会的，或成立大会作出不设立公司决议的，认股人可以按照所缴股款并加算银行同期存款利息，要求发起人返还
申请设立登记	董事会应于成立大会结束后30日内，授权代表向公司登记机关申请设立登记

4. 股份有限公司设立过程中发起人的责任

责任类型	情形		责任承担主体
设立失败债务和费用的责任	外部		发起人承担连带责任
	内部	发起人无过错	发起人按照：约定责任比例→约定出资比例→均分
		发起人有过错	法院确定过错发起人的责任范围
设立过程损害他人的赔偿责任	外部	公司成立	公司
		公司未成立	发起人承担连带责任
	内部		向有过错的发起人追偿
设立阶段合同责任的承担	发起人以自己名义订立		发起人或公司承担责任
	发起人以公司名义订立		公司承担；但发起人为了自己的利益＋相对人恶意的，发起人承担责任

考点 6　股份有限公司的股份转让

主体		规定
发起人		公开发行股份前已发行的股份，自公司股票在证券交易所上市交易之日起"1 年内"不得转让
董监高	申报	应当向公司申报所持有的本公司的股份及其变动情况
	"转让"限制	（1）自公司股票上市交易之日起"1 年内"不得转让。 （2）任职期间每年转让的股份不能超过其股份总数的"25%"。 【注意】所持股份"不超过 1 000 股的"，可以一次性全部转让（针对上市公司）。 （3）"离职后半年内"，不得转让其所持有的本公司股份
	"买卖"限制	（1）上市公司定期报告公告前 30 日内。 （2）上市公司业绩预告、业绩快报公告前 10 日内。 （3）自可能对本公司股票交易价格产生重大影响的重大事项发生之日或在决策过程中，至依法披露之日内
公司	"不得接受"本公司的股票作为质押权的标的	
	原则上不得回购本公司股票，但以下情形例外	
	异议股东要求回购	股份有限公司仅限"合并、分立"异议； "6 个月"内转让或者注销
	减资	收购日起"10 日内"注销
	与持本公司股份的其他公司合并	"6 个月"内转让或者注销
	用于股权激励	（1）可以根据章程约定的授权，经"2/3 以上董事出席"的董事会会议决议。 （2）上市公司应当通过"公开的集中交易方式"；非上市公司可以采用法律法规和中国证监会认可的其他方式。 （3）公司"合计"持有的本公司股份≤本公司"已发行股份总额的10%"。 （4）"3 年内"转让或者注销
	用于转换可转债	
	为维护公司价值及股东权益	
	【注意】公司因上述情形而持有的本公司股份没有表决权且不能参与利润分配	

考点7 公司组织机构

1. 股东会、董事会的职权

股东会	董事会
—	决定公司的"经营计划"和"投资方案"（战术）
—	决定公司"内部管理机构"的设置
选举和更换董事、监事，决定有关董事、监事的报酬	决定聘任或解聘"经理"及其报酬事项；根据经理的提名，决定聘任或解聘"副经理、财务负责人"及其报酬事项
修改"公司章程"	制定公司的"基本管理制度"
审议批准公司的利润分配和弥补亏损方案	制订公司的利润分配和弥补亏损方案；增减注册资本及发行公司债券方案；合并、分立、变更公司形式、解散的方案
对增减注册资本及发行公司债券、合并、分立、变更公司形式、解散和清算作出决议	
审议批准董事会、监事会的报告	召集股东会会议，并向股东会报告工作
	执行"股东会决议"

2. 董事会和监事会中的职工代表

主体	内容	比例
董事会	职工人数300人以上的公司，除依法设监事会并有公司职工代表以外，其董事会成员中应当有职工代表	无比例限制
监事会	"所有"的监事会均应包括职工代表	比例不得低于监事会人数的1/3

3. 有限责任公司与股份有限公司股东会的比较

（1）相同。

①选举和更换董事、监事，决定有关董事、监事的报酬事项；

②审议批准董事会的报告；

③审议批准监事会的报告；

④审议批准公司的利润分配方案和弥补亏损方案；

⑤对公司增加或者减少注册资本作出决议；

⑥对发行公司债券作出决议；

⑦对公司合并、分立、解散、清算或者变更公司形式作出决议；

⑧修改公司章程；

⑨公司章程规定的其他职权。

股份有限公司股东会可以授权董事会对发行公司债券作出决议。

（2）区别。

项目		内容
人数	有限公司	股东1~50人
	股份公司	发起人1~200人，半数以上在中国境内有住所

续表

项目		内容	
会议频率	有限公司	①定期会议按照公司章程的规定。 ②临时会议：1/10 以上表决权的股东；1/3 以上的董事或者监事会提议召开临时会议的	
	股份公司	①分为年会与临时股东会，应当每年召开 1 次年会。 ②有下列情形之一的，应当在 2 个月内召开临时股东会：董事人数不足《公司法》规定人数或者公司章程所定人数的 2/3 时；公司未弥补的亏损达股本总额 1/3 时；单独或者合计持有公司 10% 以上股份的股东请求时；董事会认为必要时；监事会提议召开时	
召集和主持	有限公司	董事会或执行董事（首次出资最多的股东）→监事会或不设监事会的公司监事→代表 1/10 以上表决权的股东。 【提示】出席会议股东签字	
	股份公司	董事会→监事会→连续 90 日以上单独或者合计持有 10% 以上股份的股东。 【提示】主持人、出席会议的董事签字	
表决权计算	有限公司	按出资比例，章程另有规定的除外	
	股份公司	每一股有一表决权。 【提示 1】公司持有本公司股份不享有表决权； 【提示 2】优先股股东一般不享有表决权	
普通决议	有限公司	①一般按章程规定。 ②出席会议股东所持表决权过半数	
	股份公司	出席会议的股东所持表决权的过半数	
特别决议	有限公司	增资、减资、合并、分立、修改章程、变更形式、解散（谐音：增减合分，修边界）	"代表" 2/3 以上表决权的股东通过
	股份公司	上述＋上市公司在 1 年内购买、出售重大资产或者向他人提供担保的金额超过资产总额 30%	"出席会议" 的股东所持表决权的 2/3 以上通过
履行出资人职责的机构决定：重要的国有独资公司章程的制定和修改，合并、分立、解散、申请破产，增加或减少注册资本，分配利润			

4. 董事会的比较

（1）相同。

①召集股东会会议，并向股东会报告工作；

②执行股东会的决议；

③决定公司的经营计划和投资方案；

④制订公司的利润分配方案和弥补亏损方案；

⑤制订公司增加或者减少注册资本以及发行公司债券的方案；

⑥制订公司合并、分立、解散或者变更公司形式的方案；

⑦决定公司内部管理机构的设置；

⑧决定聘任或者解聘公司经理及其报酬事项，并根据经理的提名决定聘任或者解聘公司副经理、财务负责人及其报酬事项；

⑨制定公司的基本管理制度；

⑩公司章程规定或者股东会授予的其他职权。公司章程对董事会职权的限制不得对抗善意相对人。

（2）区别。

项目	有限责任公司	股份有限公司
设立	可以	必设
人数	3 人以上或 1 名董事	3 人以上
召集和主持	董事长→副董事长→过半数的董事共同推举 1 名董事	
通知	章程规定	召开 10 日前通知
召开条件	无要求	①一般情况：过半数董事出席； ②上市公司：无关联关系的董事过半数出席； ③特定股份回购事项：应有 2/3 以上董事出席
会议频率	章程规定	每年度至少召开 2 次会议
职工代表	除依法设监事会并有公司职工代表的以外，职工人数 300 人以上应当有； 其他可以有	职工人数 300 人以上，应当有；其他可以有
董事长	章程规定	全体董事过半数选举产生
任期	不得超过 3 年（≤3 年）。 【注意】监事 3 年	
决议	看章程	全体董事的过半数通过。 【注意】上市公司：无关联关系董事过半数通过
临时会议	无相关规定	代表 1/10 以上表决权的股东、1/3 以上董事或者监事会
出席与责任	无相关规定	本人出席，可以书面委托其他董事代为出席。决议违反法律、法规或章程、股东会决议，参与决议的董事赔偿。表决时表示异议并记载于会议记录的，可免责

5. 监事会的比较

（1）相同。

①检查公司财务；

②对董事、高级管理人员执行职务的行为进行监督，对违反法律、行政法规、公司章程或者股东会决议的董事、高级管理人员提出解任的建议；

③当董事、高级管理人员的行为损害公司的利益时，要求董事、高级管理人员予以纠正；

④提议召开临时股东会会议，在董事会不履行《公司法》规定的召集和主持股东会会议职责时召集和主持股东会会议；

⑤向股东会会议提出提案；

⑥依照《公司法》的规定，对董事、高级管理人员提起诉讼；

⑦公司章程规定的其他职权。

股份有限公司可以按照公司章程的规定在董事会中设置由董事组成的审计委员会，行使《公司法》规定的监事会的职权，不设监事会或者监事。审计委员会成员为 3 名以上，过半数成员不得在公司担任除董事以外的其他职务，且不得与公司存在任何可能影响其独立客观判断的关系。公司董事会成员中的职工代表可以成为审计委员会成员。审计委员会作出决议，应当经审计委员会成员的过半数通过。审计委员会决议的表决，应当一人一票。审计委员会的议事方式和表决程序，除《公司法》有规定的外，由公司章程规定。公司可以按照公司章程的规定在董事会中设置其他委员会，如提名委员会、薪酬委员会、考核委员会、战略发展委员会等。

（2）区别。

项目	有限责任公司	股份有限公司
会议频率	每年至少召开 1 次	每 6 个月至少召开 1 次
提议的会议	提议召开临时股东会	提议召开临时董事会、临时股东会
是否设立	股东人数较少或规模较小可以不设立	—
人数	3 人以上（≥3 人）	
职工代表	应当包括职工代表，比例不得低于 1/3	
主席	全体监事过半数选举产生。 国有独资公司在董事会中设置由董事组成的审计委员会行使《公司法》规定的监事会职权的，不设监事会或者监事	
任期	任期 3 年，连选可以连任	
限制	董事、高管不得兼任监事	
会议通过	半数以上监事	

考点 8 上市公司组织机构的特别规定

1. 上市公司股东会特殊职权

决议类型	决议事项
特别决议（出席＋表决权＋2/3 以上）	上市公司在 1 年内购买、出售重大资产或者向他人提供担保的金额超过公司"资产总额 30%"

2. 独立董事

项目	内容
基本条件	（1）具备担任上市公司董事的资格； （2）具有独立性； （3）具备上市公司运作的基本知识，熟悉相关法律制度； （4）具有"5 年以上"法律、会计或经济等履行独立董事职责所必需的工作经验； （5）具有良好的个人品德，不存在重大失信等不良记录； （6）法律、行政法规、中国证监会规定、证券交易所业务规则和公司章程规定的其他条件
不得担任独立董事	（1）在上市公司或者其附属企业任职的人员及其配偶、父母、子女、主要社会关系； （2）直接或者间接持有上市公司已发行股份 1% 以上或者是上市公司前 10 名股东中的自然人股东及其配偶、父母、子女； （3）在直接或者间接持有上市公司已发行股份 5% 以上的股东或者在上市公司前 5 名股东任职的人员及其配偶、父母、子女； （4）在上市公司控股股东、实际控制人的附属企业任职的人员及其配偶、父母、子女； （5）与上市公司及其控股股东、实际控制人或者其各自的附属企业有重大业务往来的人员，或者在有重大业务往来的单位及其控股股东、实际控制人任职的人员； （6）为上市公司及其控股股东、实际控制人或者其各自附属企业提供财务、法律、咨询、保荐等服务的人员，包括但不限于提供服务的中介机构的项目组全体人员、各级复核人员、在报告上签字的人员、合伙人、董事、高级管理人员及主要负责人； （7）最近 12 个月内曾经具有（1）至（6）所列举情形的人员； （8）法律、行政法规、中国证监会规定、证券交易所业务规则和公司章程规定的不具备独立性的其他人员。前述第（4）至（6）中的上市公司控股股东、实际控制人的附属企业，不包括与上市公司受同一国有资产管理机构控制且按照相关规定未与上市公司构成关联关系的企业

续表

项目	内容
独立董事特别职权	（1）独立聘请中介机构，对上市公司具体事项进行审计、咨询或者核查； （2）向董事会提议召开临时股东大会； （3）提议召开董事会会议； （4）依法公开向股东征集股东权利； （5）对可能损害上市公司或者中小股东权益的事项发表独立意见； （6）法律、行政法规、中国证监会规定和公司章程规定的其他职权。 独立董事行使前述（1）至（3）所列职权的，应当经全体独立董事过半数同意。独立董事行使（1）所列职权的，上市公司应当及时披露。前述职权不能正常行使的，上市公司应当披露具体情况和理由

3. 董事会秘书

项目	内容
职权	掌管董事会文件并协助董事会成员处理日常事务。 既不代表董事会，也不能代表董事长。 是公司的高级管理人员。 负责股东会和董事会的筹备、文件保管、股东资料的管理、信息披露等事项

考点 9　董事、监事、高级管理人员

项目	内容
不得担任董事、监事、高级管理人员的情形	（1）无民事行为能力或者限制民事行为能力。无民事行为能力的人包括不满 8 周岁的未成年人和不能辨认自己行为的成年人。限制民事行为能力的人包括 8 周岁以上的未成年人和不能完全辨认自己行为的成年人，但 16 周岁以上的未成年人，以自己的劳动收入为主要生活来源的，视为完全民事行为能力人。 （2）因贪污、贿赂、侵占财产、挪用财产或者破坏社会主义市场经济秩序，被判处刑罚，或者因犯罪被剥夺政治权利，执行期满未逾 5 年，被宣告缓刑的，自缓刑考验期满之日起未逾 2 年。 （3）担任破产清算的公司、企业的董事或者厂长、经理，对该公司、企业的破产负有个人责任的，自该公司、企业破产清算完结之日起未逾 3 年。 （4）担任因违法被吊销营业执照、责令关闭的公司、企业的法定代表人，并负有个人责任的，自该公司、企业被吊销营业执照、责令关闭之日起未逾 3 年。 （5）个人因所负数额较大债务到期未清偿被人民法院列为失信被执行人
忠实勤勉义务	（1）董事、监事、高级管理人员不得有下列行为：①侵占公司财产、挪用公司资金；②将公司资金以其个人名义或者以其他个人名义开立账户存储；③利用职权贿赂或者收受其他非法收入；④接受他人与公司交易的佣金归为己有；⑤擅自披露公司秘密；⑥违反对公司忠实义务的其他行为。 （2）董事、监事、高级管理人员，直接或者间接与本公司订立合同或者进行交易，应当就与订立合同或者进行交易有关的事项向董事会或者股东会报告，并按照公司章程的规定经董事会或者股东会决议通过。 （3）董事、监事、高级管理人员，不得利用职务便利为自己或者他人谋取属于公司的商业机会。但是，有下列情形之一的除外：①向董事会或者股东会报告，并按照公司章程的规定经董事会或者股东会决议通过；②根据法律、行政法规或者公司章程的规定，公司不能利用该商业机会。 （4）董事、监事、高级管理人员未向董事会或者股东会报告，并按照公司章程的规定经董事会或者股东会决议通过，不得自营或者为他人经营与其任职公司同类的业务

考点 10　股东诉讼

1. 股东代表诉讼（股东间接诉讼）——公司利益受损

受害利益	侵权人	程序	起诉股东资格	名义
公司利益	董事、高级管理人员	先书面请求监事会起诉	（1）有限责任公司：股东。 （2）股份有限公司： ①连续180日以上单独或合计持有公司1%以上股份的股东； ②投资者保护机构不受"连续180日＋1%"的限制	以股东自己的名义起诉
	监事	先书面请求董事会起诉		
	董事、监事、高级管理人员以外的他人	先书面请求董事会或者监事会起诉		

程序		考点
谁损害公司利益	董事、高级管理人员	书面请求"监事会"向法院起诉
	监事	书面请求"董事会"向法院起诉
	董事、监事、高级管理人员以外的其他人员	书面请求"董事会、监事会"向法院起诉
请求后	（1）董事会或监事会拒绝提起诉讼。 （2）自收到请求之日起30日内未提起诉讼。 （3）情况紧急、不立即提起诉讼将会使公司利益受到难以弥补的损害	
股东资格	有限责任公司	股东
	股份有限公司	连续180日以上单独或者合计持有公司1%以上股份的股东
诉讼列置	原告	股东（以自己的名义起诉）
	被告	损害公司利益的董事、监事、高级管理人员或其他人员
	第三人	公司
胜诉利益	归属于公司。 【提示】股东请求被告直接向其承担民事责任的，人民法院不予支持	
费用承担	若诉讼请求部分或全部得到人民法院支持，"公司"应当承担股东因参加诉讼支付的合理费用	

2. 股东直接诉讼——股东自己的利益受损

公司董事、高级管理人员违反法律、行政法规或者公司章程的规定，损害"股东"利益的，"股东"可以依法向人民法院提起诉讼。

考点 11　股份发行

1. 股票的种类

分类	内容
普通股和优先股	（1）优先股股东优先于普通股股东支付股利、分配剩余财产，但参与公司决策等权利受到限制。 （2）已发行优先股不得超过普通股股份总数50%，且筹资金额不得超过发行前净资产50%，已回购、转换的优先股不算

2. 【比较】异议回购请求权与解散公司诉讼权

类型		异议回购请求权	解散公司诉讼权
定义		对股东会该项决议投反对票的股东可以请求公司按照合理的价格收购其股权，退出公司	公司经营管理发生严重困难，继续存续会使股东利益受到重大损失，通过其他途径不能解决的
事项	有限公司	（1）连续5年盈利但不分配利润；（2）合并、分立、转让主要财产；（3）章程期限届满，作出存续决议	（1）公司持续2年以上无法召开股东会，公司经营管理发生严重困难的；（2）股东表决时无法达到法定或者公司章程规定的比例，持续2年以上不能作出有效的股东会决议，公司经营管理发生严重困难的；（3）公司董事长期冲突，且无法通过股东会解决，公司经营管理发生严重困难的
	股份公司	合并、分立	
	例外情形	—	知情权与利润分配请求权受损害、公司亏损、财产不足以偿还全部债务、被吊销企业法人营业执照未进行清算
股东资格		投反对票	持有公司全部股东表决权10%以上的股东
程序		决议通过日起60日，不能达成协议的，自决议通过日起90日内起诉	调解书生效之日起6个月内将股份转让或者注销

【总结】优先股决策权不受限制的情形

项目	内容
与优先股股东有关	经出席会议的普通股股东（含表决权恢复的优先股股东）所持表决权的2/3以上通过，且经出席会议的优先股股东（不含表决权恢复的优先股股东）所持表决权的2/3以上通过，即双2/3

3. 股票的发行原则和价格

项目	内容
发行原则	（1）同股同权：同次发行的同一种股份具有同等权利，享有同等利益；（2）同股同价：在同次发行中，同种股份，每股发行条件和价格相同
发行价格	可以按照票面金额，也可超过票面金额，但不得低于票面金额

4. 股份转让的限制

项目	内容
董、监、高股份转让的限制	（1）自公司股票上市交易之日起1年内不得转让。（2）在任职期间每年转让的股份不得超过其所持本公司股份总数的25%。【注意】所持股份不超过1 000股的，可以一次性全部转让。（3）离职后6个月内，不得转让其所持有的本公司股份。【注意】上述规定因司法强制执行、继承、遗赠等导致股份变动的除外

项目	内容
董、监、高买卖的限制	在下列期间不得买卖本公司股票： （1）上市公司定期报告公告前 30 日内。 （2）上市公司业绩预告、业绩快报公告前 10 日内。 （3）自可能对本公司股票交易价格产生重大影响的重大事项发生之日或在决策过程中，至依法披露之日内

5. 公司收购自身股票的限制

情形	要求
（1）减少公司注册资本	（1）应经股东会特别决议； （2）应自收购之日起 10 日内注销
（2）与持有本公司股份的其他公司合并	（1）应经股东会特别决议； （2）应当在 6 个月内转让或者注销
（3）股东因对股东会作出的公司合并、分立决议持异议，要求公司收购其股份的	应当在 6 个月内转让或者注销
（4）将股份用于员工持股计划或者股权激励	依章程或股东会授权，经 2/3 以上董事出席的董事会会议决议。 在 3 年内转让或注销，公司合计持有的本公司股份数不得超过本公司已发行股份总额的 10%
（5）将股份用于转换上市公司发行的可转换为股票的公司债券	
（6）上市公司为维护公司价值及股东权益所必需	

考点 12 利润分配

项目	内容	
分配依据	有限责任公司	约定→"实缴出资比例"
	股份有限公司	约定→"持股比例"
	【注意】公司持有本公司股份不得分配利润	
分配顺序	（1）弥补以前年度的亏损，但不得超过税法规定的弥补期限； （2）缴纳所得税，即公司应依我国《企业所得税法》的规定缴纳企业所得税； （3）弥补在税前利润弥补亏损之后仍存在的亏损； （4）提取法定公积金； （5）提取任意公积金； （6）向股东分配利润	
公积金种类	（1）公司分配当年税后利润时，应当提取利润的 10% 列入公司法定公积金。当公司法定公积金累计额为公司注册资本的 50% 以上时，可以不再提取。公司的法定公积金不足以弥补以前年度亏损的，在依照规定提取法定公积金之前，应当先用当年利润弥补亏损。 （2）公司从税后利润中提取法定公积金后，经股东会决议，还可以从税后利润中提取任意公积金。 （3）资本公积金是直接由资本原因等形成的公积金，股份有限公司以超过股票票面金额的发行价格发行股份所得的溢价款、发行无面额股所得股款未计入注册资本的金额以及国务院财政部门规定列入资本公积金的其他项目，应当列为公司资本公积金	
公积金用途	弥补亏损、扩大生产、转增资本。 【注意】法定盈余公积转增资本，转增后留存不得少于"转增前"注册资本的"25%"	

考点 13　公司合并、分立、解散、清算

项目		内容	
债务承担	合并	由合并后继续存续的公司或者新设立的公司承继	无须清算
	分立	与债权人无约定：由分立后的公司承担"连带责任"； 与债权人有约定：从其约定	
股东提请解散	股东	单独或合计"10%以上"表决权，以"公司"作为被告	
	受理	（1）公司持续 2 年以上无法召开股东会，公司经营管理发生严重困难的； （2）股东表决时无法达到法定或者公司章程规定的比例，持续 2 年以上不能作出有效的股东会决议，公司经营管理发生严重困难的； （3）公司董事长期冲突，且无法通过股东会解决，公司经营管理发生严重困难的； （4）经营管理发生其他严重困难，公司继续存续会使股东利益受到重大损失的情形	
	不受理	"知情权、利润分配请求权"受损；"公司亏损、财产不足以偿还全部债务"；"公司被吊销企业法人营业执照未进行清算"	
清算组	有限责任公司	股东	
	股份有限公司	董事或股东会确定的人员	
	强制清算	由"债权人、股东、董事或其他利害关系人"向法院提出，由法院指定人员成立清算组	
清算公示		自清算组成立日起"10 日内"通知，并于"60 日内"公告，债权人接到通知"30 日内"，未接到通知自公告日起"45 日内"，向清算组申报债权	
清算方案	公司自行清算	报股东会确认	
	法院组织清算	报法院确认	
清偿		清算费用→职工工资、社保、补偿金→税款→债务	
清算责任人的法律责任	清算责任人	有限责任公司的股东、股份有限公司的董事和控股股东；公司的实际控制人	
	法律责任	未在法定期限内成立清算组，怠于履行义务，导致公司主要财产、账册、重要文件等灭失，无法进行清算	连带责任
		其他	相应责任

专项突破

一、简答题

1. 2024 年 8 月 21 日，甲有限责任公司（以下简称甲公司）由赵某、钱某、孙某和乙公司实缴出资设立。赵某以一套商铺评估作价 200 万元出资，钱某以一组机器设备评估作价 100 万元出资，孙某以货币 40 万元出资，乙公司以土地使用权评估作价 90 万元出资。甲公司章程规定股东按照出资比例行使表决权和分红权，对其他事项未作特别规定。

2025 年 9 月 8 日，甲公司向丙公司采购一批货物，约定 1 个月内支付 1 000 万元货款。2025 年 10 月 8 日，丙公司了解到甲公司的经营状况不佳，遂要求甲公司尽快支付货款。甲公司

表示账面仅有 200 万元，无力支付全部货款，请求丙公司宽限几个月。丙公司拟请求甲公司提供担保，调查后发现：

（1）赵某虽然于 2024 年 9 月 1 日将上述商铺交付甲公司使用，但一直未办理不动产物权转移登记手续；

（2）钱某出资的机器设备因为市场变化发生贬值，2025 年 10 月的公允价值仅为 50 万元；

（3）乙公司的出资形式为划拨土地使用权。

2025 年 10 月 20 日，甲公司向人民法院提起诉讼，请求：

（1）认定赵某未履行出资义务，要求其补足出资；

（2）认定钱某出资额为 50 万元，要求其补足出资；

（3）认定乙公司未全面履行出资义务，要求其全面履行出资义务。

人民法院审理后，责令赵某和乙公司于 15 日内予以纠正。在该期限内，赵某办理了权属变更手续，乙公司未办理土地变更手续。

要求：根据上述资料和公司法律制度的规定，不考虑其他因素，回答下列问题。

（1）丙公司请求认定赵某未履行出资义务，人民法院是否应予支持？简要说明理由。

（2）丙公司请求钱某补足出资，人民法院是否应予支持？简要说明理由。

（3）丙公司请求认定乙公司未全面履行出资义务，人民法院是否应予支持？简要说明理由。

2. 2023 年 1 月 10 日，甲有限责任公司（以下简称甲公司）与赵某、钱某、孙某、李某分别认缴出资 300 万元、350 万元、280 万元、100 万元和 20 万元成立乙有限责任公司（以下简称乙公司）。乙公司章程对股东会会议的议事方式、表决程序和对外担保等事项均未作特别规定。乙公司设董事会，赵某、钱某和孙某担任董事，董事会选举赵某为董事长；不设监事会，李某担任监事。

2025 年 2 月 1 日，甲公司因办公室装修需以一张票面金额为 20 万元的商业承兑汇票支付装修款。该汇票的出票人为丙公司，承兑人为丁公司，持票人为甲公司。应装修公司的要求，甲公司请求乙公司为其所持上述汇票提供担保。乙

公司为此召开股东会会议，在表决时，赵某、钱某和孙某同意，李某未参加会议也未表决。乙公司随后在甲公司提供的上述汇票上以保证人的身份签章，但未记载被保证人。

2025 年 2 月 10 日，李某得知上述担保决议后认为乙公司提供担保有损乙公司利益，遂提议召开股东会临时会议审议乙公司提供担保的合法性，乙公司召开了临时股东会会议。

2025 年 5 月，李某认为其在乙公司的权益无法得到保护，遂将股权转让给股东孙某，同时向乙公司提出辞去监事职务。赵某认为李某转让股权无效，理由是李某转让股权给孙某既未通知其他股东，也未经其同意。另外要求其继续履行监事职务，直至改选出新的监事。

要求：根据上述资料和公司法律制度的规定，不考虑其他因素，回答下列问题。

（1）乙公司股东会为甲公司提供担保的决议程序是否符合法律规定？说明理由。

（2）李某召开股东会临时会议的提议是否符合法律规定？说明理由。

（3）李某未经其他股东同意便将乙公司股权转让给孙某是否符合法律规定？说明理由。

（4）赵某要求李某继续履行监事职务是否符合法律规定？说明理由。

3. 2021 年 8 月 1 日，陈某、魏某、刘某、孙某共同出资设立甲有限责任公司（以下简称甲公司）。该公司注册资本为 100 万元，四人的持股比例分别为 10%、20%、30% 和 40%。陈某和孙某均以货币足额缴纳出资额，魏某认缴出资额 20 万元，根据公司章程规定，出资额应于 2022 年 8 月 1 日之前清缴。刘某伪造出资评估报告，以其所有的一台设备作价出资 30 万元。后经评估机构评估，该设备在评估当日市场价值为 10 万元。2025 年 1 月 5 日，由于多次催缴魏某在合理期限内仍未缴纳出资额，甲公司股东会作出解除魏某股东资格的决议。魏某向人民法院提起诉讼，要求确认该解除行为无效。陈某亦向人民法院提起诉讼，要求魏某对给公司造成的损失承担赔偿责任。2025 年 6 月 10 日，甲公司出现经营危机，无力向乙公司支付 40 万元货款。甲公司请求刘某补足欠缴出资额差额 20 万元，刘某无力承担。甲公司遂向陈某、孙某请求就该 20 万元承担连带责任。

要求：根据以上资料结合相关法律制度的规定，回答下列问题。

（1）法院是否应该支持魏某的请求？说明理由。

（2）陈某是否有权请求魏某对给公司造成的损失承担赔偿责任？说明理由。

（3）甲公司是否有权请求陈某、孙某就该20万元承担连带责任？说明理由。

4. 甲公司是上海证券交易所主板上市公司，主要从事宠物粮食及相关用品的生产和销售，2024年经审计的资产总额为人民币41 000万元。

2025年初，甲公司拟将其全资子公司乙公司80%的股权以人民币12 500万元的价格出售给甲公司董事王某控制的丙公司。甲公司为此召开了董事会，全体董事出席了董事会会议，并经全体董事过半数同意通过了转让乙公司股权的方案。甲公司相关部门根据董事会决议执行了该项交易。

2025年5月，自2022年起持有甲公司2%股份的股东赵某以出售乙公司股权的交易方案未经独立董事认可为由，提起股东代表诉讼。

要求：根据上述内容，分别回答下列问题。

（1）甲公司出售子公司乙公司股权的交易方案未经独立董事认可是否合法？简要说明理由。

（2）甲公司出售子公司乙公司股权的交易方案未经股东会决议是否合法？简要说明理由。

（3）赵某是否有权提起股东代表诉讼？简要说明理由。

5. 甲公司为上海证券交易所主板挂牌的上市公司，2025年发生如下事项：

（1）2025年4月1日甲公司董事会发布公告，甲公司将于5月18日召开股东会年会。根据董事会的公告，除例行事项提交本次股东会年会审议外，还审议由职工代表张某担任监事一事。

（2）持有公司3%股份的股东王某于5月10日向董事会书面提交临时提案，建议改选公司董事。董事会拒绝将该提案提交年度股东会审议。

（3）甲公司董事李某将其2025年2月1日买入的甲公司股票200万股，于2025年6月1日卖出，获得收益500万元。

要求：根据上述资料，回答下列问题。

（1）年度股东会是否可以审议职工代表张某担任监事一事，并简要说明理由。

（2）董事会拒绝将王某的提案提交年度股东会审议是否符合公司法律制度规定，并简要说明理由。

（3）董事李某买卖股票的所得收益如何处理？并简要说明理由。

6. 赵某担任甲上市公司总经理，并持有该公司股票10万股。钱某为甲公司董事长兼法定代表人。

2025年7月1日，钱某召集甲公司董事会，9名董事中有4人出席，另有1名董事孙某因故未能出席，书面委托钱某代为出席投票；赵某列席会议。会上，经钱某提议，出席董事会的全体董事通过决议，从即日起免除赵某总经理职务。赵某向董事会抗议称：公司无正当理由不应当解除其职务，且董事会实际出席人数未过半数，董事会决议无效。公司于次日公布了董事会关于免除赵某职务的决定。12月20日，赵某卖出所持的2万股甲公司股票。

2025年12月23日，赵某向中国证监会书面举报称：2025年4月1日，公司召开的董事会通过决议为母公司丙公司向银行借款提供担保，但甲公司并未公开披露该担保事项。

要求：根据上述内容，分别回答下列问题。

（1）2025年7月1日甲公司董事会的出席人数是否符合规定？并说明理由。

（2）甲公司董事会能否在无正当理由的情况下解除赵某的总经理职务？并说明理由。

（3）2025年12月20日赵某卖出所持甲公司2万股股票的行为是否合法？并说明理由。

（4）2025年4月1日甲公司董事会通过的为丙公司提供担保的决议是否合法？并说明理由。

7. 2020年5月6日，甲企业、乙企业等6家企业作为发起人共同以发起设立方式成立A股份有限公司，于2024年10月10日在证券交易所上市。

2025年3月5日，甲企业将所持有的A公司的部分股份对外转让给了丙公司，但此项转让未征得其他股东的同意。

2025年4月6日，A公司召开董事会，审议对B公司提供担保的事项，已知，A公司的董事郑某在 B 公司担任经理。

2025 年 4 月 25 日，在临时股东会上，除审议通过了发行公司债券的决议外，还根据乙企业的提议，临时增加了一项增选一名公司董事的议案，以上两项经出席会议的股东所持表决权的过半数通过。

要求：根据上述内容，分别回答下列问题。

（1）甲企业转让 A 公司股份的行为是否符合法律规定？并说明理由。

（2）A 公司董事会决议该如何通过？

（3）A 公司临时股东会通过发行公司债券的决议和增选一名公司董事的决议是否符合法律规定？并说明理由。

8. 甲股份有限公司（以下简称甲公司）设立于 2024 年 7 月 1 日。公司章程中规定董事会由 9 名董事组成，其中 2 名董事为职工代表。

在公司经营过程中发生以下事项：

（1）股东会认为担任董事的职工代表李某难以胜任工作，决定由职工代表王某代替李某的董事职位。

（2）股东刘某发现董事长赵某因贿赂被判刑，2016 年 5 月 1 日刑满释放，刘某认为赵某曾经因贿赂被判刑不具有担任公司董事的资格。

要求：根据上述内容，分别回答下列问题。

（1）董事会中有 2 名职工代表的做法是否合理？请简要说明理由。

（2）股东会决定由王某代替李某的做法是否合理？请简要说明理由。

（3）股东刘某认为赵某曾经因贿赂被判刑，不具有担任公司董事资格的看法是否合理？请简要说明理由。

9. A 有限责任公司（以下简称 A 公司）董事会由 7 名董事组成。2025 年发生的主要事项如下：

3 月 5 日，A 公司依法召开董事会会议，决定为其子公司与 B 公司签订的买卖合同提供连带责任保证，该保证的数额超过了公司章程规定的限额。在讨论该保证事项时，只有董事甲投了反对票，其意见已被记载于会议记录。其他董事均认为子公司经营状况良好，信用风险不大，对该保证事项投了赞成票。出席会议的全体董事均在会议记录上签了名。

5 月 20 日，董事乙以 A 公司的名义从自己手中购买闲置已久的电脑一台。对此，公司章程明确规定：公司的董事、高级管理人员不得与公司订立合同或进行交易。股东丙知道后提出异议，认为乙违反公司章程的规定，要求其赔偿损失。

6 月 6 日，丙向 A 公司的监事会递交一份书面请求，请求其向法院起诉乙违反忠实义务，要求乙赔偿公司损失，遭到拒绝。6 月 20 日，丙为了公司利益以自己的名义直接对乙提起诉讼。

11 月 20 日，子公司在其与 B 公司签订的买卖合同债务履行期届满后未履行债务，B 公司要求 A 公司承担保证责任，A 公司因承担保证责任而遭受严重损失。

要求：根据公司法律制度的规定及上述资料，回答下列问题。

（1）对于 A 公司因承担保证责任而遭受的损失，甲是否承担赔偿责任？并简要说明理由。

（2）乙的做法是否违反了高级管理人员对公司的忠实义务？并简要说明理由。

（3）丙以自己名义直接对乙提起诉讼是否合法？并简要说明理由。

二、综合题

1. 2020 年 1 月，甲、乙、丙、丁四人共同出资设立英翔留学服务有限责任公司（以下简称英翔公司）。四名股东的出资比例依次是 35%、30%、25% 和 10%。甲担任公司执行董事、总经理；公司不设监事会，由丙任监事。

（1）2021 年 2 月，丙提出，甲在留学咨询行业从业多年，经验丰富，对公司业务发展有较大贡献，提议 2020 年度利润由甲、乙、丙、丁分别以 45%、25%、20% 和 10% 的比例进行分配。全体股东均表示同意。

（2）2022 年 3 月，乙以分期付款方式购买一辆轿车，经销商要求其提供担保。乙与甲商量后，甲便以英翔公司名义与经销商签署一份保证合同，并加盖英翔公司印章。事后，甲将此事告知丙，丙未表示异议。丁得知后表示反对，甲回应说公司多数股东已经同意，担保不违反法律。

（3）2024 年 7 月，丁因公司 3 年来一直不分配利润而提出查阅会计账簿的书面请求。英翔公司允许丁在公司查阅会计账簿，但拒绝丁复印部分账簿内容的请求。

（4）2025 年 1 月，丁见投资无回报，也无法参与管理，心生转让股权之意。经询问，乙有兴趣购买。甲听说后提出，有限责任公司股东之间转让股权，须经其他股东过半数同意，因此，丁必须先获得其他股东过半数同意，才可以将股权转让给乙。后丁认为乙的出价太低，遂放弃转让给乙的打算。

（5）2025年4月，甲编写的《留学指南丛书》出版。甲未告知其他股东，就以英翔公司名义从自己手中购买5 000套该丛书。丁知道后提出异议，认为甲的行为违反了董事对公司的忠实义务。

（6）2025年5月6日，丁向公司监事丙当面递交一份书面请求，请求其向法院起诉甲违反忠实义务，要求甲赔偿公司损失。丙一直未作答复，也未采取任何行动。6月20日，丁为公司利益以自己名义直接对甲提起诉讼。

要求：根据上述资料和公司法律制度的规定，回答下列问题。

（1）英翔公司2020年度利润未按照股东的出资比例进行分配是否违反了公司法律制度的规定？并说明理由。

（2）英翔公司为股东乙提供的担保是否违反了公司法律制度的规定？并说明理由。

（3）英翔公司拒绝丁复印部分账簿内容的做法是否符合公司法律制度的规定？并说明理由。

（4）根据本题要点（4）内容，甲的观点是否符合公司法律制度的规定？并说明理由。

（5）根据本题要点（5）内容，甲的行为是否违反了公司法律制度的规定？并说明理由。

（6）根据本题要点（6）内容，丁为公司利益以自己名义直接对甲提起诉讼的做法是否符合公司法律制度的规定？并说明理由。

2. 甲股份有限公司于2024年8月在上海证交所上市，设有董事5人，监事7人。至2024年底，甲公司发行在外的普通股为8 000万股，资产总额86亿元，负债总额46亿元。

2025年上半年该公司发生如下事项：

（1）董事赵某因病辞去董事职务。

（2）董事钱某拟将自己所持有甲公司股份的20%转让给监事李某，双方达成书面转让协议。

（3）甲公司召开董事会讨论发行优先股的方案，拟于2023年初发行优先股4 000万股，

每股定价60元。

（4）为丙公司的疫苗项目提供30亿元的担保。

（5）甲公司董事高某，长期以高于市场价50%的价格向自己妻子投资控股的丁公司采购原材料，甲公司监事会明确表示不会就该事件向法院起诉追究高某的责任。持有甲公司2%股份的发起人股东侯某以自己的名义向法院起诉，要求高某向自己进行赔偿。

庭审时，高某提出抗辩理由：甲公司与丁公司交易已经过甲公司股东会讨论同意并履行了信息披露义务，自己不应当承担赔偿责任。

要求：根据上述资料和公司法律制度、证券法律制度的规定，回答下列问题。

（1）董事赵某因病辞职，甲公司是否应当召开临时股东会？并说明理由。

（2）董事钱某是否可以向监事李某转让股份？并说明理由。

（3）甲公司是否可以按此方案发行优先股？并说明理由。

（4）为丙公司提供担保的事项，应当如何表决？并说明理由。

（5）高某的抗辩理由是否成立？并说明理由。

（6）侯某的诉求能否得到人民法院的支持？并说明理由。

3. 甲上市公司有董事9人，2024年8月召开董事会会议，3名董事因身在国外未出席。董事赵某因住院无法出席，书面委托董事侯某代为出席并代自己对M项目的投资方案投赞成票，委托协议中未约定其他事项。董事会会议如期举行，讨论事项如下：

（1）会议决定增选王某为公司董事，经查王某2年前曾担任乙公司董事长，因其个人责任致乙公司经营不善破产清算。

（2）会议讨论了M项目的投资方案，出席会议的董事除侯某表示反对外、其他董事均表示同意，该方案最终得以通过。

（3）经股东会授权，会议讨论了回购股份用于员工持股计划的方案，经出席会议的董事一致同意，该方案最终得以通过。

（4）会议讨论了为乙公司提供担保的方案，出席会议的甲公司董事中有1人同时为乙公司董事未参与表决，董事侯某明确表示反对，其他董

事一致同意，该方案最终得以通过。

董事会上述讨论事项的相关意见均记载于董事会会议记录，出席会议的全体董事均在会议记录上签了名。

2025年10月，乙公司借款到期无力偿还，甲公司承担担保责任遭受重大损失。

要求：根据上述资料和《公司法》的有关规定，不考虑其他因素，分析回答下列问题。

（1）董事赵某委托侯某出席董事会会议是否符合法律规定，并说明理由。

（2）指出董事会讨论事项（1）中的不合理之处，并说明理由。

（3）董事会讨论事项（2）的通过是否符合法律规定，并说明理由。

（4）董事会讨论事项（3）的通过是否符合法律规定，并说明理由。

（5）董事会讨论事项（4）的通过是否符合法律规定，并说明理由。

（6）对于甲公司因承担保证责任而遭受的严重损失，与会董事应如何承担法律责任？并说明理由。

4. 甲股份有限公司（以下简称甲公司）成立于2016年9月3日，公司股票于2025年2月1日在深圳证券交易所上市交易。公司章程规定，凡投资额在2 000万元以上的投资项目须提交公司股东会讨论决定。

乙有限责任公司（以下简称乙公司）是一家软件公司，甲公司董事李某为其出资人之一。乙公司新研发一款高科技软件，但缺少3 000万元资金，遂与甲公司洽谈，希望甲公司投资3 000万元用于生产此软件。

2025年2月10日，甲公司董事会直接就投资生产软件项目事宜进行讨论表决。全体董事均出席董事会并参与表决。在表决时，董事陈某对此投资项目表示反对，其意见被记载于会议记录，赵某等其余8名董事均表示同意，甲公司董事会遂通过向乙公司投资的决议。随后，甲公司与乙公司签订投资合作协议，双方就投资数额、利润分配等事项作了约定。3月1日，甲公司即按约定向乙公司投资3 000万元用于此软件生产项目。

2025年8月，软件产品投入市场，但由于产品性能不佳，销售状况很差，甲公司因此软件投资项目而损失重大。

2025年11月1日，甲公司董事李某建议其朋友王某抛售所持有的甲公司的全部股票。11月5日，甲公司将有关该投资软件项目而损失重大的情况向中国证监会和深圳证券交易所报送临时报告，并予以公告。甲公司的股票价格随即下跌。

2025年11月20日，持有甲公司2%股份的发起人股东郑某以书面形式请求公司监事会向人民法院提起诉讼，要求赵某等董事就投资软件项目的损失对公司负赔偿责任。但公司监事会拒绝提起诉讼，郑某遂以自己的名义直接向人民法院提起诉讼，要求赵某等董事对公司的损失承担赔偿责任。

此后，郑某考虑退出甲公司，拟于2025年12月20日将其所持有的甲公司全部股份转让给他人。

要求：根据上述内容，分别回答下列问题。

（1）董事李某是否有权对甲公司向乙公司投资生产软件项目的决议行使表决权？并说明理由。

（2）董事陈某是否应就投资软件项目的损失对甲公司承担赔偿责任？并说明理由。

（3）董事李某建议其朋友王某抛售甲公司股票是否符合法律规定？并说明理由。

（4）股东郑某以自己的名义直接向人民法院提起诉讼是否符合法律规定？并说明理由。

（5）股东郑某是否可以于2025年12月20日转让全部股份？并说明理由。

5. A股份有限公司（以下简称A公司）由发起人甲国有独资公司（以下简称甲公司）、乙企业、丙企业、自然人张某共同投资发起设立。2022年1月领取企业法人营业执照。甲公司的副董事长李某担任A公司董事长。2024年初，A公司股东与公司董事会就公司发展方向不能达成共识，为此2024年2月有4名董事辞职，其中包括一名公司职工代表。A公司公司章程规定公司董事会成员9名。2024年3月，A公司决定召开临时股东会增选4名董事。临时股东会会议召开10日前董事会通知了各股东，并公告了会议召开的时间、地点和审议事项。

2024年8月A公司与B上市公司（以下简称B公司）达成股份转让协议，A公司受让B

公司 7% 的有表决权的股份，并在达成协议之日起 3 日内编制了权益变动报告书，向中国证监会、证券交易所提交了书面报告，并予公告。

2025 年 3 月，发起人股东张某成功移民海外，在未征得其他股东同意的情况下将其持有的 A 公司股份转让给同学赵某。

要求：根据以上资料结合相关法律制度的规定，回答下列问题。

（1）甲公司的副董事长李某担任 A 公司董事长是否符合法律规定？说明理由。

（2）A 公司召开临时股东会在时间程序上是否符合法律规定？

（3）A 公司临时股东会讨论公司董事增补是否存在不符合法律规定之处？分别说明理由。

（4）A 公司与 B 公司协议收购的信息披露是否符合法律规定？说明理由。

（5）发起人股东张某是否有权转让其股份？发起人股东张某转让股份是否需要征得其他发起人股东过半数的同意？发起人股东张某转让股份的方式，法律是如何规定的？分别予以说明。

参考答案

一、简答题

1.【答案】

（1）人民法院不予支持。根据规定，出资人以房屋出资，已经交付公司使用但未办理权属变更手续，公司、其他股东或者公司债权人主张认定出资人未履行出资义务的，人民法院应当责令当事人在指定的合理期间内办理权属变更手续；在前述期间内办理了权属变更手续的，人民法院应当认定其已经履行了出资义务。本题中，赵某在人民法院指定的合理期间内办理了权属变更手续，人民法院应当认定其已经履行了出资义务。

（2）人民法院不予支持。根据规定，出资人以符合法定条件的非货币财产出资后，因市场变化或者其他客观因素导致出资财产贬值，公司、其他股东或者公司债权人请求该出资人承担补足出资责任的，人民法院不予支持，但当事人另有约定的除外。

（3）人民法院应予支持。根据规定，出资

人以划拨土地使用权出资，公司、其他股东或者公司债权人主张认定出资人未履行出资义务的，人民法院应当责令当事人在指定的合理期间内办理土地变更手续；逾期未办理的，人民法院应当认定出资人未依法全面履行出资义务。本题中，乙公司未在人民法院指定的合理期间内办理土地变更手续，人民法院应当认定其未依法全面履行出资义务。

2.【答案】

（1）符合法律规定。根据规定，公司为公司股东或者实际控制人提供担保的，应当经股东会决议。接受担保的股东或者受接受担保的实际控制人支配的股东，不得参加前述规定事项的表决。该项表决由出席会议的其他股东所持表决权的过半数通过。本题中，该事项由出席会议的其他股东赵某、钱某和孙某一致同意，因此乙公司股东会为甲公司提供担保的决议程序符合法律规定。

（2）不符合法律规定。根据规定，对于有限责任公司，代表 1/10 以上表决权的股东，1/3 以上的董事或者监事会提议召开临时会议的，应当召开临时会议。股东会会议由股东按照出资比例行使表决权；但是，公司章程另有规定的除外。本题中，在乙公司章程未作特别规定的情况下，李某持股比例不足 1/10，不符合条件，因此李某召开股东会临时会议的提议不符合法律规定。

（3）符合法律规定。根据规定，有限责任公司的股东之间可以相互转让其全部或者部分股权。因此，本题中，李某将乙公司股权转让给股东孙某不需要征得其他股东同意，其股权转让行为符合法律规定。

（4）符合法律规定。根据规定，有限责任公司监事任期届满未及时改选，或者监事在任期内辞任导致监事会成员低于法定人数的，在改选出的监事就任前，原监事仍应当依照法律、行政法规和公司章程的规定，履行监事职务。本题中乙公司仅李某一名监事，因此在改选出的监事就任前，李某仍应当依照法律、行政法规和公司章程的规定，履行监事职务。

3.【答案】

（1）法院不应该支持魏某的请求。根据规定，有限责任公司的股东未履行出资义务或者抽逃全部出资，经公司催告缴纳或者返还，其在合理期间内仍未缴纳或者返还出资，公司以股东会决议解除该股东的股东资格，该股东请求确认该解除行为无效的，人民法院不予支持。

（2）陈某有权请求魏某对给公司造成的损失承担赔偿责任。对于股东不按照规定缴纳出资的，《公司法》规定，除该股东应当向公司足额缴纳外，还应当对给公司造成的损失承担赔偿责任。该赔偿责任除出资部分外，还包括未出资的利息。

（3）甲公司有权请求陈某、孙某承担连带责任。根据规定，有限责任公司成立时，股东未按照公司章程规定实际缴纳出资，或者实际出资的非货币财产的实际价额显著低于所认缴的出资额的，设立时的其他股东与该股东在出资不足的范围内承担连带责任。

4.【答案】

（1）不合法。

根据规定，独立董事对公司关联交易应进行审核并发表独立意见。

（2）不合法。

根据规定，上市公司在1年内购买、出售重大资产或者担保金额超过公司最近1期经审计总资产30%的，应当经股东会决议，并经出席会议的股东所持表决权的2/3以上通过。

（3）赵某有权提起股东代表诉讼。

根据规定，董事侵害公司利益，而监事会收到书面请求30日内未提起诉讼，连续180日以上单独或者合计持有股份有限公司1%以上股份的股东有权提起股东代表诉讼。

5.【答案】

（1）年度股东会不可以审议改选由职工代表担任的监事。

根据规定，股东会可以选举和更换非由职工代表担任的董事、监事。或监事会中的职工代表由公司职工通过职工（代表）会或者其他形式民主选举产生。

（2）董事会拒绝将王某的提案提交年度股东会审议符合公司法律制度规定。

根据规定，单独或者合计持有公司3%以上股份的股东，可以在股东会召开10日前提出临时提案并书面提交董事会；董事会应当在收到提案后2日内通知其他股东，并将该临时提案提交

股东会审议。

（3）董事李某买卖股票的所得收益归公司所有。

根据规定，上市公司董事、监事、高级管理人员、持有上市公司股份5%以上的股东，将其持有的该公司的股票在买入后6个月内卖出，或者在卖出后6个月内又买入，由此所得收益归该公司所有，公司董事会应当收回其所得收益。

6.【答案】

（1）2025年7月1日，甲公司董事会的出席人数符合规定。

根据公司法律制度的规定，董事会会议应有过半数董事出席方可举行，但董事因故不能出席的，可以书面委托其他董事代为出席。甲公司有9名董事，4名实际出席，1名委托他人出席，符合过半数要求。

（2）董事会可在无正当理由的情况下解除赵某的总经理职务。

根据公司法律制度的规定，董事会有权解聘公司总经理，并不需要理由。

（3）2025年12月20日，赵某卖出甲公司2万股股票的行为不合法。

根据公司法律制度的规定，公司高级管理人员在离职后半年内，不得转让其所持有的本公司股份。

（4）2025年4月1日，甲公司董事会通过的为丙公司提供担保的决议不合法。

根据公司法律制度的规定，公司为公司股东提供担保的，必须经股东会或者股东会决议。

7.【答案】

（1）甲企业转让A公司股份的行为不符合法律规定。

根据规定，发起人持有的本公司股份，自公司成立之日起1年内不得转让。公司公开发行股份前已发行的股份，自公司股票在证券交易所上市交易之日起1年内不得转让。2023年3月5日未满上市交易之日1年，因此不得转让。

（2）A公司董事会决议应由过半数的无关联董事出席，并需经无关联关系董事过半数通过。

（3）①A公司临时股东会通过发行公司债券的决议符合法律规定。

根据规定，对发行公司债券作出决议属于股东会的职权，股东会决议经出席会议的股东所持

表决权的过半数通过即可。

②A 公司临时股东会通过增选一名公司董事的决议不符合法律规定。

根据规定，临时股东会不得对通知中未列明的事项作出决议。

8.【答案】

（1）董事会有 2 名职工代表的做法合理。

根据规定，董事会成员中可以有职工代表，并未规定职工代表的比例。因此甲公司董事会有 2 名职工代表的做法合理。

（2）股东会决定由王某代替李某的做法不合理。

根据规定，董事会中的职工代表由公司职工通过职工代表大会、职工大会或者其他形式民主选举产生。由股东会决定更换的做法不合理。

（3）刘某的看法不合理。

根据规定，因贪污、贿赂、侵占财产、挪用财产或者破坏社会主义市场经济秩序，被判处刑罚，执行期满未逾 5 年，或者因犯罪被剥夺政治权利，执行期满未逾 5 年的，不得担任公司的董事、监事、高级管理人员。赵某已经刑满释放满 5 年，具有担任公司董事的资格。

9.【答案】

（1）甲不承担赔偿责任，由其他董事承担赔偿责任。

根据规定，董事应当对董事会的决议承担责任。董事会的决议违反法律、行政法规或者公司章程、股东会决议，致使公司遭受严重损失的，参与决议的董事对公司负赔偿责任，但经证明在表决时曾表明异议并记载于会议记录的，该董事可以免除责任。

本题中，甲对担保事项持反对意见并记载于会议记录，故不承担赔偿责任。

（2）乙违反了忠实义务。

根据规定，公司的董事、高级管理人员不得违反公司章程的规定或未经股东会同意，与本公司订立合同或者进行交易。

本题中，A 公司章程已明确禁止总经理与公司进行交易，故乙的行为不合法，所得收入应当归公司所有。

（3）丙的行为合法。

根据规定，公司的董事、监事、高级管理人员侵犯公司利益的，有限责任公司的股东可以书

面请求监事会或者不设监事会的有限责任公司的监事向人民法院提起诉讼；监事会、不设监事会的有限责任公司的监事，或者董事会、执行董事收到前款规定的股东书面请求后拒绝提起诉讼，或者自收到请求之日起 30 日内未提起诉讼，或者情况紧急、不立即提起诉讼将会使公司利益受到难以弥补的损害的，股东有权为了公司的利益以自己的名义直接向人民法院提起诉讼。

本题中，股东丙要求监事会追究乙的责任遭到拒绝，故有权以自己的名义直接向人民法院提起诉讼。

二、综合题

1.【答案】

（1）英翔公司 2020 年度利润未按照股东的出资比例进行分配并不违反公司法律制度的规定。

根据规定，有限责任公司的股东按照实缴的出资比例分配税后利润；但是全体股东约定不按照出资比例分配的除外。

（2）英翔公司为股东乙提供的担保违反了公司法律制度的规定。

根据规定，有限责任公司为股东提供担保的，必须经股东会决议。本题中，英翔公司为股东乙提供的担保未经股东会决议而违法。

（3）英翔公司拒绝丁复印部分账簿内容的做法符合公司法律制度的规定。

根据规定，有限责任公司的股东可以要求查阅公司会计账簿，但无权复制。

（4）甲的观点不符合公司法律制度的规定。

根据规定，有限责任公司的股东之间可以相互转让全部或者部分股权，《公司法》对此未设任何限制。

（5）甲的行为违反了公司法律制度的规定。

根据规定，董事、高级管理人员违反公司章程的规定或者未经股东会同意，与本公司订立合同或者进行交易的，属于法律禁止的行为。

（6）丁的做法符合公司法律制度的规定。

根据规定，董事、高级管理人员侵犯公司合法利益时，有限责任公司的股东可以书面请求监事会或者不设监事会的有限责任公司的监事向人民法院提起诉讼。如果监事收到股东的书面请求后拒绝提起诉讼，或者自收到请求之日起 30

内未提起诉讼，或者情况紧急、不立即提起诉讼将会使公司利益受到难以弥补的损害的，股东有权为了公司的利益以自己的名义直接向人民法院提起诉讼。

2.【答案】

（1）董事赵某因病辞职，甲公司应当在2个月内召开临时股东会。

根据规定，股份有限公司董事会成员最少为5人，董事人数不足公司法规定人数或者公司章程所定人数的2/3时，应当在2个月内召开临时股东会。

（2）董事钱某不能向监事李某转让股份。

根据规定，上市公司董事持有的本公司股份，自公司股票上市交易之日起1年内不得转让。

（3）甲公司不能按此方案发行优先股。

根据规定，公司已发行的优先股不得超过普通股股份总数的50%，且筹资金额不得超过发行前净资产的50%。

本题中，普通股股数8 000万股，发行前净资产为40亿元。本次发行优先股数量4 000万股，未超过普通股股份总数的50%，但按60元/股的价格发行将筹集资金24亿元，超过了公司发行前净资产的50%。

（4）为丙公司提供担保的事项应当作为甲公司股东会的特别决议事项进行表决。

根据规定，上市公司在一年内购买、出售重大资产或者担保金额超过公司资产总额30%的，应当由股东会作出决议，并经出席会议的股东所持表决权的2/3以上通过。

（5）高某的抗辩理由不成立。

根据规定，公司控股股东、实际控制人、董事、监事、高级管理人员通过关联交易损害公司利益，公司向人民法院起诉，请求其赔偿所造成的损失，被告仅以该交易已经履行了信息披露、经股东会同意为由抗辩的，人民法院不予支持。

（6）侯某的诉求不能得到人民法院的支持。

根据规定，公司董事执行公司职务时违反法律、行政法规或者公司章程的规定，给公司造成损失的，股份有限公司连续180日以上单独或者合计持有公司1%以上股份的股东，可以书面请求监事会向人民法院提起诉讼。监事会收到股东的书面请求后，拒绝提起诉讼，股东有权为了公司的利益，以自己的名义直接向人民法院提起诉

讼。股东直接提起诉讼的案件，胜诉利益归属于公司。

3.【答案】

（1）董事赵某委托侯某出席董事会会议符合法律规定。

根据规定，董事因故不能出席会议的，可以书面委托其他董事代为出席，委托书中应载明授权范围。

本题中，双方的委托书以书面形式订立，委托书中载明授权范围，侯某也属于甲公司董事，满足接受委托的条件。

（2）①董事会决定董事人选不符合法律规定。

根据规定，股份有限公司由股东会选举和更换由非职工代表担任的董事，职工代表会选举和更换由职工代表担任的董事。

②王某不具备担任甲股份有限公司董事的资格。

根据规定，担任破产清算的公司、企业的董事或者厂长、经理，对该公司、企业的破产负有个人责任的，自该公司、企业破产清算完结之日起未逾3年，不得担任公司的董事、监事和高级管理人员。

（3）董事会讨论事项（2）的通过符合法律规定。

根据规定，股份有限公司董事会会议应有过半数董事出席方可举行，会议决议必须经全体董事的过半数通过。

本题中，甲公司有9名董事，出席会议的董事为5人，满足会议召开条件。该项决议出席会议的董事有1人反对，4人同意，同时未出席的董事赵某委托董事侯某对该项决议投赞成票应计算在内，则同意人数为5人，满足决议成立条件。

（4）董事会讨论事项（3）的通过不符合法律规定。

根据规定，上市公司用于员工持股计划或股权激励而收购本公司股份，可以依照股东会的授权，经2/3以上董事出席的董事会会议决议。

本题中，甲公司共有9名董事，出席会议并同意决议的董事人数为5人，未达到董事会人数2/3，因此该决议不成立。

（5）董事会讨论事项（4）的通过不符合法律规定。

根据规定，上市公司董事与董事会会议决议事项所涉及的企业有关联关系的，不得对该项决议行使表决权，也不得代理其他董事行使表决权。该董事会会议由过半数的无关联关系董事出席即可举行，董事会会议所作决议须经无关联关系董事过半数通过。

本题中，甲公司董事为9人，出席会议的董事为5人，其中有1人是关联董事，无关联董事为4人，未超过无关联关系董事总人数的半数，因此决议不成立。

（6）出席会议的5名董事中，侯某不承担赔偿责任，其他董事承担赔偿责任。

根据规定，董事应当对董事会的决议承担责任。董事会的决议违反法律、行政法规或公司章程、股东会决议，致使公司遭受严重损失的，参与决议的董事对公司负赔偿责任。但经证明在表决时曾表明异议并记载于会议记录的，该董事可免除责任。

本题中，侯某对担保事项持反对意见并记载于会议记录，因此不承担赔偿责任。

4.【答案】

（1）董事李某无权行使表决权。

根据规定，上市公司董事与董事会会议决议事项所涉及的企业有关联关系的，不得对该项决议行使表决权。

（2）董事陈某无须承担赔偿责任。

根据规定，董事会的决议违反公司章程，致使公司遭受严重损失的，参与决议的董事对公司负赔偿责任。但经证明在表决时曾表明异议并记载于会议记录的，该董事可以免除责任。

（3）董事李某建议其朋友王某抛售甲公司股票不符合法律规定。

根据规定，证券交易内幕信息的知情人员，在内幕信息公开前，不得建议他人买卖该证券。

（4）股东郑某以自己的名义直接向人民法院提起诉讼符合法律规定。

根据规定，股份有限公司的董事执行公司职务时违反公司章程的规定，给公司造成损失的，应承担赔偿责任。股份有限公司连续180日以上单独或合计持有公司1%以上股份的股东，可以书面请求监事会向人民法院提起诉讼。在遭到监事会拒绝后，有权以自己名义直接向人民法院提起诉讼。

（5）股东郑某不能于2025年12月20日转让全部股份。

根据规定，公司公开发行股份前已发行的股份，自公司股票在证券交易所上市交易之日起1年内不得转让。

5.【答案】

（1）甲公司的副董事长李某担任A公司董事长不符合法律规定。

根据规定，国有独资公司的董事、高级管理人员，未经履行出资人职责的机构同意，不得在其他有限责任公司、股份有限公司或者其他经济组织兼职。

（2）①A公司召开临时股东会的时间符合法律规定。

根据规定，股份有限公司在出现召开临时股东会的法定事由时，应当在2个月内召开临时股东大会。本题中A公司是在2024年2月出现董事会9名董事中，4名辞职，董事人数不足公司章程所定2/3的召开临时股东会情形时，2024年3月召开的临时股东会，在时间上符合2个月内召开的法律规定。

②A公司召开临时股东会通知股东的时间不符合法律规定。

根据规定，公司董事会应当于临时股东会召开15日前公告会议的召开时间、地点和审议事项。本题中，临时股东会会议召开10日前董事会才通知各股东，公告会议召开的时间、地点和审议事项，不符合法律规定。

（3）A公司临时股东会讨论增补职工代表董事不符合法律规定。

根据规定，股份有限公司股东会有权选举和更换非由职工代表担任的董事、监事，决定有关董事、监事的报酬事项，董事会中的职工代表由公司职工通过职工代表大会、职工大会或者其他形式民主选举产生。因此，A公司临时股东会讨论增补职工代表的董事不符合法律规定。

（4）A公司与B公司协议收购的信息披露符合法律规定。

根据证券法律制度的规定，通过协议转让方式，投资者及其一致行动人在一个上市公司中拥有表决权的股份拟达到或者超过5%时，应当在该事实发生之日起3日内编制权益变动报告书，向国务院证券监督管理机构、证券交易所提交书面报告，通知该上市公司，并予公告。

（5）①发起人股东张某有权转让其股份。

根据规定，发起人持有的本公司股份，自公司成立之日起1年内不得转让。本题中，A公司成立时间为2022年1月，张某转让股份的时间为2025年3月，符合《公司法》对发起人转让公司股份的限制规定。

②发起人股东张某转让股份无须征得其他发起人股东过半数的同意。股份有限公司是开放式的公司，股东转让股份相对自由（有限责任公司股东向外转让股权有需要征得其他股东过半数的同意的规定）。

③发起人股东张某转让股份应当采用背书的方式转让。

根据规定，公司向发起人、法人发行的股票，应当为记名股票。记名股票由股东以背书方式或者法律、行政法规规定的其他方式转让，转让后由公司将受让人的姓名或者名称及住所记载于股东名册。

专题二　合伙企业法律制度

命题思路

合伙企业法律制度一般是以客观题的形式出现，在主观题中主要是以简答题的方式考查，偶尔出现在综合题中。该章节知识点大多数需要准确理解，且考点相对集中，一般涉及财产份额的转让出质、合伙事务的执行、合伙人在执行合伙事务时的权利和义务以及合伙企业的损益承担等规则。相对公司法来说，合伙企业法内容少、难度小、易得分，复习中需要针对普通合伙人、有限合伙人进行对比记忆更加容易掌握。应试策略上，考生需注意对历年真题的理解、掌握。

经典例题

1. 2024 年 4 月，陈某、王某、李某、黄某共同出资设立甲有限合伙企业（以下简称甲企业）。其中，陈某、王某为普通合伙人，李某、黄某为有限合伙人。

2024 年 5 月，为扩大经营规模，甲企业向乙公司借款 50 万元。借款合同约定：借款期限为 1 年；年利率为 18%。

2025 年 1 月，经其他合伙人一致同意，李某退伙，从甲企业取回财产 5 万元。

2025 年 3 月，经其他合伙人一致同意，王某转变为有限合伙人，黄某转变为普通合伙人。

2025 年 5 月，借款期限届满，甲企业无力清偿借款本息。乙公司请求陈某、王某、李某、黄某对该债务承担无限连带责任。

王某抗辩称：自己已转变为有限合伙人，只需以自己在甲企业的财产份额为限承担责任；

李某抗辩称：自己已经退伙，对该债务无须承担责任；

黄某抗辩称：借款债务发生在自己作为有限合伙人期间，自己仅需以当时的出资额为限承担责任。

要求：根据上述资料和合伙企业法律制度的规定，不考虑其他因素，回答下列问题。

（1）王某的抗辩是否成立？简要说明理由。

（2）李某主张自己无须对借款债务承担责任是否符合法律规定？简要说明理由。

（3）黄某的抗辩是否成立？简要说明理由。

【答案】

（1）王某的抗辩不成立。

根据合伙企业法律制度规定，普通合伙人转变为有限合伙人的，对其作为普通合伙人期间合伙企业发生的债务承担无限连带责任。

本题中，王某于 2025 年 3 月转为有限合伙人，甲企业欠乙公司的债务发生于 2024 年 5 月王某为普通合伙人期间，王某应当承担无限连带责任。

（2）李某主张自己无须对借款债务承担责任不符合法律规定。

根据合伙企业法律制度规定，有限合伙人退伙后，对基于其退伙前的原因发生的有限合伙企业债务，以其退伙时从有限合伙企业中取回的财产承担责任。

本题中，李某于 2025 年 1 月退伙，甲企业欠乙公司的债务发生于 2024 年 5 月，属于退伙前的债务。

（3）黄某的抗辩不成立。

根据合伙企业法律制度规定，有限合伙人转变为普通合伙人的，对其作为有限合伙人期间有限合伙企业发生的债务承担无限连带责任。

本题中，黄某在债务发生时虽然是有限合伙人，但其后来转变成普通合伙人，所以对其作为有限合伙人期间有限合伙企业发生的债务也应承担无限连带责任。

2. 李某、王某、林某、郑某共同出资设立甲有限合伙企业（以下简称甲企业），合伙协议约定：李某为普通合伙人，王某、林某、郑某为有限合伙人；李某执行合伙企业事务。合伙协议对有限合伙人的权利未作限制性约定。

2024年甲企业发生下列事项：

（1）1月，王某未经其他合伙人同意，将其在甲企业中的财产份额出质给乙商业银行，借款20万元。

（2）3月，李某发现林某投资设立了一个一人有限责任公司，从事与甲企业同类的业务，挤占了甲企业的市场份额。李某要求林某不得从事与甲企业相竞争的业务，遭到林某拒绝。

（3）4月，郑某因个人原因退伙，从甲企业取得退伙结算财产5万元。8月，丙公司要求甲企业偿还2023年12月所欠的到期货款30万元。因无力清偿，甲企业要求郑某承担其中5万元的债务。郑某以其已经退伙为由拒绝。

要求：根据上述资料和合伙企业法律制度的规定，不考虑其他因素，回答下列问题。

（1）王某将其在甲企业中的财产份额出质给乙商业银行是否合法？简要说明理由。

（2）李某要求林某不得从事与甲企业相竞争的业务是否合法？简要说明理由。

（3）郑某拒绝承担5万元债务是否合法？简要说明理由。

【答案】

（1）王某将其在甲企业中的财产份额出质给乙商业银行合法。

根据合伙企业法律制度规定，有限合伙人可以将其在有限合伙企业中的财产份额出质；但是，合伙协议另有约定的除外。本题中，合伙协议对有限合伙人的权利未作限制性约定。

（2）李某要求林某不得从事与甲企业相竞争的业务不合法。

根据合伙企业法律制度规定，有限合伙人可以自营或者同他人合作经营与本有限合伙企业相竞争的业务；但是，合伙协议另有约定的除外。

本题中，合伙协议对有限合伙人的权利未作限制性约定。

（3）郑某拒绝承担5万元债务不合法。

根据合伙企业法律制度规定，有限合伙人退伙后，对基于其退伙前的原因发生的有限合伙企业债务，以其退伙时从有限合伙企业中取回的财产承担责任。

3. 2024年5月，张某、王某、李某共同出资设立了甲普通合伙企业（以下简称甲企业），合伙协议约定由张某执行合伙企业事务，且约定超过10万元的支出张某无权自行决定。合伙协议就执行合伙事务的其他事项未作特别约定。

2025年3月，张某的朋友刘某拟从银行借款8万元，请求张某为其提供担保。张某自行决定以甲企业的名义为刘某提供了担保。

2025年4月，张某以甲企业的名义与赵某签订一份买卖合同，价款为15万元。合同签订后，甲企业认为该合同是张某超越权限订立的，合同无效。赵某向法院起诉。经查，赵某知悉张某超越合伙协议对其权限的限制，签订了该合同。王某、李某认为张某签订买卖合同的行为不妥，决定撤销张某对外签订合同的资格。

要求：根据上述资料和合伙企业法律制度的规定，不考虑其他因素，回答下列问题。

（1）张某是否有权自行决定以合伙企业的名义为刘某提供担保？简要说明理由。

（2）甲企业主张买卖合同无效是否成立？简要说明理由。

（3）王某、李某是否有权撤销张某对外签订合同的资格？简要说明理由。

【答案】

（1）张某无权自行决定以合伙企业的名义为刘某提供担保。

根据合伙企业法律制度规定，除合伙协议另有约定外，以合伙企业名义为他人提供担保，应当经全体合伙人一致同意。

（2）甲企业主张买卖合同无效成立。

根据合伙企业法律制度规定，合伙企业对合伙人执行合伙事务以及对外代表合伙企业权利的限制，不得对抗善意第三人。在本题中，赵某对张某超越权限签订合同一事知情，不属于善意第三人，甲企业有权以赵某和张某恶意串通，损害甲企业合法权益为由主张该合同无效。

（3）王某、李某有权撤销张某对外签订合同的资格。

根据合伙企业法律制度规定，受委托执行合伙事务的合伙人不按合伙协议或者全体合伙人的决定执行事务的，其他合伙人可以决定撤销该委托。

4. 2025 年 3 月，甲、乙、丙、丁按照我国《合伙企业法》的规定，共同投资设立经营物流的有限合伙企业，丁为普通合伙人，甲、乙、丙均为有限合伙人。合伙协议约定了相关事项，以下为其中部分事项。

（1）甲和丁以现金出资，乙以房屋作价出资，丙以劳务作价出资。

（2）合伙企业的事务由丙和丁执行，甲和乙不执行合伙企业事务，也不对外代表合伙企业。

（3）合伙人向合伙人以外的人转让财产份额的，需要经过其他合伙人 2/3 以上同意。

要求：根据上述资料和合伙企业法律制度的规定，回答以下问题。

（1）合伙人出资的约定是否符合规定？简要说明理由。

（2）合伙企业事务执行方式是否符合规定？简要说明理由。

（3）合伙人转让出资的约定是否符合法律规定？简要说明理由。

【答案】

（1）合伙人出资的约定不符合规定。

《合伙企业法》规定，有限合伙人可以用货币、实物、知识产权、土地使用权或者其他财产权利作价出资。有限合伙人不得以劳务出资，丙为该合伙企业的有限合伙人，因此不得以劳务作为出资。

（2）合伙企业的事务由丙和丁执行的做法不符合规定。

根据规定，有限合伙人不执行合伙企业事务，不得对外代表合伙企业，由于丙为该合伙企业的有限合伙人，因此其执行合伙企业事务，对外代表合伙企业的做法是不符合规定的。

（3）合伙人转让出资的约定符合法律规定。

根据规定，除合伙协议另有约定外，普通合伙人向合伙人以外的人转让其在合伙企业中的全部或者部分财产份额时，须经其他合伙人一致同意。按照该规定，只要合伙协议中约定了转让的方式，那么就可以按照合伙协议的约定来处理。

5. 甲联合乙、丙、丁在 2024 年 12 月 15 日共同投资成立 A 食品检验实验有限合伙企业（以下简称 A 企业），甲、乙是普通合伙人，丙、丁是有限合伙人，合伙事务由甲、乙共同执行。A 企业成立后，发生了下列事项：

（1）2025 年 2 月 1 日，A 企业向 B 银行借款 120 万元，丙以个人的豪华跑车设定抵押。

（2）2025 年 4 月 1 日，丁未通知其他合伙人，自行与戊达成意向，将丁在 A 企业的财产份额转让给戊；乙得知后提出强烈反对，并表示愿意以同等条件购买丁的财产份额。

（3）2025 年 1 月至 2025 年 2 月 A 企业在提供检测服务收费时，没有执行政府指导价，多收价款 10 万余元，2025 年 4 月 25 日被当地市场监管部门处罚没收违法所得并罚款 5 万元。A 企业不服，申请行政复议。

要求：根据上述资料和合伙企业法律制度的规定，回答下列问题。

（1）有限合伙人丙为 A 企业向银行借款提供担保是否属于参与企业事务执行？简要说明理由。

（2）丁自行转让企业财产份额是否符合法律规定？乙主张同等条件下优先购买权是否有法律依据？简要说明理由。

（3）A 企业对市场监管部门的罚款处罚是否可以申请行政复议？简要说明理由。

【答案】

（1）有限合伙人丙为 A 企业向银行借款提供担保不属于参与企业事务执行。

根据合伙企业法律制度规定，有限合伙人依法为本企业提供担保的，不视为执行合伙事务。

（2）丁自行转让企业财产份额不符合法律规定。乙主张同等条件下优先购买权有法律依据。

根据合伙企业法律制度规定，有限合伙人可以按照合伙协议的约定向合伙人以外的人转让其在有限合伙企业中的财产份额，但应当提前 30 日通知其他合伙人；有限合伙人向外转让其在有限合伙企业的财产份额时，企业的其他合伙人有优先购买权。

（3）A 企业对市场监管部门的处罚可以申

请行政复议。

根据合伙企业法律制度规定，公民、法人或者其他组织对行政机关作出的警告、罚款、没收违法所得等行政处罚不服的，可以申请行政复议。

6.2023年10月，张某、王某、李某、赵某四人出资设立甲有限合伙企业（以下简称甲企业），合伙协议约定：张某、王某为普通合伙人，李某、赵某为有限合伙人；张某以劳务出资；王某出资5万元；李某、赵某各出资50万元。合伙协议对其他事项未作约定。

2025年1月8日，甲企业与乙公司签订买卖合同，双方约定货款80万元，收到货物后7日内付款。2月26日甲企业如约收到货物，但因资金周转困难一直未付款。

4月，王某因发生车祸导致瘫痪，退出甲企业，并办理了退伙结算。7月，李某未征求其他合伙人的意见，以其在甲企业中的财产份额出质，向银行借款15万元。

8月，经全体合伙人同意，赵某由有限合伙人转为普通合伙人。9月，乙公司向甲企业催要上述到期货款，因甲企业无力偿还，乙公司遂要求王某承担全部责任，王某以自己已退伙为由拒绝；乙公司又要求赵某承担全部责任，赵某以债务发生时自己为有限合伙人为由拒绝。

要求：根据上述资料和合伙企业法律制度的规定，回答以下问题。

（1）李某未经其他合伙人同意将其在甲企业中的财产份额出质是否合法？简要说明理由。

（2）王某拒绝向乙公司承担责任的理由是否合法？简要说明理由。

（3）赵某拒绝向乙公司承担责任的理由是否合法？简要说明理由。

【答案】

（1）李某未经其他合伙人同意将其在甲企业中的财产份额出质合法。根据规定，有限合伙人可以将其在有限合伙企业中的财产份额出质；但是，合伙协议另有约定的除外。本题中，李某是有限合伙人，合伙协议对出质未作约定，李某可以出质。

（2）王某拒绝向乙公司承担责任的理由不合法。根据规定，退伙的普通合伙人对基于其退伙前的原因发生的合伙企业债务，承担无限连带责任。本题中，甲企业对乙公司负担的债务发生在普通合伙人王某退伙之前，王某应该承担无限连带责任。

（3）赵某拒绝向乙公司承担责任的理由不合法。根据规定，有限合伙人转变为普通合伙人的，对其作为有限合伙人期间有限合伙企业发生的债务承担无限连带责任。本题中，赵某应该对其作为有限合伙人期间有限合伙企业发生的债务承担无限连带责任。

考点总结

考点1　合伙企业的设立

项目	具体内容
普通合伙企业设立条件	（1）有2个以上合伙人。 可以是自然人、法人和其他组织；自然人应当具有完全民事行为能力。 【注意】国有独资公司、国有企业、上市公司以及公益性的事业单位、社会团体"不得"成为普通合伙人。 （2）合伙协议依法由"全体"合伙人协商一致，以书面形式订立，经全体合伙人签名、盖章后生效。 【注意】除合伙协议另有约定外，修改或者补充合伙协议，应当经全体合伙人一致同意。

续表

项目	具体内容
普通合伙企业设立条件	（3）有合伙人认缴或者实际缴付的出资。 可以用货币、实物、知识产权、土地使用权、劳务出资。 【注意】房屋使用权只需交付，无须办理过户手续。 （4）有合伙企业的名称和生产经营场所
有限合伙企业设立的特殊规定	（1）由 2 个以上 50 个以下合伙人设立；但是，法律另有规定的除外。 （2）至少应当有 1 个普通合伙人。仅剩有限合伙人的，应当解散；仅剩普通合伙人的，应当转为普通合伙企业。 【注意】国有独资公司、国有企业、上市公司以及公益性的事业单位、社会团体不得成为普通合伙人，可以成为有限合伙人。 （3）有限合伙人不得以劳务出资

考点 2　合伙企业的财产

1. 普通合伙企业财产

项目	具体内容
合伙企业财产的构成	（1）合伙人的出资。 （2）以合伙企业名义取得的收益。 （3）依法取得的其他财产
财产份额转让	（1）对内：合伙人之间转让在合伙企业中的全部或者部分财产份额时，应当通知其他合伙人。 （2）对外：除合伙协议另有约定外，普通合伙人向合伙人以外的人转让其在合伙企业中的全部或者部分财产份额时，须经其他合伙人一致同意。 【提示】合伙人以外的人依法受让合伙人在合伙企业中的财产份额的，经"修改合伙协议"即成为合伙企业的合伙人。 （3）内部人优先购买权：普通合伙人向合伙人以外的人转让，在同等条件下，其他合伙人有优先购买权；但是，合伙协议另有约定的除外（约定优先）。 【注意】合伙人以其在合伙企业中的财产份额出质的，须经其他合伙人一致同意；未经其他合伙人一致同意，其行为无效

2. 有限合伙企业财产

项目	有限合伙人	普通合伙人
出质	可以将其财产份额出质；另有约定的除外（优先约定，无约定可以）	财产份额出质，须经其他合伙人一致同意（必须一致同意）
对外转让	可以按照合伙协议约定向合伙人以外的人转让其财产份额，但应提前 30 日通知其他合伙人，其他合伙人有优先购买权（对外转让须通知）	除另有约定外，向合伙人以外的人转让财产份额，须经其他合伙人一致同意，其他合伙人有优先购买权（对外转让须一致同意）

考点 3　合伙企业的事务执行

1. 合伙人执行事务的内容

项目	具体内容
执行形式	（1）全体合伙人共同执行合伙事务。 （2）委托一个或者数个合伙人执行合伙事务。 【注意】仅为经营管理人员而非合伙人的，不具有合伙人资格
合伙人在执行合伙事务中的权利	（1）（普通）合伙人对执行合伙事务享有同等的权利。 （2）执行合伙事务的合伙人对外代表合伙企业。 （3）合伙人分别执行合伙事务的，执行事务合伙人可以对其他合伙人执行的事务提出异议。提出异议时，应当暂停该项事务的执行。 （4）受委托执行合伙事务的合伙人不按照合伙协议或者全体合伙人的决定执行事务的，其他合伙人可以决定撤销该委托。 （5）不执行合伙事务的合伙人有权监督执行事务合伙人执行合伙事务的情况。 （6）全体合伙人均有权查阅合伙企业会计账簿等财务资料
损益分配	（1）有约定，按约定的比例分配和分担。 （2）未约定或约定不明确，首先按合伙人协商决定；协商不成的，由合伙人按照实缴出资比例分配、分担；无法确定出资比例的，由合伙人平均分配、分担。 【注意】合伙协议不得约定将全部利润分配给部分合伙人（有限合伙允许约定）或者由部分合伙人承担全部亏损（绝对禁止）

2. 合伙人执行事务的义务

项目	普通合伙人	有限合伙人
一般规定	执行事务合伙人应当定期向其他合伙人报告事务执行情况以及合伙企业的经营和财务状况，其执行合伙事务所产生的收益归合伙企业，所产生的费用和亏损由合伙企业承担	有限合伙人不执行合伙事务，不得对外代表有限合伙企业。但下列行为，不视为执行合伙事务：（1）参与决定普通合伙人入伙、退伙；（2）对企业的经营管理提出建议；（3）参与选择承办有限合伙企业审计业务的会计师事务所；（4）获取经审计的有限合伙企业财务会计报告；（5）对涉及自身利益的情况，查阅有限合伙企业财务会计账簿等财务资料；（6）在有限合伙企业中的利益受到侵害时，向有责任的合伙人主张权利或者提起诉讼；（7）执行事务合伙人怠于行使权利时，督促其行使权利或者为了本企业的利益以自己的名义提起诉讼；（8）依法为本企业提供担保
同业竞争	"不得"自营或者同他人合作经营与本合伙企业相竞争的业务（绝对禁止）	"可以"自营或者同他人合作经营与本有限合伙企业相竞争的业务；但是，合伙协议另有约定的除外
关联交易	除合伙协议另有"约定"或者经全体合伙人"一致同意"外，合伙人"不得"同本合伙企业进行交易	"可以"同本有限合伙企业进行交易；但是，合伙协议另有约定的除外

3. 合伙事务执行的决议办法

决议办法		事项
法定	一致同意	（1）订立合伙协议。 （2）普通合伙人以其财产份额出质。 （3）将普通合伙人除名。 （4）普通合伙人死亡，继承人为无民事行为能力人或者限制民事行为能力人的，决定其是否可以转为有限合伙人。 （5）普通合伙人被认定为无民事行为能力人或者限制民事行为能力人的，决定其是否可以转为有限合伙人
	过半数同意	合伙企业解散时指定一个或者数个合伙人，或委托第三人担任清算人
法定	绝对禁止	（1）普通合伙人从事同本企业相竞争的业务。 （2）普通合伙企业将全部利润分配给部分合伙人或由部分合伙人承担全部亏损。 （3）有限合伙企业由部分合伙人承担全部亏损
除合伙协议另有约定外须全体合伙人一致同意		（1）改变合伙企业的名称、经营范围、经营地点。 （2）聘任合伙人以外的人担任合伙企业的经营管理人员。 （3）新合伙人入伙。 （4）普通合伙人转变为有限合伙人，或者有限合伙人转变为普通合伙人。 （5）以合伙企业名义为他人提供担保。 （6）普通合伙人同本企业交易。 （7）修改或者补充合伙协议。 （8）普通合伙人对外转让其在合伙企业中的财产份额。 （9）处分合伙企业的不动产、知识产权和其他财产权利。 （10）普通合伙人死亡或被依法宣告死亡，继承人具备完全民事行为能力的，取得普通合伙人资格

考点4　合伙企业与合伙人的债务清偿

项目			具体内容
特定债务	判定		一个或数个合伙人在执业活动中因"故意或重大过失"造成合伙企业债务
	责任	对外	引起特定债务的合伙人应当承担无限责任或无限连带责任，其他合伙人以其在合伙企业中的财产份额为限承担责任
		对内	引起特定债务的合伙人应当按照合伙协议的约定对给合伙企业造成的损失承担赔偿责任
普通债务	判定		合伙人在执业活动中"非因故意或重大过失"造成的合伙企业债务
	责任		全体合伙人承担无限连带责任

考点5　合伙企业与第三人关系

1. 普通合伙企业与第三人关系

项目	具体内容
对外代表权限制	合伙企业对合伙人执行合伙事务以及对外代表合伙企业权利的限制，不得对抗善意第三人
企业债务清偿	企业财产→合伙人无限连带→合伙人之间分担和追偿
合伙人债务的清偿	(1) 合伙人发生与合伙企业无关的债务，债权人不得以其债权抵销其对合伙企业的债务；也不得代位行使合伙人在合伙企业中的权利。 (2) 合伙人的自有财产不足清偿的，可以以其从合伙企业中分取的收益清偿；债权人可以请求法院强制执行该合伙人在合伙企业中的财产份额用于清偿。 (3) 法院强制执行合伙人的财产份额时，应当通知全体合伙人，其他合伙人有优先购买权；其他合伙人未购买，又不同意转让给他人的，应为该合伙人办理退伙结算，或者办理削减相应份额

2. 特殊普通合伙企业与第三人关系

项目	具体内容
责任承担	(1) 有限+无限责任：合伙人因"故意或重大过失"造成企业债务的，该合伙人应当承担无限或无限连带责任，其他合伙人以其财产份额为限承担责任。 (2) 无限连带责任：合伙人"非因故意或者重大过失"造成的企业债务，由全体合伙人承担无限连带责任。 (3) 责任追偿：合伙人执业活动中因故意或重大过失造成的企业债务，以企业财产对外承担责任后，该合伙人应当赔偿

3. 有限合伙企业与第三人关系

项目	具体内容
责任承担	第三人有理由相信有限合伙人为普通合伙人并与其交易，该有限合伙人对该笔交易承担与普通合伙人同样的责任。 有限合伙人未经授权以有限合伙企业名义与他人进行交易造成损失的，该有限合伙人应当承担赔偿责任

考点6　入伙、退伙

1. 普通合伙企业的入伙与退伙

项目	具体内容
入伙	(1) 新合伙人入伙，除合伙协议另有约定外，应当经全体合伙人一致同意，并依法订立书面入伙协议。 (2) 新合伙人对入伙前合伙企业的债务承担无限连带责任

续表

项目		具体内容	
自愿退伙	协议退伙	(1) 合伙协议约定的退伙事由出现。 (2) 经全体合伙人一致同意。 (3) 发生合伙人难以继续参加合伙的事由。 (4) 其他合伙人严重违反合伙协议约定的义务	约定合伙期限
	通知退伙	合伙人在不给合伙企业事务执行造成不利影响的情况下，可以退伙，但应当提前30日通知其他合伙人	未约定合伙期限
法定退伙	当然退伙	(1) 自然人死亡或者被依法宣告死亡。 (2) 个人丧失偿债能力（有限合伙不适用）。 (3) 法人或者其他组织依法被吊销营业执照、责令关闭、撤销，或者被宣告破产。 (4) 必须具有相关资格而丧失该资格。 (5) 全部财产份额被强制执行	
	除名退伙	(1) 未履行出资义务。 (2) 因故意或者重大过失给合伙企业造成损失。 (3) 执行合伙事务时有不正当行为。 (4) 发生合伙协议约定的事由	
退伙效果	财产继承	(1) 合伙人死亡或者被依法宣告死亡的，对该合伙人在合伙企业中的财产份额享有合法继承权的继承人，按照合伙协议的约定或者经全体合伙人一致同意，从继承开始之日起，取得该合伙企业的合伙人资格。 【注意】普通合伙人身份不能直接继承。 (2) 有下列情形之一的，合伙企业应当向合伙人的继承人退还被继承合伙人的财产份额：①继承人不愿意成为合伙人；②法律规定或者合伙协议约定合伙人必须具有相关资格，而该继承人未取得该资格；③合伙协议约定不能成为合伙人的其他情形。 (3) 合伙人的继承人为无民事行为能力人或者限制民事行为能力人的，经全体合伙人一致同意，可以依法成为有限合伙人，普通合伙企业依法转为有限合伙企业。全体合伙人未能一致同意的，合伙企业应将被继承合伙人的财产份额退还该继承人	
	退伙结算	(1) 合伙人退伙，其他合伙人应当与该退伙人按照退伙时的合伙企业财产状况进行结算，退还退伙人的财产份额。退伙人对给合伙企业造成的损失负有赔偿责任的，相应扣减其应当赔偿的数额。退伙时有未了结的合伙企业事务的，待该事务了结后进行结算。 (2) 退伙人在合伙企业中财产份额的退还办法，由合伙协议约定或者由全体合伙人决定，可以退还货币，也可以退还实物。 (3) 合伙人退伙时，合伙企业财产少于合伙企业债务的，退伙人应当依照法律规定分担亏损	

2. 有限合伙人入伙、退伙的特殊规定

项目	具体内容
入伙	新入伙的有限合伙人对入伙前有限合伙企业的债务，以其认缴的出资额为限承担责任
当然退伙	(1) 作为合伙人的自然人死亡或者被依法宣告死亡。 (2) 作为合伙人的法人或者其他组织依法被吊销营业执照、责令关闭、撤销，或者被宣告破产。 (3) 法律规定或者合伙协议约定合伙人必须具有相关资格而丧失该资格。 (4) 合伙人在合伙企业中的全部财产份额被人民法院强制执行

续表

项目	具体内容
有限合伙人丧失民事行为能力的处理	其他合伙人不得因此要求其退伙
有限合伙人继承人的权利	作为有限合伙人的自然人死亡、被依法宣告死亡或者作为有限合伙人的法人及其他组织终止时，其继承人或者权利承受人可以依法取得该有限合伙人在有限合伙企业中的资格
有限合伙人退伙后的责任承担	有限合伙人退伙后，对基于其退伙前的原因发生的有限合伙企业债务，以其退伙时从有限合伙企业中取回的财产承担责任

3. 合伙人身份转变责任承担的特殊规定

身份转变	责任承担
有限合伙人转变为普通合伙人	对其作为有限合伙人期间有限合伙企业发生的债务承担无限连带责任
普通合伙人转变为有限合伙人	对其作为普通合伙人期间合伙企业发生的债务承担无限连带责任

考点 7　特殊的普通合伙企业

项目	具体内容
概念	特殊的普通合伙企业是指以专业知识和专门技能为客户提供有偿服务的专业服务机构（会计师事务所、律师事务所）
责任承担	（1）有限责任与无限连带责任相结合。即一个合伙人或者数个合伙人在执业活动中因故意或者重大过失造成合伙企业债务的，应当承担无限责任或者无限连带责任，其他合伙人以其在合伙企业中的财产份额为限承担责任。 【注意】合伙人执业活动中因故意或者重大过失造成的合伙企业债务，以合伙企业财产对外承担责任后，该合伙人应当按照合伙协议的约定，对给合伙企业造成的损失承担赔偿责任。 （2）无限连带责任。对合伙人在执业活动中非因故意或者重大过失造成的合伙企业债务以及合伙企业的其他债务，全体合伙人承担无限连带责任

考点 8　合伙企业的解散和清算

项目	具体内容
转移财产	合伙人在合伙企业清算前私自转移或者处分合伙企业财产的，合伙企业"不得以此对抗善意第三人"
解散情形	（1）合伙期限届满，合伙人决定不再经营。 （2）合伙协议约定的解散事由出现。 （3）"全体合伙人"决定解散。 （4）合伙人已"不具备法定人数满 30 日"。 （5）合伙协议约定的合伙目的已经实现或者无法实现。 （6）依法被吊销营业执照、责令关闭或者被撤销。 【注意】不具备法定人数的两种情形： （1）合伙企业合伙人 <2 人。 （2）有限合伙企业仅剩有限合伙人

续表

项目	具体内容
清算人	（1）清算人由"全体"合伙人担任。 （2）经全体合伙人"过半数"同意，可以自合伙企业解散事由出现后15日内指定一个或者数个合伙人，或者委托第三人，担任清算人。 （3）自合伙企业解散事由出现之日起15日内未确定清算人的，"合伙人或者其他利害关系人"可以申请人民法院指定清算人
清算人职责	（1）清理合伙企业财产，分别编制资产负债表和财产清单。 （2）处理与清算有关的合伙企业未了结事务。 （3）清缴所欠税款。 （4）清理债权、债务。 （5）处理合伙企业清偿债务后的剩余财产。 （6）代表合伙企业参加诉讼或者仲裁活动
通知和公告债权人	清算人自被确定之日起10日内将合伙企业解散事项通知债权人，并于60日内在报纸上公告。债权人应当自接到通知书之日起30日内，未接到通知书的自公告之日起45日内，向清算人申报债权
财产清偿顺序	（1）支付清算费用。 （2）职工工资、社会保险费用、法定补偿金。 （3）缴纳所欠税款。 （4）清偿债务。 （5）利润分配和亏损分担
注销登记	清算结束，清算人应当编制清算报告，经全体合伙人签名、盖章后，在15日内向企业登记机关报送清算报告，申请办理合伙企业注销登记。经企业登记机关注销登记，合伙企业终止。合伙企业注销后，原普通合伙人对合伙企业存续期间的债务仍应承担无限连带责任

专项突破

一、简答题

1. 2025年1月，甲、乙、丙、丁、戊共同出资设立A有限合伙企业（以下简称A企业），从事产业投资活动。其中，甲、乙、丙为普通合伙人，丁、戊为有限合伙人。丙负责执行合伙事务。

2025年2月，丙请丁物色一家会计师事务所，以承办本企业的审计业务。丁在合伙人会议上提议聘请自己曾任合伙人的B会计师事务所。对此，丙、戊表示同意，甲、乙则以丁是有限合伙人、不应参与执行合伙事务为由表示反对。A企业的合伙协议未对聘请会计师事务所的表决办法作出约定。

2025年4月，戊又与他人共同设立从事产业投资的C有限合伙企业（以下简称C企业），并任执行合伙人。后因C企业开始涉足A企业的主要投资领域，甲、乙、丙认为戊违反竞业禁止义务，要求戊从A企业退出。戊以合伙协议并未对此作出约定为由予以拒绝。

要求：根据上述资料和合伙企业法律制度的规定，不考虑其他因素，回答下列问题。

（1）甲、乙反对丁提议B会计师事务所承办A企业审计业务的理由是否成立？并说明理由。

（2）在甲、乙反对，其他合伙人同意的情况下，丁关于聘请B会计师事务所承办A企业审计业务的提议能否通过？并说明理由。

（3）甲、乙、丙关于戊违反竞业禁止义务的主张是否成立？并说明理由。

2. 甲、乙、丙拟投资设立A有限合伙企业（以下简称A企业）。合伙协议约定：甲为普通合伙人，以实物作价出资3万元；乙、丙为有限合伙人，各以 5 万元现金出资；甲、乙在 A 企业成立时缴清出资，丙自 A 企业成立之日起 2 年内缴纳出资。

甲执行 A 企业事务，并由 A 企业每月支付报酬 3 000 元；A 企业定期接受审计，由甲和乙共同选定承办审计业务的会计师事务所；A 企业的盈利在丙未缴纳 5 万元出资前全部分配给甲和乙。

要求：根据上述资料和合伙企业法律制度的规定，不考虑其他因素，回答下列问题。

（1）合伙协议可否约定每月支付甲 3 000 元的报酬？简要说明理由。

（2）合伙协议有关乙参与选择会计师事务所的约定可否被视为乙在执行合伙企业事务？简要说明理由。

（3）合伙协议可否约定 A 企业的利润全部分配给甲和乙？简要说明理由。

3. 2025 年 1 月 1 日，甲、乙、丙、丁投资成立 A 有限合伙企业，甲、乙是普通合伙人，丙、丁是有限合伙人，合伙事务由甲、乙共同执行。A 有限合伙企业成立后，发生了下列事项：

（1）2 月 1 日，A 有限合伙企业向 B 银行借款 30 万元，甲、乙、丙私下协商后，由丙以自己所有的 10 辆货车设定抵押。

（2）4 月 1 日，丁未行任何程序，即与戊达成意向，将丁在 A 有限合伙企业的财产份额转让给戊；乙从其他渠道得知了丁、戊之间的转让意向后提出强烈反对，并表示愿意以同等条件购买丁的财产份额。

要求：根据上述资料和合伙企业法律制度的规定，回答以下问题。

（1）A 有限合伙企业设立之初，约定由甲、乙共同执行合伙企业事务是否符合法律规定？简要说明理由。

（2）经甲、乙、丙私下协商，由丙以自己所有的 10 辆货车设定抵押的行为是否符合规定？简要说明理由。

（3）乙是否有权向丁主张行使优先购买权？简要说明理由。

4. 赵某、钱某、孙某、李某共同出资设立甲普通合伙企业（以下简称甲企业）。合伙协议约定：

（1）赵某、孙某、李某以货币各出资 10 万元，钱某以房屋作价出资 10 万元。

（2）合伙人向合伙人以外的人转让其在甲企业中的全部或者部分财产份额时，须经半数以上合伙人同意。

（3）合伙人以其在甲企业中的财产份额出质的，须经 2/3 以上的合伙人同意。

甲企业成立后，接受郑某委托加工承揽一批产品，郑某未向甲企业支付 5 万元加工费。由于钱某在购买出资房屋时曾向郑某借款 3 万元一直未偿还，甲企业向郑某请求支付 5 万元加工费时，郑某认为钱某尚欠其借款 3 万元，故主张抵销 3 万元，只付甲企业 2 万元。

要求：根据上述资料和合伙企业法律制度的规定，不考虑其他因素，回答下列问题。

（1）合伙协议（2）中的约定是否合法？简要说明理由。

（2）合伙协议（3）中的约定是否合法？简要说明理由。

（3）郑某主张抵销的理由是否成立？简要说明理由。

5. 甲、乙、丙、丁四人成立了一个有限合伙企业，甲、乙、丙是有限合伙人，丁是普通合伙人。合伙企业存续期间发生了下列事项：

（1）甲将自己的机器设备以高于市场价 10% 的价格出售给该合伙企业。

（2）乙同时拥有一家个人独资企业，经营的业务与该有限合伙企业的业务相同。

（3）丙在一次外出途中因车祸受伤，经鉴定，丧失民事行为能力。

要求：根据上述资料和合伙企业法律制度的规定，不考虑其他因素，回答下列问题。

（1）甲将自己的机器设备以高于市场价 10% 的价格出售给该合伙企业的行为是否符合法律规定？简要说明理由。

（2）乙同时经营另一家个人独资企业的行为是否符合法律规定？简要说明理由。

（3）丙丧失民事行为能力后，其他合伙人能否要求其当然退伙？简要说明理由。

6. 2023 年 10 月，张某、李某、王某、于某四人出资设立甲普通合伙企业（以下简称甲企业）。合伙协议约定：（1）张某执行合伙事务，对外代表合伙企业，但张某对外订立合同标的额 50 万元以上时，应当经全体合伙人一致同意。（2）合伙人对外出质合伙份额须经全体合伙人一人一票过半数通过。

2024年1月8日，张某代表甲企业与红中公司签订买卖合同，货款70万元，张某自行决定订立该合同。3月8日，合伙企业如约收到货物，但一直未付款。

2024年3月，经全体合伙人同意，郑某加入合伙企业。

2024年5月，红中公司向甲企业催要上述到期货款，甲企业主张，张某未经其他合伙人一致同意，其超越权限订立的买卖合同无效。即使合同有效，因经营不善，本企业亦无力偿还。

因郑某财力雄厚，红中公司又要求郑某承担全部责任，郑某以债务发生时自己尚未加入合伙企业为由拒绝。

经查，红中公司对甲企业在执行事务时对张某的限制并不知情。

要求：根据上述资料和合伙企业法律制度的规定，不考虑其他因素，分别回答下列问题。

（1）合伙协议中约定，"合伙人对外出质合伙份额须经全体合伙人一人一票过半数通过"是否合法？简要说明理由。

（2）甲企业是否有权主张该合同无效？简要说明理由。

（3）郑某拒绝向红中公司承担责任是否合法？简要说明理由。

二、综合题

1. A有限合伙企业（以下简称A企业）于2024年1月设立，出资人由20名有限合伙人和1名普通合伙人组成。普通合伙人为甲有限责任公司（以下简称甲公司）。

合伙协议约定如下内容：（1）本企业主要从事生物制药行业的股权投资；（2）甲公司以其专业化的投资管理服务折价500万元出资，有限合伙人均以现金出资；（3）本企业成立后第一个会计年度的利润按有限合伙人的出资比例全部分配给有限合伙人。

2024年2月，有限合伙人乙发现甲公司持股60%的丙有限责任公司（以下简称丙公司）也从事生物制药行业的股权投资。乙在A企业的合伙人会议上提议更换甲公司，理由是丙公司与A企业存在竞争关系，甲公司已违反竞业禁止义务，应当将其持有的丙公司股权转让给他

人，或者退伙。甲公司则认为，有限合伙企业的合伙人不受竞业禁止义务的约束，且乙作为有限合伙人无权干预合伙事务，无权参与决定普通合伙人的更换。

2024年3月，甲公司与各有限合伙人协商未果，拟将其在A企业中的全部财产份额转让给丁国有独资公司（以下简称丁公司）。

要求：根据上述资料和合伙企业法律制度的规定，不考虑其他因素，回答下列问题。

（1）甲公司以投资管理服务折价的出资方式是否符合合伙企业法律制度的规定？并说明理由。

（2）合伙协议约定第一个会计年度的利润按有限合伙人的出资比例全部分配给有限合伙人是否符合合伙企业法律制度的规定？并说明理由。

（3）甲公司作为A企业的普通合伙人持有丙公司的股权是否违反竞业禁止义务？并说明理由。

（4）乙是否有权参与决定普通合伙人的更换？并说明理由。

（5）丁公司是否有资格受让甲公司在A企业中的财产份额？并说明理由。

2. 中国公民田某、张某、宫某和朱某四人，于2024年1月11日投资设立A有限合伙企业，合伙协议约定：朱某为有限合伙人，其余三人均为普通合伙人，合伙企业事务由田某、张某和宫某共同执行，朱某不执行合伙企业事务，也不对外代表合伙企业。除此之外，合伙协议就执行合伙事务其他事项未作特别约定。

A企业主要经营咖啡店，随着业务的扩大，A企业又分别设立了2家分店，田某和宫某分别负责分店经营。A企业经营过程中，陆续出现下列问题：

（1）甲分店店长宫某设立了另外一家从事贸易的个人独资企业，宫某在张某、田某和朱某均不知情的情况下，以自己的名义与分店签订了一年的咖啡豆供应合同。

（2）乙分店店长田某擅自与亲戚合开了一家咖啡店，并任经理，主要工作精力转移，乙分店经营状况不佳。

（3）朱某另外经营一家从事工艺品生产的个人独资企业。某日，因A企业急需更新餐具，

张某与朱某协商，代表 A 企业与朱某个人签订了购买工艺品餐具的合同，田某和宫某对此交易均不知情。

（4）朱某、田某分别以个人在 A 企业中的财产份额为自己向银行的贷款提供质押担保，由于忙于经营，张某和宫某对两笔担保事项均不知情。

2025 年初，因合伙企业经营不善，拟引入新的投资，经协商，赵某同意以普通合伙人的身份入伙，并在合伙协议中与田某等四人约定，对入伙前的债务不承担责任。

要求：根据以上资料及合伙企业法律制度的规定，不考虑其他因素，回答下列问题。

（1）甲分店店长宫某的行为是否符合法律规定？简要说明理由。

（2）乙分店店长田某与亲戚合开咖啡店的行为是否符合法律规定？简要说明理由。

（3）朱某与 A 企业进行交易是否合法？简要说明理由。

（4）朱某以个人在 A 企业中的财产份额为自己向银行的贷款提供质押担保的行为是否有效？简要说明理由。

（5）田某以个人在 A 企业中的财产份额为自己向银行的贷款提供质押担保的行为是否有效？简要说明理由。

（6）赵某入伙时与田某等四人在合伙协议中的约定是否符合法律规定？简要说明理由。

3. 甲、乙、丙、丁四人出资设立 A 有限合伙企业（以下简称 A 企业），其中甲、乙为普通合伙人，丙、丁为有限合伙人。合伙企业存续期间，发生以下事项：

（1）5 月，合伙人丙同 A 企业进行了 120 万元的交易，合伙人甲认为，由于合伙协议对此没有约定，因此，有限合伙人丙不得同本合伙企业进行交易。

（2）6 月，合伙人丁自营同 A 企业相竞争的业务，获利 150 万元。合伙人乙认为，由于合伙协议对此没有约定，因此，丁不得自营同本合伙企业相竞争的业务，其获利 150 万元应当归 A 企业所有。

（3）7 月，A 企业向 B 银行贷款 100 万元。

（4）8 月，经全体合伙人一致同意，普通合伙人乙转变为有限合伙人，有限合伙人丙转变为普通合伙人。

（5）9 月，甲、丁提出退伙。经结算，甲从 A 企业分回 10 万元，丁从 A 企业分回 20 万元。

（6）10 月，戊、庚新入伙，戊为有限合伙人，庚为普通合伙人。其中，戊、庚认缴的出资均为 30 万元。

（7）12 月，B 银行 100 万元的贷款到期，A 企业的全部财产只有 40 万元。

要求：根据上述资料和合伙企业法律制度的规定，不考虑其他因素，回答下列问题。

（1）根据本题要点（1）所提示的内容，指出甲的主张是否符合法律规定？并说明理由。

（2）根据本题要点（2）所提示的内容，指出乙的主张是否符合法律规定？并说明理由。

（3）对于不足的 60 万元，债权人 B 银行能否要求甲清偿全部的 60 万元？并说明理由。

（4）对于不足的 60 万元，债权人 B 银行能否要求乙清偿全部的 60 万元？并说明理由。

（5）对于不足的 60 万元，债权人 B 银行能否要求丙清偿全部的 60 万元？并说明理由。

（6）对于不足的 60 万元，债权人 B 银行能否要求丁清偿全部的 60 万元？并说明理由。

（7）对于不足的 60 万元，债权人 B 银行能否要求戊清偿全部的 60 万元？并说明理由。

（8）对于不足的 60 万元，债权人 B 银行能否要求庚清偿全部的 60 万元？并说明理由。

参考答案

一、简答题

1.【答案】

（1）甲、乙反对丁提议 B 会计师事务所承办 A 企业审计业务的理由不成立。

根据合伙企业法律制度的规定，有限合伙人参与选择承办本企业审计业务的会计师事务所，不视为执行合伙事务。

（2）在甲、乙反对，其他合伙人同意的情况下，丁关于聘请 B 会计师事务所承办 A 企业审计业务的提议能够通过。

根据合伙企业法律制度的规定，合伙协议未约定表决办法的，实行合伙人一人一票并经全体合伙人过半数通过的表决办法。A 企业的合伙协议没有约定表决办法，丙、丁、戊合计超过全体合伙人的半数，故丁的提议可以通过。

（3）甲、乙、丙关于戊违反竞业禁止义务的主张不成立。

根据合伙企业法律制度的规定，有限合伙人可以自营或者同他人合作经营与本有限合伙企业相竞争的业务；但是，合伙协议另有约定的除外。

2.【答案】

（1）合伙协议可以约定每月支付甲3 000元的报酬。

根据合伙企业法律制度规定，有限合伙企业由普通合伙人执行合伙事务，执行事务合伙人可以要求在合伙协议中确定执行事务的报酬及报酬提取方式。

（2）不视为乙在执行合伙企业事务。

根据合伙企业法律制度规定，有限合伙人参与选择承办审计业务的会计师事务所，不视为执行合伙企业事务。

（3）合伙协议可以约定A企业的利润全部分配给甲和乙。

根据合伙企业法律制度规定，有限合伙企业不得将全部利润分配给部分合伙人；但是，合伙协议另有约定的除外。

3.【答案】

（1）符合规定。根据规定，有限合伙企业由普通合伙人执行合伙事务（可以约定由一个、数个或者全体共同执行），有限合伙人不得执行合伙事务。

（2）符合规定。根据规定，有限合伙人依法为本企业提供担保的，不视为执行合伙事务。

（3）乙有权向丁主张行使优先购买权。根据规定，有限合伙人可以按照合伙协议的约定向合伙人以外的人转让其在有限合伙企业中的财产份额，但应当提前30日通知其他合伙人；有限合伙人对外转让其在有限合伙企业的财产份额时，有限合伙企业的其他合伙人有优先购买权。在本题中，丁转让财产份额应当提前30日通知甲、乙、丙，乙若愿意以同等条件购买的，丁应当将财产份额转让给乙。

4.【答案】

（1）合伙协议（2）中的约定合法。

根据合伙企业法律制度规定，除合伙协议另有约定外，普通合伙人向合伙人以外的人转让其在合伙企业中的全部或者部分财产份额时，须经

其他合伙人一致同意。即法律允许合伙协议自由约定，合伙协议（2）中的约定合法。

（2）合伙协议（3）中的约定不合法。

根据合伙企业法律制度规定，普通合伙人以其在合伙企业中的财产份额出质的，必须经其他合伙人一致同意。甲企业合伙协议的约定与法律规定相悖，不合法。

（3）郑某主张抵销的理由不成立。

根据合伙企业法律制度规定，合伙人发生与合伙企业无关的债务，相关债权人不得以其债权抵销其对合伙企业的债务。

5.【答案】

（1）符合法律规定。

根据合伙企业法律制度规定，有限合伙人可以同本有限合伙企业进行交易，但合伙协议另有约定的除外。

（2）符合法律规定。

根据合伙企业法律制度规定，有限合伙人可以自营或者同他人合作经营与本有限合伙企业相竞争的业务，但合伙协议另有约定的除外。

（3）不得要求其当然退伙。

根据合伙企业法律制度规定，作为有限合伙人的自然人在有限合伙企业存续期间丧失民事行为能力的，其他合伙人不得因此要求其退伙。

6.【答案】

（1）该约定不合法。

根据合伙企业法律制度规定，普通合伙人以其在合伙企业中的财产份额出质的，须经其他合伙人一致同意；未经其他合伙人一致同意，其行为无效。普通合伙人对外出质财产额属于法定一致情形，不得通过合伙协议约定改变通过标准，因此，该约定不合法。

（2）甲企业无权主张该合同无效。

根据合伙企业法律制度规定，合伙人执行合伙事务的权利和对外代表合伙企业的权利，不得对抗善意第三人。红中公司对于甲企业对张某执行合伙事务的限制并不知情，属善意第三人。因此，甲企业无权主张该合同无效。

（3）郑某拒绝向红中公司承担责任的理由不合法。

根据合伙企业法律制度规定，普通合伙人对入伙前合伙企业的债务承担无限连带责任。郑某虽在合同订立后加入合伙企业，但仍应对加入合

伙企业前合伙企业的债务承担无限连带责任。

二、综合题

1.【答案】

（1）甲公司的出资方式符合规定。

根据合伙企业法律制度规定，普通合伙人可以劳务出资。

（2）合伙协议的约定符合规定。

根据合伙企业法律制度规定，有限合伙企业不得将全部利润分配给部分合伙人，但是，合伙协议另有约定的除外。

（3）甲公司违反了竞业禁止义务。

根据合伙企业法律制度规定，普通合伙人不得自营或者同他人合作经营与本合伙企业相竞争的业务。

（4）乙有权参与决定普通合伙人的更换。

根据合伙企业法律制度规定，有限合伙人参与决定普通合伙人入伙、退伙，不视为执行合伙事务。

（5）丁公司没有资格受让甲公司在 A 企业中的财产份额。

根据合伙企业法律制度规定，国有独资公司不得成为普通合伙人。

2.【答案】

（1）甲分店店长宫某的行为不符合规定。

根据合伙企业法律制度规定，除合伙协议另有约定或者经全体合伙人一致同意外，普通合伙人不得同本合伙企业进行交易。本题中，宫某为普通合伙人，在合伙协议未约定，并在未经全体合伙人一致同意的情况下，不能与 A 企业签订合同进行交易。

（2）乙分店店长田某与亲戚合开咖啡店的行为不符合法律规定。

根据合伙企业法律制度规定，普通合伙人不得自营或者同他人合作经营与本合伙企业相竞争的业务。本题中，田某为普通合伙人，不能开展与 A 企业相竞争的经营业务。

（3）朱某与 A 企业进行交易合法。

根据合伙企业法律制度规定，有限合伙人可以同本有限合伙企业进行交易；但是，合伙协议另有约定的除外。本题中，合伙协议中并未对此类业务进行约定，朱某作为有限合伙人是可以与本企业进行交易的。

（4）朱某以个人在 A 企业中的财产份额为自己向银行的贷款提供质押担保的行为有效。

根据合伙企业法律制度规定，有限合伙人可以将其在有限合伙企业中的财产份额出质；但是，合伙协议另有约定的除外。本题中，A 企业的合伙协议中未约定，作为有限合伙人的朱某可以用自己在合伙企业中的财产份额进行出质。

（5）田某以个人在 A 企业中的财产份额为自己向银行的贷款提供质押担保的行为无效。

根据合伙企业法律制度规定，普通合伙人以其在合伙企业中的财产份额出质的，须经其他合伙人一致同意；未经其他合伙人一致同意，其行为无效，由此给善意第三人造成损失的，由行为人依法承担赔偿责任。本题中，作为普通合伙人的田某在未经其他合伙人一致同意情况下提供的质押无效。

（6）赵某入伙时与田某等四人在合伙协议中的约定不符合法律规定。

对于普通合伙人，《合伙企业法》规定，新合伙人对入伙前合伙企业的债务承担无限连带责任。本题中，赵某为普通合伙人，应遵从法律规定，不得自行约定债务承担方式。

3.【答案】

（1）甲的主张不符合规定。根据合伙企业法律制度规定，有限合伙人可以同本有限合伙企业进行交易；但是，合伙协议另有约定的除外。

（2）乙的主张不符合规定。根据合伙企业法律制度规定，有限合伙人可以自营或者同他人合作经营与本有限合伙企业相竞争的业务；但是，合伙协议另有约定的除外。

（3）债权人 B 银行可以要求甲清偿全部的 60 万元。根据合伙企业法律制度规定，退伙的普通合伙人对基于其退伙前的原因发生的合伙企业债务，承担无限连带责任。

（4）债权人 B 银行可以要求乙清偿全部的 60 万元。根据合伙企业法律制度规定，普通合伙人转变为有限合伙人的，对其作为普通合伙人期间合伙企业发生的债务承担无限连带责任。

（5）债权人 B 银行可以要求丙清偿全部的 60 万元。根据合伙企业法律制度规定，有限合伙人转变为普通合伙人的，对其作为有限合伙人期间有限合伙企业发生的债务承担无限连带责任。

（6）债权人 B 银行不能要求丁清偿全部的

60万元。根据合伙企业法律制度规定，有限合伙人退伙后，对基于其退伙前的原因发生的有限合伙企业债务，以其退伙时从有限合伙企业中取回的财产（20万元）承担责任。

（7）债权人B银行不能要求戊清偿全部的60万元。根据合伙企业法律制度规定，新入伙的有限合伙人对入伙前有限合伙企业的债务，以其认缴的出资额为限承担责任。

（8）债权人B银行可以要求庚清偿全部的60万元。根据合伙企业法律制度规定，新入伙的普通合伙人对入伙前合伙企业的债务承担无限连带责任。

专题三　物权法律制度

命题思路

物权法律制度介绍因物的归属和利用而产生的民事关系，通过对物权的归属，明确民事主体享有的物权等。物权法律制度整体较为抽象、理解难度较大，更多的是要求能够进行运用，将法条放置于生活中。考生须重点关注物权变动、按份共有、善意取得制度、担保物权等内容，特别是有关《民法典担保制度解释》，本章涉及的简答题与综合题均可以与第五章合同法律制度相结合作为案例切入点。尤其在近年来主观题"综合化"的趋势下，考生要加强对跨章节内容的理解和应用能力。

经典例题

1. 2024年12月3日，李某向甲公司借款150万元，约定借期3个月，借款利息4万元，李某以自有一辆小货车和一个古董花瓶设定质押，双方签订了借款合同和质押合同。次日，李某按照约定将古董花瓶交付给甲公司，但小货车一直未予交付。

2024年12月20日，李某发现甲公司将古董花瓶放在大厅，未采取适当保护措施，担心古董花瓶有毁损和灭失的风险，遂要求甲公司将古董花瓶提存。

2025年3月3日，借款到期李某无力清偿任何款项，甲公司于是将用于设质的古董花瓶拍卖，古董花瓶以160万元成交，甲公司另向拍卖行支付拍卖手续费5万元。李某得知古董花瓶拍卖的情况后，要求甲公司退还剩余的拍卖款6万元。

已知：李某和甲公司对质权担保的范围未作特别约定。

要求：根据上述资料以及物权法律制度规定，不考虑其他因素，回答下列问题。

（1）李某到期不能归还借款，甲公司是否可以就小货车行使质权？简要说明理由。

（2）李某要求将古董花瓶提存，是否符合

规定？简要说明理由。

（3）李某要求返还剩余的拍卖款6万元是否符合规定？简要说明理由。

【答案】

（1）甲公司不能就小货车行使质权。

根据规定，动产质权自出质人交付质押财产时设立。在本题中，李某并未向甲公司交付小货车，质权未设立。

（2）李某要求将古董花瓶提存符合规定。

根据规定，质权人的行为可能使质押财产毁损、灭失的，出质人可以请求质权人将质押财产提存，或者请求提前清偿债务并返还质押财产。

（3）李某要求返还剩余的拍卖款6万元不符合规定。

根据规定，质押担保的范围由当事人约定；当事人未约定的，质押担保范围包括主债权及利息、违约金、损害赔偿金、质物保管费用和实现质权的费用。

在本题中，甲公司拍卖所得160万元中，需要支付拍卖费用5万元以及借款本息154万元，剩余1万元返还给李某。

2. 2025年2月1日，甲公司向乙银行贷款100万元，期限7个月，签订抵押合同约定甲公司以现有的和在贷款清偿前可获得的生产设备、原材料、半成品和产品为乙银行设立浮动抵押，当天合同签字生效。2025年2月10日，办理抵押登记。2025年6月20日，丙公司将M设备赊销给甲公司。6月22日，甲公司与丙公司签订抵押合同约定，在M设备上设立抵押权，用于担保购买M设备的价款。6月23日，抵押合同生效。6月25日，丙公司交付M设备。6月27日，办理抵押登记。

2025年8月1日甲公司将M设备出借给丁公司使用并约定由丁公司承担维修费用，丁公司在使用时出现故障，送到戊修理厂修理。8月25日，丁公司不愿支付5万元修理费，戊将设备留置。甲主张设备不属于丁公司，戊无权留置。

2025年9月1日，甲公司无力清偿债务，乙银行和丙公司向人民法院诉讼，请求包含就M设备的拍卖价款优先于其他债权人受偿。

要求：根据上述资料以及物权法律制度的规定，不考虑其他因素，回答下列问题。

（1）丙公司抵押权设立的日期是哪一天？

（2）甲公司以M设备不属于丁公司，主张戊无权留置，是否符合法律规定？简要说明理由。

（3）乙银行请求就M设备拍卖价款优先于丙公司受偿，是否符合法律规定？简要说明理由。

【答案】

（1）丙公司抵押权于2025年6月23日设立。

根据规定，以动产抵押的，抵押权自抵押合同生效时设立；未经登记，不得对抗善意第三人。

（2）不符合法律规定。

根据规定，债务人不履行到期债务，债权人因同一法律关系留置合法占有的第三人的动产，并主张就该留置财产优先受偿的，人民法院应予支持。

（3）不符合法律规定。

根据规定，动产抵押担保的主债权是抵押物的价款，标的物交付后10日内办理抵押登记的，该抵押权人优先于抵押物买受人的其他担保物权人受偿，但是留置权人除外。

本题中，丙公司享有优先于乙银行受偿的超级优先权。

3. 2024年8月17日，赵某因生产经营需要向钱某借钱100万元，借款期限1年，年利率为10%，到期一次还本付息。双方同时签订了书面抵押合同，约定以赵某所有的一套价值110万元的房屋设立抵押权，若赵某在2025年8月19日未能按照合同约定向钱某支付本息，该房屋归钱某所有。2024年8月19日，赵某与钱某办理了抵押登记。8月20日，双方达成补充协议，约定该套房屋在抵押期间不得转让，但双方未将该约定进行登记。2025年8月15日，赵某因急需周转资金，将该套房屋以105万元的价格转让给善意第三人李某，并办理了房屋所有权转移登记。次日，赵某向钱某偿还15万元。钱某多次向赵某催讨剩余借款本息未果，于2025年8月31日向人民法院提起诉讼，请求确认赵某的转让行为不发生物权转移效力，该房屋归钱某所有，以抵偿剩余借款本息。

要求：根据上述资料和物权法律制度的规定，不考虑其他因素，回答下列问题。

（1）钱某对赵某房屋的抵押权何时设立？简要说明理由。

（2）赵某与钱某的抵押合同约定，若赵某未能按照合同约定支付本息，该套房屋归钱某所有，该约定是否有效？简要说明理由。

（3）2023年8月31日，钱某请求确认赵某的转让行为不发生物权转移效力，人民法院是否应予支持？简要说明理由。

【答案】

（1）2024年8月19日，钱某对赵某房屋的抵押权设立。

根据规定，以建筑物和其他土地附着物、建设用地使用权、海域使用权、正在建造的建筑物设定抵押的，应当办理抵押登记，抵押权自登记时设立。

（2）该约定无效。

根据规定，抵押权人在债务履行期限届满前，与抵押人约定债务人不履行到期债务时抵押财产归债权人所有的，只能依法就抵押财产优先受偿。

（3）不予支持。

根据规定，当事人约定禁止或者限制转让抵押财产，抵押财产已经交付或者登记，抵押权人请求确认转让不发生物权效力的，人民法院不予支持，但是抵押权人有证据证明受让人知道的除外。本题中李某为善意第三人，房屋所有权转移发生效力，因此，对于钱某的主张，人民法院不予支持。

4. 2024年1月15日，甲公司向乙公司借款1 000万元。双方签订借款合同约定：借款期限1年，年利率为20%，借款期满还本付息。甲公司将厂房抵押给乙公司，办理了抵押权登记。2024年2月1日，甲公司将该厂房出租给丙公司，但未将厂房抵押情况告知丙公司。借款到期后，甲公司无力还款，所剩主要资产为该出租的厂房。2025年2月25日，由于甲公司法定代表人陈某与乙公司存在利益关联关系，甲、乙公司订立如下折价协议：将市场价值1 500万元的该厂房折价为1 200万元；该厂房由乙公司取得所有权；折价所得款项全部偿还所欠乙公司的借款本息。此时，丙公司对厂房的租期还有1年才到期。

2025年3月，乙公司接收厂房的过程中，先后发生如下事项：

（1）乙公司要求丙公司在1周内腾退厂房，丙公司要求乙公司继续履行原租赁合同。

（2）1周后，乙公司实际控制了厂房，丙公司不得不搬离。

（3）甲公司债权人丁公司因甲公司不能清偿其于2025年1月31日到期的200万元债权，向人民法院起诉请求撤销甲、乙公司的厂房折价

协议。

要求：根据上述资料和合同法律制度的规定，不考虑其他因素，回答下列问题。

（1）丙公司能否要求乙公司继续履行原租赁合同？简要说明理由。

（2）丁公司是否可以起诉要求撤销甲、乙公司的厂房折价协议？简要说明理由。

【答案】

（1）丙公司不能要求乙公司继续履行原租赁合同。

抵押权设立后抵押财产出租的，该租赁关系不得对抗在先登记的抵押权，即因租赁关系的存在致使抵押权实现时无人购买抵押物，或者出价降低导致不足以清偿抵押债权等情况下，抵押权人有权主张租赁终止。

（2）丁公司可以起诉要求撤销甲、乙公司的厂房折价协议。

根据规定，债务人不履行到期债务或者发生当事人约定的实现抵押权的情形，抵押权人可以与抵押人协议以抵押财产折价或者以拍卖、变卖该抵押财产所得的价款优先受偿。协议损害其他债权人利益的，其他债权人可以请求人民法院撤销该协议。

考点总结

考点1　物权

项目	内容		
特征	支配权、排他性、客体具有特定性、对世权。 【注意】排他性所指的"一物一权"是指一物之上只能存在一个"所有权"，不能存在两个以上"不相容"的物权		
分类	自物权（完全物权）	所有权	国家所有、集体所有、私人所有
	他物权（限制物权）	用益物权	建设用地使用权、宅基地使用权、居住权、土地承包经营权、地役权
		担保物权	抵押权、质权、留置权
物权法定	类型法定		当事人不得创设民法或其他法律所不承认的物权类型
	内容法定		当事人不得创设与物权法定内容相异的内容

【比较】物权与债权。

	物权		债权
绝对权、对世权	排除任何除权利人外其他人的干预	相对权、对人权	债权的权利义务仅存在于当事人之间
支配性	行使权利不需要别人协助	请求权	债务人不配合,债权人无法行使权利
排他性	一物之上只能有一个所有权	兼容性	
	一物之上不能设立冲突物权		
物权法定性	类型和内容由法律规定,当事人不能自由创设	任意约定	当事人间自由约定

考点 2　物权变动

项目		内容
物权取得	原始取得	又称固有取得/绝对发生,指非依据他人既存的权利而独立取得,如基于无主物之先占、拾得遗失物、添附、善意取得、劳动生产、征收、没收等
	继受取得	又称传来取得/相对发生,指基于他人既存的权利而取得,包括移转继受(买卖、赠与、互换、继承、受遗赠等)和创设继受(设立抵押权)
变动原因		(1) 法律行为,如买卖、互换、赠与、遗赠、设定、变更、终止他物权的各种法律行为。 (2) 非基于法律行为/法律事实,如添附、法定继承、无主物的取得、善意取得,征用、没收、罚款等

【总结】不动产物权变动。

项目	内容
基于法律行为的物权变动	(1) 生效要件:买卖、赠与、互换等法律行为 + 登记。 【提示】土地承包经营权、地役权的设定,登记为对抗要件;依法属于国家所有的自然资源,所有权可不登记。 (2) 由不动产所在地的登记机构办理登记。 (3) 不动产权属证书是权利人享有该不动产物权的证明,不动产权属证书记载的事项与不动产登记簿不一致的,除有证据证明登记簿错误外,以不动产登记簿为准
登记类型	总登记、首次登记、他项权利登记、转移登记(过户)、变更登记(分割、合并和增减)、更正登记(记载错误)、异议登记(权利人不同意更正,15 日内起诉)、预告登记(签订不动产协议,为保障将来实现物权,登记后擅自处分不发生物权效力,可以登记 90 内未登记,预告登记失效)、注销登记(不动产灭失;权利人放弃;被没收、征收或者收回;生效法律文书导致)
非基于法律行为的物权变动	(1) 因法律文书或征收决定,自法律文书或征收决定生效时发生效力; (2) 因继承取得物权的,自继承开始生效时发生效力; (3) 因合法建造、拆除房屋等事实行为设立或消灭物权的,自事实行为成就时发生效力。 【注意】但依照上述取得不动产物权,不以登记为生效要件,但进一步处分该不动产,需要办理登记

【总结】动产物权变动。

项目	内容
生效要件	（1）买卖、赠与、互换等法律行为＋交付，法律另有规定除外； （2）非依法律行为引起变动按所有权取得规定，包括继承、法律文书、征收决定、遗失物拾得、埋藏物发现、添附、先占等
交付方式	（1）现实交付； （2）简易交付（权利人已提前占有）； （3）指示交付（转让请求第三人返还原物的权利）； （4）占有改定（出让人继续占有）。 【提示】（2）、（3）、（4）合称为观念交付
特别规定	（1）动产抵押，合同生效时设立，未登记不得对抗善意第三人； （2）船舶、航空器和机动车等的物权的设立、变更、转让和消灭，未经登记，不得对抗善意第三人

【总结】物权变动公示方法和变动要件。

项目	内容
法律行为引起	（1）动产占有为公示方法，行为＋交付为变动要件； （2）不动产物权登记为公示方法，行为＋登记为变动要件
非依法律行为引起	（1）法律文书或征收决定，自法律文书或征收决定生效时发生效力； （2）继承取得物权，自继承开始生效时发生效力； （3）合法建造、拆除房屋等事实行为，自事实行为成就时发生效力； （4）善意取得、遗失物拾得、埋藏物发现、添附、先占按所有权规定。 【提示】非基于法律行为的物权变动，不以公示为前提

考点 3　物权保护

项目			内容
返还原物	前提		他人无权占有
	要件		标的物未灭失、物权未转移
	权利	标的物毁损	可请求无权占有人修理、重作、更换、恢复原状
		造成损害	可请求无权占有人承担损害赔偿或其他民事责任
排除妨害	妨害行为		妨害他人所有权的行使；可量物或不可量物的侵入；未经授权使用他人之物；对物之实体的侵害等。 【注意】不以妨害人的故意或过失为要件
	权利		可请求除去妨害的因素，如未造成损失不能请求赔偿
消除危险			以危险的客观存在为前提

考点 4　所有权

1. 拾得遗失物

项目	内容
遗失物	非基于占有人的意思而丧失占有。 【提示】不是无主物；偶尔掉落不属于；遗失于公共场所属于
法律效果	（1）应当返还权利人，被领取前，应当妥善保管； （2）应通知权利人或送交公安机关，有关部门应当及时通知权利人领取或者及时发布 1 年期招领公告（不知权利人）； （3）权利人领取时，应当支付必要费用； （4）自发布公告之日 1 年无人认领，归国家所有。 【提示】悬赏广告应履行承诺
参照	拾得漂流物、发现埋藏物或者隐藏物参照以上适用

2. 善意取得

项目	内容
构成要件	（1）让与人（承租人、借用人、保管人等）无权处分。 （2）受让人自无处分权人取得占有或接受转移登记。 【提示】不动产登记，动产交付。 （3）受让人以合理的价格有偿受让。 【提示】参考转让时交易地市场价及交易习惯，赠与不适用善意取得。 （4）受让人善意。 【提示】不动产登记时或动产交付时，受让人不知无权且无重大过失
法律效果	（1）受让人取得动产或不动产的所有权； （2）原所有权人可向让与人主张损害赔偿
遗失物被无权处分的法律效果	（1）原所有权人自知道或者应当知道受让人之日起 2 年内，可以向受让人请求返还原物，但若未向受让人请求返还原物，受让人取得遗失物所有权。 （2）受让人通过拍卖或者向具有经营资格的经营者购得该遗失物的，权利人请求返还原物时应当支付受让人所付的费用。这是利益权衡的规定，受让人此时通常是善意的，不应使其承受"钱货两空"的后果。 （3）权利人向受让人支付所付费用后，有权向无处分权人追偿

3. 添附

项目	内容
种类	（1）附合：不同所有权人的物因密切结合而形成难以分割的新物，若分割会毁损该物或花费较大，包括动产与动产附合、动产与不动产附合。 （2）混合：两个或两个以上不同所有权人的动产相互混杂合并，不能识别或识别所需费用过大。 （3）加工：在他人的物上进行劳作或改造，从而使其具有更高价值
法律效果	物的归属按照约定；没有约定或约定不明，依照法律规定；法律没有规定，按照充分发挥物的效用及保护无过错当事人的原则确定。 【提示】因一方过错或确定归属造成另一方损害的，应当给予赔偿或者补偿

4. 共有

（1）按份共有。

项目	内容
概念	数人自共有关系确立时，按份对一物共同享有所有权
对内效力	①管理权：约定→都有管理权； ②管理费用：约定→按份额负担； ③共有物的处分、重大修缮、变更性质和用途：约定→≥2/3 份额共有人同意； ④共有份额处分：约定→自由处分；对外转让，其他共有人在同等条件下有优先购买权，因继承、遗赠除外，优先权期限以通知为准且≥15 日，未通知且无法确定其他共有人知道为 6 个月。 【提示】两个以上主张优先购买：协商比例→转让时各自份额比例。 【区别】共有物的处分需≥2/3 份额，共有份额可自由处分
对外效力	①对外：享有连带债权，承担连带债务，但法律另有规定或第三人知道共有人不连带除外。 ②内部：约定→按份额享受权利，承担债务。偿还债务超过自己应承担份额的，有权向其他共有人追偿

（2）共同共有。

项目	内容
概念	共有人平等和不分份额地共享一个所有权
类型	①夫妻共有财产； ②家庭共有财产； ③共同继承的财产：继承开始后，遗产分割前
对内效力	①共有人权利及于共有物全部； ②使用与管理经全体同意，除非法律另有规定或合同另有约定； ③约定→不得要求分割，除非共有基础丧失（离婚、分家等）或有重大理由（维持生活、医疗、教育等费用支出）
对外效力	①处分共有物需全体同意； ②享有连带债权、承担连带债务，但法律另有规定或第三人知道共有人不连带的除外

【比较】按份共有与共同共有。

项目	按份共有	共同共有
管理	管理权：约定→都有管理权	使用与管理经全体同意，除非法律另有规定或另有约定
处分共有物	共有物的处分、重大修缮、变更性质和用途：约定→≥2/3 份额共有人同意	处分共有物需全体同意
处分共有份额	约定→自由处分；对外转让，其他共有人在同等条件下有优先购买权	约定→不得要求分割，除非共有基础丧失或有重大理由
责任	对外享有连带债权，承担连带债务； 内部：约定→按份额享受权利，承担债务	对外享有连带债权、承担连带债务； 内部共享权利，共担债务

（3）建筑物区分所有权。

项目	内容
构成	业主对建筑物内的住宅、经营性用房等专有部分享有所有权，对专有部分以外的共有部分享有共有和共同管理的权利（专有权＋共有权＋共同管理权）
业主共有	建筑区划内的道路（城镇公共道路的除外）、建筑区划内的绿地（城镇公共绿地或明示属于个人除外）、建筑区划内的其他公共场所、公用设施、物业服务用房、占用业主共有的道路或其他场地用于停车位
费用收益	费用分摊、收益分配：按照约定；无约定或约定不明，按业主专有部分面积所占比例

考点 5　相邻关系

项目	内容
相邻关系	（1）避免邻地地基动摇或其他危险的相邻关系； （2）相邻用水与排水关系； （3）相邻必要通行关系； （4）相邻管线铺设关系； （5）因建造建筑物利用邻地的关系； （6）不得影响相邻方通风、采光、日照的关系； （7）固体污染物、不可量物不得侵入的相邻关系。 【注意】区别"地役权"，相邻关系属于所有权，是法定权利，其目的是保障不动产的基本使用功能不受影响

考点 6　用益物权

1. 土地承包经营权

项目	内容			
土地所有权	"国家"所有或"集体经济组织"所有			
承包经营权	期限	耕地	30 年	【注意】承包期限届满，土地承包经营权人可依法继续承包
		草地	30～50 年	
		林地	30～70 年	
	取得方式	合同设定	土地承包经营权自合同生效时设立	只能本集体经济组织成员
			登记机构"应当"发放土地承包经营权证、林权证等证书	
		互换、转让	互换应当进行"备案"，转让应当经"发包方"同意。 【注意】当事人"可以"向登记机构申请登记；"未经登记，不得对抗善意第三人"	
		招标、拍卖、公开协商	适用"荒山、荒沟、荒丘、荒滩"，不限于本集体经济组织成员，经营权可依法流转	

续表

项目		内容
经营权	原则	"不限于"本集体经济组织成员获得，不得改变土地所有权性质和农业用途，流转期限≤剩余承包期
	生效	流转期限为"≥5年"的土地经营权，自流转"合同生效时设立"，未经登记，不得对抗善意第三人

2. 建设用地使用权

项目	内容
特征	(1) 存在于国家或集体所有土地之上的权利； (2) 以建造及保存建筑物或其他工作物为目的； (3) 是有期限的权利（居住用地为70年；工业用地和教育、科技、文化、卫生、体育用地为50年；娱乐、商业、旅游用地为40年；综合或者其他用地为50年）
取得	(1) 划拨取得：公益性，无偿且无期限； (2) 出让取得：国家以合同出让给使用者，有偿、有期限，工业、商业、旅游、娱乐和商品住宅等经营性用地以及同一土地有两个以上意向用地者的，应当采取招标、拍卖等公开竞价的方式出让； (3) 转让取得：建设用地使用权人出售、交换、赠与等方式转让给第三人，不超过剩余期限
效力	(1) 建设用地使用权人的权利：占有、处分（转让、抵押、出租、互换、赠与、出资，房随地、地随房）、附属行为（修围墙、养殖、种花木）、征收取得补偿； (2) 建设用地使用权人义务：支付使用费；合理使用；归还土地、恢复原状。 【提示】住宅用地期限届满，依法有偿自动续期。非住宅用地届满后，依法办理

3. 宅基地使用权

项目		内容
特点		无偿取得、永久权利、一户一宅
流转	不得	买卖、赠与、投资入股、抵押等
	可以	继承；随宅基地上的房屋所有权的转让而流转（只能本村村民、购买方宅基地面积未超标、转让方不得再申请宅基地）

【比较】用益物权的设立。

项目	内容
土地承包经营权	合同生效时设立，未登记，不得对抗善意第三人
地役权	合同生效时设立，未登记，不得对抗善意第三人
建设用地使用权	划拨：主管部门批准取得；出让和转让：登记取得
居住权	书面合同或遗嘱方式，自登记时设立
宅基地使用权	农村村民依法享有

4. 居住权

项目	内容
概念	按照合同约定，为了满足生活居住的需要，对他人所有的住宅得以占有、使用并排除房屋所有权人干涉的用益物权
设立	采用书面合同或遗嘱方式，自登记时设立。无偿设立，另有约定除外
限制	不得转让、继承、出租，另有约定可以出租除外
消灭	居住权期限届满或居住权人死亡，应办理注销登记

5. 地役权

项目	内容
概念	为实现自己土地（需役地）的利益而使用他人土地（供役地）的权利
设立	应当订立书面合同，自合同生效时设立，未经登记，不得对抗善意第三人
期限	不得超过土地承包经营权、建设用地使用权的剩余期限
限制	应当选择损害最小的地点及方法

考点7 担保物权

项目	内容
特征	(1) 从属性：担保合同属于从合同，主合同无效，担保合同无效，法律另有规定除外。 (2) 不可分性：债权被分割、部分清偿或消灭，担保物权仍担保各部分或余存的债权；担保物被分割或部分灭失，各部分或余存的担保物，仍担保全部债权。 (3) 物上代位性：担保物毁损、灭失或者被征收，担保物权人可就获得的保险金、赔偿金或者补偿金等优先受偿。 (4) 补充性：不履行到期债务或发生约定的实现担保权情形
担保合同无效	(1) 机关法人提供的担保，经国务院批准除外。 (2) 居民委员会、村民委员会提供的担保，依法担保除外。 (3) 以公益为目的的非营利性学校、幼儿园、医疗机构、养老机构等提供的担保。除外情形：购入或融资租赁承租教育、医疗卫生、养老服务设施和其他公益设施时，出卖人、出租人为担保价款或租金实现而在该公益设施上保留所有权；公益设施以外的财产设立的担保物权。 【提示】营利性学校、幼儿园、医疗机构、养老机构等提供的担保有效

【总结】担保合同无效的法律责任。

主合同	第三人提供担保合同	债权人	担保人	责任承担
有效	无效	有过错	有过错	担保人承担≤不能清偿债1/2
		无过错	有过错	担保人承担债务人不能清偿部分
		有过错	无过错	担保人不承担责任

续表

主合同	第三人提供担保合同	债权人	担保人	责任承担
无效	无效	—	无过错	担保人不承担责任
		—	有过错	担保人承担≤不能清偿债1/3

考点8   抵押权

1. 抵押合同

项目	内容
抵押合同	应以书面形式订立，在债务履行期届满前，约定债务人不履行到期债务时抵押财产归债权人所有，只能依法就抵押财产优先受偿（流押条款）

2. 抵押财产

项目	具体财产
可以抵押	【动产】 （1）生产设备、原材料、半成品、产品； （2）正在建造的船舶、航空器； （3）交通运输工具
	【不动产】 （1）建筑物和其他土地附着物； （2）建设用地使用权； （3）海域使用权； （4）正在建造的建筑物
不可以抵押	（1）土地所有权（国家所有或集体所有）； （2）宅基地、自留地、自留山等集体所有的土地使用权，但法律规定可以抵押的除外； （3）学校、幼儿园、医疗机构等为公益目的成立的非营利法人的教育设施、医疗卫生设施和其他公益设施； （4）所有权、使用权不明或者有争议的财产； （5）依法被查封、扣押、监管的财产

3. 抵押权的设立

项目	内容
不动产	登记设立：未登记抵押合同生效，但抵押权不设立
动产	登记对抗：抵押权自抵押合同生效时设立，未登记不得对抗善意第三人

【提示】抵押登记记载的内容与抵押合同约定的不一致，以登记记载的内容为准。
不动产抵押权自登记之日设立。未办理登记，只是抵押权未设立，但不影响抵押合同的生效

4. 抵押权的效力

（1）抵押权效力所及的标的物的范围。

项目	内容		
担保范围	主债权及利息、违约金、损害赔偿金和实现抵押权的费用，有约定按约定		
孳息	收取	自法院扣押之日起，抵押权人有权收取抵押财产的天然或法定孳息。 【注意】收取"法定孳息"应当通知义务人	
	清偿顺序	冲抵收取孳息的费用→主债权的利息→主债权	
从物	产生于抵押权设立前，抵押权效力及于从物，有约定的除外；产生于抵押权设立后，不及于从物，但实现抵押权时可一并处分		
添附物	抵押权设立后抵押财产被添附	添附物归第三人，抵押权效力及于抵押人获得的补偿金	
		添附物归抵押人，抵押权效力及于添附物，但不及于增加的价值	
		添附物归抵押人与第三人共有，抵押权效力及于抵押人对共有物的份额	
代位物	抵押财产灭失、毁损或者被征用，抵押权人可就该抵押物的保险金、赔偿金或补偿金优先受偿		
新增建筑物	建设用地使用权抵押后，新增建筑物不属于抵押财产，实现抵押权时一并处分，但新增建筑物价款无权优先受偿		

（2）抵押人的权利。

权利	内容
出租权	出租并转移占有的在先：抵押不破租赁
	抵押在先登记或者能证明承租人知道：抵押权优先
抵押物转让权	①可以转让抵押财产，另有约定的除外，但抵押权不受影响； ②转让抵押财产，应及时通知抵押权人。抵押权人能证明转让可能损害抵押权的，可请求将转让所得价款提前清偿或提存。 转让的价款超过债权部分归抵押人所有，不足部分由债务人清偿。 【提示1】约定限制或禁止转让但未将约定登记，一般发生物权转让效力；已登记，一般不发生物权效力，以上两种情况转让合同均有效。 【提示2】以动产抵押的，不得对抗正常经营活动中已经支付合理价款并取得抵押财产的买受人。 【提示3】将未办理抵押登记的动产转让，不得对抗善意第三人。 【注意】提示2是在正常经营活动中（营业执照的经营范围且持续销售），提示3是在非正常经营活动中

【总结】非正常经营活动。

项目	内容
非正常经营活动	①购买商品的数量明显超过一般买受人； ②购买出卖人的生产设备； ③订立买卖合同的目的在于担保出卖人或者第三人履行债务；

项目	内容
非正常经营活动	④买受人与出卖人存在直接或者间接的控制关系； ⑤买受人应当查询抵押登记而未查询的其他情形。 【提示】以上情况抵押权人可以对抗已经支付合理价款并取得抵押财产的买受人，即可以继续行使抵押权

（3）抵押权人的顺位权。

项目	内容
顺位确定标准	①都登记的：按登记的先后顺序清偿； ②已登记的先于未登记的受偿； ③均未登记的：按债权比例
顺位放弃	债务人以自己财产抵押，抵押权人放弃抵押权、顺位，其他担保人在抵押权人丧失优先受偿范围内免责，但其他担保人承诺仍担保的除外
顺位变更	未经其他抵押权人书面同意，不得对其他抵押权人有不利影响

（4）动产抵押权的特别效力。

项目	内容
价款债权抵押权	动产抵押担保的主债权是抵押物的价款，标的物交付后 10 日内办理登记的，该抵押权人优先其他担保物权人受偿，但是留置权人除外
抵押质押竞合	同一财产既设立抵押权又设立质权的，按登记、交付时间先后确定清偿顺序

5. 抵押权的实现

（1）债务没有按时履行，协议以抵押财产折价、拍卖、变卖优先受偿。可以约定抵押权人自行拍卖、变卖并优先受偿。

（2）清偿顺序：实现抵押权的费用→主债权的利息→主债权。

（3）抵押权人应当在主债权诉讼时效期间内行使抵押权；未行使的，法院不予保护。

6. 最高额抵押

项目	内容
特征	（1）抵押担保的是将来发生的债权，最高额抵押权设立前已存在的债权，经当事人同意，可以转入最高额抵押担保的债权范围； （2）抵押担保的债权额不确定； （3）实际发生的债权是连续的，不特定的； （4）债权人仅对抵押财产行使最高限度内的优先受偿权； （5）最高额抵押只需首次登记即可设立
转让和变更	（1）债权确定前部分债权转让，最高额抵押权不得转让，另有约定的除外； （2）债权确定前，可以协议变更债权确定的期间、债权范围以及最高债权额，但不得对其他抵押权人产生不利影响

续表

项目	内容
债权确定	（1）约定的债权确定期间届满； （2）没有约定债权确定期间或者约定不明确，抵押权人或者抵押人自最高额抵押权设立之日起满2年后请求确定债权； （3）新的债权不可能发生； （4）抵押财产被查封、扣押； （5）债务人、抵押人被宣告破产或者被解散
行使	（1）实际发生债权余额高于最高限额，以最高限额为限，超过部分不具有优先受偿的效力； （2）实际发生债权余额低于最高限额，以实际发生的债权余额为限对抵押物优先受偿

7. 浮动抵押

项目	内容
财产	动产：现有的和将有的生产设备、原材料、半成品、产品。 【区别】最高额抵押可以是动产或不动产
生效	自抵押合同生效时设立，未经登记不得对抗善意第三人
	不得对抗正常经营活动中已支付合理价款并取得抵押财产的买受人
抵押财产确定	抵押财产确定（结晶或封押）：（1）债务履行期届满，债权未实现；（2）抵押人被宣告破产或解散；（3）约定实现抵押权情形；（4）严重影响债权实现的其他情形（经营状况恶化或严重亏损，或为逃债故意隐匿、转移财产）

考点9 质权

1. 动产质押

项目	内容
一般情况	质权自交付时设立，质押合同成立时生效
第三方监管	监管人受债权人委托并实际控制货物之日设立质权
【提示1】监管人受出质人委托或未履行监管仍由出质人控制，质权未设立。 【提示2】在债务履行期届满前，不得约定债务人不履行债务质押财产归债权人所有，即流质条款无效，只能依法就质押财产优先受偿	
质权人对质物的权利	收取孳息，有约定除外； 保全质权（可能毁损，要求提供担保或拍卖、变卖，提前清偿或提存）
质权人对质物的责任	不得擅自使用、处分、转质；妥善保管
实现	不履行债务，可折价、拍卖、变卖并优先受偿；价款超出债权部分归出质人所有，不足部分债务人清偿

2. 权利质押

具体权利		具体规定
汇票、支票、本票、债券、存单、仓单、提单	交付设立	有权利凭证
	登记设立	没有权利凭证
可转让的基金份额、股权、知识产权中的财产权；现有的及将有的应收账款	登记设立	出质后不得转让，但经出质人与质权人协商同意的除外，且提前清偿或提存
【区别】抵押不转移占有，对象是动产或不动产；质押转移占有，对象是动产或权利		

【总结】重复质押和应收账款出质的规定。

项目	内容
重复质押	（1）既以仓单出质，又以仓储物设立担保，按公示先后确定清偿顺序；难以确定，按债权比例清偿。 （2）同一货物签发多份仓单，在多份仓单上设立多个质权，按公示的先后确定清偿顺序；难以确定，按债权比例受偿。 【提示】债权人证明由出质人与保管人的共同行为导致其损失，可以请求出质人与保管人承担连带赔偿责任
应收账款特殊规定	（1）现有应收账款出质：债务人确认真实性或能证明应收账款的真实性或者债务人接到履行通知后，仍向债权人履行； （2）将有应收账款出质：基础设施、公用事业收益权、提供服务或劳务产生的债权，且设立账户

考点 10　留置权

项目	具体内容		
概念	依法留置已经合法占有债务人的动产，如保管、运输、加工、修理等行业		
留置要求	企业之间留置	一般不要求同一法律关系。 【提示】非同一法律关系，不属于企业持续经营中发生的债权，不得留置	同一法律关系可以留置合法占有的第三人的动产
	非企业之间留置	必须属同一法律关系	
其他规定	留置后债务履行期限，按约定，无约定或约定不明，≥60日，鲜活易腐除外； 留置权人有权收取留置财产的孳息，应首先冲抵收取孳息的费用		
	【注意1】留置权属于法定担保物权，留置权人丧失留置财产占有留置权消灭。 【注意2】留置财产为可分物，留置应当相当于债务的金额，不可分留置全部留置财产。 【注意3】法律规定或者当事人约定不得留置的动产，不得留置		
	【总结】受偿顺序：留置权＞登记的抵押权＞质权＞未登记的抵押权		

考点 11　物权竞合

项目	具体规定
超级优先权： ①留置权 > 价款债权抵押权 > 浮动抵押； ②价款债权抵押权 > 其他担保物权	（1）为担保价款债权或租金的实现而订立的担保合同并在交付后 10 日内办理抵押登记的下列债权人： ①设定抵押权或所有权保留的出卖人； ②为支付价款提供融资的债权人； ③融资租赁的出租人。 （2）同一动产上多个价款优先权的，按登记的时间先后确定清偿顺序
抵押权 vs 质权	登记、交付的时间顺序
留置权 vs 抵押权、质权	留置权人 > 抵押权人、质权人
同一财产上有两个以上的抵押权	登记（登记顺序）> 未登记 > 债权比例

专项突破

一、简答题

1. 2025 年 1 月 10 日，赵某与 4S 店签订了《购车合同》，约定购车款分期支付，赵某支付首期 1/5 购车款后可以将车辆开走，其他款项平均分 4 期在 1 年内付清，在付清价款前 4S 店保留该车的所有权。次日，赵某依约支付了 1/5 购车款，4S 店派员配合赵某办理车辆牌照手续，并要求在该车辆上办理所有权保留登记。赵某不同意办理所有权保留登记，与 4S 店协商以其祖传的手镯质押，如果剩余 4 期购车款有任何一期未按期支付，手镯归 4S 店所有，4S 店表示同意。1 月 15 日，双方又签订了《补充协议》，赵某将手镯交付给 4S 店。1 月 20 日，车辆牌照正式办理完毕。

赵某一直未支付剩余的购车款，经 4S 店多次催告仍不支付，反而将车辆转手卖给了钱某，4S 店顺着车辆过户线索找了钱某，出示《购车合同》要求钱某返还车辆，钱某坚决不同意，主张自己已经取得车辆的所有权。4S 店遂通知赵某因其未按期支付购车款，即日起手镯的所有权归 4S 店，同时《购车合同》解除。

要求：根据上述资料及相关规定，不考虑其他因素，回答下列问题。

（1）钱某关于取得车辆的所有权的主张是否成立？简要说明理由。

（2）4S 店关于即日起手镯的所有权归 4S 店的主张是否成立？简要说明理由。

（3）4S 店是否有权通知赵某解除《购车合同》？简要说明理由。

2. 甲公司为自建办公楼，特以该地块建设用地使用权向乙银行设定抵押作为贷款 5 000 万元的担保。双方于 2024 年 4 月 1 日订立了书面的借款合同和抵押合同，借款期限 1 年，并于同日办理了抵押登记。随后，甲公司利用银行贷款开工建设办公楼。2024 年 10 月底，办公楼落成使用，甲公司此时资金链异常紧张。为解决资金短缺，甲公司以新建成的办公楼作为抵押向丙银行贷款 5 000 万元，双方于 10 月 31 日订立书面借款合同和抵押合同，借款期限 6 个月，于当日办理了抵押登记。2025 年 5 月，甲公司无力偿还乙、丙银行贷款，两银行均主张实现抵押权，该地块建设用地使用权及办公楼拍卖所得价款共 7 000 万元，其中建设用地使用权拍得 4 000 万元，办公楼拍得 3 000 万元。

要求：根据上述内容，分别回答下列问题。

（1）乙银行针对该建设用地使用权的抵押权是否已经设立？简要说明理由。

（2）乙银行实际可就 7 000 万元中的多少优先受偿？简要说明理由。

（3）丙银行实际可就 7 000 万元中的多少优先受偿？简要说明理由。

3. 甲在某电脑租赁公司承租一台笔记本电脑，后因缺钱甲将其以市场价格售予不知情的乙。乙取得电脑回家途中不慎遗失，丙拾得后将该电脑租给丁使用。丁使用过程中该电脑出现故障，送至戊处维修，因拒不支付维修费用，戊将该电脑留置。丙听说后，以所有权人身份请求戊返还电脑，被戊拒绝。丁当晚趁戊不备将该电脑盗走；戊第二天通过监控了解内情后，要求丁将电脑送回给自己。

要求：根据上述资料和物权法律制度的规定，不考虑其他因素，回答下列问题。

（1）乙是否取得该电脑的所有权？简要说明理由。

（2）丙是否取得该电脑的所有权？简要说明理由。

（3）丙能否请求戊返还电脑？简要说明理由。

（4）丁盗走电脑后，戊是否享有留置权？简要说明理由。

（5）戊是否可以主张丁返还电脑？简要说明理由。

4. 2025 年 5 月，于某和王某共同出资购买了一台起重机，于某出资 10 万元，王某出资 15 万元，双方约定按出资比例共有。

9 月，起重机出现故障，无法正常工作。于某在未征得王某同意的情况下，请甲公司对起重机进行维修，花费维修费 3 万元。甲公司要求王某支付全部维修费，王某以此事未征得其同意为由拒绝。

10 月，王某在同学聚会中遇到苏某，与其聊到了自己有起重机一事。苏某所在的乙公司正急需一台起重机，从苏某口中得知此事后，乙公司随即提出购买。后王某隐瞒了该起重机为共有一事，私自将起重机以市价卖给乙公司，并完成了交付。

11 月 1 日，乙公司因生产经营需要向丙银行借款 20 万元，借款期限一年。11 月 3 日，为担保债权的实现，乙公司和丙银行签订了书面抵押合同，约定以前述起重机设定抵押。

同日，双方办理了抵押登记。11 月 5 日，双方达成补充协议，约定该起重机在抵押期间不得转让，但双方未将该约定进行登记。

12 月 8 日，乙公司因急需周转资金，将该起重机以 24 万元的价格转让给对起重机在抵押期间不得转让的约定不知情的丁公司，并完成了交付。

12 月 26 日，丙银行得知起重机转让一事，认为乙公司违反了禁止转让的规定，该转让不发生物权效力。

要求：根据上述资料及相关规定，不考虑其他因素，回答下列问题。

（1）王某是否有权拒绝向甲公司支付全部维修费？简要说明理由。

（2）乙公司能否取得该起重机的所有权？简要说明理由。

（3）丙银行主张确认该起重机转让不发生物权效力，人民法院是否应予支持？简要说明理由。

5. 2024 年，甲、乙、丙、丁各出资 2 万元、3 万元、5 万元、4 万元，购买一台大型柴油机。四人约定按照出资比例享有权利和承担义务。

2025 年，甲由于经营的超市亏损倒闭，准备将自己手中柴油机的份额以 1.5 万元的价格出售给戊，甲通知了乙和丙，唯独忘记通知丁。甲在通知中载明"我欲以 1.5 万元将份额出售给戊，请知晓"，除此之外便无其他说明。丙提出优先购买甲财产份额的请求，但只愿出价 1.2 万元，被甲拒绝。甲其后顺利将财产份额出售给戊。丁 1 个月后与丙聊天喝茶时才听说此事，但对于转让价格和条件问题，丙却闭口不谈。丁认为甲未通知其转让财产份额的事宜，侵害了自己的优先购买权，于是主张甲与戊的转让财产份额合同无效。

要求：根据上述资料和物权法律制度的规定，分析回答下列问题。

（1）2025 年甲转让财产份额时，乙、丙、丁行使各自优先购买权的期间如何确定？

（2）2025 年甲转让财产份额时，丙提出行使优先购买权的请求能否成立？并说明理由。

（3）2025 年甲转让财产份额时，丁主张合同无效的请求是否能获得人民法院支持？并说明理由。

6. 2024 年 8 月 6 日，赵某以分期付款方式从乙公司（4S 店）购入一辆汽车，双方约定赵某首付 20%，剩余部分在 1 年内分四期付清，同时赵某与乙公司签订了抵押合同，以该车担保赵某能够按期付款。

2024 年 8 月 15 日赵某支付了首付款后乙公

司将车辆交付给赵某。

2024年8月18日，赵某因经营周转需要，向丙银行贷款50万元，期限9个月，并以该车办理了抵押登记，但未约定抵押担保的范围。

2024年8月23日，赵某以该车与乙公司办理了价款债权的抵押登记。

2025年4月赵某驾车发生事故，车辆送修发生修理费5万元无力支付，该车被丁修理厂留置。

2025年5月赵某对到期借款和车辆尾款均无力支付，丙银行向人民法院起诉，要求实现对该汽车的抵押权并优先受偿。人民法院依法向赵某、乙公司和丁修理厂发出传票。

庭审时：

赵某提出与丙银行签订的抵押合同未约定抵押担保的范围，丙银行的抵押权不设立。

乙公司提出与赵某签订的抵押合同担保的是该车辆的价款，因此本公司的抵押权应当优先于丙银行和丁修理厂。

丁修理厂提出本公司的留置权应当优先于乙公司和丙银行的抵押权。

要求：根据上述资料和物权法律制度的有关规定，回答下列问题。

（1）赵某的观点是否符合法律规定？请说明理由。

（2）乙公司的观点是否符合法律规定？请说明理由。

（3）丁修理厂的观点是否符合法律规定？请说明理由。

7. 甲公司向P银行贷款100万元用于经营周转，为担保债权的实现，甲公司以一批库存商品抵押，并办理了抵押登记。双方在签订的抵押合同中约定，若甲公司到期不履行债务，该批库存商品归P银行所有，除此之外未对抵押物的转让作特别约定。

贷款到期，甲公司无力偿还，P银行拟实现抵押权，人民法院查封了抵押物，经评估其价值仅为20万元。

经查，抵押期间甲公司存在两次转让抵押物的情形：

（1）以20万元的市场价格，将抵押的库存商品中的一部分出售给乙公司，乙公司对该批库存商品为抵押物的情形并不知情。

（2）以30万元的价格，将抵押的库存商品中的一部分出售给丙公司，丙公司为甲公司的母公司。

P银行遂请求对上述抵押物实现抵押权。

要求：根据上述资料和物权法律制度的有关规定，回答下列问题。

（1）贷款到期，甲公司无力偿还，P银行能否依约直接取得该批库存商品的所有权？请说明理由。

（2）P银行请求对乙公司购买的甲公司库存商品实现抵押权，人民法院是否支持？请说明理由。

（3）P银行请求对丙公司购买的甲公司库存商品实现抵押权，人民法院是否支持？请说明理由。

8. 2023年5月，甲公司将一厂房出租并交付给乙公司，租期5年，月租金3万元。甲公司后以该厂房为丙银行设定抵押权，用以担保甲公司向丙银行的借款本金1 000万元及其利息。

2025年6月，甲公司不能履行对丙银行的到期借款债务，致使厂房被人民法院依法查封。此时，乙公司已拖欠甲公司3个月租金9万元，丙银行通知乙公司应向其交付租金。乙公司认为厂房租赁合同的出租人是甲公司，而非丙银行，因此拒绝向丙银行交付租金。

2025年8月，厂房被依法拍卖，乙公司请求买受人丁公司继续履行剩余期间的租赁合同，遭到拒绝。

要求：根据上述资料及《民法典》的规定，不考虑其他因素，回答下列问题。

（1）乙公司拒绝向丙银行交付租金是否符合法律规定？简要说明理由。

（2）乙公司是否有权请求买受人丁公司继续履行租赁合同？简要说明理由。

9. 2023年3月5日，A房地产开发公司（以下简称A公司）与M建筑公司（以下简称M公司）签订建设工程合同，双方约定由M公司承建A公司S项目，工期1年6个月，工程总造价20亿元，合同签订后1个月内A公司支付工程款的30%，剩余款项在办理竣工结算后支付。

2023年5月10日，A公司与B公司签订为期2年的10亿元借款合同以支付工程款。为担保债权的实现，A公司以S项目建设用地使用权作为抵押，双方签订的抵押合同中约定：B公司的抵押权及于S项目续建部分、新增建筑物以及规划中尚未建造的建筑物，并办理了抵押登记。

至2025年初，S项目完工，并办理了竣工结算。为开发其他项目，甲公司以S项目的地上建筑物作为抵押，向C公司贷款18亿元，双方签订了抵押合同并办理了抵押登记。

2025年5月，借款期满A公司无力偿还。B公司遂向人民法院起诉，要求按照抵押合同约定对S项目实现抵押权。

要求：根据上述资料和物权法律制度的规定，不考虑其他因素，分别回答下列问题。

（1）C公司对S项目的建设用地使用权是否享有抵押权？请说明理由。

（2）指出B公司在S项目建设用地使用权上的抵押权顺位，并说明理由。

（3）B公司要求按照抵押合同约定对S项目实现抵押权，人民法院是否支持？并说明理由。

10. 甲公司向乙公司赊购了一辆大巴车，价款为80万元，《买卖合同》于1月1日签订，签订当日，乙公司向甲公司交付了大巴车。次日，为担保甲公司支付购买价款，双方又于车辆上牌照的同时办理了抵押登记手续。

2月1日，甲公司因急需周转资金向丙公司借款10万元，以该大巴车设定抵押并办理了抵押登记。

3月1日，甲公司将大巴车送至丁公司处保养，双方因保养费用发生纠纷，甲公司拒绝支付保养费，丁公司留置大巴车并通知甲公司于3个月内支付保养费，否则将拍卖大巴车以抵偿保养费。乙公司、丙公司得知大巴车被留置后，均主张甲公司的欠款已经到期，要求实现抵押权。

要求：根据上述资料和物权法律制度的规定，回答下列问题。

（1）甲公司何时取得大巴车的所有权？简要说明理由。

（2）丁公司能否在留置后立即拍卖、变卖大巴车实现留置权？简要说明理由。

（3）请指出该大巴车上乙公司、丙公司和丁公司的权利顺位？简要说明理由。

二、综合题

1. 2021年10月10日乙与房屋开发商签订

A商品房的买卖合同，于2021年10月15日入住，同年12月25日办理了房屋登记手续。

2023年3月乙出国为女儿带孩子，A商品房由其儿子出租给甲。2024年5月6日乙因病在当地去世。根据乙的生前遗嘱，A商品房由其一儿一女继承，但其子女没有办理该房屋所有权变更手续。

2025年9月乙的儿子因移民急需用钱和姐姐协商决定将A商品房转让给丙，乙的子女在完善房屋所有权变更手续后于12月5日与丙签订了房屋买卖合同，但未通知甲。丙取得A商品房所有权后要求甲腾退房屋，甲不同意。

要求：根据上述资料结合相关法律规定，分别回答下列问题。

（1）乙何时取得A商品房所有权？说明法律根据。

（2）乙的子女何时取得A商品房所有权？说明法律根据。

（3）丙为确保作为房屋产权人的合法权益，可以采取何种措施？说明法律依据。

（4）乙的儿女转让A商品房是否应当通知甲？未通知甲是否影响房屋转让合同的效力以及是否承担法律责任？分别说明理由。

（5）丙要求甲腾退A商品房的行为是否符合法律规定？说明理由。

2. A市人民政府因城市规划将甲化工生产企业（以下简称甲企业）的土地使用权收回。为此甲企业搬迁至B市，在搬迁建设中发生下列事项：

（1）2021年10月甲企业在B市受让一建设用地使用权用于新厂房和办公用房的建设。

（2）2022年3月甲企业在新厂房建设中以建设用地使用权设立抵押权向乙银行借款2 000万元，期限3年。2025年3月银行借款到期，甲企业未能偿还借款，乙银行向法院提起民事诉讼，请求实现抵押权。

（3）2025年8月15日甲企业与丙公司订立购买新设备的合同，为保证合同货款的支付，丁公司在买卖合同上签订了保证条款，但未约定保证方式。

要求：根据上述资料和相关法律规定，回答下列问题。

（1）A市人民政府收回甲企业的土地使用

权应当如何处理？说明法律根据。

（2）甲企业取得在 B 市的土地使用权需要履行何种手续？其使用年限如何？

（3）乙银行应当如何实现抵押权？说明理由。

（4）丁公司的保证担保是否成立？丁公司应如何承担保证责任？说明理由。

（5）甲企业变更住所应当如何处理？说明理由。

3. 个体工商户甲为向银行借款，以自己现有及将有的生产设备、原材料、半成品和产成品作为抵押财产向银行设立了动产浮动抵押。双方于 2025 年 4 月 1 日订立了书面的借款合同和抵押合同，并于 4 月 2 日办理了抵押登记。双方在抵押合同中约定，如甲未能如期还本付息，则抵押财产归银行所有。

甲向乙设备厂购买一台生产设备，双方 5 月 1 日订立买卖合同并完成交付。由于甲资金不足，因此合同中约定甲自支付设备总价款 40%提货以后，自 5 月开始至 10 月止，每月最后一日向乙设备厂支付总价款的 10%，共计支付 6 次。为担保甲未来对价款的支付，双方于 5 月 5 日就该设备办理了抵押登记。8 月，甲资金周转困难，遂将该设备以市场价格售予丙，丙对于该设备上设立抵押权一事不知情。双方随后钱货两清。丙雇车拉走了设备。9 月，因甲无力清偿借款本息及买卖合同价款，银行向丙提出根据抵押合同约定取得该设备所有权，乙设备厂主张行使抵押权。丙认为自己属于正常经营活动中的买受人，已经支付合理价款且取得设备，因此银行与乙设备厂无权行使抵押权。交涉无果后，银行与乙设备厂请求人民法院拍卖该设备，并均主张就所得价款优先于对方受偿。

已知：个体工商户甲的营业执照中的经营范围并不包括销售二手生产设备。

要求：根据上述内容，分别回答下列问题。

（1）银行的抵押权何时设立？简要说明理由。

（2）甲何时取得所购设备的所有权？简要说明理由。

（3）丙是否取得该设备所有权？简要说明理由。

（4）银行能否依据抵押合同约定取得该设备所有权？简要说明理由。

（5）丙认为银行与乙设备厂无权行使抵押权的观点是否正确？简要说明理由。

（6）银行与乙设备厂就设备拍卖价款谁更优先受偿？简要说明理由。

4. 甲公司需要使用乙公司生产的一套精密仪器，但无力购买，遂请求丙公司购买并租给自己。甲公司、丙公司签订融资租赁合同，约定如下：丙公司购买乙公司精密仪器，价款 500 万元。甲公司租赁该仪器 10 年，年租金 80 万元。丙公司为支付货款向丁公司借款 100 万元，双方约定：借款期限 6 个月，利息 10 万元在本金中预扣，丁公司实际支付丙公司 90 万元。为担保该借款债权，丙公司以其一台价值 40 万元的车辆抵押，与丁公司签订了抵押合同。

戊公司作为保证人与丁公司签订了保证合同，保证方式为连带责任保证；丁公司与丙公司、戊公司未约定行使担保权利的先后顺序。丙公司和丁公司约定的借款期限届满后，丙公司未能清偿借款。

丁公司拟行使抵押权，发现丙公司因拖欠辛公司 10 万元仓储费用，抵押车辆在前往辛公司提取仓储物时，被辛公司留置。丁公司主张就被留置车辆行使抵押权，理由如下：

（1）辛公司扣留车辆，与其享有的仓储费债权不属于同一法律关系，故辛公司无权留置该车辆；

（2）即使辛公司有权留置该车辆，因抵押权设立在先，丁公司有权优先行使抵押权。

丁公司要求保证人戊公司承担连带保证责任，戊公司提出，该借款债权还存在抵押担保，丁公司应先实现抵押权。

要求：根据上述资料及《民法典》的规定，不考虑其他因素，回答下列问题。

（1）融资租赁期间，该精密仪器归谁所有？并说明理由。

（2）丙公司向丁公司借款的本金是多少？并说明理由。

（3）丁公司主张行使抵押权的理由（1）是否符合法律规定？并说明理由。

（4）丁公司主张行使抵押权的理由（2）是否符合法律规定？并说明理由。

（5）戊公司关于丁公司应先实现抵押权的

主张是否成立？并说明理由。

5. 甲企业营业执照上载明的主营业务为生产销售挖掘机。2025年4月1日，甲企业与乙银行签订借款合同，借款合同约定：甲企业向乙银行借款8 000万元，借款期限自2025年4月1日至2025年6月30日。甲企业将其现有的以及将有的生产设备、原材料、半成品、产品等一并抵押给乙银行，双方于4月1日签订了抵押合同，并于4月5日办理了抵押登记。

此外，应甲企业的要求，张某单方以书面形式向乙银行作出保证，乙银行接收且未提出异议。在张某出具的保证书中，约定保证方式为连带责任保证，但未约定承担担保责任的先后顺序。此外，张某在保证书中承诺其"承担保证责任直至主债务本息还清时为止"。当事人未约定实现担保权的顺序。

4月20日，甲企业未经乙银行同意，将自己生产的一台挖掘机以40万元的市场价格卖给丙公司，丙公司支付了货款，甲企业已经将该挖掘机交付给丙公司。

4月25日，甲企业未经乙银行同意，将其用于生产挖掘机的A型号数控机床以1 000万元的市场价格卖给丁公司，丁公司在未进行抵押信息查询的情况下支付了货款，甲企业已经将该数控机床交付给丁公司。

5月1日，甲企业与戊公司签订租赁合同，戊公司将一辆大卡车出租给甲企业，租期3年。5月10日，该卡车出现故障，甲企业请求戊公司维修，戊公司未予理会。甲企业遂将其送至庚公司修理，因甲企业之前欠庚公司80万元的买卖合同货款，该卡车被庚公司留置。戊公司请求庚公司返回该卡车，被庚公司拒绝。

6月1日，甲企业从辛公司融资租赁一台价值2 000万元的B型数控机床。为担保租金的实现，辛公司和甲企业以该数控机床订立了担保合同，并在该数控机床交付后10日内办理了登记。

7月1日，借款到期，甲企业无力偿还借款本息。乙银行要求张某承担保证责任，张某则主张：该债权既有保证担保，又有甲企业的抵押担保，乙银行应首先行使抵押权。乙银行拟就B型数控机床行使抵押权，辛公司则主张其权利优先于乙银行在先设立的浮动抵押权。

要求：根据上述内容，分别回答下列问题。

（1）乙银行的浮动抵押权何时设立？并说明理由。

（2）乙银行与张某之间的保证合同是否成立？并说明理由。

（3）张某的保证期间为多长？并说明理由。

（4）张某提出乙银行应首先实现抵押权的主张是否成立？并说明理由。

（5）乙银行是否有权就丙公司所购买的挖掘机主张抵押权？并说明理由。

（6）乙银行是否有权就丁公司所购买的数控机床主张抵押权？并说明理由。

（7）戊公司是否有权请求庚公司返回该卡车？并说明理由。

（8）辛公司关于"其权利优先于乙银行在先设立的浮动抵押权"的主张是否成立？并说明理由。

6. 2023年5月20日，甲公司以自有的一辆机动车作为抵押向乙公司借款20万元，双方签订了书面借款合同和抵押合同。次日，双方办理了抵押登记。同年7月5日，甲公司将该机动车送到丙厂修理，丙厂修理后多次要求甲公司支付修理费用，未果。同年8月17日，丙厂通知甲公司，机动车已变卖，修理费已从所得价款中受偿。甲公司认为，丙厂在未与自己沟通的情况下擅自变卖机动车，于法无据。

2023年5月30日，甲公司与赵某签订租赁合同，将房屋A出租给赵某，租期5年。2023年6月5日，甲公司以房屋A为抵押向丁银行借款500万元，借期为2年，双方签订了书面借款合同和抵押合同。同年6月20日双方办理了抵押登记。

2023年6月10日，甲公司以房屋A为抵押向戊银行借款200万元，借期为2年，双方签订了书面借款合同和抵押合同。同年6月15日双方办理了抵押登记。

2025年7月，因甲公司无力偿还银行借款，丁银行诉至人民法院，请求就房屋A实现抵押权并从拍卖价款中优先受偿。房屋拍卖所得价款650万元，戊银行获悉该情况后，主张就拍卖价款优先于丁银行受偿。钱某拍得房屋A后，要求承租人赵某交还房屋。赵某以租期未到为由拒绝。

2025年10月5日，钱某以690万元市价将房屋A转让给孙某。孙某无偿委托李某办理房屋所有权转移登记，工作人员误将房屋登记在李某名下。李某虽发现登记错误，仍保持沉默。

次日，李某向周某表示，愿以200万元的价格将房屋A转让周某。周某不知房屋登记错误，立即与李某签订了买卖合同，并办理登记。孙某得知后，向登记机关申请更正登记，并要求周某返还房屋，周某拒绝返还，孙某为此事支出律师费、交通费共计2万元。孙某随即以李某违反委托协议为由，要求李某为其讨回房屋，并赔偿已支出的律师费、交通费2万元。

要求：根据上述资料及《民法典》的规定，不考虑其他因素，回答下列问题。

（1）乙公司何时取得对机动车的抵押权？并说明理由。

（2）丙厂在未与甲公司事先沟通的情况下，变卖机动车并从所得价款中受偿修理费的行为是否有法律依据？并说明理由。

（3）租期未到的情况下，钱某是否有权要求赵某交还房屋A？并说明理由。

（4）戊银行关于就拍卖价款优先于丁银行受偿的主张是否成立？并说明理由。

（5）孙某是否有权要求李某赔偿2万元律师费、交通费？并说明理由。

（6）周某能否取得房屋A的所有权？并说明理由。

参考答案

一、简答题

1.【答案】

（1）成立。

理由：出卖人对标的物保留的所有权，未经登记，不得对抗善意第三人。

（2）不成立。

理由：属于流质条款。即质权人在债务履行期届满前，与出质人约定债务人不履行到期债务时质押财产归债权人所有的，质权人只能依法就质押财产优先受偿，而不能直接取得质押财产的所有权。

（3）有权。

理由：分期付款的买受人未支付到期价款的数额达到全部价款的1/5，经催告后在合理期限

内仍未支付到期价款的，出卖人可以请求买受人支付全部价款或者解除合同。

2.【答案】

（1）乙银行针对该建设用地使用权的抵押权已经设立。

根据规定，以不动产抵押的，应当办理抵押登记。抵押权自登记时设立。甲公司与乙银行于2024年4月1日订立了抵押合同并办理抵押登记，因此，抵押权已于4月1日设立。

（2）乙银行可就4000万元优先受偿。

根据规定，建设用地使用权抵押后，该土地上新增的建筑物不属于抵押财产。该建设用地使用权实现抵押权时，应当将该土地上新增的建筑物与建设用地使用权一并处分。但是，新增建筑物所得的价款，抵押权人无权优先受偿。

（3）丙银行可就3000万元优先受偿。

根据规定，以建筑物抵押的，该建筑物占用范围内的建设用地使用权一并抵押。因此丙银行抵押财产范围为该办公大楼与建设用地使用权，即丙银行可以就7000万元优先受偿。但由于乙银行抵押权登记在先，因此丙银行抵押权劣后于乙银行受偿，实际仅能就乙银行受偿后剩余的3000万元优先受偿。

3.【答案】

（1）乙取得该电脑的所有权。

甲的行为系无权处分，但乙受让该动产时是善意（对甲无权处分行为不知道且无重大过失）、以合理价格进行转让且完成交付，因此乙可以根据善意取得制度取得该电脑的所有权。

（2）丙未取得该电脑的所有权。

根据物权法律制度规定，拾得遗失物，应当返还权利人。所有权人或者其他权利人有权追回遗失物。

（3）丙不能请求戊返还电脑。

根据物权法律制度规定，债务人不履行到期债务，债权人因同一法律关系留置合法占有的第三人的动产，并主张就该留置财产优先受偿的，人民法院应予支持。第三人以该留置财产并非债务人的财产为由请求返还的，人民法院不予支持。

（4）丁盗走电脑后，戊的留置权消灭。

根据物权法律制度规定，留置权人对留置财产丧失占有或者留置权人接受债务人另行提供担保的，留置权消灭。本案中丁盗走电脑后，戊的

留置权因丧失占有而消灭。

（5）戊可以主张丁返还电脑。

根据物权法律制度规定，占有的不动产或者动产被侵占的，占有人有权请求返还原物。

4.【答案】

（1）王某无权拒绝向甲公司支付全部维修费。

根据规定，因共有的不动产或者动产产生的债权债务，在对外关系上，共有人享有连带债权、承担连带债务，但法律另有规定或者第三人知道共有人不具有连带债权债务关系的除外。

（2）乙公司能够取得该起重机的所有权。

根据规定，无处分权人将动产转让给受让人，如果受让人受让该动产时是善意的，转让价格合理，且动产已经交付给受让人，受让人即可取得该动产的所有权。

（3）丙银行主张确认该起重机转让不发生物权效力，人民法院不予支持。

根据规定，当事人约定禁止或者限制转让抵押财产但是未将约定登记，抵押人违反约定转让抵押财产，抵押权人无权请求确认转让合同无效；抵押财产已经交付或者登记，抵押权人请求确认转让不发生物权效力的，人民法院不予支持，但是抵押权人有证据证明受让人知道的除外。

5.【答案】

（1）①乙和丙的优先购买权行使期间为甲的通知送达之日起15日内。②丁的优先购买权行使期间为甲与戊共有份额权属转移之日起6个月内。

（2）丙提出行使优先购买权的请求不成立。

根据规定，优先购买权需要在同等条件下行使，如果按份共有人主张优先购买权时，提出减少价款、增加转让人负担等实质性变更要求，均不符合同等条件的要求，其优先购买权不能得到支持。

（3）丁主张合同无效的请求不成立。

根据规定，其他按份共有人以其优先购买权受到侵害为由，仅请求撤销共有份额转让合同或者认定该合同无效，不属于行使优先购买权，人民法院不予支持。

6.【答案】

（1）赵某的观点不符合法律规定。

根据规定，抵押担保的范围包括主债权及利息、违约金、损害赔偿金和实现抵押权的费用。抵押合同另有约定的，按照约定。

（2）乙公司的观点不符合法律规定。

根据规定，动产抵押担保的主债权是抵押物的价款，标的物交付后10日内办理抵押登记的，该抵押权人优先于抵押物买受人的其他担保物权人受偿，但是留置权人除外。

本题中，汽车抵押担保的债权是该汽车的价款，汽车于8月15日交付给赵某并于8月23日办理了价款债权的抵押登记。因此乙公司的抵押权优先于丙银行，但不优先于丁修理厂。

（3）丁修理厂的观点符合法律规定。

根据规定，同一动产上已设立抵押权或者质权，该动产又被留置的，留置权人优先受偿。

7.【答案】

（1）P银行不能依约直接取得该批库存商品的所有权。

根据规定，抵押权人在债务履行期限届满前，与抵押人约定债务人不履行到期债务时抵押财产归债权人所有的，只能依法就抵押财产优先受偿。

（2）P银行请求对乙公司购买的甲公司库存商品实现抵押权，人民法院不予支持。

根据规定，以动产抵押，不得对抗正常经营活动中已经支付合理价款并取得抵押财产的买受人。

（3）P银行请求对丙公司购买的甲公司库存商品实现抵押权，人民法院应予支持。

根据规定，买受人与出卖人存在直接或者间接的控制关系不属于正常经营活动，非正常经营活动中，抵押物已登记且双方当事人未约定禁止或限制转让的，抵押期间，抵押人可以转让抵押财产，抵押财产转让的，抵押权不受影响。

8.【答案】

（1）乙公司拒绝向丙银行交付租金不符合法律规定。

根据规定，债务人不履行到期债务或者发生当事人约定的实现抵押权的情形，致使抵押财产被人民法院依法扣押的，自扣押之日起抵押权人有权收取该抵押财产的天然孳息或者法定孳息。本案中的租金属于法定孳息，自厂房被法院查封之日起，丙银行有权要求乙公司向其支付租金。

（2）乙公司有权请求买受人丁公司继续履行租赁合同。

根据规定，抵押权设立前，抵押财产已经出租并转移占有的，原租赁关系不受该抵押权的影响。本题中由于在设定抵押权前，该厂房已经出租并转移占有，抵押权实现后，该租赁合同对丁公司具有约束力。

9.【答案】

（1）C公司对S项目的建设用地使用权享有抵押权。

根据规定，以建筑物抵押的，该建筑物占用范围内的建设用地使用权一并抵押。

（2）B公司对S项目的建设用地使用权享有第一顺位的抵押权。

根据规定，抵押人将建设用地使用权、土地上的建筑物或者正在建造的建筑物分别抵押给不同债权人的，人民法院应当根据抵押登记的时间先后确定清偿顺序。

（3）B公司要求按照抵押合同约定对S项目实现抵押权，人民法院不予支持。

根据规定，当事人以正在建造的建筑物抵押，抵押权的效力范围限于已办理抵押登记的部分。当事人按照担保合同的约定，主张抵押权的效力及于续建部分、新增建筑物以及规划中尚未建造的建筑物的，人民法院不予支持。

10.【答案】

（1）甲公司于1月1日取得大巴车的所有权。

根据规定，动产物权的设立和转让，自交付时发生效力，但法律另有规定的除外。

（2）丁公司不能立即实现留置权。

根据规定，留置权人与债务人应当约定留置财产后的债务履行期间，没有约定或者约定不明确的，留置权人应当给债务人60日以上履行债务的期间，但鲜活易腐等不易保管的动产除外。

（3）丁公司优于乙公司优于丙公司。

根据规定，动产抵押担保的主债权是抵押物的价款，标的物交付后10内办理抵押登记的，该抵押权人优先于抵押物买受人的其他担保物权人受偿，但留置权人除外。

二、综合题

1.【答案】

（1）乙2021年12月25日取得A商品房所有权。

根据规定，不动产物权的设立、变更、转让

和消灭，经依法登记，发生效力；未经登记，不发生效力，但是法律另有规定的除外。本题中，乙2021年10月15日入住，同年12月25日办理了房屋登记手续。

（2）乙的子女2024年5月6日取得A商品房所有权。

根据规定，因继承取得物权的，自继承开始时发生效力。本题中，乙于2024年5月6日因病去世，其子女继承开始。

（3）丙为确保作为房屋产权人的合法权益，可以预告登记。

根据规定，当事人签订买卖房屋的协议或者签订其他不动产物权的协议，为保障将来实现物权，按照约定可以向登记机构申请预告登记。

（4）乙的子女转让A商品房应当通知甲。未通知甲不影响房屋买卖合同的效力，但甲有权请求乙的子女承担赔偿责任。

根据规定，①出租人出卖出租房屋的，应当在出卖之前的合理期限内通知承租人，承租人享有以同等条件优先购买的权利。②出租人出卖租赁房屋未在合理期限内通知承租人或者存在其他侵害承租人优先购买权的情形，承租人可以请求出租人承担赔偿责任。③但是，出租人与第三人订立的房屋买卖合同的效力不受影响。

（5）丙要求甲腾退房屋的行为不符合法律规定。

根据规定，租赁房屋在租赁期间发生所有权变动，承租人请求房屋受让人继续履行原租赁合同的，人民法院应予支持。

2.【答案】

（1）A市人民政府应当给予甲企业经济补偿并退还相应的土地出让金。

根据规定，在建设用地使用权期限届满前，因公共利益需要提前收回土地的，出让人应当依法对该土地上的房屋以及其他不动产给予补偿，并退还相应的出让金。

（2）①甲企业应当与转让方订立书面建设用地使用权转让合同，并办理过户登记。登记是建设用地使用权转让的生效条件。

②甲企业依建设用地使用权转让，成为新的土地使用权人，其依法行使剩余年限内的建设用地使用权。

（3）乙银行仅可向甲企业的建设用地使用

权主张实现抵押权。

根据规定，建设用地使用权抵押后，该土地上新增的建筑物不属于抵押财产。该建设用地使用权实现抵押权时，应当将该土地上新增的建筑物与建设用地使用权一并处分，但新增建筑物所得的价款，抵押权人无权优先受偿。题目中，甲企业是以建设用地使用权设立抵押权的，之后的新建厂房和办公用房不属于抵押财产，债权人乙银行不得向土地上的新增建筑物主张抵押权。

（4）①丁公司的保证担保成立。

根据规定，保证人与债权人应当以书面形式订立保证合同。保证合同可以是单独订立的书面合同，也可以是主债权债务合同中的保证条款。本题中，丁公司在买卖合同上签订了保证条款，保证成立。

②丁公司应当按照一般保证承担担保责任。

根据规定，当事人对保证方式没有约定或者约定不明确的，按照一般保证承担保证责任。

（5）甲企业变更住所应当办理公司变更登记手续。

根据规定，公司变更登记事项，应当自作出变更决议、决定或者法定变更事项发生之日起30日内向登记机关申请变更登记。

3.【答案】

（1）抵押权自2025年4月1日设立。

根据规定，以动产抵押的，抵押权自抵押合同生效时设立；未经登记，不得对抗善意第三人。

（2）甲自与乙设备厂完成设备交付后取得该设备所有权，即5月1日。

根据规定，动产物权的设立和转让，自交付时发生效力，但是法律另有规定的除外。

（3）丙取得该设备的所有权。

甲系该设备的所有权人，因此甲处分设备的行为属于有权处分，甲、丙二人订立了买卖合同完成了交付，因此丙系基于法律行为的物权变动而取得该设备的所有权。

（4）银行不能根据抵押合同直接取得该设备的所有权。

根据规定，抵押权人在债务履行期限届满前，与抵押人约定债务人不履行到期债务时抵押财产归债权人所有的，只能依法就抵押财产优先受偿。

（5）丙观点错误。

根据规定，以动产抵押的，不得对抗正常经营活动中已经支付合理价款并取得抵押财产的买受人。出卖人正常经营活动，是指出卖人的经营活动属于其营业执照明确记载的经营范围，且出卖人持续销售同类商品。因此本案中丙不属于正常经营活动中的买受人。

（6）乙设备厂优先于银行受偿。

根据规定，动产抵押担保的主债权是抵押物的价款，标的物交付后10日内办理抵押登记的，该抵押权人优先于抵押物买受人的其他担保物权人受偿，但是留置权人除外。本案中，乙设备厂抵押担保的系设备的购买价款，且双方自交付后10日内办理了抵押登记，因此乙设备厂优先于其他担保物权人（银行）受偿。

4.【答案】

（1）该精密仪器归丙公司所有。

根据规定，在融资租赁期间，出租人（丙公司）享有租赁物的所有权。

（2）丙公司向丁公司的借款本金为90万元。

根据规定，借款的利息不得预先在本金中扣除，利息预先在本金中扣除的，应当按照实际借款数额返还借款并计算利息。

（3）理由（1）不符合规定。

根据规定，债权人留置的动产，应当与债权属于同一法律关系，但是企业之间留置的除外。

（4）理由（2）不符合规定。

根据规定，同一动产上已经设立抵押权或者质权，该动产又被留置的，留置权人优先受偿。

（5）戊公司的主张成立。

根据规定，被担保的债权既有物的担保又有人的担保的，债务人不履行到期债务或者发生当事人约定的实现担保物权的情形，债权人应当按照约定实现债权；没有约定或者约定不明确，债务人自己提供物的担保的，债权人应当先就该物的担保实现债权。

5.【答案】

（1）乙银行的浮动抵押权于2025年4月1日设立。

根据规定，动产浮动抵押的抵押权自抵押合同生效时设立。

（2）保证合同成立。

根据规定，第三人单方以书面形式向债权人作出保证，债权人接收且未提出异议的，保证合同成立。

（3）保证期间为主债务履行期限届满之日起6个月。

根据规定，保证合同约定"保证人承担保证责任直至主债务本息还清时为止"等类似内容的，视为约定不明，保证期间为主债务履行期限届满之日起6个月。

（4）张某的主张成立。

根据规定，被担保的债权既有物的担保又有人的担保的，债务人不履行到期债务或者发生当事人约定的实现担保物权的情形，债权人应当按照约定实现债权；没有约定或者约定不明确，债务人自己提供物的担保的，债权人应当先就该物的担保实现债权。

（5）乙银行无权就丙公司所购买的挖掘机主张抵押权。

根据规定，动产浮动抵押无论是否办理抵押登记，均不得对抗正常经营活动中已支付合理价款并取得抵押财产的买受人。

（6）乙银行有权就丁公司所购买的数控机床主张抵押权。

根据规定，买受人在出卖人正常经营活动中通过支付合理对价取得已被设立担保物权的动产，担保物权人请求就该动产优先受偿的，人民法院不予支持，但是有下列情形之一的除外：①购买商品的数量明显超过一般买受人；②购买出卖人的生产设备；③订立买卖合同的目的在于担保出卖人或者第三人履行债务；④买受人与出卖人存在直接或者间接的控制关系；⑤买受人应当查询抵押登记而未查询的其他情形。

（7）戊公司有权请求庚公司返回该卡车。

根据规定，企业之间留置的动产与债权并非同一法律关系，债权人留置第三人的财产，第三人请求债权人返还留置财产的，人民法院应予支持。

（8）辛公司的主张成立。

根据规定，担保人在设立动产浮动抵押并办理抵押登记后又以融资租赁方式承租新的动产，以融资租赁方式出租该动产的出租人为担保租金的实现而订立担保合同，并在该动产交付后10日内办理登记，该出租人主张其权利优先于在先设立的浮动抵押权的，人民法院应予支持。

6.【答案】

（1）2023年5月20日。

根据物权法律制度的规定，动产抵押，抵押权自抵押合同生效时设立，未经登记，不得对抗善意第三人。

（2）丙厂的行为没有法律依据。

根据物权法律制度的规定，债权人与债务人应当在合同中约定留置财产后的债务履行期限；没有约定或者约定不明的，债权人留置债务人财产后，应当确定60日以上的期限，通知债务人在该期限内履行债务（但是鲜活易腐等不易保管的动产除外）。

（3）租期未到的情况下，钱某无权要求赵某交还房屋A。

根据合同法律制度的规定，租赁物在租赁期限发生所有权变动的，不影响租赁合同的效力。

（4）戊银行的主张成立。

同一抵押财产为数项债权设定抵押，抵押物拍卖或变卖金额不足以清偿全部抵押债权时，抵押权已登记的，按照登记的先后顺序清偿。戊银行于6月15日登记，丁银行于6月20日登记，戊银行的顺位在先。

（5）孙某有权要求李某赔偿2万元律师费、交通费。

根据合同法律制度的规定，无偿委托合同，因受托人的故意或者重大过失造成委托人损失的，委托人可以请求赔偿损失。

（6）周某不能取得房屋A的所有权。

周某不符合善意取得的要件；交易价格明显低于正常的市场价格，因而在价格不合理的情况下，周某不构成善意。

专题四　合同法律制度

命题思路

合同法律制度涉及《民法典》合同编的核心内容，每年都会考查主观题，且具有一定的灵活性，均与经济生活交往有直接联系，要求考生结合实例对考点进行理解。从出题角度分析，有可能单纯考查分则中的某一类合同（一般是租赁合同、融资租赁合同和借款合同），或者结合担保方式考查，考查频率较高的为抵押权、保证，涉及借款合同相关考点，抑或单纯考查总则的知识，如合同的解除等。建议重点关注"合同履行和保全、合同消灭、违约责任、买卖合同、保证合同、租赁合同、融资租赁合同和借款合同"等易出主观题的知识点。

合同法与物权法是民事权利体系的两大核心，物权解决物的归属和利用，债权主要解除财产流转关系。物权调整静态财产关系，债权调整动态财产关系；财产转移所有权就是从静态至动态，再到静态的财产关系，因此合同法与物权法结合出题也会成为我们考试的常态，应重点予以关注。

经典例题

1. 2025年1月1日，甲公司与乙公司签订买卖合同，约定：甲公司向乙公司购买100台电脑，总价款50万元，合同签订之日，甲公司向乙公司支付定金20万元。乙公司于2025年3月20日将电脑运输至甲公司经营场所，甲公司收到电脑的15个工作日内支付价款，双方对合同债权转让及合同义务转移未作特别约定。2025年3月16日，甲公司因经营业务变更不再需要电脑，遂将该合同的债权转让给丙公司，并通知了乙公司。乙公司认为丙公司经营场所距离较远，如债权转让后会增加履行费用所以通知了甲公司不同意以上债权转让。2025年3月20日，因甲公司明确表示拒收电脑，乙公司只好将电脑运输至丙公司的经营场所，由此增加履行费用800元。乙公司要求甲公司承担增加的履行费用，遭到甲公司拒绝。

要求：根据上述资料和合同法律制度的规定，不考虑其他因素，回答下列问题。

（1）甲公司与乙公司约定的定金金额是否符合法律规定？请说明理由。

（2）在乙公司不同意的情况下，甲公司将债权转让给丙公司，对乙公司是否发生效力？请说明理由。

（3）乙公司要求甲公司承担增加的履行费用是否符合法律规定？请说明理由。

【答案】

（1）甲公司与乙公司约定的定金金额不符合法律规定。

根据规定，定金的数额由当事人约定；但是，不得超过主合同标的额的20%，超过部分不产生定金的效力。

在本题中，主合同标的额为50万元，20万元定金超过主合同标的额的20%。

（2）在乙公司不同意的情况下，甲公司将债权转让给丙公司，对乙公司发生效力。

根据规定，债权人转让债权，无须经债务人同意，但应当通知债务人。未通知债务人的，该转让对债务人不发生效力。

（3）乙公司要求甲公司承担增加的履行费用符合法律规定。

根据规定，履行费用的负担不明确的，由履行义务一方负担；因债权人原因增加的履行费用，由债权人负担。

2. 2024年1月10日，出租人刘某和承租人王某签订房屋租赁合同，约定租赁期限为30年，第一年租金为2万元，从第二年起租金按一定比例逐年增加。次日，王某搬入该房屋。

2024年4月，刘某将该房屋出售给张某并办理了房屋产权转移登记。张某随后要求王某搬离该房屋，王某以租赁期限尚未届满为由拒绝。

2024年5月，王某向刘某表示自己愿意购买该房屋，以刘某侵犯其承租人的优先购买权为由，主张刘某与张某之间的房屋买卖合同无效。

要求：根据上述资料和合同法律制度的规定，不考虑其他因素，回答下列问题。

（1）刘某和王某对房屋租赁期限的约定，是否符合法律规定？简要说明理由。

（2）张某要求王某搬离该房屋，是否符合法律规定？简要说明理由。

（3）王某主张刘某与张某之间的房屋买卖合同无效，是否符合法律规定？简要说明理由。

【答案】

（1）不符合法律规定。

根据规定，租赁期限不得超过20年。超过20年的，超过部分无效。

（2）不符合法律规定。

根据规定，租赁物在承租人按照租赁合同占有期限内发生所有权变动的，不影响租赁合同的效力。

（3）不符合法律规定。

根据规定，出租人未通知承租人或者有其他侵害承租人行使优先购买权情形的，承租人可以请求出租人承担赔偿责任。但是，出租人与第三人订立的房屋买卖合同的效力不受影响。

3. 2025年3月1日，王某向李某购买一套二手房，双方签订买卖合同约定：房屋总价款200万元；合同签订当日，王某须向李某交付定金40万元；合同签订后15天内，王某交付购房款30万元，剩余款项在2025年3月31日前付清；任何一方违约致使合同目的不能实现，须按合同总价款的20%向对方支付违约金。

合同签订当日，王某将30万元作为定金交付给李某。2025年3月10日，王某向李某交付购房款30万元。

2025年3月20日，李某告知王某，其3日前和陈某签订该房屋买卖合同，并已将房屋转移登记给陈某。因违约赔偿纠纷，王某于2025年4月15日向法院提起诉讼，请求事项如下：（1）解除与李某签订的房屋买卖合同；（2）李某返还30万元购房款及其利息；（3）李某双倍返还定金80万元；（4）李某支付违约金40万元。

李某答辩如下：（1）定金应为实际交付的数额30万元，双倍返还定金数额应为60万元；（2）王某不能同时主张定金和违约金责任。

要求：根据上述资料和合同、担保法律制度的规定，不考虑其他因素，回答下列问题。

（1）李某抗辩（1）是否成立？简要说明理由。

（2）李某抗辩（2）是否成立？简要说明理由。

【答案】

（1）李某抗辩（1）成立。

根据规定，实际交付的定金数额多于或者少于约定数额的，视为变更约定的定金数额。本案中虽然当事人双方约定定金为40万元，但合同签订当日，王某将30万元作为定金交付给李某，李某接受，因此视为对约定的定金数额的变更。因此，变更后的定金数额为30万元，双倍返还定金数额应为60万元，李某的抗辩理由成立。

（2）李某抗辩（2）成立。

根据规定，当事人既约定违约金，又约定定金的，一方违约时，对方可以选择适用违约金或者定金条款，但不得同时适用，因此李某抗辩（2）成立。

4. 周某向吴某租赁其名下的房产，房屋租赁合同签订租期3年，月租金1万元，后吴某打算将房屋出售，于当年9月1日告知周某，周某未作表示。9月18日，吴某将房屋出售给自己的舅舅高某。

高某要求周某搬出房屋，周某起诉至法院，告吴某损害自己的优先购买权，吴某抗辩如下：

（1）吴某已经将房产出售给自己的舅舅高

某，周某无优先购买权。

（2）吴某已经提前告知周某，周某在 15 天内未作购买表示。

要求：根据上述资料和合同法律制度的规定，不考虑其他因素，回答下列问题。

（1）吴某对周某的抗辩理由（1）是否成立？简要说明理由。

（2）吴某对周某的抗辩理由（2）是否成立？简要说明理由。

（3）高某是否有权要求周某搬出房屋？简要说明理由。

【答案】

（1）吴某对周某的抗辩理由（1）不成立。

根据规定，出租人出卖租赁房屋的，应当在出卖之前的合理期限内通知承租人，承租人享有以同等条件优先购买的权利；但是，房屋按份共有人行使优先购买权或者出租人将房屋出卖给近亲属的除外。近亲属，包括配偶、父母、子女、兄弟姐妹、祖父母、外祖父母、孙子女、外孙子女。舅舅不属于近亲属。

（2）吴某对周某的抗辩理由（2）成立。

根据规定，出租人履行通知义务后，承租人在 15 日内未明确表示购买的，视为承租人放弃优先购买权。

（3）高某无权要求周某搬出房屋。

根据规定，租赁物在承租人按照租赁合同占有期限内发生所有权变动的，不影响租赁合同的效力。

5. 2025 年 1 月，甲公司与乙公司签订融资租赁合同。甲公司根据乙公司的选择，向丙公司购买了 1 台大型设备，出租给乙公司使用。设备保修期过后，该设备不能正常运行，且在某次事故中造成员工李某受伤。乙公司要求甲公司履行维修义务，承担设备不符合约定的违约责任，并对李某所受损害承担赔偿责任。甲公司表示拒绝，乙公司遂以此为由拒绝支付租金。

已知：对于租赁物维修义务，以及租赁物不符合约定及其造成第三人损害的责任承担，融资租赁合同未作特别约定。

要求：根据上述资料和合同法律制度的规定，不考虑其他因素，回答下列问题。

（1）甲公司是否应履行维修义务？简要说明理由。

（2）甲公司是否应承担设备不符合约定的违约责任？简要说明理由。

（3）甲公司是否应对李某所受损害承担赔偿责任？简要说明理由。

【答案】

（1）甲公司无须履行维修义务。

根据合同法律制度规定，在融资租赁合同中，承租人应当履行占有租赁物期间的维修义务。

（2）甲公司无须承担设备不符合约定的违约责任。

根据合同法律制度规定，租赁物不符合约定或者不符合使用目的的，出租人不承担责任。但是，承租人依赖出租人的技能确定租赁物或者出租人干预选择租赁物的除外。

（3）甲公司不应对李某所受损害承担赔偿责任。

根据合同法律制度规定，融资租赁合同的承租人占有租赁物期间，租赁物造成第三人的人身损害或者财产损失的，出租人不承担责任。

6. 2023 年 9 月 1 日，周某向梁某借款 50 万元，双方签订了借款合同，借款期限 1 年，年利率为 24%，甲幼儿园（已知该园系为以公益为目的的非营利法人）以该园名义为周某的该借款提供担保，与梁某签订了一份加盖甲幼儿园公章的保证合同，借款期限届满后，周某无力清偿借款本息。

2024 年 10 月 10 日，梁某请求甲幼儿园承担保证责任，甲幼儿园以保证合同无效为由拒绝。

2024 年 12 月 1 日，梁某调查发现，周某于 2024 年 1 月 1 日将一辆价值 10 万元的轿车赠送给亲戚郑某。2025 年 1 月 20 日，梁某提起诉讼请求撤销赠与行为，郑某抗辩：

（1）自己不知道周某无力清偿欠款，属于善意第三人，梁某无权请求撤销。

（2）自 2024 年 1 月 1 日赠与行为发生至梁某起诉，已经超过可以行使撤销权的 1 年法定期间，梁某无权请求撤销。

要求：根据上述资料和合同法律制度的规定，不考虑其他因素，回答下列问题。

（1）甲幼儿园拒绝承担保证责任是否合法？简要说明理由。

（2）郑某抗辩理由（1）是否成立？简要说

明理由。

（3）郑某抗辩理由（2）是否成立？简要说明理由。

【答案】

（1）甲幼儿园拒绝承担保证责任合法。

根据规定，以公益为目的的非营利法人、非法人组织不得为保证人。本案中，甲幼儿园与梁某签订的保证合同无效，因此甲幼儿园拒绝承担保证责任合法。

（2）郑某抗辩理由（1）不成立。

根据规定，债务人以放弃其债权、放弃债权担保、无偿转让财产等方式无偿处分财产权益，或者恶意延长其到期债权的履行期限，影响债权人的债权实现的，债权人可以请求人民法院撤销债务人的行为。

（3）郑某抗辩理由（2）不成立。

根据规定，撤销权自债权人知道或者应当知道撤销事由之日起1年内行使。在本案中，2024年12月1日梁某调查发现了该行为时才构成"知道"撤销事由，截至2025年1月20日尚未超过1年的撤销权行使期间。

7. 2025年1月，甲个人独资企业（以下简称甲企业）向陈某借款50万元，双方签订了借款合同。合同约定：借款期限为6个月，年利率15.4%；利息在返还借款时一并支付。合同未约定逾期利率。王某、李某为该笔借款提供了保证担保。在王某、李某与陈某签订的保证合同中，当事人未约定保证方式。已知2025年1月一年期贷款市场报价利率为3.85%。借款期限届满，甲企业无力偿还借款本息，陈某要求保证人承担保证责任。因在保证责任承担上存在分歧，陈某以甲企业、王某、李某为被告，向法院提起诉讼，要求甲企业偿还借款本金，包括按年利率15.4%计算的逾期利息；王某、李某为该债务承担连带保证责任。庭审中，保证人王某、李某答辩如下：

（1）本案中借款年利率高达15.4%，明显属于不合法的高利贷，贷款利息应按照银行同期贷款年利率6%计算。

（2）借款合同未约定逾期利率，逾期利息应自逾期还款之日起参照当时一年期贷款市场报价利率标准计算。

（3）本案中，保证人享有先诉抗辩权，陈

某应先就甲企业财产申请法院强制执行，不足部分再请求保证人承担保证责任。

要求：根据上述资料和合同法律制度的规定，不考虑其他因素，回答下列问题。

（1）王某、李某的答辩（1）是否成立？简要说明理由。

（2）王某、李某的答辩（2）是否成立？简要说明理由。

（3）王某、李某的答辩（3）是否成立？简要说明理由。

【答案】

（1）王某、李某的答辩（1）不成立。

根据规定，出借人请求借款人按照合同约定利率支付利息的，人民法院应予支持，但是双方约定的利率超过合同成立时一年期贷款市场报价利率4倍的除外。本案中约定的利率未超过合同成立时一年期贷款市场报价利率4倍（3.85% × 4 = 15.4%）。

（2）王某、李某的答辩（2）不成立。

根据规定，约定了借期内利率但是未约定逾期利率，出借人主张借款人自逾期还款之日起按照借期内利率支付资金占用期间利息的，人民法院应予支持。

（3）王某、李某的答辩（3）成立。

根据规定，当事人在保证合同中对保证方式没有约定或者约定不明确的，按照一般保证承担保证责任。本题中，保证合同未约定保证方式，王某和李某承担一般保证责任，享有先诉抗辩权。

8. 经熟人介绍，李某租借张某的一居室。2020年4月6日双方达成一致，约定租期5年；租金每月5 000元，按季度支付，每季度的第一个月5日前支付本季度的租金。合同签字当天李某即入住该房屋。

2021年6月中旬当地遇冰雹将房屋阳台的玻璃砸坏，李某请求张某修理更换，张某置之不理，后李某自行更换，花费了900元。7月李某支付房屋租金时扣除了阳台玻璃的修理费900元，张某对此表示不满，并认为合同中没有约定房屋租赁期间修理费的负担，应当双方分担。

2021年11月张某为扩大自行经营的快餐店，以出租的房屋设立抵押权向银行借款100万元，期限18个月。其中双方约定在抵押期间该房屋不得转让，11月15日双方签订借款合同和抵押合同，11 月 25 日办理了房屋抵押登记，但是在抵押登记时遗漏了不得转让抵押房屋的内容。

2023 年 7 月快餐店倒闭，张某尚欠银行借款 50 万元未还清。同时其父生病需要治疗费 50 万~60 万元，2023 年 7 月 5 日张某便与该出租房屋隔壁的邻居黄某协商将一居室转让给黄某。张某将房屋转让意向发微信告知李某，李某未置可否。2023 年 7 月 20 日张某、黄某签订了房屋转让合同；当月 30 日双方办理了产权转移手续。

2023 年 8 月银行发现张某将设立抵押权的房屋转让，发信函通知张某和黄某，表明三点：第一：张某无权转让抵押物；第二，张某违反约定转让抵押物，买卖合同无效；第三，基于上述张某转让行为的无效，黄某的所有权也无效。

2024 年春节期间黄某通知李某因其儿子要结婚，要求解除房屋租赁合同，同时愿意向其支付 5 000 元的补偿金，李某不同意。

要求：根据上述资料和合同、物权法律制度的规定，回答下列问题。

（1）张某关于房屋租赁期间修理费应当双方分担的说法是否成立？说明理由。

（2）李某从支付的房屋租金中扣除维修费的做法是否符合法律规定？说明理由。

（3）银行的三个观点是否成立？分别说明理由。

（4）黄某是否有权解除租赁合同？说明理由。

【答案】

（1）张某关于阳台玻璃的毁损维修费用由双方负担的说法不成立。

根据规定，租赁合同中，出租人应当履行租赁物的维修义务，但当事人另有约定的除外。

（2）李某从支付的房屋租金中扣除维修费的做法符合法律规定。

出租人未履行维修义务的，承租人可以自行维修，维修费用由出租人负担。因维修租赁物影响承租人使用的，应当相应减少租金或者延长租期。

（3）银行的三个观点均不成立。

①抵押期间张某可以转让抵押物。根据《民法典物权编》的规定，抵押期间，抵押人可以转让抵押财产。当事人另有约定的，按照其约定。抵押财产转让的，抵押权不受影响。

②张某和黄某的买卖合同有效；黄某因此取得的房屋所有权受法律保护。根据《司法解释》规定，当事人约定禁止或者限制转让抵押财产但是未将约定登记，抵押人违反约定转让抵押财产，抵押权人请求确认转让合同无效的，人民法院不予支持。抵押财产已经交付或者登记，抵押权人请求确认转让不发生物权效力的，人民法院不予支持，但是抵押权人有证据证明受让人知道的除外。本题中，抵押人张某与抵押权人银行约定抵押物不得转让，但未将约定登记，则导致张某的转让行为不受限，转让合同有效。再者房屋已经依据转让合同办理了产权转让手续（登记），黄某因此取得的所有权（物权）亦受法律保护。

（4）张某出租的房屋转让后，黄某无权解除租赁合同。

根据规定，租赁物在租赁期间发生所有权变动的，不影响租赁合同的效力，即买卖不破租赁。

9. 2022 年 11 月甲企业因扩大生产规模向乙银行借款 2 000 万元，期限 2 年。但未约定利息的支付期限。为担保银行债权的实现甲企业以自己的北厂房设立了抵押权并办理了登记，但在抵押权登记时误写为南厂房。乙银行按期支付借款，但在支付借款时预先将利息扣除。

2025 年 2 月 10 日甲企业节后复工复产向丙有限责任公司（以下简称丙公司）发出传真表示订购一批员工日用品，分 6 个月订购，每月 5 日前由丙公司负责将当月所需送至甲企业，甲企业收到货物后 3 日内结算付款。丙公司收到传真后于 2 月 11 日回复甲企业表示同意，但需甲企业预先支付全部货物 20% 的定金。2 月 12 日甲企业回复同意。合同开始履行。

2025 年 3 月丙公司因不可抗力原因，不能按期送货。丙公司将该情况及时通知了甲企业，建议甲企业本期货物另行采购，后在 3 月 25 日丙公司将当月所需货物送至甲企业。

要求：根据上述内容，结合相关法律规定，回答下列问题。

（1）借款合同对支付利息的期限没有约定的情况下，甲企业应当如何支付借款利息？说明理由。

（2）乙银行预先扣除利息是否符合法律规定？甲企业借款本金数额应当如何确定？说明理由。

（3）甲企业设定抵押权的厂房应当如何确定？说明理由。

（4）甲企业和丙公司2月10日、2月11日、2月12日的相互传真性质为何？说明理由。

（5）2025年3月丙公司延期供货是否应当承担违约责任？说明理由。

【答案】

（1）借款合同对支付利息的期限没有约定，甲企业应当与乙银行协商，协商不成的，每满1年支付一次借款利息。

根据规定，对支付利息的期限没有约定或者约定不明确的，当事人可以协议补充；不能达成补充协议时，借款期间不满1年的，应当在返还借款时一并支付；借款期间1年以上的，应当在每届满1年时支付，剩余期间不满1年的，应当在返还借款时一并支付。

（2）乙银行在支付借款时预先扣除利息的做法不符合法律规定。甲企业按照实际收到的借款数额返还借款并计算利息。

根据规定，借款的利息不得预先在本金中扣除。利息预先在本金中扣除的，应当按照实际借款数额返还借款并计算利息。

（3）抵押物应当确定为甲企业的南厂房。

根据规定，抵押登记记载的内容与抵押合同约定的内容不一致的，以登记记载的内容为准。

本题中，抵押合同约定用甲企业北厂房设定抵押权，结果在登记时记载为南厂房，应以抵押登记记载为准。

（4）①甲企业2月10日的传真为要约。

要约是一方当事人以缔结合同为目的，向对方当事人提出足以使合同成立的条件，希望对方当事人接受的意思表示。

②丙公司2月11日的传真为新要约。

丙公司的传真对甲企业的要约作出了实质性的变更，增加了定金条款，为新要约。

③甲企业2月12日的传真是承诺。

承诺是受要约人完全接受要约条件的意思表示。

（5）丙公司延期供货不承担违约责任。

根据规定，因不可抗力不能履行合同的，根据不可抗力的影响，部分或者全部免除责任，但法律另有规定的除外。当事人一方因不可抗力不能履行合同的，应当及时通知对方不能履行或不能完全履行合同的情况和理由，并在合理期限内提供有关机关的证明，证明不可抗力及其影响当事人履行合同的具体情况。

本题中，丙公司延期供货是因为不可抗力事件所导致，并且及时通知了甲企业，因此不承担违约责任。

10. 2023年4月1日，甲公司向乙公司借款3000万元，双方签订借款合同约定：借款期限1年；借款年利率10%；逾期年利率15%；借款方违约，须以借款本金为基数承担日0.2‰的违约金（按365天计，折算成年违约金率为7.3‰）。已知，2023年4月1日一年期贷款市场报价利率为4.05%。

为担保借款，甲公司将其一闲置厂房抵押给乙公司，办理了抵押登记。甲公司另以其现有的以及将有的生产设备、原材料、半成品、产品为乙公司设定浮动抵押，办理了抵押登记。此外，甲公司的董事长陈某为该借款提供保证担保，与乙公司签订保证合同，保证合同未约定保证方式。甲公司、陈某与乙公司未约定担保权利行使的顺序。

2023年6月1日，甲公司将抵押厂房出租给丙公司，租期3年。出租前，甲公司书面告知丙公司该厂房已为他人设定抵押。

借款期满，甲公司无力清偿到期债务。乙公司调查发现，甲公司用以设定浮动抵押的某生产设备，抵押之后，被丁修理厂依法留置；另有某一产品（已知该产品属于甲公司登记营业范围内）被戊公司支付合理价款购买取得。

2024年8月1日，因债权实现纠纷，乙公司以甲公司、陈某、丁修理厂、戊公司为被告向人民法院起诉，主张如下：甲公司承担返还借款本息及违约金责任；就甲公司设定抵押的厂房、生产设备、产品等抵押物行使抵押权，包括被丁修理厂留置及被戊公司购买的产品；陈某承担连带保证责任。甲公司抗辩：乙公司不得同时主张逾期利息与违约金。

陈某抗辩如下：（1）乙公司应先行使抵押权；（2）自己只承担一般保证责任，享有先诉抗辩权，乙公司在就债务人甲公司财产依法强制执行仍不能实现债权之前，不能要求保证人承担保证责任。

丁修理厂主张，其留置权行使应优先于乙公司抵押权的行使。

戊公司主张乙公司无权在其购买的产品上行使抵押权。

2025年4月，乙公司依法拍卖了抵押厂房，丙公司被迫搬离，丙公司遂要求甲公司赔偿因此产生的损失。

要求：根据上述资料和合同、担保法律制度的规定，不考虑其他因素，回答下列问题。

（1）乙公司能否同时主张逾期利息和违约金？说明理由。

（2）陈某的抗辩（1）是否成立？说明理由。

（3）陈某是否享有先诉抗辩权？说明理由。

（4）丁修理厂的主张是否成立？说明理由。

（5）乙公司能否在戊公司购买的产品上行使抵押权？说明理由。

【答案】

（1）乙公司可以同时主张逾期利息和违约金。

出借人与借款人既约定了逾期利率，又约定了违约金或者其他费用，出借人可以选择主张逾期利息、违约金或者其他费用，也可以一并主张，但是总计超过合同成立时1年期贷款市场报价利率4倍的部分，人民法院不予支持。

（2）陈某的抗辩（1）成立。

根据规定，被担保的债权既有物的担保又有人的担保，债务人不履行到期债务或者发生当事人约定的实现担保物权的情形，债权人应当按照约定实现债权；没有约定或者约定不明确，债务人自己提供物的担保的，债权人应当先就该物的担保实现债权。

（3）陈某享有先诉抗辩权。

根据规定，当事人在保证合同中对保证方式没有约定或者约定不明确的，按照一般保证承担保证责任。一般保证的保证人享有先诉抗辩权。

（4）丁修理厂的主张成立。

根据规定，同一动产上已经设立抵押权或者质权，该动产又被留置的，留置权人优先受偿。

（5）乙公司不能在戊公司购买的产品上行使抵押权。

根据规定，以动产抵押的，不得对抗正常经营活动中已经支付合理价款并取得抵押财产的买受人。

11. 2022年1月，李某设立了甲一人有限责任公司（以下简称甲公司），注册资本为550万元。

2023年1月，甲公司向乙银行借款500万元，双方签订了借款合同，借款期限为2年。陈某在订有保证条款的借款合同中以保证人身份签字。借款合同包含如下仲裁条款：凡是与本借款合同债务清偿有关的纠纷，应提交A市仲裁委员会仲裁。甲公司以其价值350万元的公司厂房为该笔借款提供了抵押。抵押合同中约定：甲公司不偿还到期借款本息，该厂房归乙银行所有。双方随后办理了抵押登记。2025年1月，借款期满，甲公司无力偿还到期借款本息。乙银行调查发现，李某在缴纳出资后，通过虚构债权债务关系等方式抽逃了100万元出资。为实现借款债权，乙银行以甲公司、李某、陈某为被告向法院提起了诉讼：要求取得甲公司厂房的所有权；要求李某在抽逃的100万元出资的本息范围内向乙银行承担清偿责任；要求陈某承担担保责任。

在庭审中，甲公司抗辩：借款合同约定了仲裁条款，本案应由A市仲裁委员会仲裁。陈某抗辩：（1）自己未与乙银行签订保证合同，不应当承担保证责任；（2）即使自己承担保证责任，乙银行也应当先实现抵押权。李某抗辩：借款合同的债务人是甲公司，自己不应当向乙银行承担借款清偿责任。

经查，甲公司、乙银行均未向法院提交仲裁协议；甲公司、陈某与乙银行之间未对实现担保权的顺序作出特别约定。

要求：根据上述资料和合同、物权、公司以及仲裁法律制度的规定，回答下列问题。

（1）人民法院是否应支持乙银行取得甲公司厂房所有权的诉讼请求？并说明理由。

（2）甲公司在庭审中提出的"本案应由A市仲裁委员会仲裁"的抗辩是否成立？并说明理由。

（3）陈某的抗辩（1）是否成立？说明理由。

（4）陈某的抗辩（2）是否成立？说明

理由。

（5）李某的抗辩是否成立？说明理由。

【答案】

（1）人民法院不应支持乙银行取得甲公司厂房所有权的诉讼请求。

根据规定，抵押权人在债务履行期限届满前，与抵押人约定债务人不履行到期债务时抵押财产归债权人所有的，只能依法就抵押财产优先受偿。

（2）甲公司的抗辩不成立。

根据规定，当事人达成仲裁协议，一方向人民法院起诉未声明有仲裁协议，人民法院受理后，另一方在首次开庭前提交仲裁协议的，人民法院应当驳回起诉，但仲裁协议无效的除外；另一方在首次开庭前未对人民法院受理该起诉提出异议的，视为放弃仲裁协议，人民法院应当继续审理。在本题中，甲公司、乙银行均未向法院提交仲裁协议，而甲公司对人民法院受理该案的异议至"庭审中"才提出（未能在首次开庭前提出），应视为放弃仲裁协议，人民法院有权继续审理本案。

（3）陈某的抗辩（1）不成立。

根据规定，保证合同可以是单独订立的书面合同，也可以是主债权债务合同中的保证条款。在本题中，陈某在订有保证条款的借款合同中以保证人身份签字，保证合同成立。

（4）陈某的抗辩（2）成立。

根据规定，被担保的债权既有物的担保又有人的担保，债务人不履行到期债务或发生当事人约定的实现担保权的情形，债权人应当按照约定实现债权；没有约定或者约定不明确，债务人自己提供物的担保的，债权人应当先就该物的担保实现债权。在本题中，甲公司、陈某与乙银行之间未对实现担保物权的顺序作出特别约定，乙银行应当先就债务人甲公司提供的厂房实现抵押权，仍不足清偿的部分才可以请求保证人陈某承担保证责任。

（5）李某的抗辩不成立。

根据规定，公司债权人请求抽逃出资的股东在抽逃出资本息范围内对公司债务不能清偿的部分承担补充赔偿责任，协助抽逃出资的其他股东、董事、高级管理人员或者实际控制人对此承担连带责任的，人民法院应予支持。

12. 甲公司与乙公司于 2024 年 5 月 20 日签订了设备买卖合同，甲为买方，乙为卖方。双方约定：

（1）由乙公司于 10 月 30 日前分两批向甲公司提供设备 10 套，价款总计为 150 万元；

（2）甲公司向乙公司给付定金 25 万元；

（3）如一方迟延履行，应向另一方支付违约金 20 万元；

（4）由丙公司作为乙公司的保证人，在乙公司不能履行债务时，丙公司承担一般保证责任。

合同依法生效后，甲公司因故未向乙公司给付定金。

7 月 1 日，乙公司向甲公司交付了 3 套设备，甲公司支付了 45 万元货款。

9 月，该种设备价格大幅上涨，乙公司向甲公司提出变更合同，要求将剩余的 7 套设备价格提高到每套 20 万元，甲公司不同意，随后乙公司通知甲公司解除合同。

11 月 1 日，甲公司仍未收到剩余的 7 套设备，从而严重影响了其正常生产，并因此遭受了 50 万元的经济损失。于是甲公司诉至法院，要求乙公司增加违约金数额并继续履行合同；同时要求丙公司履行一般保证责任。

要求：根据上述资料及合同法律制度的规定，回答下列问题。

（1）合同约定甲公司向乙公司给付定金的合同是否成立？说明理由。

（2）乙公司通知甲公司解除合同是否合法？说明理由。

（3）甲公司要求增加违约金数额依法能否成立？说明理由。

（4）甲公司要求乙公司继续履行合同依法能否成立？说明理由。

（5）丙公司在什么条件下应当履行一般保证责任？

【答案】

（1）合同约定甲公司向乙公司给付定金的合同未成立。

根据规定，定金合同从实际交付定金之日起成立。甲公司因故未向乙公司给付定金，因此，定金合同未成立。

（2）乙公司通知甲公司解除合同不合法。

虽然法律规定了合同可以解除，其中约定解除包括协商解除和约定解除权，而甲乙双方并未在合同中约定解除权，并且也未协商一致，也不符合法定解除的情形。

（3）甲公司要求增加违约金数额依法成立。

《民法典》规定，约定的违约金低于造成的损失的，人民法院或者仲裁机构可以根据当事人的请求予以增加。甲乙双方约定的违约金为20万元，而甲公司的损失达50万元，因此，甲公司可以请求人民法院予以增加。

（4）甲公司要求乙公司继续履行合法成立。

根据规定，当事人一方不履行非金钱债务或者履行非金钱债务不符合约定的，对方可以要求履行。

（5）依据规定，一般保证的保证人在主合同纠纷未经审判或者仲裁，并就债务人财产依法强制执行仍不能履行债务前，对债权人可以拒绝承担保证责任；经强制执行之后，则丙公司应当履行一般保证责任。

考点总结

考点1   要约和承诺

1. 要约

项目	内容
条件	（1）要约人通常向特定相对人作出意思表示。 【提示】向不特定人发出的，符合条件的，也可依法构成要约。 （2）内容具体明确（标的、数量、质量、价款或报酬等）。 【提示】若一份订单只有货物的名称和规格，没有数量等，不认定为要约。 （3）须表明经受要约人承诺，要约人即受该意思表示的约束。 【提示】单纯的初步磋商、贸易谈判的邀请或戏谑等表示，不构成要约
要约邀请	【概念】是希望他人向自己发出要约的表示，没有法律效力。 （1）表意人明确表示其为要约邀请的，遵照其表示适用。 （2）表意人未明确表示的，法律类型化处理。如"商品价目表、招标公告、拍卖公告、招股说明书、债券募集办法、基金招募说明书"均为要约邀请。 （3）"商业广告"一般是要约邀请，但符合要约条件的，则构成要约

项目		内容
生效	对话方式	相对人知道其内容时生效
	非对话方式	到达相对人时生效
		【提示1】到达（包括通常地址、住所、信箱、邮箱）≠送到手中。 【提示2】采用数据电文形式的意思表示，相对人指定特定系统接收数据电文的，该数据电文进入该特定系统时生效。未指定特定系统的，相对人知道或者应当知道该数据电文进入其系统时生效。当事人对采用数据电文形式的意思表示的生效时间另有约定的，按照其约定
撤回		撤回通知在要约到达受要约人之前或与要约同时到达受要约人（发出后、生效前，一旦撤回要约不生效）

续表

项目		内容
撤销	可以	受要约人承诺前（生效后、承诺前，一旦撤销要约失效）： （1）撤销要约的意思表示以对话方式作出的，该意思表示的内容应当在受要约人作出承诺之前为受要约人所知道。 （2）撤销要约的意思表示以非对话方式作出的，应当在受要约人作出承诺之前到达受要约人
	不可以	（1）要约人确定了承诺期限。 （2）要约人以其他形式明示要约不得撤销。 （3）受要约人有理由认为要约不可撤销，并已经为履行合同做了合理准备工作
失效		（1）拒绝要约的通知到达要约人。 （2）要约人依法撤销要约。 （3）承诺期限届满，受要约人未作出承诺。 （4）受要约人对要约的内容作出实质性变更

2. 承诺

项目		内容
构成要件		（1）必须由受要约人或其代理人（代理人须有合法的委托手续）作出。 （2）必须向要约人作出。 （3）内容必须与要约内容一致。 （4）必须在承诺期限内作出并到达要约人
承诺期起算点	电话、传真、电子邮件	要约到达受要约人时开始计算
	信件	已载明→信件载明的日期
		未载明→投寄的邮戳日期
	电报	电报交发之日

项目		内容
没有承诺期		（1）要约以对话方式作出的，应当即时作出承诺。 （2）要约以非对话方式作出的，承诺应当在合理期限内到达
过期承诺	主观过期	除要约人及时通知受要约人有效外，为新要约
	客观过期	除要约人及时通知受要约人不接受外，承诺有效

项目	内容
生效	承诺通知到达要约人时生效。承诺不需要通知的，根据交易习惯或者要约的要求作出承诺的行为时生效
撤回	到达要约人之前或者与承诺通知同时到达要约人（发出后、生效前，一旦撤回合同不生效）。 【注意】因承诺一经到达要约人即生效，承诺生效时合同成立，故承诺可以撤回但不能撤销，否则将会影响合同效力的稳定性

续表

项目	内容
变更	实质性变更，视为新要约。 【例如】对合同标的、数量、质量、价款或者报酬、履行期限、履行地点和方式、违约责任和解决争议方法等内容的变更
	非实质性变更，一般视为承诺。 除非要约人及时表示反对或者要约表明承诺不得对要约的内容作出任何变更外

考点2　合同成立的时间地点

1. 合同成立的时间

项目	内容	
一般	承诺生效时	
书面	合同书形式	双方签名、盖章或按指印时
	信件、数据电文	双方约定成立之前签确认书，签订确认书时
	要式合同	法律、法规规定的特殊形式要求完成的时间
信息网络发布	对方选择该商品或服务并"提交订单成功"时合同成立，但是当事人另有约定的除外	
直接对话方式	承诺人的承诺生效时	
实际履行原则	采用合同书形式订立合同，在签名、盖章或按指印之前，当事人一方已经履行主要义务，对方接受的，该合同成立	
	法律、行政法规规定或者当事人约定采用书面形式订立合同，当事人未采用书面形式但一方已经履行主要义务，对方接受的，该合同成立	

2. 合同成立的地点：确定合同纠纷案件管辖的标准之一

项目	成立地点
一般	承诺生效的地点
数据电文形式	收件人的主营业地
	没有主营业地的，其住所地
合同书、确认书	双方签名、盖章或按指印的地点
特殊约定或者法定形式	完成合同的约定形式或法定形式的地点

考点3　格式条款

项目	内容
提供方义务	提供方应对免责条款履行提示、说明义务，并承担举证责任。提供方未尽提示、说明义务，对方可以主张该条款不成为合同的内容

续表

项目		内容
无效	所有格式条款无效	(1) 提供方"不合理地"免除或减轻其责任，加重对方责任，限制对方主要权利； (2) 提供方排除对方主要权利的
	免责条款无效	(1) 造成对方"人身伤害"的； (2) 因"故意或者重大过失"造成对方"财产损失"的
理解有争议		按通常理解予以解释，有两种以上解释的，应当作出"不利于提供格式条款一方"的解释

考点4 合同的效力

项目	内容
分类	有效合同、效力待定合同、可撤销合同和无效合同
效力待定合同	(1) 限制民事行为能力人超出自己的行为能力范围与他人订立的合同。 经法定代理人追认后，该合同自始有效。合同被追认之前，善意相对人有撤销的权利。 限制民事行为能力人订立的纯获利益的合同或者是与其年龄、智力、精神健康状况相适应的合同有效，不必经法定代理人追认。 (2) 因无权代理订立的合同。 被代理人是此类效力待定合同的同意权人。未经被代理人追认，该合同对被代理人不发生效力，由行为人承担责任。合同被追认之前，善意相对人有撤销的权利。 行为人实施的行为未被追认的，善意相对人有权请求行为人履行债务或者就其受到的损害请求行为人赔偿，但是赔偿的范围不得超过被代理人追认时相对人所能获得的利益。相对人知道或者应当知道行为人无权代理的，相对人和行为人按照各自的过错承担责任

考点5 合同的履行

项目		内容	
全面履行		按约定的标的、数量、质量、价款、报酬等，在适当的时间、地点，以适当的方式全面履行	
提前履行		可拒绝提前履行，但不损害债权人利益的除外； 增加的费用，由债务人负担	
部分履行		可拒绝部分履行，但不损害债权人利益的除外； 增加的费用，由债务人负担	
约定不明	总原则：补充协议→按合同有关条款或交易习惯→适用下列规定		
	质量不明确	按强制性国家标准→按推荐性国家标准→按行业标准→按通常或符合合同目的标准	
	价款、报酬不明确	"订立合同时履行地"的市场价格	
	履行地点 【理解】卖方所在地或不动产所在地	给付货币	接受货币一方所在地
		交付不动产	不动产所在地
		其他标的	履行义务一方所在地
	履行期限不明确	随时履行，但应给必要准备时间	
	履行方式不明确	按有利于实现合同目的的方式	
	履行费用	履行义务一方负担	

【总结】涉及第三人的合同履行。

项目	内容
"向"第三人履行——利他合同	(1) 法律规定或当事人约定第三人可以直接请求债务人向其履行债务，第三人未在合理期限内明确拒绝，债务人未向第三人履行债务或履行债务不符合约定的，"第三人可以请求债务人承担违约责任"。 (2) 债务人对债权人的抗辩，可以向第三人主张。 (3) 因向第三人履行债务（债权人原因）增加的费用，除双方当事人另有约定外，由债权人承担
"由"第三人履行	(1) 双方当事人约定债务由第三人履行的合同，"必须"征得第三人同意。 (2) 第三人不履行或履行不符合约定时，债务人应当向"债权人"承担违约责任。 (3) 由第三人履行的合同，第三人并非合同当事人，违约时应当由债务人向债权人承担责任

考点6　合同的抗辩

抗辩权	适用情形	权利		
同时履行抗辩权	双方互负债务，无先后履行顺序	一方不履行，另一方有权拒绝履行；一方履行不符合约定时，另一方有权拒绝其相应的履行请求		
		对方部分履行	对另一方无意义	另一方可以全部抗辩
			不损害债权	仅对未履行部分抗辩
后履行抗辩权	双方互负债务，有先后履行顺序	先履行义务的一方不履行，后履行义务的一方有权拒绝履行		
不安抗辩权		先履行义务的一方有确切的证据证明后履行义务的一方有丧失或者可能丧失履行债务能力的情形，先履行义务的一方可以：(1)"中止"履行合同并"通知"对方，要求对方证明有履行能力或提供相应的担保；(2) 在"合理期限内"，对方未恢复履行能力且未提供相应担保，视为以自己的行为表明不履行主要债务，中止履行合同的一方可以"解除"合同，并可以请求对方承担违约责任		
		【提示1】不安情形： (1) 经营状况严重恶化。 (2) 有转移财产、抽逃资金，以逃避债务的情形。 (3) 丧失商业信誉。 【提示2】先履行的当事人应当有证据证明对方不能或者有不能履行合同的可能性，否则行使不安抗辩权造成对方损失的，应当承担违约责任		

考点7　合同的保全

项目	内容
合同保全	又称责任财产的保全，指为避免债务人责任财产的不当减少，危及债权实现，债权人有权以自己的名义对于债务人处分其责任财产的行为予以干涉，保障债权实现的制度。 【提示】债务人可为生产和生活需要自由处分自己的财产
种类	代位权制度和撤销权制度

1. 代位权

项目	内容
概念	债务人怠于行使其债权或者与该债权有关的从权利，影响债权人的到期债权实现的，债权人向法院请求以自己的名义代位行使债务人对相对人的权利
行使条件	（1）合法债权。 （2）债权均到期。 （3）债务人怠于行使非专属债权。 【注意1】怠于行使：不起诉不仲裁。 【注意2】行使范围以债权人的到期债权为限。 【注意3】专属债权：扶养费；赡养费；继承财产；劳动报酬；退休金、养老金、抚恤金、安置费；人寿保险、人身伤害赔偿请求权等
诉讼	（1）诉讼费：若胜诉，次债务人负担。 （2）其他必要费用：由债务人负担。 （3）以次债务人为被告，债务人为第三人。 （4）次债务人对债务人的抗辩，可以向债权人主张

2. 撤销权

项目	内容	
可撤销行为	（1）放弃到期、未到期债权；放弃债权担保；恶意延长到期债权履行期	不论第三人善意、恶意取得，均可撤销
	（2）无偿转让财产	
	（3）以明显不合理的低价转让财产（低于70%）；以明显不合理的高价受让财产（高于30%）	第三人恶意的，可以撤销
	（4）为他人的债务提供担保	
诉讼	（1）以债务人为被告，受益人或受让人为第三人。 （2）以自己的名义，向被告住所地人民法院提起诉讼。 （3）行使范围以债权为限，债务人与第三人的行为自始无效。 （4）律师费、差旅费等必要费用，由债务人承担	
期限	（1）自债权人"知道或者应当知道"撤销事由之日起"1年内"行使。 （2）自债务人的"行为发生"之日起"5年内"没有行使撤销权的，该撤销权消灭	

考点8 合同的变更与转让

1. 合同变更

项目	内容
概念	在合同的主体不改变的前提下对合同内容的变更
效力	仅对未履行的部分有效，对已经履行的部分没有溯及力，但法律另有规定或者当事人另有约定的除外

【提示】变更内容约定不明，推定为未变更

2. 合同权利转让

项目	内容
对债务人生效	债权人转让权利无须经债务人同意，但应当"通知"债务人。未经通知，该转让对债务人不发生效力。 【注意】权利转让协议签字可以生效
债务人抗辩权	债务人对让与人的抗辩可以向受让人主张
从权利	随主权利一并转让，包括抵押权、定金债权、保证债权等
不得转让的权利	（1）依合同性质（委托合同、抚养请求权、抚恤金请求权、不作为义务）。 （2）当事人约定（当事人约定"非金钱债权"不得转让的，不得对抗"善意第三人"；当事人约定"金钱债权"不得转让的，不得对抗"第三人"）。 （3）法律规定不得转让

3. 合同义务转移

项目	内容
对债权人生效	债权人同意，否则，对债权人不生效，有权拒绝第三人向其履行。 【提示】可以催告债权人在合理期限内同意，未表示视为拒绝
第三人加入债务	（1）与债务人约定加入债务并通知债权人。 （2）第三人向债权人表示愿意加入债务，债权人未拒绝。 【后果】第三人在愿意承担的范围内和债务人承担连带责任
不得转移的义务	（1）性质上不可移转（演出、基于特别信任的委托）；（2）约定不可移转；（3）法律规定不可转移
法律效力	新债务人成为合同的当事人，可以主张原债务人对债权人的抗辩权，从债务随主债务转移，专属于原债务人的除外
【提示】权利义务一并转让，征得另一方当事人同意	

【比较】债务转移与由第三人履行。

考点	债务转移	由第三人履行
法条原文	《民法典》第五百五十一条：债务人将债务的全部或部分转移给第三人的，应当经债权人同意	《民法典》第五百二十三条：当事人约定由第三人向债权人履行债务，第三人不履行债务或者履行债务不符合约定的，债务人应当向债权人承担违约责任
本质区别	债务完全转移的情况下，原债务人"退出"合同关系	第三人只是履行主体而非债务人。债权人只能将第三人作为债务履行的辅助人，不能将其作为合同当事人，债务人"并未退出"合同关系
判定方法	因原债务人退出会增加债权人的行权风险，因此应当征得"债权人"同意	因原债务人未退出合同关系，不会增加债权人的行权风险，因此应当征得"第三人"同意

考点9 合同的消灭

项目		内容
清偿	清偿顺序	按照当事人的约定履行→由债务人在清偿时指定其履行的债务→优先履行已经到期的债务→优先履行对债权人缺乏担保或者担保最少的债务→优先履行债务人负担较重的债务→按照债务到期的先后顺序履行→按照债务比例履行
	第三人代履行	债务人不履行债务,第三人对履行该债务具有合法利益的,第三人有权向债权人代为履行,债权人接受第三人履行后,其对债务人的债权转让给第三人(另有约定除外)

项目			内容
抵销	法定	条件	(1) 当事人互负债务,该债务的标的物种类、品质相同的,任何一方可以将自己的债务与"对方的到期债务"抵销。 (2) 因故意实施侵权行为产生的债务不得主张抵销。 (3) 当事人主张抵销的,应当通知对方,通知自"到达"对方时生效,不得附条件或者附期限。 (4) 抵销后剩余的债权的诉讼时效期间,重新起算
		不得抵销	(1) 债务性质(不作为、劳务、人身不可分,如抚恤金、退休金)。 (2) 约定应当向第三人给付的债务。 (3) 约定不得抵销的债务。 (4) 故意实施侵权行为产生的债务
	约定		当事人互负债务,标的物"种类、品质不相同"的,经双方"协商一致",也可以抵销

项目		内容
提存	原因	债务人难以履行债务时可以将标的物提存的情形: (1) 债权人"没有正当理由"拒绝受领。 (2) 债权人"下落不明"。 (3) 债权人死亡"未确定"继承人、遗产管理人或者丧失民事行为能力"未确定"监护人
	标的	(1) 标的物不适于提存或者提存费用过高的,债务人依法可以拍卖或者变卖标的物,提存所得的价款。 (2) 提存人应就需清偿的全部债务进行提存,原则上不允许部分提存
	法律效力	【通知】标的物提存后,债务人应当及时通知债权人或者债权人的继承人、遗产管理人、监护人、财产代管人
		(1) 毁损、灭失的风险由"债权人"承担。 (2) 标的物的孳息归"债权人"所有。 (3) 提存费用由"债权人"负担
		【期限】债权人领取提存物的权利,自提存之日起"5年内"不行使而消灭,提存物扣除提存费用后归国家所有。 【提示】债权人未履行对债务人的到期债务,或者债权人向提存部门书面表示放弃领取提存物权利的,债务人负担提存费用后有权取回提存物

项目		内容
债务免除	要求	不得损害第三人的利益
	法律效力	（1）免除债务及于债权的从权利。 （2）除债务人拒绝外，合同的权利义务部分或全部终止。 （3）债权人免除连带债务人之一的债务的，其余连带债务人在扣除该连带债务人应分担的份额后，仍应就剩余债务承担连带责任

项目	内容
混同	（1）债权和债务同归于一人的，债权债务终止，但是损害第三人利益的除外。 （2）附属于主债务的从权利和从债务一并消灭

考点 10　合同的解除

项目		内容
解除	约定解除（双方）	（1）事先约定解除权。 （2）事后协商：合同订立后，当事人协商一致
	法定解除（单方）	（1）不可抗力，致合同目的不能实现。 （2）履行期满前，一方明确表示或以自己的行为表明不履行主要债务。 （3）一方迟延履行主要债务，经催告后在合理期限内仍未履行。 （4）一方迟延履行债务或有其他违约行为致合同目的不能实现。 （5）情势变更：合同成立后，合同的基础条件发生了当事人在订立合同时无法预见的、不属于商业风险的重大变化，继续履行合同对于当事人一方明显不公平的，受不利影响的当事人可以与对方重新协商；在合理期限内协商不成的，当事人可以请求人民法院或者仲裁机构变更或者解除合同。但情势变更原则下是否允许变更或者解除合同属于司法决定权
	行使期限	法律没有规定或当事人没有约定，自解除权人知道或者应当知道解除事由之日起1年内不行使解除权消灭
	独立条款	（1）合同的权利义务"终止"，不影响合同中"结算和清理条款"的效力。 （2）合同"不生效、无效、被撤销或者终止"的，不影响合同中"解决争议方法的条款"的效力。 （3）法律规定合同应当办理批准手续，因未办理影响合同生效的，"不影响"合同中"履行报批义务条款"的效力
	对担保人的影响	主合同解除后，担保人对债务人应当承担的民事责任仍应承担担保责任（另有约定除外）。 【注意】合同终止，不影响结算和清理条款的效力

考点 11　违约责任

1. 承担违约责任的构成

项目	内容
构成	违约行为（实际违约或预期违约）＋无法定或约定的免责事由

2. 承担违约责任的形式

项目	内容
继续履行	又称强制履行（法院强制），既为实现合同目的，又是一种违约责任。 【不适用】（1）法律或事实上不能履行；（2）不适于强制履行（人身性质）或履行费用过高；（3）债权人合理期限内未请求履行。 【提示】根据债务性质不得强制履行的，可请求违约方负担第三人替代履行的费用
采取补救措施	修理、更换、重作、退货、减少价款或报酬
	解除、中止履行合同、提存履行债务、行使担保债权
赔偿损失	（1）赔偿额相当于因违约造成的损失，包括合同履行可获得利益，但不超过订立合同时预见或应当预见损失。 （2）一方违约，对方应采取适当措施防止损失的扩大；否则，扩大损失不赔。采取措施合理费用由违约方承担
支付违约金	（1）约定违约金低于损失，可请求法院或仲裁机构增加。 （2）违约金过分高于损失，可请求法院或仲裁机构适当减少

3. 定金责任

项目	内容
种类	（1）违约定金（违约一方适用定金罚则）。 （2）成约定金（交付定金主合同成立）。 （3）解约定金（解约一方适用定金罚则）
生效	定金合同是实践合同，自实际交付定金之日起合同成立
数额	（1）定金的数额由当事人约定，但不得超过主合同标的额的20%，超过部分不产生定金的效力。 （2）实际交付的定金数额多于或者少于约定数额的，视为变更约定的定金数额。收受定金一方提出异议并拒绝接受定金的，定金合同不成立
责任	（1）债务人履行债务的，定金应当抵作价款或者收回。 （2）给付定金的一方不履行债务或者履行债务不符合约定，致使不能实现合同目的的，无权请求返还定金；收受定金的一方不履行债务或者履行债务不符合约定，致使不能实现合同目的的，应当双倍返还定金。（定金罚则） 【提示】双方当事人均具有致使不能实现合同目的的违约行为，其中一方请求适用定金罚则的，人民法院不予支持。当事人一方仅有轻微违约，对方具有致使不能实现合同目的的违约行为，轻微违约方主张适用定金罚则，对方以轻微违约方也构成违约为由抗辩的，人民法院对该抗辩不予支持。当事人一方已经部分履行合同，对方接受并主张按照未履行部分所占比例适用定金罚则的，人民法院应予支持。对方主张按照合同整体适用定金罚则的，人民法院不予支持，但是部分未履行致使不能实现合同目的的除外。 （3）当事人既约定违约金，又约定定金的，一方违约时，对方可以"选择适用"违约金"或者"定金条款。 （4）定金不足以弥补一方违约造成的损失的，对方可以请求赔偿超过定金数额的损失，但定金和损失赔偿的数额总和不应高于因违约造成的损失

【比较】缔约过失责任与违约责任。

项目	缔约过失责任	违约责任
产生	合同成立之前	合同生效之后
适用	合同未成立、未生效、无效等	生效合同
赔偿	信赖利益的损失	可期待利益的损失
注意	信赖利益的损失不能超过可期待利益的损失	

考点 12   买卖合同

1. 买卖合同的一般规定

项目		内容
种类		诺成、双务、有偿合同，既可以要式，也可以是不要式
所有权转移	动产	交付之日，法律另有规定或约定除外
	不动产	登记之日，法律另有规定除外
	电子信息产品	交付方式约定不明，买受人收到产品或权利凭证为交付。计算机软件的知识产权不属于买受人，另有规定或约定除外

项目		内容
风险承担	一般情况	交付前→出卖人；交付后→买受人
	未约定交付地点，需运输	交付给第一承运人后风险转移给买受人
	在途转让	自合同成立时起，风险转移给买受人，另有约定除外
	一方违约	买受人原因：自违反约定之日或提存后买受人承担 出卖人原因：买受人拒绝接受，风险由出卖人承担
	种类物	风险负担没约定，出卖人未以装运单据、加盖标记、通知买受人等可识别的方式将标的物特定，买受人不负担标的物毁损、灭失的风险

项目		内容
质检	检验期	（1）当事人约定检验期。 买受人应当在检验期间内将标的物的数量或质量不符合约定的情形通知出卖人。买受人"怠于通知"的，视为标的物的数量或者质量符合约定。 （2）当事人未约定检验期。 当事人没有约定检验期间的，买受人应当在发现或者应当发现标的物的数量或者质量不符合约定的"合理期限"内通知出卖人；买受人在合理期限内未通知或者自标的物"收到之日起 2 年内"未通知出卖人的，视为标的物的数量或者质量符合约定
	标准	出卖人依照买受人的指示向第三人交付标的物，出卖人和买受人之间约定的检验标准与买受人和第三人之间约定的检验标准不一致的，应当"以出卖人和买受人之间约定的检验标准为准"
孳息	交付前	归出卖人
	交付后	归买受人

2. 买卖合同的特殊规定

项目		内容
一物多卖	普通动产	交付→付款先后→合同成立先后
	特殊动产	交付→登记→合同成立先后 【注意】对于船舶、航空器和机动车等特殊动产，其所有权的转移仍以"交付"为要件，而不以登记为要件
分期付款		买受人未支付到期价款的金额达到全部价款的1/5的，催告后合理期限未支付价款，出卖人可以请求全部支付或解除合同，并支付使用费
所有权保留	效力	未经登记，不得对抗善意第三人。 【提示】仅适用动产，不适用不动产
	出卖人取回权	（1）未付款经催告后仍未支付。 （2）未完成特定条件。 （3）不当处分标的物。 【注意】买受人已经支付标的物总价款的"75%以上"；第三人"善意取得"物权的，出卖人不得取回
	买受人回赎权	出卖人取回后，买受人在回赎期内，消除出卖人取回标的物的事由，可以请求回赎。 【注意】买受人没有回赎，出卖人可以出卖标的物，所得价款扣除买受人未支付的价款以及必要费用后仍有剩余的，应当返还买受人

项目			内容
试用买卖	视为购买		（1）试用期限届满，买受人对是否购买标的物未作表示的。 （2）买受人在试用期内已经"支付部分价款"。 （3）买受人在试用期内对标的物实施了出卖、出租、设定担保物权等行为
	不属于试用买卖		（1）约定标的物经过试用或者检验"符合一定要求时"，买受人应当购买标的物。 （2）约定"第三人经试验对标的物认可"时，买受人应当购买标的物。 （3）约定买受人在"一定期间内"可以调换标的物。 （4）约定买受人在"一定期间内"可以退还标的物
	试用费		没有约定或约定不明，无权主张买受人支付
	风险		试用期内由出卖人承担
解除	主从物		因标的物的主物不符合约定而解除合同，解除合同的效力及于从物。因标的物的从物不符合约定被解除的，解除的效力不及于主物
	数物		标的物为数物，其中一物不符合约定的，买受人"可以"就该物解除，但该物与他物分离使标的物的价值显受损害的，当事人"可以"就数物解除合同
	分批的标的物	单独解除	一批标的物不交付或不符合约定，致不能实现合同目的
		以后解除	不交付其中一批或交付不符合约定，致使今后其他各批交付不能实现合同目的
		全部解除	该批标的物与其他各批标的物相互依存

3. 商品房买卖合同

项目	内容
广告	一般情况视为要约邀请
	【视为要约】开发规划范围内的房屋及设施，说明和许诺具体确定，对商品房买卖合同的订立以及房屋价格的确定有重大影响
预售合同	未取得预售许可证明无效；起诉前取得证明有效
	未办理登记备案有效；约定以此为生效条件则未生效；实际履行则生效
解除权	(1) 因房屋"主体结构质量不合格"不能交付使用，或者房屋交付使用后，房屋主体结构质量经核验确属不合格，买受人请求解除合同和赔偿损失的，应予支持。 (2) 因房屋"质量问题严重影响正常居住使用"，买受人请求解除合同和赔偿损失的，应予支持。 (3) 除当事人另有约定外，出卖人延迟交房或买受人延迟支付购房款，经催告后在"3 个月"的合理期限内仍未履行，解除权人有权解除合同
贷款合同	未能订立贷款合同→商品房买卖合同无法履行：过错方应当赔偿损失
	商品房买卖合同被确认无效或者被撤销、解除→贷款合同目的无法实现： 解除贷款合同、购房贷款和购房款的本金及利息返还担保权人和买受人
消费者权利保护	(1) 商品房消费者以居住为目的购买房屋并已支付全部价款，主张其房屋交付请求权优先于建设工程价款优先受偿权、抵押权以及其他债权的，人民法院应当予以支持。只支付了部分价款的商品房消费者，在一审法庭辩论终结前已实际支付剩余价款的，可以适用该规定。 (2) 在房屋不能交付且无实际交付可能的情况下，商品房消费者主张价款返还请求权优先于建设工程价款优先受偿权、抵押权以及其他债权的，人民法院应当予以支持

考点 13　赠与合同

项目		内容
种类		单务、无偿合同
赠与人义务	过错责任	经过公证或具有救灾、扶贫、助残等公益性质的赠与，赠与人故意或重大过失，致使赠与财产毁损、灭失，应承担赔偿责任
	瑕疵担保责任	(1) 一般情况下赠与的财产有瑕疵的，赠与人不承担责任。 (2) 附义务的赠与，赠与的财产有瑕疵的，赠与人在附义务的限度内承担与出卖人相同的责任。 (3) 赠与人"故意"不告知瑕疵或者"保证"无瑕疵，造成受赠人损失的，应当承担损害赔偿责任

项目		内容
赠与人撤销权	任意撤销权	赠与财产的权利"转移之前"。 【注意】救灾、扶贫、助残或经公证的赠与合同，不得撤销

续表

项目		内容		
赠与人撤销权	法定撤销权	(1) 受赠人严重侵害赠与人或其近亲属的合法权益。 (2) 受赠人不履行对赠与人的扶养义务或约定义务 【近亲属】配偶、父母、子女、兄弟姐妹、祖父母、外祖父母、孙子女、外孙子女		赠与人知道或应当知道1年内行使
		(3) 受赠人违法行为致赠与人死亡或丧失民事行为能力		赠与人继承人、法定代理人知道或应当知道6个月内行使
		【注意】救灾、扶贫、助残、已转移、公证的赠与，均可法定撤销		

考点14 借款合同

项目		内容	
类型	金融机构借款	诺成合同、要式合同	
	民间借贷	自然人借款：实践、不要式合同，提供借款时合同成立	
		其他民间借贷（法人、其他组织）：另有约定或法律另有规定除外，当事人可以主张成立即生效	
形式	一般	书面	
	自然人之间	可以不采用书面形式	

项目		内容	
利息	预先在本金中扣除	按实际借款数额返还借款并计算利息	
	支付期限	没有约定、约定不明确、借期不满1年的，返还借款时一并支付；借期1年以上的，每届满1年时支付，剩余不满1年的，返还借款时一并支付	
	提前还款	约定→按实际借款期间计算利息	
	延迟收取	按约定的日期、数额支付利息	

项目		内容		
民间借贷	利息无约定或约定不明	自然人之间		不支付利息
		非自然人之间		没有约定：不支付利息
				约定不明：协议补充，否则按交易习惯、交易方式、市场利率确定
	利率	≤一年期贷款市场利率四倍		有效
		>一年期贷款市场利率四倍		超过部分无效
		前期利息≤一年期贷款市场利率四倍		前期本息计入后期本金有效

续表

项目			内容	
民间借贷	逾期利率	有约定	从其约定，但以不超过一年期贷款市场利率四倍为限。 约定逾期利率，又约定违约金或其他费用，总计≤一年期贷款市场利率四倍	
		无约定	借期、逾期利率均未约定	参照当时一年期贷款市场报价利率
			约定借期利率，未约定逾期利率	与借期利率相同

考点 15　保证合同

1. 概述

项目	内容
概念	保证合同是保证人与债权人之间订立的合同，应当书面形式
保证合同成立	【一般形式】可以是单独订立的书面合同或主合同中的保证条款。 【特殊形式】第三人以书面形式向债权人出具担保书，债权人接收且未提出异议；第三人向债权人提供差额补足、流动性支持等类似承诺文件
从属性	保证合同是从合同，主债合同无效，保证合同无效，法律另有规定除外

2. 保证人

项目	内容
相对禁止	以公益为目的的非营利法人、非法人组织
	（1）机关法人，除国务院批准为使用外国政府或国际经济组织贷款转贷。 （2）居民委员会、村民委员会，依法代行村集体经济组织职能提供担保除外。 （3）以公益为目的的非营利性学校、幼儿园、医疗机构、养老机构等在购入或者以融资租赁方式承租教育设施、医疗卫生设施、养老服务设施和其他公益设施时，出卖人、出租人为担保价款或者租金实现而在该公益设施上保留所有权，或以教育设施、医疗卫生设施、养老服务设施和其他公益设施以外的不动产、动产或者财产权利设立担保物权的，可以成为保证人
【注意】不具有完全代偿能力，以保证人身份订立保证合同后，不能免除责任	

3. 保证方式

项目		内容
一般保证	含义	先经审判或仲裁强制执行债务人财产，再执行保证人财产
	责任	保证人有先诉抗辩权，不得行使先诉抗辩权情形：（1）债务人住所变更，要求其履行发生重大困难的，如债务人下落不明、移居境外，且无财产可供执行；（2）法院受理债务人破产，中止执行程序；（3）有证据证明债务人的财产不足履行全部债务或丧失履行债务能力；（4）保证人书面放弃先诉抗辩权

续表

项目	内容
连带保证	保证人没有先诉抗辩权，不履行到期债务或发生约定的情形时，债权人可以要求债务人履行，也可以要求保证人承担保证责任。 【注意】对保证方式无约定或约定不明按一般保证

项目	内容
共同保证 【两个以上保证人】	与债权人约定保证份额，对债权人按份共同保证
	与债权人没有约定，对债权人按连带共同保证。 【注意】保证方式上可能的是一般保证或连带保证
共同担保 【人保与物保并存】	债务人自己提供物保，先按约定，无约定先物后人
	第三人提供物保，无先后顺序，一方承担担保责任后只能找债务人追偿

4. 保证责任

项目	内容	
范围	主债权、利息、违约金、损害赔偿金、实现债权的费用。 【注意】无约定或约定不明，对全部债务承担责任	
债权转让	通知保证人，保证人在原保证范围内承担责任，除非约定不得转	
债务转让	取得保证人书面同意，否则对转让的部分不再承担保证责任	
第三人加入	第三人加入债务，保证责任不受影响	
内容变更	数量、价款	未经保证人书面同意：减轻债务，按减轻后承担责任； 加重债务，按加重前承担责任
	履行期限	未经保证人书面同意：按原期限或法律规定
追偿	保证人承担保证责任后，有权向债务人追偿	

5. 保证期间和诉讼时效

项目	内容	
保证期间	期间	未约定或约定不明，6个月，不发生中止、中断和延长
	起算点	(1) 主债务履行期限届满之日。 (2) 对主债务履行期限没有约定或约定不明，自宽限期届满之日。 【提示】保证期间早于或等于主债务履行期限，视为未约定；约定保证人承担保证责任直至主债务本息还清时为止，视为约定不明
	效力	(1) 债权人在保证期间内未依法行使权利的，保证责任消灭。 (2) 保证人如果有数人，保证期间未被主张保证责任的保证人，保证责任消灭。 (3) 保证责任消灭后，债权人书面通知要求保证人承担责任，保证人在通知书上签字、盖章或按指印，保证人不需承担保证责任，但成立新的保证合同除外

续表

项目		内容
3 年诉讼时效	一般保证	从保证人拒绝承担保证责任的权利（先诉抗辩权）消灭之日起算 （1）法院作出终结执行程序裁定，或因作为被执行人的自然人死亡，无遗产可供执行且无义务承担人或生活困难无力偿还借款，无收入来源且丧失劳动能力而作出终结执行裁定的：裁定送达债权人之日起算。 （2）法院自收到申请执行书之日起 1 年内未作出裁定的：自法院收到申请执行书满 1 年之日起开始计算，除非保证人有证据证明债务人仍有财产可供执行。 （3）一般保证的债权人在保证期间届满前对债务人提起诉讼或者申请仲裁，且举证证明存在保证人不得使先诉抗辩权情形的：自债权人知道或者应当知道该情形之日
	连带保证	从债权人请求保证人承担保证责任之日起算
	对债务人追索	自保证人向债权人承担责任之日起算

【总结】主合同变化对保证责任的影响。

情形			保证责任
内容变更	债权人和债务人未经保证人书面同意，协商变更主债权债务合同内容	减轻债务的	保证人仍对变更后的债务承担保证责任
		加重债务的	保证人对加重的部分不承担保证责任
期限变更	债权人和债务人未经保证人书面同意变更主债权债务合同的履行期限	保证期间不受影响（仍为原合同约定的或者法律规定的期间）	
主债权转让	债权人转让全部或部分债权	保证人与债权人未约定禁止债权转让	未通知保证人的，该转让对保证人不发生效力
		保证人与债权人约定禁止债权转让	未经保证人书面同意，保证人对受让人不再承担保证责任
主债务转移	债权人未经保证人书面同意，允许债务人转移全部或者部分债务	保证人对未经其同意转移的债务不再承担保证责任，但是债权人和保证人另有约定的除外	
	第三人加入债务	保证人的保证责任不受影响	

考点 16　租赁合同

项目	内容
租赁期限	≤20 年，超过部分无效
不定期租赁	（1）6 个月以上未书面； （2）无法确定租赁期； （3）未续租但实际履行。 【提示】双方可以随时解除，但应在合理期限之前通知对方

续表

项目	内容
维修义务	（1）由"出租人"承担，承租人过错除外。 【注意】出租人未履行，承租人可以自行维修，费用由出租人负担；因维修影响承租人使用的，应当相应"减少租金或者延长租期"。 （2）经出租人同意，可以对租赁物进行改善或者增设他物，如未经同意，可以要求承租人恢复原状或者赔偿损失
租赁物损耗	（1）承租人"按照约定"的方法或者根据租赁物的性质使用租赁物，致使租赁物受到损耗的，"不承担赔偿责任"。 （2）承租人"未按照约定"的方法或者未根据租赁物的性质使用租赁物，致使租赁物受到损失的，出租人可以"解除合同并请求赔偿损失"
租金支付期限	约定→协议补充→有关条款或者交易习惯→法定 【法定】 （1）租期不满1年，租赁期限届满时支付。 （2）租期1年以上，每届满1年时支付，剩余不满1年，租赁期限届满时支付
承租人解除权	租赁物危及承租人安全健康，即使承租人"订立合同时明知"该租赁物质量不合格，仍可"随时解除"合同
承租人优先承租权	租赁期限届满，房屋承租人享有同等条件优先承租权

项目	内容	
转租	出租人同意	可以转租→合同有效→第三人造成损失，"承租人"赔偿。 【提示】出租人知道转租，6个月未异议，视为同意
	出租人不同意	不得转租，否则出租人可以解除合同
	拖欠租金	承租人拖欠租金，次承租人可代承租人支付，可充抵应当向承租人支付的租金
买卖不破租赁	租赁物在租赁期间发生所有权变动的，不影响租赁合同的效力。 【注意】适用于所有租赁	

项目	内容	
合同效力	未取得规划许可证或未按规定建设（违建） 未批准或未按批准内容建设的临时建筑（未批） 租赁期超过临时建筑使用期限（超期）	一审法庭辩论终结前无效因素消灭，可转为有效
	一房数租履行顺序：占有→登记→成立	合同均有效
承租人优先权	出租人应在出卖前的合理期限内通知承租人，承租人享有同等条件下优先购买权	
	出租人出卖租赁房屋侵害承租人优先购买权的，承租人可要求出租人承担赔偿责任，但房屋买卖合同效力不受影响	
	不得行使优先权的例外事项： （1）房屋按份共有人行使优先购买权。 （2）出租人将房屋出卖给近亲属（配偶、父母、子女、兄弟姐妹、祖父母、外祖父母、孙子女、外孙子女）。 （3）出租人通知后，承租人15日内未明确表示购买。 （4）出租人委托拍卖，提前5日通知承租人，承租人未参加拍卖	

考点 17   融资租赁合同

项目	内容
订立	应采用书面合同，虚构租赁物订立的合同无效。 依法应当取得行政许可而未取得不影响合同的效力
出租人	【义务】购买租赁物，保证承租人对租赁物的占有，尊重承租人选择租赁物（按承租人的技能或干预选择，不符合使用目的应承担责任），协助承租人索赔，享有租赁物所有权（未经登记，不得对抗善意第三人），约定除外。 【权利】承租人擅自将租赁物转让、抵押、质押、投资入股，出租人可解除合同。 【注意】租期届满租赁物所有权归出租人，约定除外

项目	内容
出卖人	向承租人交付租赁物和按约定向承租人赔偿
承租人	支付租金，妥善保管、使用租赁物，维修租赁物，第三人伤害负责赔偿，按约定向出卖人索赔。 【承租人未付租金】催告给合理期限→支付全部剩余租金，并拍卖、变卖租赁物所得价款受偿。 【租赁物价值争议】按约定→约定折旧及到期后残值→委托机构评估

专项突破

一、简答题

1. 2024 年 3 月 1 日，张某在甲酒店网站预订了 3 月 1 日的海景房一间，网站弹窗提示：订单以酒店的电子邮件确认为准，张某需到店支付房费 750 元。张某点击确认后提交了订单。3 月 2 日，酒店发电子邮件给张某确认订单。3 月 9 日，酒店工作人员李某加张某微信，告知酒店具体位置并要求张某支付 100 元定金，张某随即支付 100 元。

3 月 10 日，张某到甲酒店办理入住手续时，甲酒店经理提出，海景房已满，可以免费升级到花园套房。张某不同意，主张：预定海景房主要目的就是在房间拍摄海上日出，酒店不能提供海景房属于违约行为，应 3 倍返还定金 300 元。酒店经理见张某态度坚决，与其他客人协商，腾出海景房让张某入住。张某入住房间后，发现露台上有一个天文望远镜，包装上写着"欢迎酒店客人试用，试用满意可以优惠价 2 000 元购买"。因繁星满天，张某于是打开包装进行了试用。

3 月 11 日，张某退房时，甲酒店要求张某支付 2 000 元购买该天文望远镜，张某拒绝。甲酒店要求张某支付使用费 200 元。张某亦拒绝。

要求：根据上述资料和合同法律制度的规定，不考虑其他因素，回答下列问题。

（1）张某与甲酒店订房合同成立时间是哪一天？说明理由。

（2）张某主张酒店不能提供海景房应 3 倍返还定金 300 元，是否符合法律规定？说明理由。

（3）甲酒店要求张某支付天文望远镜的使用费 200 元，是否符合法律规定？说明理由。

2. 2023 年 6 月，甲公司与乙公司签订买卖合同，购入一台生产设备，双方约定分三期付款，付款日分别为 2023 年 6 月、12 月和 2024 年 6 月，付款比例为 2∶2∶6，并约定在甲公司付清全部款项前，该设备的所有权属于乙公司。同时为了保证甲公司能够履行付款义务，双方签订了书面抵押合同，双方约定甲公司将其所有的一栋厂房抵押给乙公司作为买卖合同的担保。合同签订后，公司将该厂房的所有权证书交乙公司收存，但未办理抵押登记。

2024 年 6 月由于产品销售不佳，资金周转困难，甲公司无法按期向乙公司支付最后一期的款项。乙公司得知后，函告甲公司可于2024年12月前支付尾款。到期后，甲公司仍未付清尾款。

要求：根据上述内容和合同法律制度的有关规定分析回答下列问题。

（1）双方是否可以约定在甲公司付清全部款项前，该设备的所有权属于乙公司？说明理由。

（2）甲公司未按期支付最后一期款项，乙公司是否可以主张取回设备？说明理由。

（3）甲公司未按期支付最后一期款项，乙公司是否可以主张实现抵押权？说明理由。

3. 2024年7月1日，甲钢铁公司（以下简称甲公司）向乙建筑公司（以下简称乙公司）发函，其中有甲公司生产的各种型号钢材的数量、价格表和一份订货单，订货单表明：各型号钢材符合行业质量标准，若乙公司在8月15日前按价格表购货，甲公司将满足供应，并负责运送至乙公司所在地，交货后付款。7月10日，乙公司复函称：如果A型号钢材每吨价格下降200元，我公司愿购买3 000吨A型号钢材，贵公司如同意，须在7月31日前函告。7月25日，甲公司决定接受乙公司的购买价格，在甲公司作出决定后，同日收到乙公司的撤销函件，表示不再需要购买A型号钢材。

7月26日，甲公司正式发出确认函告知乙公司，表示接受乙公司就A型号钢材的购买数量及价格，并要求乙公司按约定履行合同，乙公司于当日收到甲公司的该确认函。乙公司认为其已给甲公司发出撤销函件，故买卖合同未成立，双方因此发生争议。

要求：根据《民法典》的有关规定，回答下列问题。

（1）2024年7月1日，甲公司向乙公司发出的函件是要约还是要约邀请？简要说明理由。

（2）2024年7月10日，乙公司向甲公司回复的函件是否构成承诺？简要说明理由。

（3）乙公司主张买卖合同未成立的理由是否成立？简要说明理由。

4. 2022年10月甲汽车租赁公司（以下简称甲公司）为发展当地短途城乡旅游，决定购置5辆旅行车，为此向乙银行借款200万元，期限2年。为担保借款的偿还，甲公司以5辆旅行车设定了抵押担保，另有丙公司以保证人的身份在借款合同上签订了保证条款，但未约定保证方式；其他未作约定。自2023年起，甲公司当地的城乡旅游始终不景气，到2024年10月，甲公司未能如期偿还借款，乙银行将甲公司和丙公司一并起诉至人民法院，要求甲公司偿还借款，丙公司承担保证责任。在法院审理此案中，丙公司认为自己是补充保证责任，具体理由包括：（1）自己的保证方式是一般保证，享有先诉抗辩权；（2）本案当中有甲公司的旅游车的抵押担保，乙银行应当先就抵押财产实现其债权，不足部分才由其承担保证责任。

要求：根据上述内容结合合同法律制度的规定，分别回答下列问题。

（1）丙公司的第（1）个理由是否成立？简要说明理由。

（2）丙公司的第（2）个理由是否成立？简要说明理由。

（3）如果丙公司的理由成立，乙银行能否同时起诉甲公司和丙公司？法律是如何规定的？

5. 张某要去A市某会计师事务所工作。此前，张某通过某租房网站租房，明确租房位置和有淋浴热水器两个条件。李某承租了王某一套两居室，租赁合同中明确规定不得转租。李某与张某联系，说明该房的位置及房屋里配有高端热水器。张某得知情况后，同意承租李某的房屋，并通过网上银行预付了租金。

张某入住后发现，房屋的位置不错，卫生间也较大，但热水器老旧不堪，不能正常使用，屋内也没有空调。另外，王某很快就得知李某擅自将房屋转租给了张某，欲解除与李某的租赁合同。

其间，张某多次要求李某修理热水器，修了几次都无法使用。再找李某，李某避而不见。张某只能用冷水洗澡并因此感冒，花了一笔医疗费。无奈之下，张某去商场购买了全新的电热水器，张某电话告知李某，热水器已买来装好，李某不置可否。另外，因暑热难当，张某经李某同意，买了一部空调安装在卧室。

要求：根据合同法律制度的规定，回答下列问题。

（1）由于李某擅自转租，王某能否以此为

由解除租赁合同？并简要说明理由。

（2）张某的医疗费应当由谁承担？并简要说明理由。

（3）张某是否可以更换热水器？张某更换热水器的费用应当由谁承担？并简要说明理由。

（4）张某购买空调的费用应当由谁承担？简要说明理由。

6. 2024 年 5 月 10 日，甲公司与乙企业签订了一份买卖合同，合同约定：乙企业向甲公司购买 20 吨药材；合同签订后 5 日内，乙企业向甲公司支付定金 10 万元；交货时间为 7 月底，交货地点为乙企业的库房，验货后 3 日内付清货款。

2024 年 7 月 10 日，甲公司委托丙运输公司将药材发给乙企业。运输途中，因遇山洪暴发致使药材被洪水浸泡。乙企业收到药材后，请当地质量检查部门进行了检验，确认该批药材已不适于制作药品。乙企业立即电告甲公司，提出如下要求：（1）退货；（2）双倍返还定金；（3）赔偿因停工所造成的 5 万元损失。甲公司意识到事情对自己不利，遂提出该合同仅加盖了公章，未经其法定代表人签字确认，因而是无效合同。

要求：根据以上事实，并结合相关法律规定，分别回答下列问题。

（1）货物在运输途中受损，损失应由谁承担？说明理由。

（2）乙企业的要求哪一项是不合理的？说明理由。

（3）甲公司主张合同无效是否合理？说明理由。

二、综合题

1. 2024 年 4 月 1 日，甲公司向乙公司借款 1 000 万元，期限 2 个月。甲公司以其挖掘机作为抵押，双方于当日签订了书面抵押合同，但未办理抵押登记。双方在抵押合同中约定，如果甲公司不能按期还款，则该挖掘机的所有权直接归乙公司所有。

此外，甲公司以其办公楼为该笔借款提供抵押担保，双方于当日签订了书面抵押合同，并于 2024 年 4 月 10 日办理了抵押登记。双方在抵押合同中约定，甲公司不得将该办公楼对外转让，但未将约定进行登记。

2024 年 4 月 20 日，甲公司在未告知乙公司的情况下，将其用于抵押的挖掘机出租给不知情的丙公司，租期 3 年，双方签订了书面租赁合同。2024 年 4 月 26 日，挖掘机出现故障，无法正常工作。丙公司要求甲公司维修，甲公司拒绝。丙公司遂自行维修，花去维修费 10 万元。丙公司请求甲公司支付该笔维修费，未果。

2024 年 5 月 10 日，甲公司在未告知乙公司的情况下，将其用于抵押的办公楼转让给不知情的丁公司，并办理了产权转移登记。

2024 年 6 月 1 日，借款到期，甲公司无力清偿借款本息。乙公司主张依照抵押合同的约定直接取得该挖掘机的所有权，遭到甲公司的拒绝。后经双方协商一致，将该挖掘机变卖，乙公司就变卖所得价款优先受偿。变卖前，乙公司提出，将该挖掘机带着"租约"出售会增加变卖的难度，影响其抵押权的实现，因此甲公司与丙公司的租赁合同应当终止。

乙公司得知甲公司已将用于抵押的办公楼转让给丁公司之后，向人民法院提起诉讼，提出如下主张：（1）请求人民法院确认转让合同无效；（2）请求人民法院确认转让不发生物权效力；（3）请求甲公司承担违约责任。

要求：根据上述内容，分别回答下列问题。

（1）乙公司对挖掘机的抵押权是否已经设立？并说明理由。

（2）丙公司是否有权请求甲公司支付挖掘机的维修费用？并说明理由。

（3）乙公司是否有权主张依照抵押合同的约定直接取得该挖掘机的所有权？并说明理由。

（4）乙公司关于"甲公司与丙公司的租赁合同应当终止"的主张能否获得人民法院的支持？并说明理由。

（5）对于乙公司请求确认转让合同无效的主张，人民法院是否应予支持？并说明理由。

（6）对于乙公司请求确认转让不发生物权效力的主张，人民法院是否应予支持？并说明理由。

（7）对于乙公司请求甲公司承担违约责任的主张，人民法院是否应予支持？并说明理由。

2. 2024 年 4 月 1 日，上海的甲公司与北京的乙公司签订了一份买卖合同，约定：甲公司向乙公司购买 1 000 吨化工原料，总价款为 200 万元；乙公司在合同签订后 1 个月内交货，甲公司在验货后 7 日内付款。双方没有明确约定货物的交付地点。

2024 年 4 月 2 日，甲公司以其办公用房作抵押向丙银行借款 200 万元，并办理了抵押登记手续。由于办公用房的价值仅为 100 万元，甲公司又请求丁公司为该笔借款提供保证担保。丙银行与丁公司签订了书面保证合同，约定保证方式为连带责任保证，但未约定保证期间和保证的范围。

2024 年 4 月 10 日，乙公司准备通过铁路运输部门发货时，甲公司的竞争对手告知乙公司，甲公司经营状况不佳，将要破产。乙公司随即暂停了货物发运，并电告甲公司暂停发货的原因，要求甲公司提供担保。甲公司告知乙公司：本公司经营正常，货款已经备齐，乙公司应尽快履行合同，否则将追究其违约责任。

但乙公司坚持要求甲公司提供担保，因甲公司急需这批货物，只好按照乙公司的要求提供了银行保函。2024 年 5 月 25 日，乙公司收到银行保函，当日向铁路运输部门支付了运费并发货。货物在运输途中，遭遇泥石流灾害全部灭失。

借款合同到期后，甲公司无力偿还丙银行的借款本息。

要求：根据上述内容，分别回答下列问题。

（1）乙公司暂停发货是否有法律依据？并说明理由。

（2）在买卖合同交付地点约定不明确的情况下，应当如何交付标的物？

（3）货物灭失的损失应当由谁承担？并说明理由。

（4）丁公司的保证期间为多长？并说明理由。

（5）丁公司的保证范围如何界定？

（6）如果当事人对承担担保责任的顺序未进行约定，丙银行可否直接要求丁公司承担 200 万元的保证责任？并说明理由。

3. 甲公司获悉乙医院欲购 10 台呼吸机，遂于 2022 年 6 月 3 日向乙医院发出要约函，称愿以 30 万元的总价向乙医院出售呼吸机 10 台，乙医院须先支付定金 5 万元，货到后 10 日内支付剩余货款，质量保证期为 5 年。2022 年 7 月 6 日，乙医院获知信件内容，并于同日向甲公司发出传真表示同意要约，但同时提出：

总价降为 28 万元，2022 年 9 月 5 日前交付全部货物，我方于 2022 年 10 月 10 日前支付剩余货款；任何一方未按约履行，均须向对方支付违约金 5 万元。次日，甲公司回复传真表示同意。双方未约定货物交付地点及方式。

2022 年 7 月 29 日，乙医院向甲公司支付定金 5 万元。次日，甲公司将呼吸机交付承运人丙公司。2022 年 8 月 10 日，乙医院收到 8 台呼吸机，其中 2 台存在瑕疵：1 台外观有轻微划痕，1 台严重变形无法正常使用。经查，甲公司漏发 1 台，实际只发了 9 台，运输途中遇山洪突然暴发被洪水冲走 1 台，2 台呼吸机的瑕疵系因甲公司员工不慎碰撞所致。

2022 年 10 月 13 日，乙医院要求甲公司另行交付 4 台呼吸机，否则将就未收到的 2 台呼吸机以及存在瑕疵的 2 台呼吸机部分解除合同，并要求甲公司支付违约金 5 万元，同时双倍返还定金。甲公司要求乙医院支付剩余货款 23 万元，并告知乙医院，甲公司之前委托丁公司保管 1 台全新呼吸机，已通知丁公司向乙医院交付以补足漏发的呼吸机，其余则未作出回应。乙医院表示同意接收丁公司交来的呼吸机。

甲公司交付乙医院的呼吸机中有 1 台一直未启用。直至 2024 年 12 月 6 日启用时，乙医院才发现该台呼吸机也因质量瑕疵无法使用，遂向甲公司主张赔偿，甲公司拒绝。

要求：根据上述内容，分别回答下列问题。

（1）甲公司与乙医院的买卖合同何时成立？并说明理由。

（2）乙医院是否有权分别就外观有划痕和严重变形无法使用的呼吸机部分解除合同？并说明理由。

（3）甲公司是否有权要求丙公司赔偿被洪水冲走的呼吸机？并说明理由。

（4）甲公司是否有权要求乙医院支付被洪水冲走呼吸机的价款？并说明理由。

（5）乙医院是否有权要求甲公司同时支付违约金和双倍返还定金？并说明理由。

（6）甲公司通知丁公司向乙医院交付呼吸机，是否构成甲公司向乙医院的交付？并说明理由。

（7）乙医院是否有权要求甲公司就2024年12月6日发现的呼吸机质量瑕疵进行赔偿？并说明理由。

4. 2023年8月1日，赵某与高某签订房屋租赁合同，双方约定租期1年，月租金1万元。使用一段时间后，承租人高某发现屋顶漏雨，遂要求赵某进行维修，赵某以自己工作较忙为由要求高某自行维修，为此高某支付维修费3 000元。

2024年3月10日，赵某因其子出国留学需要资金，决定将该房屋出售。3月15日，赵某在未通知高某的情况下，与侯某签订了房屋买卖合同，双方约定合同价款500万元，自合同签订之日起10天，侯某向赵某支付120万元定金。3月25日，侯某向赵某实际支付了100万元定金，赵某接受，未提出异议。

4月1日，侯某向赵某支付了全部购房款，4月10日，双方到房屋产权登记机关办理登记过户。

4月11日，侯某要求高某腾退房屋，遭到高某的拒绝，双方诉至法院，高某提出：

（1）赵某出售房屋未通知高某，损害了高某的优先购买权，高某主张该买卖合同无效；

（2）高某可以居住至房屋租赁期满。

5月1日，该房屋屋顶再次漏雨且墙体出现大面积开裂，经有关部门鉴定，该房屋的质量问题严重属于危房，高某要求解除租赁合同。侯某知道后也要求解除与赵某的买卖合同，并要求赵某适用商品房买卖合同司法解释的规定承担相应的赔偿责任。

要求：根据上述资料和合同法律制度的有关规定，分析回答下列问题。

（1）房屋维修费应当由谁负担？说明理由。

（2）定金合同的金额为多少万元？说明理由。

（3）高某主张该买卖合同无效，是否符合法律规定？说明理由。

（4）高某要求居住至房屋租赁期满，是否符合法律规定？说明理由。

（5）高某是否可以主张解除租赁合同？说明理由。

（6）侯某是否有权要求赵某适用商品房买卖合同司法解释的规定承担相应的赔偿责任？说明理由。

明理由。

5. 2023年1月，陈某、王某、林某共同出资设立甲普通合伙企业（以下简称甲企业）。合伙人一致决定，由陈某执行合伙企业事务，并约定，标的额超过50万元的交易，包括借贷，需经全体合伙人一致同意。

2023年10月，为扩大合伙企业经营规模，陈某未经其他合伙人同意，代表甲企业向善意的郑某借款100万元，双方签订借款合同，约定借款期限为1年，月利率为2%，陈某的朋友李某应陈某的请求向郑某出具书面保证书，承诺为甲企业的借款提供连带责任保证，郑某欣然接受。陈某的另一朋友蔡某与郑某签订抵押合同，以其车辆为该借款提供抵押担保，但未办理抵押登记。

2024年1月，经陈某、王某同意，林某退出合伙企业。同月，赵某加入合伙企业。

2024年10月，借款期满，甲企业无力清偿借款本息，郑某以甲企业、陈某、王某、林某、赵某、李某、蔡某为被告，向法院提起诉讼，请求甲企业清偿借款本息，陈某、王某、林某、赵某对该债务承担无限连带责任，请求李某对该债务承担保证责任，请求实现在蔡某抵押车辆上设立的抵押权。

对于郑某的诉讼请求，王某抗辩称：陈某代表甲企业向郑某的借款，超出了甲企业对陈某的交易限制，该借款合同应属无效，应按照合同成立时1年期贷款市场报价利率的4倍计算利息。林某抗辩称：自己已经退出甲企业，无须对该借款承担无限连带责任。赵某抗辩称：自己在借款合同签订之后才加入甲企业，无须对该借款承担无限连带责任。李某抗辩称：（1）自己未曾与郑某签订保证合同，无须承担保证责任；（2）即使保证成立，郑某也应先实现在蔡某车辆上设立的抵押权。蔡某抗辩称：车辆抵押未办理登记，抵押权未设立。

已知：郑某与李某、蔡某就实现担保权利的顺序未作约定。

要求：根据上述资料和合伙企业、合同、担保法律制度的规定，不考虑其他因素，回答下列问题。

（1）借款合同是否有效？说明理由。

（2）林某抗辩是否成立？说明理由。

（3）赵某抗辩是否成立？说明理由。

（4）李某抗辩（1）是否成立？说明理由。

（5）李某抗辩（2）是否成立？说明理由。

（6）蔡某抗辩是否成立？说明理由。

6. 甲公司需要使用乙公司生产的一套精密仪器，但无力购买，遂请求丙公司购买并租给自己。甲、丙公司签订融资租赁合同，约定如下：丙公司购买乙公司精密仪器，价款 500 万元；甲公司租赁该仪器 10 年，年租金 80 万元。

丙公司为支付货款向丁公司借款 100 万元，双方约定：借款期限 6 个月，利息 10 万元，在本金中预扣。丁公司实际支付丙公司 90 万元。为担保该借款债权，丙公司以其一台价值 40 万元的车辆抵押，与丁公司签订了抵押合同；戊公司作为保证人与丁公司签订了保证合同，保证合同未约定保证方式；丁公司与丙、戊公司未约定行使担保权利的顺序。

丙公司和丁公司约定的借款期限届满后，丙公司未能清偿借款。丁公司拟行使抵押权，发现丙公司因拖欠辛公司 10 万元仓储费用，抵押车辆在前往辛公司提取仓储物时，被辛公司留置。丁公司主张就被留置车辆行使抵押权，理由如下：

（1）辛公司扣留车辆，与其享有的仓储费债权不属于同一法律关系，故辛公司无权留置车辆。

（2）即使辛公司有权留置车辆，因抵押权设立在先，丁公司有权优先行使抵押权。

丁公司要求保证人戊公司承担连带保证责任，戊公司抗辩如下：

（1）该借款债权还存在抵押担保，丁公司应先实现抵押权。

（2）对于抵押担保不足清偿的部分，戊公司只承担一般保证责任，即承担丙公司财产不足以清偿借款部分的补充保证责任。

要求：根据上述资料和合同、担保法律制度的规定，不考虑其他因素，回答下列问题。

（1）融资租赁期间，该精密仪器归谁所有？说明理由。

（2）丙公司向丁公司借款的本金是多少？说明理由。

（3）丁公司主张行使抵押权的理由（1）是否符合法律规定？说明理由。

（4）丁公司主张行使抵押权的理由（2）是否符合法律规定？说明理由。

（5）戊公司的抗辩理由（1）是否成立？说明理由。

（6）戊公司的抗辩理由（2）是否成立？说明理由。

7. 2024 年 1 月 5 日，赵某和钱某订立书面借款合同。次日，赵某向钱某提供借款 200 万元。钱某的朋友孙某、李某提供担保。孙某以自有房屋设定抵押担保，1 月 5 日订立抵押担保合同，于 1 月 10 日办理抵押登记。李某提供连带责任保证，保证合同约定，赵某对钱某的债权不得转让。孙某与李某未约定担保清偿先后顺序。债权到期后，钱某无力偿还。赵某要求孙某承担担保责任，孙某拒绝，理由是：自己提供的担保属于第三人提供的物保，赵某应先向李某主张连带保证责任。赵某转而要求李某承担保证责任，李某拒绝，理由是：自己只是保证人，赵某不应在对钱某提起诉讼并强制执行前要求其承担保证责任。

在孙某、李某拒绝后，赵某将对钱某的债权转让给周某，并通知钱某，钱某未作回复。周某要求钱某清偿。钱某拒绝理由是：债权转让未经自己同意，该转让行为无效。周某不想与之纠缠，转而要求李某承担保证责任，李某拒绝，除了重申之前对赵某的拒绝理由外，并进一步提出保证合同约定，债权不得转让，现赵某违反约定转让债权，自己不再承担保证责任。

要求：根据上述资料，回答下列问题。

（1）赵某与钱某的借款合同何时成立？并说明理由。

（2）赵某何时取得抵押权？并说明理由。

（3）孙某主张"自己提供的担保属于第三人提供的物保，赵某应先向李某主张连带保证责任"是否成立？并说明理由。

（4）李某主张"自己只是保证人，赵某不应在对钱某提起诉讼并强制执行前要求其承担保证责任"是否成立？并说明理由。

（5）钱某主张"债权转让未经自己同意，该转让行为无效"是否成立？并说明理由。

（6）李某主张"保证合同约定债权不得转让，现赵某违反约定转让债权，自己不再承担保证责任"是否成立？并说明理由。

参考答案

一、简答题

1.【答案】

（1）合同于3月2日成立。

根据合同法律制度规定当事人采用信件、数据电文等形式订立合同要求签订确认书的，签订确认书时合同成立。酒店通过弹窗明确提示订单以电子邮件确认为准，且张某点击同意因此该合同于3月2日酒店发送电子邮件并经张某确认订单后成立。

（2）不符合法律规定。

根据合同法律制度规定，收受定金的一方不履行债务或者履行债务不符合约定致使不能实现合同目的的，应当双倍返还定金。本案中交付定金100元，因此张某只能主张返还200元。

（3）不符合法律规定。

根据合同法律制度规定，试用买卖的当事人对标的物使用费没有约定或者约定不明确的，出卖人无权请求买受人支付。

2.【答案】

（1）双方可以约定在甲公司付清全部款项前，该设备的所有权属于乙公司。

根据规定，当事人可以在买卖合同中约定买受人未履行支付价款或者其他义务的，标的物的所有权属于出卖人。

（2）甲公司未按期支付最后一期款项，乙公司可以主张取回设备。

根据规定，买受人未按照约定支付价款，经催告后在合理期限内仍未支付，除当事人另有约定外，出卖人有权取回标的物。

本题中，甲公司未按照约定支付价款，经乙公司催告，合理期限内仍未支付，因此出卖人乙公司有权取回设备。

（3）甲公司未按期支付最后一期款项，乙公司不能主张实现抵押权。

根据规定，当事人以建筑物设定抵押时，应当办理抵押登记，抵押权自登记时起设立。

本题中，甲公司以厂房向乙公司设定抵押时，未办理抵押登记，因此，乙公司的抵押权无效。

3.【答案】

（1）甲公司向乙公司发出的是要约。

要约是指希望和他人订立合同的意思表示，要约内容具体确定并表明经受要约人承诺，要约人即受该意思表示约束。本题中，2024年7月1日甲公司向乙公司发出的函件具备订立合同的数量、价格、标的物品种、质量、交货方式等主要条款，并表明了经乙公司同意即受该意思表示的约束。

（2）乙公司向甲公司回复的函件不构成承诺。

根据规定，受要约人对要约的内容作出实质性变更的，为新要约。本题中，乙公司对要约内容中的价格条款进行了变更，属于实质性变更，因此不构成承诺，应为新要约。

（3）乙公司主张买卖合同未成立的理由不成立。

根据规定，要约可以撤销，但是有下列情形的要约不得撤销：①要约人以确定承诺期限或者其他形式明示要约不可撤销；②受要约人有理由认为要约是不可撤销的，并已经为履行合同做了合理准备工作。本题中，乙公司7月10日发出的要约中已经确定了承诺期限（7月31日前函告），因此该要约是不得撤销的。

4.【答案】

（1）丙公司的第（1）个理由成立。

根据规定，当事人在保证合同中对保证方式没有约定或者约定不明确的，按照一般保证承担保证责任。一般保证人享有的先诉抗辩权，是指在主合同纠纷未经审判或者仲裁，并就债务人财产依法强制执行仍不能履行债务前，保证人对债权人可拒绝承担保证责任。

（2）丙公司的第（2）个理由成立。

根据规定，被担保的债权既有物的担保又有人的担保的，债务人不履行到期债务的，债权人应当按照约定实现债权；没有约定的，债务人自己提供物的担保的，债权人应当先就该物的担保实现债权；不足的部分才由一般保证人承担补充保证责任。

（3）如果丙公司的理由成立，乙银行可以同时起诉甲公司和丙公司。

根据规定，一般保证中，债权人一并起诉债务人和保证人的，法院可以受理，但是在作出判决时，除有保证人不得行使先诉抗辩权的情形外，应当在判决书主文中明确，保证人仅对债务人财产依法强制执行后仍不能履行的部分承担保证责任。

5.【答案】

（1）王某有权解除合同。

根据规定，承租人未经出租人同意转租的，出租人可以解除合同。本题中，李某与王某的租赁合同中明确约定了不得转租，李某仍擅自将房屋转租给张某，故王某有权解除房屋租赁合同。

（2）由出租人李某承担。

根据规定，合同一方当事人不履行合同义务，给对方当事人造成损失的，应当承担损害赔偿责任。本题中，李某有提供质量完好的热水器的义务，因其违反此约定，导致张某生病，故应由李某承担赔偿责任。

（3）张某可以更换热水器，更换费用由李某承担。

根据规定，合同一方当事人提供的标的物的质量不符合合同约定标准的，对方当事人可以要求违约方承担损害赔偿责任，或者可以合理选择要求对方承担修理、更换、减少价款等违约责任。本题中，李某作为出租人，应当将符合合同约定的租赁物交付承租人，并履行租赁物的维修义务，并有保持租赁物符合约定用途的义务。故更换热水器的费用由李某承担。

（4）由张某承担。因为承租人张某经出租人李某同意装饰装修，但未就费用负担作特别约定，故承租人不得请求出租人补偿费用。

6.【答案】

（1）损失应由甲公司承担。

根据规定，标的物毁损、灭失的风险，在标的物交付之前由出卖人承担，交付之后由买受人承担。本题中，双方约定的交货地点是乙企业的库房，药材被洪水浸泡时交付尚未完成。

（2）乙企业要求双倍返还定金和赔偿损失不合理。

根据规定，因不可抗力、意外事件致使主合同不能履行的，不需要承担违约责任。本题中，药材因遇山洪暴发被浸泡，属于不可抗力，因此，乙企业不应该要求双倍返还定金和赔偿损失。

（3）甲公司主张合同无效不合理。

根据规定，当事人采用合同书形式订立合同的，自双方当事人均签字或者盖章时合同成立。本题中，甲公司加盖公章即为盖章，合同成立，不必经法定代表人签字确认。

二、综合题

1.【答案】

（1）乙公司对挖掘机的抵押权已经设立。根据规定，以动产抵押的，抵押权自抵押合同生效时设立；未经登记，不得对抗善意第三人。

（2）丙公司有权请求甲公司支付挖掘机的维修费用。根据规定，出租人应当履行租赁物的维修义务，但是当事人另有约定或者因承租人的过错致使租赁物需要维修的除外。承租人在租赁物需要维修时可以请求出租人在合理期限内维修。出租人未履行维修义务的，承租人可以自行维修，维修费用由出租人（甲公司）负担。

（3）乙公司无权主张依照抵押合同的约定直接取得该挖掘机的所有权。根据规定，抵押权人在债务履行期限届满前，与抵押人约定债务人不履行到期债务时抵押财产归债权人所有的，只能依法就抵押财产优先受偿。

（4）乙公司的主张不能获得人民法院的支持。根据规定，动产抵押合同订立后未办理抵押登记，抵押人将抵押财产出租给他人并移转占有，抵押权人行使抵押权的，租赁关系不受影响，但是抵押权人能够举证证明承租人知道或者应当知道已经订立抵押合同的除外。

（5）人民法院不予支持。根据规定，当事人约定禁止或者限制转让抵押财产但是未将约定登记，抵押人违反约定转让抵押财产，抵押权人请求确认转让合同无效的，人民法院不予支持。

（6）人民法院不予支持。根据规定，当事人约定禁止或者限制转让抵押财产但是未将约定登记，抵押人违反约定转让抵押财产，抵押财产已经交付或者登记，抵押权人请求确认转让不发生物权效力的，人民法院不予支持，但是抵押权人有证据证明受让人知道的除外。

（7）人民法院应予支持。根据规定，当事人约定禁止或者限制转让抵押财产但是未将约定登记，抵押人违反约定转让抵押财产，抵押权人请求抵押人承担违约责任的，人民法院依法予以支持。

2.【答案】

（1）乙公司暂停发货没有法律依据。根据规定，应当先履行债务的当事人，有确切证据证明对方经营状况严重恶化的，可以行使不安抗辩权，中止合同履行。在本题中，乙公司并没有确切证据证明甲公司经营状况不佳，因此，乙公司不能以不安抗辩权为由暂停发货。

（2）当事人没有约定交付地点或者约定不明确的，可以协议补充；不能达成补充协议的，按照合同有关条款或者交易习惯确定；仍不能确定，标的物需要运输的，出卖人应当将标的物交付给第一承运人以运交给买受人。

（3）货物灭失的损失由甲公司承担。根据规定，当事人没有约定交付地点或者约定不明确的，可以协议补充；不能达成补充协议的，按照合同有关条款或者交易习惯确定；仍不能确定，标的物需要运输的，出卖人将标的物交付给第一承运人后，标的物毁损、灭失的风险由买受人（甲公司）承担。

（4）丁公司的保证期间为 6 个月。根据规定，当事人未约定保证期间的，保证期为主债务履行期限届满之日起 6 个月。

（5）保证的范围包括主债权及其利息、违约金、损害赔偿金和实现债权的费用。

（6）丙银行不能直接要求丁公司承担保证责任。根据规定，被担保的债权既有物的担保又有人的担保的，债务人不履行到期债务或者发生当事人约定的实现担保物权的情形，债权人应当按照约定实现债权；没有约定或者约定不明确，债务人自己提供物的担保的，债权人应当先就该物的担保实现债权。

3.【答案】

（1）买卖合同于 7 月 7 日成立。根据规定，承诺生效时合同成立，但是法律另有规定或者当事人另有约定的除外。在本题中，7 月 6 日乙医院的传真为新要约，7 月 7 日甲公司的传真为承诺。

（2）外观有划痕的呼吸机不能解除合同，严重变形无法使用的呼吸机可以解除合同。根据规定，当事人一方有违约行为致使不能实现合同目的，另一方当事人可以解除合同。因此，乙医院无权就外观有划痕的呼吸机解除合同。标的物为数物，其中一物不符合约定的，买受人可以就该物解除。但是，该物与他物分离使标的物的价值显受损害的，买受人可以就数物解除合同。因此，乙医院仅能就严重变形无法使用的呼吸机解除合同。

（3）甲公司不能要求丙公司赔偿。根据规定，承运人对运输过程中货物的毁损、灭失承担赔偿责任。但是，承运人证明货物的毁损、灭失是因不可抗力、货物本身的自然性质或者合理损耗以及托运人、收货人的过错造成的，不承担赔偿责任。

（4）甲公司有权要求乙医院支付价款。根据规定，当事人没有约定交付地点或者约定不明确的，可以协议补充；不能达成补充协议的，按照合同相关条款或者交易习惯确定；仍不能确定，标的物需要运输的，出卖人将标的物交付给第一承运人后，标的物毁损、灭失的风险由买受人承担。

（5）乙医院无权要求甲公司同时支付违约金和双倍返还定金。根据规定，当事人既约定违约金，又约定定金的，一方违约时，对方可以选择适用违约金或者定金条款。

（6）构成向乙医院的交付。根据规定，动产物权设立和转让前，第三人占有该动产的，负有交付义务的人可以通过转让请求第三人返还原物的权利代替交付。

（7）乙医院有权要求甲公司赔偿。根据规定，买受人在合理期限内未通知或者自收到标的物之日起 2 年内未通知出卖人的，视为标的物的数量或者质量符合约定；但是，对标的物有质量保证期的，适用质量保证期，不适用该 2 年的规定。

4.【答案】

（1）房屋维修费应当由赵某负担。

根据规定，承租人在租赁物需要维修时可以要求出租人在合理期限内维修。出租人未履行维修义务的，承租人可以自行维修，维修费用由出租人负担。

（2）定金合同的金额为 100 万元。

根据规定，当事人约定的定金数额不得超过主合同标的额的 20%，超过部分不产生定金的效力；定金合同是实践性合同，从实际交付定金时成立，实际交付的定金数额多于或者少于约定数额的，视为变更约定的定金数额。

本题中，双方约定的定金数额为 120 万元，超过了主合同标的额的 20%，侯某实际支付定金 100 万元，赵某接受未提出异议，视为变更约定的定金数额。

（3）高某主张该买卖合同无效，不符合法律规定。

根据规定，出租人未通知承租人或者有其他妨害承租人行使优先购买权情形的，承租人可以请求出租人承担赔偿责任。但是，出租人与第三人订立的房屋买卖合同的效力不受影响。

本题中，虽然赵某出售住房未通知高某，损害了其优先购买权，但赵某与侯某订立的房屋买卖合同效力不受影响。

（4）高某要求居住至房屋租赁期满符合法律规定。

根据规定，租赁物在承租人按照租赁合同占有期限内发生所有权变动的，不影响租赁合同的效力。

（5）高某可以主张解除租赁合同。

根据规定，租赁物危及承租人的安全或者健康的，即使承租人订立合同时明知该租赁物质量不合格，承租人仍然可以随时解除合同。

本题中，因出租房屋质量问题严重属于危房，危及承租人高某的安全，高某无论订立合同时是否知情均有权随时解除合同。

（6）侯某无权要求赵某适用商品房买卖合同司法解释的规定承担相应的赔偿责任。

根据规定，商品房买卖合同，是指房地产开发企业（出卖人）将尚未建成或者已竣工的房屋向社会销售并转移房屋所有权于买受人，买受人支付价款的合同。

本题中，双方交易的是二手房，不适用商品房买卖合同司法解释的规定。

5.【答案】

（1）借款合同有效。

根据合伙企业法律制度规定，合伙企业对合伙人执行合伙事务以及对外代表合伙企业权利的限制，不得对抗善意第三人。

（2）林某抗辩不成立。

根据合伙企业法律制度规定，退伙的普通合伙人对基于其退伙前的原因发生的合伙企业债务，应当承担无限连带责任。

（3）赵某抗辩不成立。

根据合伙企业法律制度规定，新入伙的普通

合伙人对入伙前合伙企业的债务承担无限连带责任。

（4）李某抗辩（1）不成立。

根据规定，第三人单方以书面形式向债权人作出保证，债权人接收且未提出异议的，保证合同成立。

（5）李某抗辩（2）不成立。

根据规定，被担保的债权既有物的担保又有人的担保的，债务人不履行到期债务或者发生当事人约定的实现担保物权的情形，债权人应当按照约定实现债权；没有约定或者约定不明确，债务人自己提供物的担保的，债权人应当先就该物的担保实现债权；第三人提供物的担保的，债权人可以就物的担保实现债权，也可以请求保证人承担保证责任。

（6）蔡某抗辩不成立。

根据规定，以动产抵押的，抵押权自抵押合同生效时设立；未经登记，不得对抗善意第三人。

6.【答案】

（1）融资租赁期间，该精密仪器归丙公司所有。

根据规定，在融资租赁期间，出租人对租赁物享有所有权，未经登记，不得对抗善意第三人。

（2）丙公司向丁公司的借款本金为 90 万元。

根据规定，借款的利息不得预先在本金中扣除。利息预先在本金中扣除的，应当按照实际借款数额返还借款并计算利息。

（3）丁公司主张行使抵押权的理由（1）不符合法律规定。

根据规定，债权人留置的动产，应当与债权属于同一法律关系，但企业之间留置的除外。本案中由于丙公司、辛公司均为企业，因此辛公司留置的丙公司动产不需要与债权（仓储费用）属于同一法律关系。

（4）丁公司主张行使抵押权的理由（2）不符合法律规定。

根据规定，同一动产上已设立抵押权或者质权，该动产又被留置的，留置权人优先受偿。

（5）戊公司的抗辩理由（1）成立。

根据规定，被担保的债权既有物的担保又有

人的担保，债务人不履行到期债务或发生当事人约定的实现担保物权的情形，债权人应当按照约定实现债权；没有约定或者约定不明确，债务人自己提供物的担保的，债权人应当先就该物的担保实现债权。

（6）戊公司的抗辩理由（2）成立。

根据规定，当事人在保证合同中对保证方式没有约定或者约定不明确的，按照一般保证承担保证责任。

7.【答案】

（1）借款合同是在2024年1月6日成立。

根据规定，自然人之间的借款合同，自贷款人提供借款时成立。

（2）赵某于1月10日取得抵押权。

根据规定，不动产抵押，应当办理抵押登记，抵押权自登记时设立。

（3）孙某的主张不成立。

根据规定，被担保的债权既有物的担保又有人的担保的，债务人不履行到期债务或者发生当事人约定的实现担保物权的情形，债权人应当按照约定实现债权；没有约定或者约定不明确，债务人自己提供物的担保的，债权人应当先就该物的担保实现债权；第三人提供物的担保的，债权

人可以就物的担保实现债权，也可以请求保证人承担保证责任。题目中是第三人孙某提供物保，因此债权人有选择权，可以先要求孙某承担担保责任。

（4）李某的主张不成立。

根据规定，一般保证人有先诉抗辩权，即一般保证的保证人在主合同纠纷未经审判或者仲裁，并就债务人财产依法强制执行仍不能履行债务前，有权拒绝向债权人承担保证责任。但题目中保证合同约定为连带责任保证，连带保证人没有先诉抗辩权，债权人可以直接要求保证人承担保证责任，因此李某的主张不成立。

（5）钱某的主张不成立。

根据规定，债权人转让债权，未通知债务人的，该转让对债务人不发生效力。因此债权转让无须债务人同意，只要通知债务人即可。本题中，赵某将对钱某的债权转让给周某，并通知钱某，转让行为有效。

（6）李某的主张成立。

根据规定，保证人与债权人约定禁止债权转让，债权人未经保证人书面同意转让债权的，保证人对受让人不再承担保证责任。

专题五　金融法律制度

命题思路

金融法律制度占教材篇幅较大，包括票据法、证券法、保险法和信托法的相关内容，内容多且杂，复习难度较大，除票据法外的大多数知识点需要考生强化记忆掌握。其中"票据法"是传统的主观题考点，是历年简答题的高频命题点，通过经典例题研读法条是这部分学习的秘诀。2021年考试中保险法首次进入主观题考查，3批次中有2个批次涉及简答题，2022～2024年也涉及到了主观题的考查，足见其重要性的大幅提升，建议继续关注保险法主观题的出题可能。

经典例题

一、保险法考点

1. 2025年2月14日，24岁的小冯与甲保险公司签订了保险合同，为其母贾某投保以死亡为给付保险金条件的人身保险，指定其父冯某为受益人。

7月7日，冯某偶然发现妻子出轨，气愤至极。于是，在明知妻子贾某有心脏病的情况下，还故意刺激贾某，造成贾某突发心肌梗死死亡。

事后，冯某向保险公司提出索赔的请求，遭到拒绝。甲保险公司拒绝赔付的理由如下：

（1）保险公司调查发现，小冯为其母贾某投保时，并未征得其母亲的同意，因此该保险合同无效。

（2）即使该保险合同有效，经查贾某2022年12月曾做过心脏搭桥手术，但在填写投保单以及回答保险公司相关询问时，小冯均未如实告知。

（3）经公安机关调查发现，贾某突发心肌梗死系冯某故意刺激造成。

要求：

根据上述资料及相关规定，不考虑其他因素，回答下列问题。

（1）甲保险公司的抗辩理由（1）是否成立？简要说明理由。

（2）甲保险公司的抗辩理由（2）是否成立？简要说明理由。

（3）甲保险公司是否可以以受益人故意造成保险事故为由拒绝赔付？简要说明理由。

【答案】

（1）保险公司的抗辩理由（1）成立。

根据规定，以死亡为给付保险金条件的合同，未经被保险人同意并认可保险金额，保险合同无效，父母为其未成年子女投保的人身保险不受此限。

（2）甲保险公司的抗辩理由（2）成立。

根据规定，投保人故意或者因重大过失未履行如实告知义务，足以影响保险人决定是否同意承保或者提高保险费率的，保险人有权解除合同，对解除前发生的保险事故不承担给付保险金责任，并不退还保险费。

（3）甲保险公司不得以受益人故意造成保险事故为由拒绝赔付。

根据规定，受益人故意造成被保险人死亡、伤残、疾病的，或者故意杀害被保险人未遂的，该受益人丧失受益权。受益人丧失受益权且没有其他受益人的，保险金作为被保险人的遗产。

2. 2020年10月，赵某发现5周岁的女儿李某智力发育略低于同龄人，为了给女儿成年以后的生活足够的保障，赵某向甲保险公司为其女儿购买了人身保险，赵某与甲保险公司签订的保险合同约定：投保人为赵某，被保险人为李某，如李某生存到60周岁，可按月领取养老金，如李某不幸身故，甲保险公司将向受益人赵某支付一笔保险金，保险合同生效后，赵某按照合同约定向甲保险公司缴纳了保险费。

2022年2月，经专科医院检查李某有自闭倾向。

2022年3月5日，李某在其7周岁生日当天趁赵某外出买菜之际自杀。

2022年4月5日，赵某向甲保险公司索赔。

2022年4月8日，甲保险公司通知赵某拒绝赔偿。

2022年4月12日，赵某向人民法院提起诉讼，请求甲保险公司按照合同约定支付保险金，甲保险公司提出两项抗辩：（1）赵某不得为无民事行为能力人投保以死亡为给付保险金条件的人身保险；（2）被保险人自合同成立之日起2年内自杀的，保险人不承担给付保险金的责任。

要求：根据上述资料和合同法律制度的规定，不考虑其他因素，回答下列问题。

（1）赵某与甲保险公司所签订的保险合同的当事人是否包含李某？简要说明理由。

（2）甲保险公司提出的第一项抗辩是否成立？简要说明理由。

（3）甲保险公司提出的第二项抗辩是否成立？简要说明理由。

【答案】

（1）赵某与甲保险公司所签订的保险合同的当事人不包含李某。

根据规定，投保人和保险人是保险合同的当事人，被保险人和受益人是保险合同的关系人。

（2）甲保险公司提出的第一项抗辩不成立。

根据规定，投保人不得为无民事行为能力人投保以死亡为给付保险金条件的人身保险，保险人也不得承保；父母为其未成年子女投保的人身保险，不受此限。

（3）甲保险公司提出的第二项抗辩不成立。

根据规定，以被保险人死亡为给付保险金条件的合同，自合同成立或者合同效力恢复之日起2年内，被保险人自杀的，保险人不承担给付保险金的责任，但被保险人自杀时为无民事行为能力人的除外。

3. 2020年10月10日，赵某在某4S店购买了一辆小汽车，并向甲保险公司购买了交强险以及足额车损险，被保险人为赵某。2021年初，单位派赵某去海外工作两年，赵某决定转让该辆小汽车。

2021年2月1日，赵某与钱某签订了买卖小汽车的合同。当日，赵某即将小汽车交付钱某。钱某将上述事实通知了甲保险公司。钱某在开车回家途中因操作失误撞到马路护栏上，导致车辆损失。钱某随即向甲保险公司报案并索赔。

甲保险公司提出以下两项抗辩：（1）小汽车虽已经交付，但尚未办理过户登记。因此，钱某无权主张行使被保险人的权利；（2）钱某虽及时将转让小汽车的事实通知了甲保险公司，但甲保险公司尚未作出答复，此时发生保险事故，甲保险公司不承担赔偿保险金的责任。

要求：根据上述资料和保险法律制度的规定，不考虑其他因素，回答下列问题。

（1）甲保险公司的第（1）项抗辩理由是否符合法律规定？简要说明理由。

（2）甲保险公司的第（2）项抗辩理由是否符合法律规定？简要说明理由。

【答案】

（1）不符合法律规定。

根据规定，保险标的已交付受让人，但尚未依法办理所有权变更登记，承担保险标的的毁损灭失风险的受让人，依照规定主张行使被保险人权利的，人民法院应予支持。

（2）不符合法律规定。

根据规定，被保险人、受让人依法及时向保险人发出保险标的的转让通知后，保险人作出答复前，发生保险事故，被保险人或者受让人主张保险人按照保险合同承担赔偿保险金的责任的，人民法院应予支持。

4. 2018年6月，30岁的张某为58岁的父亲投保以死亡为给付保险金条件的人身保险，张某为投保人和受益人，父亲为被保险人，2021年5月父亲去世，张某要求保险公司支付保险金。

保险公司经查得知：张某为其父投保时，张某的父亲不能完全辨认自己的行为，为限制民事行为能力人；保险公司认为该保险合同为限制民事行为能力人投保，因此保险合同无效。

保险公司经查又得知：张某为父亲投保时未

经父亲的同意，保险公司认为未经被保险人同意为其投保以死亡为给付保险金条件的人身保险，保险合同也无效。

张某认为虽然在投保时未经父亲的同意，但父亲经过治疗恢复健康具备完全民事行为能力后，已经书面认可并同意为其投保的人身保险，故保险合同有效。

要求：根据上述材料和保险法律制度的规定，不考虑其他因素，分析回答下列问题。

（1）张某为其父亲投保时是否具有保险利益？并说明理由。

（2）张某为限制民事行为能力人投保是否符合保险法律制度的规定？并说明理由。

（3）张某虽然未经父亲的同意为其投保，但事后书面认可并同意，该保险合同是否有效？并说明理由。

【答案】

（1）张某为其父亲投保时具有保险利益。

根据规定，在人身保险中，投保人对下列人员具有保险利益：①本人；②配偶、子女、父母；③上述人员以外的与投保人有抚养、赡养或者扶养关系的家庭其他成员、近亲属；④与投保人有劳动关系的劳动者；⑤与投保人之间不具有上述关系，但被保险人同意投保人为其订立合同的。

（2）张某为限制民事行为能力人投保符合规定。

根据规定，投保人不得为无民事行为能力人投保以死亡为给付保险金条件的人身保险，保险人也不得承保；父母为其未成年子女投保的人身保险，不受此限。本题中，张某的父亲是限制民事行为能力人。

（3）张某虽然未经父亲的同意为其投保，但事后书面认可并同意，该保险合同有效。

根据规定，以死亡为给付保险金条件的合同，未经被保险人同意并认可保险金额的，保险合同无效；父母为其未成年子女投保的人身保险，不受此限。当事人订立以死亡为给付保险金条件的合同，"被保险人同意并认可保险金额"可以采取书面形式、口头形式或者其他形式；可以在合同订立时作出，也可以在合同订立后追认。

二、传统票据法考点

1. 2022 年 2 月 10 日，甲公司为支付货款向乙公司签发了一张由丙公司承兑的汇票，汇款金额为 80 万元，到期日为 2022 年 8 月 10 日。2022 年 3 月 10 日，乙公司为购买设备，将该汇票背书转让给丁公司，并请求戊公司提供保证。戊公司在汇票上注明"保证""被保证人为乙公司"以及"以乙公司付费为条件"后签章。

2022 年 3 月 25 日，乙公司收到设备后发现不符合合同约定的标准，遂向丁公司发出解除合同的书面通知。2022 年 3 月 26 日，丁公司为支付工程款将该汇票背书转让给己公司并注明"不得转让"。

2022 年 4 月 15 日，己公司向庚公司采购一批原材料，合同约定发货后 10 日内付款，庚公司要求提供担保。己公司在该汇票上标明"质押"字样后背书给庚公司。庚公司发货 10 日后，己公司一直未付款。

2022 年 8 月 11 日，庚公司向丙公司提示付款，丙公司以资金不足为由，告知庚公司 1 个月后付款。庚公司遂向所有前手及戊公司发出追索通知。戊公司以乙公司未向其付费为由拒绝承担保证责任。丁公司以在汇票上注明"不得转让"为由拒绝承担票据责任。乙公司以与丁公司的合同已经解除为由拒绝承担票据责任。

要求：根据上述资料和票据法律制度的规定，不考虑其他因素，回答下列问题。

（1）戊公司是否应当向庚公司承担保证责任？简要说明理由。

（2）丁公司是否应当向庚公司承担票据责任？简要说明理由。

（3）乙公司是否应当向庚公司承担票据责任？简要说明理由。

【答案】

（1）戊公司应当向庚公司承担票据责任。

根据规定，保证不得附有条件；附有条件的，不影响对汇票的保证责任。

（2）丁公司不应当向庚公司承担票据责任。

根据规定，背书人（丁公司）在汇票上记载"不得转让"字样，其后手再背书转让的，原背书人对其后手的被背书人（庚公司）不承担保证责任。

（3）乙公司应当向庚公司承担票据责任。

根据规定，票据债务人不得以自己与持票人的前手之间的抗辩事由对抗持票人，持票人明知存在抗辩事由取得票据的除外。

2. 2021年1月10日，甲公司为支付货款向乙公司签发并承兑了一张汇票，到期日为2021年4月10日。乙公司财务人员张某因工作失误而丢失该张汇票。张某因担心受到处分，并未将该情况报告乙公司。2021年1月15日，赵某捡到该汇票，伪造乙公司签章将该汇票背书转让给丙公司，以偿还赵某欠丙公司的货款。丙公司要求提供担保，赵某拟以其担任法定代表人的丁公司为保证人，经丁公司股东会决议同意，并在汇票上记载"保证"字样，在签章时仅加盖丁公司财务专用章。2021年2月10日，丙公司为支付货款将该汇票背书转让给戊公司。2021年4月11日，戊公司向甲公司提示付款。甲公司发现乙公司的签章系伪造，以此为由拒绝付款。戊公司随后向丙公司追索，公司发行汇票上的金额被变造，变造前的金额为80 000元，变造后的金额为180 000元，且无法辨别丙公司签章时间与汇票变造时间的先后，丙公司仅愿意按照80 000元承担票据责任。

要求：根据上述资料和票据法律制度的规定，不考虑其他因素，回答下列问题。

（1）丁公司在该汇票上的签章是否符合法律规定？简要说明理由。

（2）甲公司以乙公司的签章系伪造为由拒绝付款，是否符合法律规定？简要说明理由。

（3）丙公司仅愿意按照80 000元承担票据责任，是否符合法律规定？简要说明理由。

【答案】

（1）不符合规定。

根据规定，单位在票据上的签章，应为该单位的财务专用章或者公章加其法定代表人或其授权的代理人的签名或者盖章。

（2）不符合规定。

根据规定，票据上有伪造签章的，不影响票据上其他真实签章的效力；票据债权人在依法提示承兑、提示付款或者行使追索权时，在票据上真实签章人不得以票据伪造为由进行抗辩。

（3）符合规定。

根据规定，如果当事人的签章在变造之前，应当按照原记载的内容负责；如果当事人的签章在变造之后，则应当按照变造后的记载内容负责；如果无法辨别签章发生在变造之前还是之

后，视同在变造之前签章。

3. 甲向乙签发了一张由甲承兑到期付款的商业承兑汇票。乙将汇票背书转让给丙，并在票面上记载"不得转让"字样。丙将票据背书转让给丁。在汇票到期前丁发现甲被法院宣告破产，并于当年3月5日取得了有关的法律文件。丁于3月7日和10日分别向乙和丙发出了追索通知。其中，乙以其在票据上记载"不得转让"字样为由表示拒绝承担票据责任。丙则以丁的追索通知超期为由拒绝承担票据责任。

要求：根据上述内容和票据法律制度的相关规定，不考虑其他因素，分别回答下列问题。

（1）丁行使追索权的理由是否成立？简要说明理由。

（2）乙拒绝丁追索的理由是否成立？简要说明理由。

（3）丙拒绝丁追索的理由是否成立？简要说明理由。

【答案】

（1）丁行使追索权的理由成立。

根据规定，追索权发生的实质要件包括以下几点：①汇票到期被拒绝付款；②汇票在到期日前被拒绝承兑；③在汇票到期日前，承兑人或付款人死亡、逃匿的；④在汇票到期日前，承兑人或付款人被依法宣告破产或因违法被责令终止业务活动。发生上述情形之一的，持票人可以对背书人、出票人以及汇票的其他债务人行使追索权。

（2）乙拒绝丁追索的理由成立。

根据规定，背书人可以在汇票上记载"不得转让"或类似字样，背书人在汇票上记载"不得转让"字样，其后手再背书转让的，原背书人对其后手的被背书人不承担保证责任。

（3）丙拒绝丁追索的理由不成立。

根据规定，持票人未按规定期限发出追索通知，持票人仍可以行使追索权，因延期通知给其前手造成损失的，由没有按照规定期限通知的汇票当事人承担对该损失的赔偿责任，但是所赔偿的金额以汇票金额为限。

4. 2022年1月10日，甲公司为支付50万元货款，向乙公司背书转让了一张商业承兑汇票，并在汇票上记载"不得转让"字样，汇票上记载的付款日期为2019年4月30日。该汇票

为甲公司通过其前手背书转让而取得。

2022年2月10日，乙公司为履行付款义务，将该汇票背书转让给丙公司，同时在汇票上记载丙公司必须在2月15日之前交货。丙公司实际于2月16日交货。

2022年5月5日，丙公司持该汇票请求承兑人付款。承兑人认为甲公司前手的签章系伪造，该汇票无效，拒绝付款。

2022年5月6日，丙公司向乙公司追索，乙公司以丙公司迟延交货为由，拒绝付款。

2022年5月7日，丙公司向甲公司追索，甲公司以汇票上有"不得转让"字样为由，拒绝付款。

要求：根据上述资料和票据法律制度的规定，不考虑其他因素，回答下列问题。

（1）承兑人拒绝付款是否符合法律规定？简要说明理由。

（2）乙公司拒绝付款是否符合法律规定？简要说明理由。

（3）甲公司拒绝付款是否符合法律规定？简要说明理由。

【答案】

（1）承兑人拒绝付款不符合法律规定。

根据规定，票据上有伪造签章的，不影响票据上其他真实签章的效力；票据债权人在依法提示承兑、提示付款或者行使追索权时，在票据上真实签章人不能以票据伪造为由进行抗辩（或答：票据上有伪造签章的，不影响票据上其他真实签章的效力；付款人承兑汇票后，应当承担到期付款的责任）。

（2）乙公司拒绝付款符合法律规定。

根据规定，票据债务人可以对不履行约定义务的与自己有直接债权债务关系的持票人进行抗辩。

（3）甲公司拒绝付款符合法律规定。

根据规定，背书人在汇票上记载"不得转让"字样，其后手再背书转让的，原背书人对其后手的被背书人不承担保证责任。

5. 甲公司向乙公司出具一张商业承兑汇票，丙公司已承兑。乙公司将票据背书给丁公司，丁公司要求乙公司提供保证，于是由戊公司提供保证并于票面签章，但戊公司没有在票据上注明被保证人。票据到期，丁公司向丙公司提示付款，

丙公司以其与甲公司有合同纠纷为由，拒绝向丁公司付款，丁公司遂要求戊公司承担保证责任。戊公司向丁公司付款后，向丙公司进行追索，丙公司以其与戊公司之间不存在票据关系为由，拒绝付款。

要求：根据上述资料和票据法律制度的规定，不考虑其他因素，回答下列问题。

（1）票据未载明被保证人，则票据被保证人是谁？简要说明理由。

（2）丙公司是否有权拒绝付款？简要说明理由。

（3）戊公司付款后，是否有权向丙公司追索？简要说明理由。

【答案】

（1）以承兑人丙公司为被保证人。根据规定，保证人在汇票上未记载被保证人名称的，已承兑的汇票，承兑人为被保证人；未承兑的汇票，出票人为被保证人。

（2）丙公司无权拒绝付款。根据规定，票据债务人不得以自己与出票人之间的抗辩事由，对抗持票人。但是，持票人明知存在抗辩事由而取得票据的除外。

（3）戊公司付款后，有权向丙公司追索。根据规定，保证人清偿汇票债务后，可以对被保证人及其前手行使追索权。

6. 甲公司根据合同约定向乙公司销售价值270万元建筑材料，乙公司向甲交付一张经丙公司承兑的商业汇票，该汇票距到期日尚有3个月。甲公司持有票据1个月后，因资金紧张，将其贴现给丁银行。丁银行在汇票到期日向丙公司提示付款时，遭拒付。丙公司拒付的理由是：乙公司来函告知，甲公司的建筑材料存在严重质量问题，对该汇票应拒付，请协商退回汇票。丁银行认为，丙公司已承兑汇票，不得拒绝付款。丙公司坚持拒付。丁银行遂请求丙公司出具拒付证明，以便向甲公司行使追索权。

要求：根据上述资料和票据法律制度的规定，不考虑其他因素，回答下列问题。

（1）乙公司能否以建筑材料存在严重质量问题为由通知丙公司拒付该汇票？简要说明理由。

（2）丁银行认为丙公司不得拒绝付款的理由是否成立？简要说明理由。

（3）丁银行可否向甲公司行使追索权？简

要说明理由。

【答案】

（1）乙公司不能以建筑材料存在严重质量问题为由通知丙公司拒付该汇票。

根据规定，票据关系一经形成，就与基础关系相分离，基础关系是否存在、是否有效，对票据关系都不起作用。

（2）丁银行认为丙公司不得拒绝付款的理由成立。

根据规定，付款人承兑汇票后，作为汇票承兑人，成为汇票的主债务人；承兑人应于汇票到期日向持票人无条件地支付汇票上的金额。

（3）丁银行可以向甲公司行使追索权。

根据规定，出票人、背书人、承兑人和保证人均为被追索人。本题中，甲公司作为前手背书人，可以是丁银行行使追索权的对象。

7. 2022 年 5 月 20 日，甲公司为支付货款，向乙公司签发一张 6 个月后付款且经丙公司承兑的商业汇票。

（1）6 月 20 日，乙公司为支付技术服务费将该汇票背书转让给丁公司，乙公司背书时在汇票上记载了"不得转让"字样。

（2）7 月 20 日，丁公司为支付货款又将该汇票背书转让给戊公司。戊公司要求提供担保，己公司作为保证人在汇票的正面记载"保证"字样并签章，但未记载被保证人的名称。

（3）11 月 25 日，戊公司向丙公司提示付款，丙公司以其与甲公司发生经济纠纷为由拒绝付款，并出具了拒绝证明。考虑到乙公司实力最为雄厚，戊公司首先向乙公司发出追索通知，乙公司拒绝。

（4）11 月 27 日，戊公司又向己公司发出追索通知，己公司仅同意支付汇票金额，拒绝支付利息和发出通知书的费用。

要求：根据上述资料和票据法律制度的规定，不考虑其他因素，回答下列问题。

（1）乙公司拒绝戊公司追索是否合法？简要说明理由。

（2）该汇票的被保证人是谁？简要说明理由。

（3）己公司拒绝支付利息和发出通知书的费用是否合法？简要说明理由。

【答案】

（1）乙公司拒绝戊公司追索合法。根据票

据法律制度规定，背书人在汇票上记载"不得转让"字样，其后手再背书转让的，原背书人对后手的被背书人不承担保证责任。

（2）该汇票的被保证人是丙公司。根据规定，保证人在汇票或者粘单上未记载被保证人的名称的，已承兑的汇票，承兑人（丙公司）为被保证人。

（3）己公司拒绝支付利息和发出通知书的费用不合法。

根据票据法律制度的规定，持票人行使追索权，可以请求被追索人支付的金额和费用包括：①被拒绝付款的汇票金额；②汇票金额自到期日或者提示付款日起至清偿日止，按照中国人民银行规定的利率计算的利息；③取得有关拒绝证明和发出通知书的费用。

8. A 公司为支付向 B 公司购买的钢材货款，向 B 公司签发了一张以甲银行为承兑人、金额为 100 万元的银行承兑汇票，甲银行作为承兑人在汇票上签章。B 公司收到汇票后，背书转让给 C 公司，用于偿还所欠租金。C 公司为履行向 D 中学捐资助学的承诺，将该汇票背书转让给 D 中学，并在汇票上注明"不得转让"字样。D 中学将该汇票背书转让给 F 公司，用于偿付工程款。应 F 公司的要求，D 中学请 E 公司出具了担保函，E 公司对 D 中学的票据债务承担保证责任，但未在票据上作任何记载。

A 公司收到钢材后，发现存在重大质量瑕疵，完全不符合买卖合同约定及行业通行标准，无法使用。

F 公司于汇票到期日向甲银行提示付款，甲银行以 A 公司未在该行存入足够资金为由拒付。F 公司遂向 A、B、C、E 公司追索。A 公司称，因钢材存在重大质量瑕疵，B 公司构成根本违约，已向 B 公司主张解除合同，退还货款，故不应承担任何票据责任；C 公司以汇票上记载有"不得转让"字样为由，拒绝承担票据责任。

要求：根据上述内容，分别回答下列问题。

（1）甲银行拒绝向 F 公司付款的理由是否成立？并说明理由。

（2）A 公司拒绝向 F 公司承担票据责任的理由是否成立？并说明理由。

（3）C 公司拒绝向 F 公司承担票据责任的理由是否成立？并说明理由。

（4）E公司应否承担票据保证责任？并说明理由。

【答案】

（1）甲银行拒绝向F公司付款的理由不成立。根据票据法律制度的规定，承兑人不得以其与出票人之间的资金关系对抗持票人。

（2）A公司拒绝向F公司承担票据责任的理由不成立。根据票据法律制度的规定，票据债务人原则上不得以自己与出票人的抗辩事由对抗持票人。

（3）C公司拒绝向F公司承担票据责任的理由成立。根据票据法律制度的规定，背书人在汇票上记载"不得转让"字样，其后手再背书转让的，原背书人对后手的被背书人不承担保证责任。

（4）E公司不承担票据保证责任。根据票据法律制度的规定，保证人未在票据或者粘单上记载"保证"字样而另行签订保证合同或者保证条款的，不属于票据保证。

9. 2018年5月16日，甲公司签发一张转账支票交付给同城的乙公司，该支票记载了付款日期，但未记载票据金额和收款人名称，乙公司收到该支票后，其财务人员对票面金额和收款人名称进行了补记，补记后的票面金额为20万元。乙公司在5月25日向甲公司开户行提示付款，遭到退票。甲公司开户行退票理由如下：

（1）支票上票面金额和收款人名称记载与其他内容记载的字体不一致，显然并非由出票人记载。

（2）支票上记载了付款日期。

要求：根据上述资料和票据法律制度的规定，不考虑其他因素，回答下列问题。

（1）甲公司开户行的退票理由（1）是否成立？简要说明理由。

（2）甲公司开户行的退票理由（2）是否成立？简要说明理由。

【答案】

（1）甲公司开户行的退票理由（1）不成立。

根据票据法律制度的规定，支票上的金额可以由出票人授权补记，未补记前的支票，不得使用，即出票人可以授权收款人就支票金额补记。支票上未记载收款人名称的，出票人可以授权收取支票的相对人补记，也可以由相对人再授权他人补记。

（2）甲公司开户行的退票理由（2）不成立。

根据票据法律制度规定，支票限于见票即付，不得另行记载付款日期。另行记载付款日期的，该记载无效。

考点总结

考点1　票据行为

事项		具体内容
成立有效条件		（1）行为人必须具有从事票据行为的能力。 【提示】无民事或限制民事行为能力人在票据上的签章无效
		（2）意思表示必须真实或无缺陷。 【提示】以欺诈、偷盗、胁迫，或明知有前列情形恶意取得的，不得享有票据权利
		（3）内容必须符合法律、行政法规的规定
		（4）必须符合法定形式
票据法定形式要求	签章	（1）单位签章应为财务专用章或公章加法定代表人或授权的代理人的签名或盖章（两个章）。 （2）个人签章应为其签名或盖章（一个章）。 （3）电子商业汇票以数据电子形式制作，依托电子商业汇票系统，票据人在电子商业汇票上的签章，为该当事人可靠的电子签名
		（1）出票人签章不符合规定，票据无效。 （2）承兑人、保证人、背书人签章不符合规定，签章无效

续表

事项		具体内容
票据法定 形式要求	记载	（1）金额大写和数码同时记载，必须一致，否则票据无效。 （2）金额、出票日期和收款人名称不得更改，否则票据无效，记载错误或需要重新记载的，只能重新签发

考点2　票据权利

1. 票据权利的种类和取得

项目	具体内容
种类	付款请求权（第一请求权）和追索权（第二请求权）
取得	（1）出票取得。 （2）转让取得，如背书或交付等方式获得票据权利。 （3）通过税收、继承、赠与、企业合并等方式取得票据。因税收、继承、赠与可以依法无偿取得票据，不受给付对价之限制，但所享有的票据权利不得优于前手

2. 票据权利消灭

票据种类		提示承兑期限	提示付款期限	权利消灭时效
汇票	见票即付	无须提示承兑	出票日起1个月	出票日起2年
	定日付款	到期日前提示承兑	到期日起10日	到期日起2年
	出票后定期付款			
	见票后定期付款	出票日起1个月		
本票（见票即付）		无须提示承兑	自出票日起，付款期限最长不得超过2个月	出票日起2年
支票（见票即付）		无须提示承兑	自出票日起10日	出票日起6个月
【提示】首次追索，自被拒绝承兑或拒绝付款之日起6个月；再追索，自清偿日或被起诉之日起3个月				

考点3　票据抗辩

事项	具体要求
对物抗辩	（1）票据行为不成立而为的抗辩。 （2）依票据记载不能提出请求而为的抗辩。 （3）票据载明的权利已经消灭或已失效而为的抗辩。 （4）票据权利的保全手续欠缺而为的抗辩。 （5）票据上有伪造、变造情形而为的抗辩
对人抗辩	票据债务人可以对不履行约定义务的与自己有直接债权债务关系的持票人进行抗辩

续表

事项	具体要求
抗辩限制	(1) 票据债务人不得以自己与出票人之间的抗辩事由对抗持票人。 (2) 票据债务人不得以自己与持票人的前手之间的抗辩事由对抗持票人。 (3) 凡是善意的、已付对价的正当持票人可以向任何票据债务人请求付款，不受其前手权利瑕疵和前手相互间抗辩的影响。 (4) 持票人因税收、继承、赠与依法无偿取得票据的，其权利不能优于前手，票据债务人可以对其前手的抗辩事由对抗该持票人

考点 4　伪造和变造

事项	具体内容
票据伪造	(1) 概念：假冒他人名义或虚构他人的名义而进行的票据行为，包括票据的伪造和票据上签章的伪造。 (2) 法律后果： ①伪造人不承担票据责任，造成损失的，必须承担民事责任，构成犯罪应承担刑事责任； ②被伪造人无须承担票据责任； ③票据上有伪造签章的，不影响票据上其他真实签章的效力
票据变造	(1) 概念：无权更改票据内容的人，对票据上除签章以外的记载事项加以变更的行为，如变更到期日、付款日、付款地、金额。 (2) 法律后果： ①当事人签章在变造之前，应按原记载的内容负责； ②当事人签章在变造之后，应按变造后的记载内容负责； ③无法辨别签章发生在变造之前或之后，视同在变造之前签章

考点 5　汇票

1. 汇票出票的记载事项

事项	具体内容
绝对记载事项	(1) "汇票"字样。 (2) 无条件支付的委托。 (3) 确定的金额。 (4) 付款人名称。 (5) 收款人名称。 (6) 出票日期。 (7) 出票人签章
相对记载事项	(1) 付款日期未记载视为见票即付
	(2) 付款地未记载，付款地为付款人的营业场所、住所或经常居住地
	(3) 出票地未记载，出票地为出票人营业场所、住所或经常居住地
非法定记载事项	(1) 签发票据的原因或用途
	(2) 该票据项下交易的合同号码
电子商业汇票的出票除记载纸质商业汇票的七大绝对记载事项外，还必须记载出票人名称、票据到期日	

2. 汇票的背书

事项	具体内容
背书形式	(1) 绝对记载事项：背书人签章、被背书人的名称。 (2) 相对记载事项：背书日期，未记载视为到期日前背书。 【提示】背书人未记载被背书人名称即将票据交付他人的，持票人在被背书人栏内记载自己的名称与背书人记载具有同等法律效力。 (3) 出票人在汇票上记载"不得转让"，其后手再背书转让，该转让不发生票据法上的效力，只具有普通债权让与效力，出票人和承兑人对受让人不承担票据责任。 【提示】对于出票人记载不得转让，其后手进行贴现、质押，通过贴现、质押取得票据的持票人不得主张票据权利。 (4) 背书人在汇票上记载"不得转让"，其后手再背书转让的，原背书人对其直接被背书人以后通过背书方式取得汇票的当事人，不负保证责任。 (5) 附条件的背书：所附条件无效，背书有效。 (6) 部分背书：将汇票金额的一部分转让或者将汇票金额分别转让给2人以上的背书无效
背书连续	(1) 背书连续主要是形式上连续，如果实质上不连续，如有伪造签章，付款人仍应对持票人付款。但是，如果付款人明知持票人不是真正票据权利人，则不得向持票人付款，否则应自行承担责任。 (2) 以税收、继承、赠与取得票据，取得票据的人举证证明其票据权利，就可以享有票据权利
质押背书	款式	出质人在汇票上只记载了"质押"字样未在票据上签章的，或出质人未在汇票、粘单上记载"质押"字样而另行签订质押合同、质押条款，不构成票据质押
	效力	依法实现质权时，有权以票据权利人的地位行使票据权利，包括行使付款请求权、追索权
	无效	被背书人不享有票据权利的处分权，再行转让背书或质押背书，背书无效
法定禁止背书	(1) 汇票已经被拒绝承兑。 (2) 汇票已经被拒绝付款。 (3) 超过付款提示期限。 【提示】若背书转让，背书人应承担汇票责任（期后背书）

3. 汇票的承兑

事项	具体内容
【提示】见票即付的汇票无须提示承兑	
提示承兑	定日付款或出票后定期付款	汇票"到期日前"承兑
	见票后定期付款	自出票日起"1个月内"提示承兑
记载事项	绝对记载事项	"承兑"字样以及签章
	相对记载事项	承兑日期：未记载承兑日期，则以持票人提示承兑之日起的第3日为承兑日期
	【提示】见票后定期付款的汇票，应当在承兑时记载付款日期	
付款人承兑汇票，不能附有条件；承兑附有条件的，视为拒绝承兑	
电子商业汇票交付收款人前，应由付款人承兑；承兑人应在票据到期日前承兑电子商业汇票	
承兑效力	(1) 承兑人在汇票到期日必须向持票人无条件地支付汇票上的金额。 (2) 承兑人必须对汇票上的付款请求权人和追索人承担责任。 (3) 承兑人不得以其与出票人之间的资金关系来对抗持票人。 (4) 承兑人的票据责任不因持票人未在法定期限提示付款而解除

4. 汇票的保证

事项	内容
纸质商业汇票	（1）①表明"保证"的字样；②保证人名称和住所；③被保证人的名称；④保证日期；⑤保证人签章。其中，"保证"的字样和保证人签章为绝对记载事项，被保证人的名称、保证日期和保证人住所为相对记载事项。 （2）保证人在汇票或者粘单上未记载被保证人的名称的，已承兑的汇票，以承兑人为被保证人；未承兑的汇票，以出票人为被保证人。 （3）保证人在汇票或者粘单上未记载保证日期的，以出票日期为保证日期。 （4）保证不得附有条件；附有条件的，不影响对汇票的保证责任。 （5）保证人为出票人、承兑人保证的，应将保证事项记载于汇票的正面；保证人为背书人保证的，应将保证事项记载于汇票的背面或粘单上
电子商业汇票	（1）①表明"保证"的字样；②保证人名称；③保证人住所；④被保证人名称；⑤保证日期；⑥保证人签章。 （2）电子商业汇票获得承兑前，保证人作出保证行为的，被保证人为出票人；电子商业汇票获得承兑后、出票人将电子商业汇票交付收款人前，保证人作出保证行为的，被保证人为承兑人。 （3）出票人将电子商业汇票交付收款人后，保证人作出保证行为的，被保证人为背书人
保证效力	（1）保证人与被保证人对持票人承担连带责任。 （2）保证人为2人以上的，保证人之间承担连带责任。 （3）保证人清偿汇票债务后，可以对被保证人及其前手行使追索权

5. 汇票的付款

事项	内容
付款的程序	（1）提示付款。①见票即付；②定日付款、出票后定期付款或见票后定期付款。 （2）支付票款。持票人向付款人进行提示付款后，付款人无条件地在当日按票据金额足额支付给持票人。 （3）电子商业汇票的持票人应在提示付款期内通过电子商业汇票系统向承兑人提示付款。提示付款期自票据到期日起10日，最后一日遇法定休假日、大额支付系统非营业日、电子商业汇票系统非营业日顺延。 （4）汇票付款时汇票金额为外币的，应按照付款日的市场汇价，以人民币支付。汇票当事人对汇票支付的货币种类另有约定的，从其约定
付款的效力	付款人依法足额付款后，全体汇票债务人的责任解除

6. 追索权

事项	内容
实质要件	（1）汇票到期被拒绝付款。 （2）汇票在到期日前被拒绝承兑。 （3）在汇票到期日前，承兑人或付款人死亡、逃匿的。 （4）在汇票到期日前，承兑人或付款人被依法宣告破产或因违法被责令终止业务活动
	电子商业汇票追索权发生的实质要件包括：①汇票到期被拒绝付款；②承兑人被依法宣告破产；③承兑人因违法被责令终止业务活动
形式要件	（1）如果持票人未依法提供相关证明的，将丧失对其前手的追索权，但承兑人或付款人仍应负绝对付款责任。 （2）电子商业汇票行使追索权须提供拒付证明
确定追索对象	（1）票据的"出票人、背书人、承兑人和保证人"对持票人承担连带责任。 （2）持票人行使追索权，可以不按照票据债务人的先后顺序，对其中任何一人、数人或全体行使

续表

事项		内容
追索金额	首次	（1）被拒绝付款的汇票金额。 （2）自到期日或提示付款日至清偿日止，按人民银行规定的同档次流动资金贷款利率计算的利息。 （3）取得有关拒绝证明和发出通知书的费用
	再次	（1）已清偿的全部金额。 （2）前项金额自清偿日至再追索日止，按人民银行规定的同档次流动资金贷款利率计算的利息。 （3）发出通知书的费用

【比较】汇票中日期记载效力。

事项	具体内容
绝对事项	出票日期
相对事项	付款日期未记载的，视为见票即付
	背书日期未记载的，视为到期日前背书
	承兑日期未记载的，以持票人提示承兑之日起的第 3 日为承兑日期
	保证日期未记载的，以出票日期为保证日期

【比较】附条件的结果。

情形	结果
出票附条件	票据无效
背书附条件	所附条件无效，背书有效
承兑附条件	视为拒绝承兑
保证附条件	所附条件无效，保证有效

考点 6　本票与支票

种类		具体内容
本票	绝对记载事项	和汇票相比，没有"付款人名称"；缺付款人名称，不需要补记
	相对记载事项	和汇票相比，没有"付款日期"
	【提示】 （1）本票背书、保证、付款行为和追索权，适用汇票有关规定。 （2）银行本票见票付款，自出票日起最长不得超过 2 个月付款。 （3）持票人未按照规定期限提示付款的，丧失对出票人以外的前手的追索权	
支票	绝对记载	和汇票相比，没有"收款人名称"
		支票的金额、收款人名称，可以由出票人授权补记
	相对记载	和汇票相比，没有"付款日期"
	【提示】 （1）支票背书、付款行为和追索权，适用汇票有关规定。 （2）支票限于见票即付，不得另行记载付款日期；另行记载付款日期的，该记载无效，而非支票本身无效。 （3）持票人应自出票日起 10 日内提示付款，超过提示付款期限付款人可以不予付款，但出票人仍应当对持票人承担票据责任	

【总结】出票行为的绝对记载事项。

记载事项	汇票	本票	支票
表明"××"的字样	√	√	√
无条件支付的委托或承诺	√	√	√
确定的金额	√	√	√ （授权补记）
付款人名称	√	×	√
收款人名称	√	√	× （授权补记）
出票日期	√	√	√
出票人签章	√	√	√

考点7　涉外票据

项目		具体内容
概念		指出票、背书、承兑、保证、付款等行为中，既有发生在中国境内又有发生在中国境外的票据（中国港澳台视同境外）
法律适用	原则	涉外票据法律冲突优先适用国际条约（我国保留条款除外）→适用国际惯例
	具体规定	适用出票地法律：汇票、本票、支票出票时的记载事项；追索权的行使期限。 【提示】支票可协商适用付款地法律
		适用付款地法律：提示期限、拒绝证明的方式、出具拒绝证明的期限、失票人请求保全票据权利的程序
		适用行为地法律：背书、承兑、付款、保证
		适用其本国法律：票据债务人的民事行为能力。 【提示】本国法律为无民事行为能力或限制民事行为能力而依照行为地法律为完全民事行为能力的，适用行为地法律

考点8　证券分类与证券市场

1. 证券的种类

种类	主要内容
股票	股票是股份有限公司签发的，证明股东所持股份的凭证
债券	债券是一种债权凭证，是一种到期还本付息的有价证券，它具有风险性小和流通性强的特点
存托凭证	存托凭证是指在一国证券市场流通的代表外国公司有价证券的可转让凭证，是一种由存托人签发，以境外证券为基础在境内发行，代表境外基础证券权益的证券
证券投资基金份额	证券投资基金份额是基金投资人持有基金单位的权利凭证

续表

种类	主要内容
资产支持证券	资产支持证券是由受托机构发行的、代表特定目的信托的信托受益权份额
资产管理产品	资产管理产品是指接受投资者委托，对受托投资者提供财产投资和管理服务的银行、信托、证券、基金、期货、保险资产管理机构，金融资产投资公司等金融机构发行的，由其担任资产管理人，由托管机构担任资产托管人，为资产委托人的利益运用委托财产进行投资的一种标准化金融产品
认股权证	认股权证是股份有限公司给予持证人的无限期或在一定期限内，以确定价格购买一定数量普通股份的权利凭证
期货	期货是一种跨越时间的交易方式
期权	期权是一种选择权，本质上是一种合约，该合约赋予持有人在某一特定日期或该日之前的任何时间以固定价格购进或售出一种资产的权利

2. 证券市场的结构

证券市场	具体内容
交易所市场	(1) 主板市场。上海证券交易所、深圳证券交易所的部分板块为主板市场。 (2) 创业板。创业板是设立在深圳交易所内不同于主板市场的一个交易所市场，定位于创新创业，俗称"二板市场"。 (3) 科创板。科创板是建设多层次资本市场和支持创新型科技型企业的产物，是设置在上海证券交易所内独立于现有主板市场的新设板块，主要定位于支持"硬科技"，在该板块内实行注册制
全国中小企业股份转让系统	全国中小企业股份转让系统是继上海证券交易所、深圳证券交易所之后设立的第三家全国性证券交易场所，俗称"新三板"
区域性股权市场	区域性股权市场是为特定区域内的企业提供股权、可转换为股票的公司债券转让和融资服务的市场，俗称"四板市场"

3. 证券市场的主体

主体	具体内容
证券发行人	是指证券市场上发行证券的单位，一般包括公司、企业、金融机构和政府部门等
证券投资者	是证券的买卖者，也是证券融资方式的资金供给者。投资者分为机构投资者和个人投资者
证券中介机构	一般包括证券登记结算机构、证券经营机构、财务顾问机构、资信评级机构、资产评估机构、会计师事务所、律师事务所等
证券交易场所	是指为证券发行和交易提供场所和设施的服务机构，如上海证券交易所、深圳证券交易所、北京证券交易所等
证券自律性组织	是指证券业行业协会，如中国证券业协会
证券监管机构	是指代表政府对证券市场进行监督管理的机构，在我国为中国证券监督管理委员会及其派出机构

4. 证券活动和证券监管原则

原则	具体内容
公开、公平、公正原则	（1）公开原则是指市场信息要公开，在内容上，凡是影响投资者决策的信息都应当公开。 （2）公平原则是指所有市场参与者都具有平等的地位，其合法权益都应受到公平的保护，在证券发行和交易中应当机会均等、待遇相同。 （3）公正原则是指在证券发行和交易的有关事务处理上，要在坚持客观事实的基础上，做到一视同仁，对所有证券市场参与者都要给予公正的待遇
自愿、有偿、诚实信用原则	（1）自愿是指当事人有权按照自己的意愿参与证券发行与证券交易活动，其他人不得干涉，也不得采取欺骗、威吓或胁迫等手段影响当事人决策。 （2）有偿是指在证券发行和交易活动中，一方当事人不得无偿占有他方当事人的财产和劳动。 （3）诚实是指要客观真实，不欺人、不骗人；信用是指遵守承诺，并及时、全面地履行承诺
守法原则	证券的发行、交易活动，必须遵守法律、行政法规；禁止欺诈、内幕交易和操纵证券市场的行为
分业经营、分业管理原则	证券业和银行业、信托业、保险业实行分业经营、分业管理，证券公司与银行、信托、保险业务机构分别设立
保护投资者合法权益原则	证券市场的发展必须依靠社会公众的支持，投资者的热情和信心是证券市场稳健发展的重要保证
监督管理与自律管理相结合原则	国务院证券监督管理机构依法对全国证券市场实行集中统一监督管理

考点 9 证券的发行与承销

1. 证券发行的分类

分类方法	分类	内容
根据发行对象不同	公开发行	有下列情形之一的，为公开发行： （1）向不特定对象发行证券。 （2）向累计超过 200 人的特定对象发行证券，但依法实施员工持股计划的员工人数不计算在内。 （3）法律、行政法规规定的其他发行行为
	非公开发行	非公开发行证券，不得采用广告、公开劝诱和变相公开方式
根据发行目的不同	设立发行	是为成立新的股份有限公司而发行股票
	增资发行	（1）是为增加已有公司的资本总额或改变其股本结构而发行新股。 （2）增发新股，既可以公开发行，也可以采取配股或赠股的形式
根据发行方式不同	直接发行	指证券发行人不通过证券承销机构，而自行承担证券发行风险，办理证券发行事宜的发行方式
	间接发行	指证券发行人委托证券承销机构发行证券，并由证券承销机构办理证券发行事宜、承担证券发行风险的发行方式
根据发行价格与票面金额的关系不同	平价发行	发行价格 = 票面金额
	溢价发行	发行价格 > 票面金额
	折价发行	发行价格 < 票面金额。我国禁止折价发行

2. 证券发行的审核制度

审核制度	具体内容
注册制	对文件进行形式审查。我国已全面进入注册制时代
核准制	对相关材料进行形式审查＋实质审查

3. 股票发行

（1）首次公开发行股票的基本条件。

项目	具体内容
基本条件	①具备健全且运行良好的组织机构。 ②具有持续经营能力。 ③最近3年财务会计报告被出具无保留意见审计报告。 ④发行人及其控股股东、实际控制人最近3年不存在贪污、贿赂、侵占财产、挪用财产或破坏社会主义市场经济秩序的刑事犯罪

（2）首次公开发行股票的具体条件。

条件	具体内容
符合相关板块定位	①在主板上市的发行人应当是业务模式成熟、经营业绩稳定、规模较大、具有行业代表性的优质企业。 ②在科创板上市的发行人应当面向世界科技前沿、面向经济主战场、面向国家重大需求，符合国家战略，拥有关键核心技术，科技创新能力突出
组织机构健全、持续经营3年以上	首次公开发行股票的发行人是依法设立且持续经营3年以上的股份有限公司，具备健全且运行良好的组织机构，相关机构和人员能够依法履行职责
会计基础工作规范、内控制度健全有效	①发行人应当在所有重大方面公允地反映发行人的财务状况、经营成果和现金流量，最近3年财务会计报告由注册会计师出具无保留意见的审计报告。 ②发行人内部控制制度健全且被有效执行，能够合理保证公司运行效率、合法合规和财务报告的可靠性，并由注册会计师出具无保留结论的内部控制鉴证报告
业务完整，具有直接面向市场独立持续经营的能力	①资产完整，业务及人员、财务、机构独立。 ②首次公开发行股票并在主板上市的，最近3年内主营业务和董事、高级管理人员均没有发生重大不利变化； ③首次公开发行股票并在科创板、创业板上市的，最近2年内主营业务和董事、高级管理人员均没有发生重大不利变化。 ④首次公开发行股票并在科创板上市的，核心技术人员应当稳定且最近2年内没有发生重大不利变化。 ⑤不存在涉及主要资产、核心技术、商标等的重大权属纠纷，经营环境已经或者将要发生重大变化等对持续经营有重大不利影响的事项
生产经营合法合规	发行人生产经营应当符合法律、行政法规的规定，符合国家产业政策

（3）上市公司发行股票的条件。

项目	具体内容
向不特定对象发行股票	①具备健全且运行良好的组织机构。②现任董事、监事和高级管理人员符合法律、行政法规规定的任职要求。③具有完整的业务体系和直接面向市场独立经营的能力，不存在对持续经营有重大不利影响的情形。④会计基础工作规范，内部控制制度健全且有效执行等。⑤除金融类企业外，最近一期末不存在金额较大的财务性投资。⑥交易所主板上市公司配股、增发的，应当最近3个会计年度盈利；增发还应当满足最近3个会计年度加权平均净资产收益率平均不低于6%
不得向不特定对象发行股票	①擅自改变前次募集资金用途未作纠正，或者未经股东大会认可。②上市公司或者其现任董事、监事和高级管理人员最近3年受到中国证监会行政处罚，或者最近一年受到证券交易所公开谴责等情形。③上市公司或者其控股股东、实际控制人最近一年存在未履行向投资者作出的公开承诺的情形。④上市公司或者其控股股东、实际控制人最近3年存在贪污、贿赂等刑事犯罪，或者存在严重损害上市公司利益、投资者合法权益、社会公共利益的重大违法行为
不得向特定对象发行股票	①擅自改变前次募集资金用途未作纠正，或者未经股东大会认可。②最近一年财务报表的编制和披露在重大方面不符合企业会计准则或者相关信息披露规则的规定；最近一年财务会计报告被出具否定意见或者无法表示意见的审计报告等情形。③现任董事、监事和高级管理人员最近3年受到中国证监会行政处罚，或者最近一年受到证券交易所公开谴责。④上市公司或者其现任董事、监事和高级管理人员涉嫌犯罪正在被司法机关立案侦查或者涉嫌违法违规正在被中国证监会立案调查。⑤控股股东、实际控制人最近3年存在严重损害上市公司利益或者投资者合法权益的重大违法行为。⑥最近3年存在严重损害投资者合法权益或者社会公共利益的重大违法行为
募集资金使用	①符合国家产业政策和有关环境保护、土地管理等法律、行政法规规定。②除金融类企业外，本次募集资金使用不得为持有财务性投资，不得直接或者间接投资于以买卖有价证券为主要业务的公司。③募集资金项目实施后，不会与控股股东、实际控制人及其控制的其他企业新增构成重大不利影响的同业竞争、显失公平的关联交易，或者严重影响公司生产经营的独立性。④科创板上市公司发行股票募集的资金应当投资于科技创新领域的业务

4. 公司债券发行

（1）公开发行公司债券。

项目		面向专业投资者公开发行	面向普通投资者公开发行
发行条件	应当符合	具备健全且运行良好的组织机构	
		具有合理的资产负债结构和正常的现金流量	
		最近3年平均可分配利润足以支付公司债券1年的利息	发行人最近3年平均可分配利润不少于公司债券1年利息的1.5倍
		—	发行人最近一期末净资产规模不少于250亿元
		—	发行人最近36个月内累计公开发行债券不少于3期，发行规模不少于100亿元
	不得出现	对已公开发行的公司债券或者其他债务有违约或者延迟支付本息的事实，仍处于继续状态	发行人最近3年有债务违约或者迟延支付本息的事实
		违反证券法规定，改变公开发行公司债券所募资金的用途	

续表

项目	面向专业投资者公开发行	面向普通投资者公开发行
注册制	①公开发行公司债券，由发行人按照中国证监会有关规定制作注册申请文件，向证券交易所申请。 ②中国证监会收到证券交易所报送的审核意见、发行人注册申请文件及相关审核资料后，履行发行注册程序	
一次注册、分期发行	①公开发行公司债券，可以申请一次注册、分期发行。 ②中国证监会同意注册的决定自作出之日起 2 年内有效	
募集资金用途	①公开发行公司债券募集的资金，必须按照公司债券募集说明书所列资金用途使用；改变资金用途，必须经债券持有人会议作出决议。 ②公开发行公司债券募集的资金，不得用于弥补亏损和非生产性支出	

（2）非公开发行公司债券。

项目	内容
对象	应当向专业投资者发行，不得采用广告、公开劝诱和变相公开方式，每次发行对象不得超过 200 人
程序	每次发行完成后 5 个工作日内向中国证券业协会报备，应当在募集说明书中约定债券受托管理事项
转让	可以申请在证券交易场所、证券公司柜台转让。非公开发行的公司债券仅限于在专业投资者范围内转让。转让后，持有同次发行债券的专业投资者合计不得超过 200 人

5. 存托凭证的发行

项目	具体内容
境外基础证券发行人公开发行以其股票为基础证券的存托凭证应当满足的条件	（1）为依法设立且持续经营 3 年以上的公司，公司的主要资产不存在重大权属纠纷。 （2）最近 3 年内实际控制人未发生变更，且控股股东和受控股股东、实际控制人支配的股东持有的境外基础证券发行人股份不存在重大权属纠纷。 （3）境外基础证券发行人及其控股股东、实际控制人最近 3 年内不存在损害投资者合法权益和社会公共利益的重大违法行为。 （4）会计基础工作规范、内部控制制度健全。 （5）董事、监事和高级管理人员应当信誉良好，符合公司注册地法律规定的任职要求，近期无重大违法失信记录。 （6）中国证监会规定的其他条件

考点 10　基金发行与上市

项目		具体内容
分类	封闭式	总额固定，不得赎回
	开放式	总额不固定，可以申购或者赎回

续表

项目	具体内容		
公开募集	发行条件	封闭式	募集份额达到准予注册规模80%以上
		开放式	募集份额超过准予注册规模最低限额
	上市条件	（1）基金合同期限为"≥5年"。 （2）基金募集金额"≥2亿元"。 （3）基金份额持有人"≥1 000人"	
非公开募集	登记备案	私募基金可以采用公司、合伙企业、契约等形式设立。设立私募基金管理机构和发行私募基金"不设行政审批"，私募基金管理人向基金业协会申请"登记"，私募基金募集完毕向基金业协会办理"备案"	
	合格投资者	（1）私募基金应当向合格投资者募集，任一时点单只私募基金的投资者人数累计不得超过《证券投资基金法》《公司法》《合伙企业法》等法律规定的特定数量。 （2）合格投资者是指达到规定的资产规模或者收入水平，并且具备相应的风险识别能力和风险承担能力，其认购金额不低于规定限额的单位和个人。 （3）合格投资者的具体标准由国务院证券监督管理机构规定。目前，单个投资者认购单只私募证券基金的限额为实缴金额不低于人民币100万元	
	募集规则	（1）应自行募集资金，不得委托他人募集资金，另有规定的除外。 （2）应向合格投资者募集，单只私募基金的投资者累计不得超过法律规定的人数。不得采取为单一融资项目设立多只私募基金等方式，突破法律规定的人数限制。 （3）应向投资者充分揭示投资风险，根据投资者的风险识别能力和风险承担能力匹配不同风险等级的私募基金产品。 （4）不得向合格投资者以外的单位和个人募集；不得向为他人代持的投资者募集；不得通过报刊、电台、电视台、互联网等大众传播媒介，电话、短信、即时通讯工具、电子邮件、传单，或者讲座、报告会、分析会等方式向不特定对象宣传推介；不得以虚假、片面、夸大等方式宣传推介；不得以私募基金托管人名义宣传推介；不得向投资者承诺投资本金不受损失或者承诺最低收益。 （5）在资金募集过程中，应当按照国务院证券监督管理机构的规定和基金合同约定，向投资者提供信息	

考点11　注册程序

程序	具体内容
发行人内部决议	发行人董事会就有关股票发行的具体方案、本次募集资金使用的可行性及其他必须明确的事项作出决议，并提请股东会批准
保荐人保荐	发行人申请公开发行股票、可转换为股票的公司债券，依法采取承销方式的，或者公开发行法律、行政法规规定实行保荐制度的其他证券，应当聘请证券公司担任保荐人
签订承销协议	（1）向不特定对象发行的证券，法律、行政法规规定应当由证券公司承销的，发行人应当同证券公司签订承销协议。 （2）证券承销业务采取代销或者包销方式。向不特定对象发行证券聘请承销团承销的，承销团应当由主承销和参与承销的证券公司组成。代销、包销期限最长不得超过90日。证券公司不得为本公司预留所代销的证券和预先购入并留存所包销的证券

程序	具体内容
提出发行申请	（1）发行人应当按照规定制作注册申请文件，实行保荐制度的证券发行，由保荐人向证券交易所申报。 （2）不实行保荐制度的证券发行，由发行人向证券交易所申报
证券交易所审核	证券交易所按照规定的条件和程序，在规定审核时限内形成发行人是否符合发行条件和信息披露要求的审核意见
发行注册	（1）中国证监会收到证券交易所审核意见及相关资料后，基于证券交易所审核意见，依法履行发行注册程序。 （2）在法定时限内作出予以注册或者不予注册的决定。不予注册的，应当说明理由

考点 12　证券交易

1. 证券交易的一般规定

规定	具体内容
证券交易的标的与主体必须合法	（1）发起人持有的本公司股份，自公司成立之日起1年内不得转让。 （2）公司董事、监事、高级管理人员在任职期间每年转让的股份不得超过其所持有本公司股份总数的25%；所持本公司股份自公司股票上市交易之日起1年内不得转让。 （3）证券交易场所、证券公司和证券登记结算机构的从业人员，证券监督管理机构的工作人员以及法律、行政法规规定禁止参与股票交易的其他人员，在任期或者法定限期内，不得直接或者以化名、借他人名义持有、买卖股票或者其他具有股权性质的证券，也不得收受他人赠送的股票或者其他具有股权性质的证券。 （4）为证券发行出具审计报告或者法律意见书等文件的证券服务机构和人员，在该证券承销期内和期满后6个月内，不得买卖该证券。 （5）上市公司、股票在国务院批准的其他全国性证券交易场所交易的公司持有5%以上股份的股东、董事、监事、高级管理人员，将其持有的该公司的股票或者其他具有股权性质的证券在买入后6个月内卖出，或者在卖出后6个月内又买入，由此所得收益归该公司所有，公司董事会应当收回其所得收益。 （6）上市公司持有5%以上股份的股东、实际控制人、董事、监事、高级管理人员，以及其他持有发行人首次公开发行前发行的股份或者上市公司向特定对象发行的股份的股东，转让其持有的本公司股份的，不得违反法律、行政法规和国务院证券监督管理机构规定。 （7）通过证券交易所的证券交易，投资者持有或者通过协议、其他安排与他人共同持有一个上市公司已发行的有表决权股份达到5%时，应当在该事实发生之日起3日内，向国务院证券监督管理机构、证券交易所作出书面报告
在合法的证券交易场所交易	（1）公开发行的证券，应当在依法设立的证券交易所上市交易或者在国务院批准的其他全国性证券交易场所交易。 （2）非公开发行的证券，可以在证券交易所、国务院批准的其他全国性证券交易场所、按照国务院规定设立的区域性股权市场转让
以合法方式交易	证券在证券交易所上市交易，应当采用公开的集中交易方式或者国务院证券监督管理机构批准的其他方式
规范交易服务	首先，证券交易场所、证券公司、证券登记结算机构、证券服务机构及其工作人员应当依法为投资者的信息保密，不得非法买卖、提供或者公开投资者的信息。证券交易场所、证券公司、证券登记结算机构、证券服务机构及其工作人员不得泄露所知悉的商业秘密。其次，证券交易的收费必须合理，并公开收费项目、收费标准和管理办法
规范程序化交易	通过计算机程序自动生成或者下达交易指令进行程序化交易的，应当符合国务院证券监督管理机构的规定，并向证券交易所报告，不得影响证券交易所系统安全或者正常交易秩序

2. 股票在上交所主板上市的条件

项目	具体内容
股票在上交所主板上市的条件	符合《证券法》、中国证监会规定的发行条件
	发行后的股本总额不低于 5 000 万元
	公开发行的股份达到公司股份总数的 25% 以上，公司股本总额超过 4 亿元的，公开发行股份的比例为 10% 以上
	市值及财务指标符合规定的标准（见下表）

类型	市值及财务指标标准
境内发行人首次发行股票上市（至少符合 1 项）	（1）最近 3 年净利润均为正，且最近 3 年净利润累计不低于 2 亿元，最近 1 年净利润不低于 1 亿元，最近 3 年经营活动产生的现金流量净额累计不低于 2 亿元或营业收入累计不低于 15 亿元。 （2）预计市值不低于 50 亿元，且最近 1 年净利润为正，最近 1 年营业收入不低于 6 亿元，最近 3 年经营活动产生的现金流量净额累计不低于 2.5 亿元。 （3）预计市值不低于 100 亿元，且最近 1 年净利润为正，最近 1 年营业收入不低于 10 亿元
已在境外上市的红筹企业上市（至少符合 1 项）	（1）市值不低于 2 000 亿元。 （2）市值 200 亿元以上，且拥有自主研发、国际领先技术，科技创新能力较强，在同行业竞争中处于相对优势地位
未在境外上市的红筹企业上市（至少符合 1 项）	（1）预计市值不低于 200 亿元，且最近 1 年营业收入不低于 30 亿元。 （2）营业收入快速增长，拥有自主研发、国际领先技术，在同行业竞争中处于相对优势地位，且预计市值不低于 100 亿元。 （3）营业收入快速增长，拥有自主研发、国际领先技术，在同行业竞争中处于相对优势地位，且预计市值不低于 50 亿元，最近 1 年营业收入不低于 5 亿元
表决权差异企业（至少符合 1 项）	（1）预计市值不低于 200 亿元，且最近 1 年净利润为正。 （2）预计市值不低于 100 亿元，且最近 1 年净利润为正，最近 1 年营业收入不低于 10 亿元

3. 禁止交易行为

行为	具体内容
内幕交易行为	内幕交易范围：（1）自己买卖。（2）建议他人买卖。（3）泄露该信息、他人买卖
	内幕信息知情人： （1）发行人及其董事、监事、高级管理人员。 （2）持有公司 5% 以上股份的股东及其董事、监事、高级管理人员，公司的实际控制人及其董事、监事、高级管理人员。 （3）发行人控股或者实际控制的公司及其董事、监事、高级管理人员。 （4）由于所任公司职务或者因与公司业务往来可以获取公司有关内幕信息的人员，比如办公室秘书、有关研究人员和业务人员、打字员等。 （5）上市公司收购人或者重大资产交易方及其控股股东、实际控制人、董事、监事和高级管理人员。 （6）因职务、工作可以获取内幕信息的证券交易场所、证券公司、证券登记结算机构、证券服务机构的有关人员。 （7）因职责、工作可以获取内幕信息的证券监督管理机构工作人员。 （8）因法定职责对证券的发行、交易或者对上市公司及其收购、重大资产交易进行管理可以获取内幕信息的有关主管部门、监管机构的工作人员
	内幕信息：应当发布临时报告的重大事件

续表

行为	具体内容
利用未公开信息进行交易行为	禁止证券交易场所、证券公司、证券登记结算机构、证券服务机构和其他金融机构的从业人员、有关监管部门或者行业协会的工作人员，利用因职务便利获取的内幕信息以外的其他未公开的信息
操纵市场行为	（1）单独或合谋，集中资金优势、持股优势或者利用信息优势联合或连续买卖证券。 （2）与他人串通，以事先约定的时间、价格和方式相互进行证券交易。 （3）在自己实际控制的账户之间进行证券交易。 （4）不以成交为目的，频繁或者大量申报并撤销申报。 （5）利用虚假或者不确定的重大信息，诱导投资者进行证券交易。 （6）对证券、发行人公开作出评价、预测或者投资建议，并进行反向证券交易。 （7）利用在其他相关市场的活动操纵证券市场
虚假陈述行为	主体：指依法承担信息披露义务的人。 种类：虚假记载、误导性陈述和重大遗漏以及不正当披露
欺诈客户行为	（1）违背客户的委托为其买卖证券。 （2）不在规定时间向客户提供交易的确认文件。 （3）未经客户的委托，擅自为客户买卖证券，或者假借客户的名义买卖证券。 （4）为谋取佣金收入，诱使客户进行不必要的证券买卖。 （5）其他违背客户真实意思表示，损害客户利益的行为

考点 13　上市公司收购

1. 收购人

项目	主要内容
收购人	投资者及与其一致行动的他人（一致行动人）
一致行动人	（1）投资者之间有股权控制关系。 （2）投资者受同一主体控制。 （3）投资者的董事、监事或者高级管理人员中的主要成员，同时在另一个投资者担任董事、监事或者高级管理人员。 （4）投资者参股另一投资者，可以对参股公司的重大决策产生重大影响。 （5）银行以外的其他法人、其他组织和自然人为投资者取得相关股份提供融资安排。 （6）投资者之间存在合伙、合作、联营等其他经济利益关系。 （7）持有投资者30%以上股份的自然人，与投资者持有同一上市公司股份。 （8）在投资者任职的董事、监事及高级管理人员，与投资者持有同一上市公司股份。 （9）持有投资者30%以上股份的自然人和在投资者任职的董事、监事及高级管理人员，其父母、配偶、子女及其配偶、配偶的父母、兄弟姐妹及其配偶、配偶的兄弟姐妹及其配偶等亲属，与投资者持有同一上市公司股份。 （10）在上市公司任职的董事、监事、高级管理人员及其前项所述亲属同时持有本公司股份的，或者与其自己或者其前项所述亲属直接或者间接控制的企业同时持有本公司股份。 （11）上市公司董事、监事、高级管理人员和员工与其所控制或者委托的法人或者其他组织持有本公司股份。 （12）投资者之间具有其他关联关系
收购支付方式	收购人可以采用现金、依法可以转让的证券、现金与证券相结合等合法方式支付收购上市公司的价款
收购人的义务	（1）公告义务。 （2）禁售义务。 （3）锁定义务

2. 权益变动的披露要求

要求	具体内容	
报告时间	达到5%	"3日内"编制报告书，报告、通知、公告期间内不得买卖
	增减5%	"3日内"编制报告书，报告、通知、公告期间内至"公告后3日内"不得买卖
	增减1%	"次日"通知、公告
报告书类型	（1）达到5%未达到20%且不是上市公司第一大股东或实际控制人则编制"简式"权益变动报告书。 （2）其他情形则编制"详式"权益变动报告书	
违规处理	违规后"36个月"内，超过规定比例部分的股份不得行使表决权	

3. 要约收购

项目	具体内容	
途径	通过证券交易所（场内交易）	
强制要约收购的触发条件	持股比例达到30% + 继续增持股份	
收购方式	全面要约	向被收购公司"所有"股东发出要约收购其"全部"股份
	部分要约	向被收购公司"所有"股东发出要约收购其"部分"股份
收购期限	30天≤收购期限≤60天（出现竞争要约的除外）	
撤销要约	承诺期内，不得撤销	
变更要约	变更程序	公告→通知被收购公司
	不得变更	（1）降低收购价格。 （2）减少预定收购股份数额。 （3）缩短收购期限。 （4）届满前15日内不得变更，出现竞争要约除外。 （5）在要约收购期间，"被收购公司董事"不得辞职
要求	收购人应当"公平"对待被收购公司的所有股东。 【提示】同种类股份应同等对待；不同种类股份收购条件可以不同	
收购人免于以要约方式增持股份的情形	（1）同一控制权下转让，未导致实际控制人发生变化。 （2）买方挽救上市公司，承诺锁定3年	
投资者免于发出要约的情形	（1）国资核准的国有资产无偿划转、变更、合并，导致持股超30%。 （2）回购减少股本导致持股超30%。 （3）定增持股超30%但承诺锁定3年，且股东大会同意免发。 （4）自持股达30%一年后，每12个月爬行增持不超2%。 （5）持股50%以上的股东继续增持，不影响该公司上市地位。 （6）金融机构从事承销、贷款等业务超30%，没有控制意图且提出向非关联方转让的方案。 （7）因继承持股超30%。 （8）履行约定购回协议持股超30%，且表决权在协议期未转移。 （9）优先股表决权恢复拥有权益股超30%	

4. 协议收购

项目	具体内容
途径	在证券交易所之外达成协议（场外交易）
报告义务	协议达成后，收购人必须在 3 日内向证券监督管理机构和证券交易所作出书面报告，并予公告
转化要约收购条件	达到30％时，继续进行收购的，应当向该上市公司所有股东发出收购上市公司全部或者部分股份的要约，按规定免发要约除外

5. 收购的法律后果

法律后果	具体内容
终止上市与余额股东强制性出售权	股权分布不符合上市交易要求的，依法终止上市交易；其余持股股东，有权要求收购人以同等条件收购其股票
变更企业形式	被收购公司不再具备股份有限公司条件的，应当依法变更企业形式
限期禁止转让股份	在收购行为完成后的 18 个月内不得转让
更换股票	（1）收购完成后，收购人与被收购公司合并，并将该公司解散的，被解散公司的原有股票由收购人依法更换。 （2）收购完成后，收购人应当在 15 日内将收购情况报告国务院证券监管机构和证券交易所，并予以公告

考点 14　信息披露

1. 信息披露的义务人和原则

项目	具体内容
义务人	发行人、发起人、控股股东、保荐人、证券承销商
原则要求	（1）信息披露的对象是不特定的社会公众，信息披露义务人披露的信息，应当真实、准确、完整，简明清晰，通俗易懂，不得有虚假记载、误导性陈述或者重大遗漏。 （2）时间一致性要求：①证券同时在境内境外公开发行、交易的，信息披露义务人在境外披露的信息，应当在境内同时披露；②除法律、行政法规另有规定的外，信息披露义务人披露的信息应当同时向所有投资者披露，不得提前向任何单位和个人泄露。 （3）内容一致性要求：信息披露义务人在强制信息披露以外，自愿披露信息的，所披露的信息不得与依法披露的信息相冲突，不得误导投资者

2. 定期报告

项目	主要内容
中期报告	上市公司和公司债券上市交易的公司，应当在每一会计年度的上半年结束之日起 2 个月内，编制并披露中期报告
年度报告	上市公司和公司债券上市交易的公司，应当在每一会计年度结束之日起 4 个月内，编制并披露年度报告

3. 股票发行公司发布临时报告的重大事件

项目	主要内容
重大事件	（1）公司的经营方针和经营范围的重大变化。 （2）公司的重大投资行为，公司在一年内购买、出售重大资产超过公司资产总额30%，或者公司营业用主要资产的抵押、质押、出售或者报废一次超过该资产的30%。 （3）公司订立重要合同、提供重大担保或者从事关联交易，可能对公司的资产、负债、权益和经营成果产生重要影响。 （4）公司发生重大债务和未能清偿到期重大债务的违约情况。 （5）公司发生重大亏损或者重大损失。 （6）公司生产经营的外部条件发生的重大变化。 （7）公司的董事、1/3以上监事或者经理发生变动，董事长或者经理无法履行职责。 （8）持有公司5%以上股份的股东或者实际控制人持有股份或者控制公司的情况发生较大变化，公司的实际控制人及其控制的其他企业从事与公司相同或者相似业务的情况发生较大变化。 （9）公司分配股利、增资的计划，公司股权结构的重要变化，公司减资、合并、分立、解散及申请破产的决定，或者依法进入破产程序、被责令关闭。 （10）涉及公司的重大诉讼、仲裁，股东大会、董事会决议被依法撤销或者宣告无效。 （11）公司涉嫌犯罪被依法立案调查，公司的控股股东、实际控制人、董事、监事、高级管理人员涉嫌犯罪被依法采取强制措施

4. 重大事件披露时点

项目	具体内容
重大事件披露	应当在最先发生的以下任一时点及时披露： （1）董事会或监事会就该重大事件形成决议时。 （2）有关各方就该重大事件签署意向书或协议时。 （3）董事、监事或高管知悉该重大事件发生并报告时

考点15　投资者保护

项目	具体内容
投资者适当性管理	证券公司依法承担适当性管理义务，违反适当性义务规定导致投资者损失的，应当承担相应的赔偿责任
证券公司与普通投资者纠纷的自证清白	普通投资者与证券公司发生纠纷的，证券公司应当证明其行为符合法律、行政法规以及国务院证券监督管理机构的规定，不存在误导、欺诈等情形。证券公司不能证明的，应当承担相应的赔偿责任
股东代理权征集	上市公司董事会、独立董事、持有1%以上有表决权股份的股东，依法设立的投资者保护机构，可以作为征集人，自行或者委托证券公司、证券服务机构，公开请求上市公司股东委托其代为出席股东大会，并代为行使提案权、表决权等股东权利
上市公司现金分红	上市公司当年税后利润，在弥补亏损及提取法定公积金后有盈余的应当按照公司章程的规定分配现金股利
公司债券持有人会议制度与受托管理人制度	公开发行公司债券的，应当设立债券持有人会议，发行人应当为债券持有人聘请债券受托管理人，受托管理人应当由本次发行的承销机构或者其他经国务院证券监督管理机构认可的机构担任，债券持有人会议可以决议变更债券受托管理人

续表

项目	具体内容
先行赔付制度	发行人因欺诈发行、虚假陈述或其他重大违法行为给投资者造成损失的，发行人的控股股东、实际控制人、相关的证券公司可以委托投资者保护机构，就赔偿事宜与受到损失的投资者达成协议，予以先行赔付。先行赔付后，可以依法向发行人以及其他连带责任人追偿
普通投资者与证券公司纠纷的强制调解	普通投资者与证券公司发生纠纷，普通投资者提出调解请求的，证券公司不得拒绝
投资者保护机构的代表诉讼	发行人的董事、监事、高级管理人员执行公司职务时违反法律、行政法规或者公司章程的规定给公司造成损失，发行人的控股股东、实际控制人等侵犯公司合法权益给公司造成损失，投资者保护机构持有该公司股份的，可以为公司的利益以自己的名义向人民法院提起诉讼，持股比例和持股期限不受《公司法》规定的限制
代表人诉讼	(1) 投资者代表人诉讼是由依法推选出的投资者代表其他众多投资者进行的诉讼。投资者提起虚假陈述等证券民事赔偿诉讼时，诉讼标的是同一种类，且当事人一方人数众多的，可以推选代表人诉讼。 (2) 投资者保护机构的代表人诉讼是由投资者保护机构代表投资者进行的诉讼。投资者保护机构受50名以上投资者委托，可以作为代表人参加诉讼，对受损害投资者实行"默示加入、明示退出"的规则

考点 16　保险的分类

分类	具体内容
强制保险与自愿保险	(1) 强制保险又称法定保险，是指国家法律、法规直接规定必须进行的保险。 (2) 自愿保险是投保人与保险人双方平等协商，自愿签订保险合同而产生的一种保险
政策性保险与商业保险	(1) 政策性保险是指国家基于社会、经济政策的需要，不以营利为目的而举办的保险。 (2) 商业保险是指政策性保险以外的普通保险，是以营利为目的的保险
财产保险与人身保险	(1) 财产保险是以财产及其有关利益为保险标的的保险。 (2) 人身保险是以人的寿命和身体为保险标的的保险
原保险与再保险	(1) 原保险也称第一次保险，是指保险人对被保险人因保险事故所致损害直接由自己承担赔偿责任的保险。 (2) 再保险又称第二次保险，或称分保，是指原保险人为减轻或避免所负风险，把原保险责任的一部分转移给其他保险人的保险
单保险与复保险	(1) 单保险是指投保人对同一保险标的、同一保险利益、同一保险事故与一个保险人订立保险合同的保险。 (2) 复保险又称重复保险，是指投保人对同一保险标的、同一保险利益、同一保险事故分别与两个以上保险人订立保险合同，且保险金额总合超过保险价值的保险

考点 17 保险法基本原则

项目	具体内容
基本原则	最大诚信原则：告知 + 保证 + 弃权与禁止反言
	保险利益原则：人员 + 时间
	损失补偿原则：保险金额 ≤ 保险标的实际价值；否则，不予赔偿
	近因原则：赔偿直接的、最接近的原因引起的损失

1. 最大诚信原则

项目		具体内容
告知	时间	订立保险合同时
	内容	与保险标的有关的重要事实（影响是否承保或提高费率）
	规则	实行询问回答主义，告知义务限于保险人询问的范围和内容
	举证	对询问范围及内容有异议的，保险人负责举证
保证		履行某种特定义务的承诺或担保，如不去战乱国家、不改变用途
违反后果	保险人可以解除情形	（1）投保人故意或者因重大过失未如实告知，影响承保或者费率。 （2）投保人违反保证义务
	保险人不得解除情形	（1）在合同订立时已经知道投保人未如实告知情况的。 （2）在保险合同成立后知道未履行如实告知义务，仍然收取保险费。 （3）自保险人知道有解除事由之日起，超过 30 日不行使。 （4）自合同成立之日起超过 2 年的。 （5）以投保人违反投保单中概括性条款的如实告知义务，但该条款有具体内容的除外
	保费的处理	（1）故意违反告知义务：不赔偿保险金 + 不退保险费。 （2）重大过失违反告知义务：不赔偿保险金 + 退保险费

2. 保险利益原则

项目	具体内容
构成要件	（1）保险利益必须是法律上承认的利益。保险利益必须是得到法律认可和保护的合法利益。 （2）保险利益必须具有经济性，必须是可以用货币计算估价的利益。 （3）保险利益必须具有确定性，必须是确定的、客观存在的利益，包括现有利益和期待利益

（1）人身保险。

项目	具体内容
保险利益人员范围	投保人具有保险利益：①本人；②配偶、子女、父母；③与投保人有抚养、赡养或者扶养关系的家庭其他成员、近亲属；④与投保人有劳动关系的劳动者。 【提示】被保险人同意投保人为其订立合同的，视为具有保险利益
时间要求	①投保人在合同"订立时"，对被保险人应当具有保险利益； ②"订立时"不具有保险利益，合同无效，应退还减手续费后的保险费； ③合同"订立后"丧失保险利益，保险合同有效

（2）财产保险。

项目	具体内容
保险利益人员范围	对财产享有法律上权利的人：所有权人、抵押权人、留置权人
	财产保管人
	合法占有财产的人：承租人、承包人
时间要求	"保险事故发生"时被保险人对保险标的应当具有保险利益

3. 损失补偿原则

项目	具体内容
基本含义	（1）被保险人只有遭受约定的保险危险所造成的损失才能获得赔偿，如果有险无损或者有损但并非约定的保险事故所造成，被保险人都无权要求保险人给予赔偿。 （2）补偿的金额等于实际损失的金额。①投保人或者被保险人在约定的保险事故发生后遭受的损失是多少，保险人就补偿多少；②没有损失就不补偿，即保险人的补偿恰好能使保险标的恢复到保险事故发生前的状态，投保人或被保险人不能获得多于或少于损失的赔偿
特别注意	（1）保险人的赔付以投保时约定的保险金额为限，而且保险金额不得超过保险标的的实际价值，超过保险金额的损失，保险人不予赔偿。 （2）保险金额是指保险人承担赔偿或者给付保险金责任的最高限额，即保险人的最高赔偿限额。 （3）损失补偿原则还派生出代位求偿原则和重复保险分摊原则

4. 近因原则

项目	具体内容
基本含义	近因原则是指保险人对承保范围内的保险事故作为直接的、最接近的原因所引起的损失，承担保险责任
基本要求	（1）保险事故与损害后果之间应具有因果关系。 （2）此处的近因并非指时间上最接近损失的原因，而是指有支配力或一直有效的原因

考点 18　保险合同

1. 保险合同的分类

分类	具体内容
定值保险合同与不定值保险合同	定值保险合同是指投保人和保险人约定保险标的的保险价值并在合同中载明的，保险标的发生损失时，以约定的保险价值为赔偿计算标准的保险合同。不定值保险合同是指投保人和保险人未约定保险标的的保险价值，保险标的发生损失时，以保险事故发生时保险标的的实际价值为赔偿计算标准的保险合同
足额保险合同、不足额保险合同与超额保险合同	（1）足额保险合同是指保险金额等于保险价值的保险合同。 （2）不足额保险合同又称低额保险，是指保险金额小于保险价值的保险合同。 （3）超额保险合同是指保险金额高于保险价值的保险合同，即超额保险

续表

分类	具体内容
补偿性保险合同与给付性保险合同	（1）补偿性保险合同是在保险事故发生后，保险人根据评定的被保险人的实际损失据以赔偿的保险合同，大多数的财产保险合同属于补偿性保险合同。 （2）给付性保险合同是在保险事故发生或是合同约定的条件成就后，保险人按照合同约定的保险金额承担给付责任的保险合同，大多数人身保险合同属于给付性保险合同

2. 保险合同的特征、当事人、关系人

项目		具体内容	
特征		双务、有偿、射幸（机会性）、诺成（投保人提出要求，保险人同意承保时，保险合同成立）、格式合同	
当事人	投保人	负有支付保险费义务的人	
	保险人	保险公司	
关系人	被保险人	其财产或者人身受保险合同保障，享有保险金请求权的人	
	受益人	适用"人身保险"合同中由被保险人或者投保人指定的享有保险金请求权的人，投保人、被保险人可以为受益人。 【提示】受益人故意造成被保险人死亡、伤残、疾病的，或者故意杀害被保险人未遂的，丧失受益权	
受益人的确定	约定为法定或法定继承人	以《民法典》规定的法定继承人为受益人	
	约定身份关系	投保人、被保险人为同一主体	根据"事故发生时"与被保险人的身份关系确定受益人
		投保人、被保险人为不同主体	根据"保险合同成立时"与被保险人的身份关系确定受益人
	约定姓名和身份	保险事故发生，身份关系发生变化，认定为未指定受益人	
	多个受益人	可以约定受益顺序和份额；没约顺序一起分，没约份额就平分	
	【提示】受益人与被保险人在同一事件中死亡，且不能确定死亡先后顺序的，推定受益人死亡在先		
被保险人同意	人身保险的受益人由被保险人或投保人指定，投保人指定或变更必须经被保险人同意，否则行为无效		
	以死亡为给付保险金条件所签发的保险单，未经被保险人书面同意，不得转让或质押		
死亡类保险	禁止为无民事行为能力人投保		
	禁止未经被保险人同意并认可保险金额		
	【例外】父母为其未成年子女投保		

3. 保险合同的订立

项目	具体内容
合同成立	（1）投保人提出保险要求（要约），经保险人同意承保（承诺），保险合同成立。 （2）投保人或者投保人的代理人订立保险合同时没有亲自签字或者盖章，而由保险人或者保险人的代理人代为签字或者盖章的，对投保人不生效。 但投保人已经交纳保险费的，视为其对代签字或者盖章行为的追认
免责条款	（1）对保险人的免责条款，保险人在订立合同时应以书面或口头形式向投保人说明，未作提示或未明确说明的，该条款不产生效力。 （2）保险人已向投保人履行了保险法规定的提示和明确说明义务，保险标的受让人以保险标的转让后保险人未向其提示或者明确说明为由，主张免除保险人责任的条款不成为合同内容的，人民法院不予支持
格式条款	（1）采用保险人提供的格式条款订立的保险合同，保险人与投保人、被保险人或者受益人对合同条款有争议的，应当按照通常理解予以解释。对合同条款有两种以上解释的，人民法院或仲裁机构应当作出有利于被保险人和受益人的解释。 （2）非格式条款与格式条款不一致的，以非格式条款为准

4. 保险合同的形式及不一致情况处理

项目	具体内容	
形式	保险单、保险凭证、暂保单、投保单	
不一致处理	投保单与保险单或其他保险凭证不一致	以"投保单"为准
	投保单与保险单或其他保险凭证不一致的情形系经保险人说明并经投保人同意的	以投保人"签收的保险单或其他保险凭证载明的内容"为准
	非格式条款与格式条款不一致	以"非格式条款"为准
	保险凭证记载的时间不同的	以"形成时间在后"的为准
	保险凭证存在手写和打印两种方式的	以"双方签字、盖章的手写部分"为准

5. 保险合同的变更

种类	具体内容
人身保险	变更受益人应在事故发生前；应通知保险人；应经被保险人同意；变更行为自变更意思表示发出时生效
财产保险	交付转移受让人，通知保险人生效，运输合同无须通知（保险单背书）。 【提示】被保险人、受让人向保险人发出保险标的的转让通知后，保险人作出答复前，发生保险事故，保险人应按照保险合同承担赔偿保险金的责任
【提示】"人寿保险"诉讼时效为5年，其他保险为2年，自其知道或者应当知道保险事故发生之日起计算	

6. 保险合同的解除

（1）投保人单方解除。

种类	具体内容	
投保人可以解除，保险人不得解除，法律另有规定或合同另有约定除外		
人身保险	保险人自收到解除通知之日 30 日内，退还保险单现金价值	
财产保险	责任开始前解除	投保人支付手续费，保险人退还保险费
	责任开始后解除	保险人扣除自责任开始至合同解除之日应收保费，剩余保费退还

（2）保险人单方解除。

情形	具体内容
瞒报	投保人故意或重大过失未如实告知，足以影响保险人决定是否同意承保或提高保险费率的，保险人有权解除合同
骗保	①被保险人或者受益人未发生保险事故，谎称发生，提出索赔，保险人有权解除合同，并不退保费。 ②投保人、被保险人故意制造保险事故，保险人有权解除合同，不赔偿；除投保人已交足 2 年以上保险费，保险人应当按照合同约定向其他权利人退还保险单的现金价值外，也不退还保险费
未尽安全责任	投保人、被保险人未按约定履行保险标的的安全应尽责任，保险人有权要求增加保险费或者解除合同
未及时通知	保险标的的危险程度显著增加的，被保险人应当按照合同约定及时通知保险人，保险人有权按照合同约定增加保险费或者解除合同
年龄不真实	①投保人申报的被保险人年龄不真实，且真实年龄不符合合同约定的年龄限制的，保险人可以解除合同，并按照合同的约定退还保险单的现金价值。 ②此种解除权，自保险人知道有解除事由之日起，超过 30 日不行使而消灭；自合同成立之日起超过 2 年的，保险人不得解除合同，发生保险事故应承担责任；保险人在合同订立时已经知道投保人未如实告知的情况的，保险人不得解除合同，发生保险事故应承担责任
效力中止 2 年	2 年人身保险合同效力中止后 2 年双方当事人未达成协议恢复合同效力的，保险人有权解除合同

考点 19　财产保险与人身保险合同的特殊条款

1. 重复保险的分摊制度

项目	具体内容
比例责任分摊	重复保险的各保险人赔偿保险金的总和不得超过保险价值。除合同另有约定外，各保险人按照其保险金额与保险金额总和的比例承担赔偿保险金的责任
保险费的返还	重复保险的投保人可以就保险金额总和超过保险价值的部分，请求各保险人按比例返还保险费

2. 财产保险合同中的代位求偿制度

项目	具体内容	
基本含义	【代位求偿权】保险人向被保险人赔偿损失后，向第三人追偿	
主要内容	在保险合同订立前已放弃	放弃有效，但应告知保险人
	赔偿保险金之前放弃的	放弃有效，保险人不赔偿
	赔偿保险金之后放弃的	放弃无效，保险人代位求偿
	故意或重大过失使保险人不能行使	保险人可以扣减或要求返还相应保险金
	【提示】不得对被保险人的家庭成员或者其组成人员行使，故意除外	

3. 人身保险合同的特殊条款

情形	主要内容	
投保人故意申报虚假年龄（主观恶意）	申报年龄不真实，且真实年龄不符合年龄限制，保险人可以解除合同，并退还保单的现金价值	
	保险人自知道解除事由之日超过30日不行使；自合同成立之日超过2年；保险人在合同订立时已经知道投保人未如实告知	
投保人误告年龄（主观没有恶意）	（1）申报年龄不真实，支付保费少于应付的，要求补交保险费，或按照实付保费与应付的比例支付保险金。 （2）支付的保费多于应交的，应将多收保费退还	
	【提示】故意申报虚假年龄，可能会解除合同；误告年龄，不解除合同，保费多退少补	
投保人、受益人杀人骗保（主观恶意）	（1）投保人故意造成被保险人死亡、伤残或疾病，保险人不赔，若已交足2年以上保费，向其他权利人退还保单现金价值。 （2）受益人故意造成被保险人死亡、伤残、疾病，或故意杀害被保险人未遂，只是受益人丧失受益权，保险人赔偿	
被保险人特殊伤亡	故意犯罪或抗拒抓捕	（1）导致被保险人伤残或死亡的，保险人不赔。 （2）已交足2年以上保费的，退还保单现金价值
	自杀条款	以死亡为给付保险金条件，自合同成立或合同效力恢复之日2年内，被保险人自杀的，保险人不赔，但自杀时为无民事行为能力人的除外

4. 受益人

项目	具体内容
受益人的指定	（1）被保险人指定
	（2）投保人指定经被保险人同意
受益人的变更	行为的生效：被保险人同意
	对保险人的生效：书面通知
	事故发生后的变更：不支持向变更后的受益人给付保险金

续表

项目			具体内容
受益人有争议	约定"法定"或"法定继承人"的		法定继承人为受益人
	仅约定身份关系的	投保人＝被保险人	事故发生时与被保险人的身份关系确定
		投保人≠被保险人	合同订立时与被保险人的身份关系确定
	约定姓名和身份关系的	事故发生时身份关系发生变化的	未指定受益人
作为被保险人遗产的情形	（1）没有指定受益人。 （2）受益人丧失受益权或放弃受益权没有其他受益人。 （3）受益人先于被保险人死亡，没有其他受益人。 【注意】受益人与被保险人在同一事件中死亡的，且不能确定死亡先后顺序的，推定受益人死亡在先		

专项突破

一、简答题

1. A公司向B公司购买一批货物。为支付货款，A公司向B公司签发一张以甲银行为承兑人的汇票，并在买卖合同中约定："A公司向B公司签发的汇票不得转让"。甲银行作为承兑人在汇票上签章。

B公司收到汇票后，为支付装修款将其背书转让给C公司，并在汇票上注明"不得转让"。C公司为支付房租租金，将该汇票背书转让给D公司。D公司又将该汇票背书转让给E公司，用于购买货物。后E公司未向D公司交付约定质量的货物，构成违约。由于当地突发特大洪水，E公司为捐款赈灾，将该汇票背书转让给红十字会。

汇票到期后，红十字会向甲银行提示付款。甲银行以A公司账户余额不足为由拒绝付款。红十字会遂向前手追索。D公司以E公司违约为由拒绝向红十字会承担票据责任。A公司和B公司均以汇票不得转让为由拒绝向红十字会承担票据责任。

E公司向红十字会承担票据责任后，向D公司追索。

要求：根据上述内容，分别回答下列问题。

（1）A公司"以汇票不得转让为由拒绝向

红十字会承担票据责任"的主张是否成立？并说明理由。

（2）B公司是否应承担票据责任？并说明理由。

（3）D公司"以E公司违约为由拒绝向红十字会承担票据责任"的主张是否成立？并说明理由。

（4）D公司是否应向E公司承担票据责任？并说明理由。

2. 2023年10月20日，甲向乙购买一批原材料，价款为30万元，因甲欠丙30万元，故甲与乙约定由乙签发一张甲为付款人、丙为收款人的商业汇票，丁在汇票上签章作了保证，但未记载被保证人名称。乙于当日依约签发汇票并交付给丙，该汇票上未记载付款日期，丙取得汇票后背书转让给戊。

2023年11月15日，戊向甲提示付款时，甲以乙交货不符合合同约定且汇票上未记载付款日期为由拒绝付款。

要求：根据票据法律制度的规定，回答下列问题。

（1）甲以乙交货不符合合同约定为由拒绝付款的理由是否成立？简要说明理由。

（2）甲以汇票上未记载付款日期为由拒绝付款的理由是否成立？简要说明理由。

（3）戊可行使追索权的追索对象有哪些？这些被追索人之间承担何种责任？

（4）本题中，汇票的被保证人是谁？简要说明理由。

3. 甲家具厂与乙木材公司签订木材买卖合同，为支付货款，甲家具厂向乙木材公司签发了一张以 A 银行为承兑人、金额 500 万元的银行承兑汇票。A 银行在票据承兑栏中签章。乙木材公司为向丙房地产公司支付租金，将该票据交付丙房地产公司，但未在票据上背书和签章。丙房地产公司因需向丁工程公司支付工程款，欲将该票据转让给丁工程公司。丁工程公司发现票据上无转让背书，遂提出异议。丙房地产公司便私刻了乙木材公司法定代表人王某的人名章和乙木材公司公章，加盖于背书栏，并直接记载丁工程公司为被背书人。丁工程公司不知有假，接受了票据。之后，丁工程公司为偿付欠款将该票据背书转让给了戊劳务派遣公司。

甲家具厂收到乙木材公司的木材后，发现木材存在严重质量问题，遂要求乙木材公司退还货款并承担违约责任。票据到期时，戊劳务派遣公司向 A 银行提示付款，A 银行以甲家具厂存入的资金不足为由拒绝付款。

要求：根据上述内容，回答下列问题。

（1）A 银行拒绝向戊劳务派遣公司付款的理由是否成立？并说明理由。

（2）A 银行拒绝付款后，戊劳务派遣公司可以向哪些当事人进行追索？

（3）若戊劳务派遣公司在 A 银行拒绝付款后向甲家具厂进行追索，甲家具厂能否以与乙木材公司之间的买卖合同纠纷尚未解决为由拒绝向戊劳务派遣公司承担票据责任？并说明理由。

（4）丙房地产公司将私刻的人名章和公章加盖于背书栏，并直接记载丁工程公司为被背书人的行为属于票据法上的什么行为？应当承担何种法律责任？

4. 甲公司与乙公司签订一份买卖合同，为支付货款甲公司签发了一张见票后定期付款的银行承兑汇票给乙公司，承兑人为 A 银行，A 银行承兑后记载的汇票到期日为 2024 年 5 月 1 日。

乙公司随后将该汇票背书转让给丙公司，并在背书时记载了"不得转让"字样。

丙公司收到汇票后将汇票背书转让给 M 工程队用于支付工程款，并在背书时记载了"如果该汇票得不到付款，不得向本公司追索"的字样。

M 工程队于 2024 年 5 月 8 日向 A 银行提示付款，A 银行以当日甲公司的存款账户余额不足为由拒绝付款。

要求：根据以上情况，回答下列问题。

（1）M 工程队是否可以向乙公司行使追索权？并说明理由。

（2）M 工程队是否可以向丙公司行使追索权？并说明理由。

（3）A 银行的抗辩理由是否成立？并说明理由。

5. 甲公司为支付购货款向乙公司签发了一张 20 万元的支票，出票日为 2023 年 9 月 10 日，未记载乙公司的名称。乙公司直接将该支票交付给丙公司用于支付欠款。2023 年 9 月 18 日丙公司将自己的名称填写在该支票的收款人栏后向付款人提示付款。付款人以甲公司账户余额只有 10 万元为由拒绝付款。

要求：根据上述资料和票据法的有关规定，分析回答下列问题。

（1）丙公司是否可以记载自己为收款人？并说明理由。

（2）丙公司的提示付款期限是否符合规定？并说明理由。

（3）甲公司账户余额不足属于何种行为？并说明理由。

6. 2023 年 4 月 19 日，甲公司向乙公司签发了一张出票后 2 个月付款、金额为 20 万元的商业汇票，该汇票载明丙公司为付款人，丁公司在汇票上签章作了保证，但未记载被保证人名称。乙公司取得汇票后背书转让给戊公司，但未记载背书日期，戊公司于 2023 年 5 月 15 日向丙公司提示承兑时，丙公司以其所欠甲公司债务只有 15 万元为由拒绝承兑。戊公司拟行使追索权实现自己的票据权利。

要求：根据上述资料，分析回答下列问题。

（1）该汇票未记载被保证人名称和背书日期的法律后果是什么？

（2）戊公司行使追索的前手有哪些？

（3）戊公司向乙公司行使追索权的截止时间？

7. 甲股份有限公司（以下简称甲公司）于2020年在上海证券交易所上市，普通股股数为5亿股，优先股股数为1亿股。截至2022年底，甲公司净资产为10亿元，最近3年可分配利润分别为3 000万元、2 000万元和1 000万元。

2023年3月，甲公司董事会制订了公司债券的发行方案，拟仅面向专业投资者公开发行公司债券6亿元，期限3年，年利率为6%。

2023年5月初，乙公司通知甲公司和上海证券交易所，并发布公告，称其已于4月底与甲公司股东丙达成股份转让协议，拟收购丙持有的甲公司7%的股份，乙公司原本并不持有甲公司股份；但某媒体调查后披露，乙公司与持有甲公司25%股份的丁公司同受A公司的控制，应为一致行动人。

2023年6月，中国证监会接到举报，称乙公司总经理王某得知收购信息后，于4月底买入甲公司股票2万股并于5月底高价卖出。

要求：根据上述资料及相关规定，不考虑其他因素，回答下列问题。

（1）甲公司的利润情况是否符合公开发行公司债券的条件？并说明理由。

（2）有关媒体关于乙公司和丁公司构成一致行动人的说法是否符合规定？并说明理由。

（3）乙公司总经理王某买卖甲公司股票的行为是否构成内幕交易行为？

8. 2023年1月1日，王某为自己的房屋购买了"房屋安全综合保险"，房屋价值为1 200万元，保险金额为900万元。

2023年3月1日，王某将该房屋售予李某，双方当日签订了《房屋买卖合同》；李某支付了首期购房款后，王某于4月15日将房屋交付李某使用，并将包括房屋保险在内的房屋有关的单证交付给李某，双方约定6月1日付清尾款并办理房屋产权过户登记。

2023年5月1日，由于邻居刘某用火不当引发火灾，房屋全部烧毁。6月1日，李某拒绝向王某支付购房尾款，并以房屋未办理过户登记为由要求王某返还已付购房款，王某拒绝并向法院提起诉讼，要求李某继续履行合同支付购房尾款。

2023年8月1日，李某向保险公司提出赔付1 200万元的请求，保险公司以房屋未过户至李某名下，李某并非房屋所有权人为由拒绝赔付。8月10日，李某向引发火灾事故的邻居刘某提出赔偿请求，刘某表示无力赔偿。经过努力，11月1日，李某获得了保险公司的赔款，收到赔款后，李某向刘某表示放弃请求刘某赔偿损失的权利。12月1日，保险公司向法院提起诉讼，行使对刘某的代位求偿权。

要求：根据上述资料及相关规定，回答下列问题。

（1）李某是否有权拒绝向王某支付购房尾款，并要求返还已付购房款？简要说明理由。

（2）保险公司以李某并非房屋所有权人为由拒绝赔付是否符合规定？简要说明理由。

（3）李某已经放弃请求刘某赔偿损失的权利，保险公司还能否行使对刘某的代位求偿权？简要说明理由。

9. 2021年6月，齐某为其妻子刘某投保以死亡为给付保险金条件的人身保险，齐某为投保人，妻子刘某为被保险人。经其妻子刘某同意，指定二人独生子小齐为受益人。

2023年6月，齐某与刘某协议离婚，小齐归刘某抚养。

2024年5月，刘某与小齐一同出游时，二人发生意外事件身亡，且不能确定死亡先后顺序。

2024年6月，刘某的继承人主张保险公司向其支付保险金，保险公司以保险事故发生时，投保人对被保险人无保险利益为由抗辩，主张保险合同无效，拒绝支付保险金。

要求：根据上述资料和保险法律制度的规定，不考虑其他因素，分别回答下列问题。

（1）齐某为其妻子投保时是否具有保险利益？简要说明理由。

（2）保险公司主张保险合同无效，是否合法？简要说明理由。

（3）刘某的继承人是否有权主张保险公司向其支付保险金？简要说明理由。

10. 甲自某品牌4S店购买机动车一辆，并向A保险公司投保了机动车损失保险，保险期限从2023年1月22日0时起至2024年1月21日24时止，保险金额为106 000元。

2023年8月30日15时38分，停放于甲家小区门口的该车起火，经区公安消防大队调查，出具了《火灾事故简易调查认定书》，认定起火原因系电器线路故障发热所致。

甲与 A 保险公司协商，确定车损金额为 90 000 元，A 保险公司于 2023 年 9 月 15 日支付了 90 000 元赔偿款，双方签订的协议表明甲将该车的一切权益转让给了 A 保险公司。10 月 15 日，甲又与该品牌 4S 店达成协议，放弃对 4S 店请求赔偿的权利。

A 保险公司委托省警察司法学校对车辆起火原因做了进一步的鉴定分析，鉴定分析说明涉案轿车事发前未与其他物体发生碰撞，其燃烧不属于外力碰撞造成的，其燃烧符合车辆自燃特征。此后，A 保险公司向有管辖权的人民法院起诉，认为 4S 店出售的车辆质量不符合车辆的通常使用目的，车辆在甲正常使用的情况下自燃受损，被告依法应承担相应的违约责任。要求该 4S 店返还 A 保险公司已经支付给甲的保险金赔偿款。

4S 店辩称：（1）基于合同相对性，A 保险公司不属于买卖合同当事人，因此无权向其主张违约责任；（2）甲已于 10 月 15 日与 4S 店订立书面协议放弃请求赔偿的权利；（3）其所出售的车辆经检验合格方出厂并交付给甲，甲也对车辆进行使用，所出售的车辆符合使用目的，不存在 A 保险公司所主张的质量问题。

要求：根据上述资料和保险法律制度的规定，不考虑其他因素，回答下列问题。

（1）A 保险公司是否有权向 4S 店请求赔偿？简要说明理由。

（2）4S 店关于甲放弃请求赔偿权利的主张是否成立？简要说明理由。

（3）4S 店是否需要向 A 保险公司承担违约责任？简要说明理由。

11. 2023 年 4 月 1 日，甲保险公司的代理人高某向潘某推销一款人身意外伤害保险，保险期间为自保险合同成立时起 3 年。潘某因为丈夫赵某曾经在 1 年内 12 次被高空坠物砸中，遂十分心动。4 月 2 日高某将投保单的电子版发送至潘某的手机，潘某查阅时得知赵某刚刚又不幸被高空坠物砸中，因急于去医院，便电话告知高某同意投保，高某随后代替潘某在投保单上签字，注明的被保险人为赵某，身故受益人为赵某的妻子。4 月 5 日潘某通过手机向甲保险公司缴纳了保险费。4 月 10 日甲保险公司向潘某签发保险单。

2023 年 6 月赵某因婚外情与潘某离婚，另娶李某为妻。2023 年 8 月 2 日，赵某再次被高空坠物砸中，不幸身故，潘某得知后向甲保险公司理赔，遭到拒绝。潘某遂向人民法院起诉，要求甲保险公司承担保险责任。庭审时甲公司提出抗辩：

（1）投保单是高某代潘某签字，对潘某不生效，保险合同不成立。

（2）即使保险合同成立，因保险事故发生时高某与赵某已经离婚，潘某对赵某不具有保险利益，保险合同无效。

（3）即使保险合同有效，合同记载的身故受益人为赵某的妻子，故本公司应当向李某承担保险责任。

要求：根据上述资料和保险法的有关规定，不考虑其他因素，分析回答下列问题。

（1）甲公司的抗辩理由（1）是否成立？简要说明理由。

（2）甲公司的抗辩理由（2）是否成立？简要说明理由。

（3）甲公司的抗辩理由（3）是否成立？简要说明理由。

二、综合题

1. 2023 年 4 月 1 日，甲公司为支付货款，向乙公司签发一张以 A 银行为付款人、金额为 100 万元、付款日期为 2023 年 7 月 1 日的银行承兑汇票，A 银行作为承兑人在汇票上签章。2023 年 4 月 3 日，甲公司的股东郑某在该汇票上以甲公司为被保证人，进行了票据保证的记载并签章，但未记载保证日期。

甲公司将该汇票交付给乙公司财务人员孙某。孙某伪造乙公司的财务专用章和法定代表人王某的签章，以乙公司的名义将该汇票背书转让给丙公司，用于支付房屋租金，丙公司对于孙某伪造汇票之事毫不知情。

丙公司于汇票到期日向 A 银行提示付款。A 银行在审核过程中发现该汇票上乙公司的签章系伪造，并以此为由拒绝付款。丙公司遂向甲公司、乙公司和郑某行使追索权，均遭拒绝。后丙公司知悉孙某伪造汇票之事，遂向孙某行使追索权，也遭拒绝。

要求：根据上述内容，分别回答下列问题。

（1）郑某在该汇票上未记载保证日期，保

证日期为哪一天？并说明理由。

（2）A银行拒绝付款的理由是否成立？并说明理由。

（3）乙公司是否需要向丙公司承担票据责任？并说明理由。

（4）郑某是否需要向丙公司承担票据责任？并说明理由。

（5）孙某是否需要向丙公司承担票据责任？并说明理由。

2. 2022年5月6日，甲有限责任公司（以下简称甲公司）与乙公司就一套M设备签订融资租赁合同。合同约定，甲公司享有M设备的所有权，乙公司未经甲公司同意，将M设备转让、抵押或者投资入股的，甲公司可以解除融资租赁合同，租赁期满，M设备归乙公司所有；乙公司按月支付租金20万元，每月第十日为付款日，合同期限为24个月。

2022年5月10日，乙公司为支付租金向甲公司签发一张金额为20万元的汇票，汇票到期日为见票后3个月。次日，甲公司为支付货款，将该汇票背书转让给丙公司。丙公司超过承兑期限后，提示承兑被拒绝。丙公司遂向甲公司追索，亦遭到拒绝。

2023年10月11日，乙公司在使用M设备期间，M设备造成第三人张某人身伤害。乙公司告知张某，M设备为甲公司所有，张某于10月18日向人民法院提起诉讼，请求甲公司承担赔偿责任。

2023年11月1日，乙公司因急需资金，将M设备以市场价格的五折转让给丁公司。丁公司明知乙公司未取得M设备的所有权，仍向乙公司支付了价款，并取得M设备。

2023年11月2日，持有甲公司5%股权的股东兼上述融资租赁项目经理李某得知上述情形后，以甲公司的名义要求丁公司交还M设备，丁公司以善意取得为由予以拒绝，由于情况紧急，不立即提起诉讼将导致甲公司发生难以弥补的损失。11月3日，李某以自己的名义直接向人民法院提起诉讼，请求丁公司向甲公司交还M设备。

2023年11月10日，乙公司经甲公司及李某同意，与丁公司协商解除了关于M设备的买卖合同，乙公司继续履行与甲公司的融资租赁合同，李某撤回起诉。

2024年4月10日，乙公司无力支付最后一个月租金20万元。经甲公司催告后，乙公司在合理期限内仍无法支付剩余租金。2024年4月29日，甲公司通知乙公司解除融资租赁合同，收回M设备。M设备收回时经评估机构估价，设备价值30万元，甲公司为此支付2万元评估及运输费用。2024年4月30日，乙公司请求甲公司返还8万元。

要求：根据上述资料和票据、合同、物权、公司法律制度的规定，不考虑其他因素，回答下列问题。

（1）丙公司向付款人提示承兑的最晚日期为哪一天？说明理由。

（2）丙公司被拒绝承兑后，是否有权向甲公司追索？说明理由。

（3）2023年10月18日，张某请求甲公司承担赔偿责任，人民法院是否应予支持？说明理由。

（4）2023年11月2日，丁公司以善意取得为由拒绝交还M设备，是否符合法律规定？说明理由。

（5）2023年11月3日，李某是否有权以自己的名义直接向人民法院提起诉讼？说明理由。

（6）2023年4月30日，乙公司请求甲公司返还8万元，是否符合法律规定？说明理由。

3. A股份有限公司股本总额1.2亿元，每股1元，共有1.2亿股份。发起人有甲公司、乙公司、张某三个，其中张某持股8%股份。其股票于2017年8月上市。2023年发生下列事项：

（1）2023年4月15日召开股东会年会，会议审议事项包括：聘请为公司提供审计业务的注册会计师李某为独立董事、公司2022年度的利润分配方案。股东张某，在4月10日提出临时审议公司投资计划的议案，董事会认为张某提出议案的时间不符合法律规定，未受理。召开会议时出席会议的股东所持股份为8500万股，上述两项审议事项表决时同意的股东所持股份分别为5400万股、4800万股。

（2）2023年7月5日因公司总经理孙某违纪，董事会决议解聘孙某总经理职务，考虑影响董事会未对外宣布。

（3）董事霍某2023年7月20日以每股5.5

元的价格买进 A 公司股份 10 万股，在 9 月 28 日以每股 6.3 元卖出，获利 8 万元，公司董事会要求霍某上交该收益。

（4）2023 年 9 月 10 日董事会通过 2024 年 2 月发行新股 3 000 万股的融资方案，会后王董事在和同学刘某聚会时告知该方案，刘某因此大量购进 A 公司股份从而获利。

要求：根据我国公司法、证券法相关法律规定，回答下列问题。

（1）A 公司年会中聘请注册会计师李某为独立董事的决议是否有效？并说明理由。

（2）A 公司年会中 2022 年度的利润分配方案的决议是否通过？并说明理由。

（3）董事会认为张某提出议案的时间不符合法律规定是否正确？并说明理由。

（4）董事会决议解聘孙某总经理职务未对外宣布是否合法？并说明理由。

（5）董事会要求霍某上交买卖本公司股票的收益是否合法？并说明理由。

（6）王董事将融资方案告知同学刘某是否合法？说明理由。

参考答案

一、简答题

1.【答案】

（1）A 公司"以汇票不得转让为由拒绝向红十字会承担票据责任"的主张不成立。根据票据法律制度的规定，出票人是票据债务人，承担担保承兑和担保付款的责任。票据行为必须在票据上进行记载，才能产生票据法上的效力。如果在票据之外另行记载有关事项，即使其内容和票据有关，也不发生票据法上的效力。

（2）B 公司不应当承担票据责任。根据票据法律制度的规定，背书人记载"不得转让"字样的情形下，记载人对于其直接后手的后手不承担票据责任。

（3）D 公司"以 E 公司违约为由拒绝向红十字会承担票据责任"的主张成立。根据票据法律制度的规定，无偿取得票据的受让人所能够取得的权利不得优于其前手。

（4）D 公司不应当向 E 公司承担票据责任。

根据票据法律制度的规定，票据债务人可以对不履行约定义务的与自己有直接债权债务关系的持票人进行抗辩。

2.【答案】

（1）理由不成立。

根据规定，票据债务人可对不履行约定义务的与自己有直接债权债务关系的持票人进行抗辩。题目中，持票人和丙与乙之间并没有直接债权债务关系，所以甲不能以乙交货不符合约定为由拒绝付款。

（2）理由不成立。

汇票上未记载付款日期的，为见票即付。所以甲不能以汇票上未记载付款日期为由拒绝付款。

（3）可行使追索权的追索对象包括：乙、丙和丁。被追索人之间承担连带责任。

（4）被保证人为乙。

根据规定，保证人在汇票或者粘单上未记载被保证人名称的，已承兑的汇票，承兑人为被保证人。本题中，该汇票未经承兑，因此，出票人乙为被保证人。

3.【答案】

（1）A 银行的理由不成立。

根据规定，付款人承兑汇票后，应当承担到期付款的责任，不得以其与出票人之间的资金关系对抗持票人。

（2）戊劳务派遣公司可以向甲家具厂、丁工程公司和 A 银行进行追索。

（3）不能。

根据规定，票据债务人不得以自己与持票人的前手之间的抗辩事由对抗持票人。

（4）属于票据伪造行为。

伪造人的行为给他人造成损害的，必须承担民事责任；构成犯罪的，还应承担刑事责任。

4.【答案】

（1）M 工程队不能向乙公司行使追索权。

根据规定，背书人在汇票上记载"不得转让"字样，其后手再背书转让的，原背书人对后手的被背书人不承担保证责任。

（2）M 工程队可以向丙公司行使追索权。

根据规定，汇票的出票人、背书人、承兑人和保证人对持票人承担连带责任。持票人可以不按照汇票债务人的先后顺序，对其中任何一人、数人或者全体行使追索权。背书时附有条件的，所附条件不具有汇票上的效力。

本题中，丙公司背书时所附条件无效，不影响 M 工程队对其行使追索权。

（3）A 银行的抗辩理由不成立。

根据规定，承兑人不得以其与出票人之间资金关系来对抗持票人，拒绝支付汇票金额。

本题中，该汇票已经过 A 银行合法承兑，因此 A 银行不得以甲公司银行存款账户余额不足为由拒绝付款。

5.【答案】

（1）丙公司可以记载自己为收款人。

根据规定，支票的金额和收款人名称可以授权补记。支票的出票人既可以授权收取支票的相对人补记，也可以由相对人再授权他人补记。

（2）丙公司的提示付款期限符合规定。

根据规定，支票的提示付款期限为自出票之日起 10 日。

本题中，出票日为 2023 年 9 月 10 日，提示付款日为 2023 年 9 月 18 日，未超过 10 天。

（3）甲公司账户余额不足属于签发空头支票的行为。

根据规定，支票的出票人签发支票的金额不得超过付款时在付款人处实有的金额。禁止签发空头支票。

6.【答案】

（1）保证人在票据或者粘单上未记载被保证人名称的，已承兑的票据，承兑人为被保证人；未承兑的票据，出票人为被保证人。

在本题中，丙公司以其所欠甲公司债务只有 15 万元为由拒绝承兑，所以被保证人为出票人甲公司。背书未记载日期的，视为在票据到期日前背书。本题乙公司取得汇票后背书转让给戊公司时未记载背书日期，所以视为到期日前背书。

（2）持票人可以向票据的出票人、背书人、承兑人和保证人中的任何一人、数人或者全体行使追索权。

本题中，丙公司为付款人，其并未对票据进行承兑，不是票据债务人，戊公司仅有权向甲公司、乙公司、丁公司进行追索。

（3）商业汇票中，持票人对出票人、承兑人"以外"前手的追索权，在被拒绝承兑或者被拒绝付款之日起 6 个月行使。

本题中，戊公司于 2023 年 5 月 15 日向丙公司提示承兑时被丙公司拒绝承兑，戊公司应当自被拒绝承兑之日起 6 个月内，即 2023 年 11 月 15 日之前向乙公司追索。

7.【答案】

（1）甲公司的利润情况不符合公开发行公司债券的条件。

根据规定，面向专业投资者公开发行公司债券的，最近 3 年平均可分配利润应当足以支付公司债券 1 年的利息。在本题中，甲公司最近 3 年年均可分配利润为 2 000 万元，而本次拟定的发行方案中公司债券的年利息为 3 600 万元，不足支付。

（2）有关媒体关于乙公司和丁公司构成一致行动人的说法符合规定。

根据规定，如果没有相反证据，投资者受同一主体控制的，为一致行动人。在本题中，乙公司与丁公司同受 A 公司控制。

（3）乙公司总经理王某得知收购信息后，在收购信息公开前购入甲公司股票，构成内幕交易行为。

8.【答案】

（1）李某无权拒绝支付购房尾款，无权要求返还已付购房款。

根据规定，标的物毁损、灭失的风险，在标的物交付之前由出卖人承担，交付之后由买受人承担，但法律另有规定或者当事人另有约定的除外。在本题中，房屋已经交付李某使用，风险应由李某承担。

（2）保险公司拒绝赔付的理由不符合规定。

根据规定，保险标的已交付受让人，但尚未依法办理所有权变更登记，承担保险标的毁损灭失风险的受让人主张行使被保险人权利的，人民法院应予支持。

（3）保险公司仍可行使对刘某的代位求偿权。根据规定，保险人向被保险人赔偿保险金后，被保险人未经保险人同意放弃对第三者请求赔偿权利的，放弃无效。

9.【答案】

（1）齐某为其妻子投保时具有保险利益。

根据保险法律制度规定，投保人对其本人、配偶、父母、子女等具有保险利益。

（2）保险公司主张保险合同无效不合法。

根据保险法律制度规定，人身保险合同订立

后，因投保人丧失对被保险人的保险利益，当事人主张保险合同无效的，人民法院不予支持。

（3）刘某的继承人有权向保险公司主张保险金。

根据保险法律制度规定，受益人与被保险人在同一事件中死亡，且不能确定死亡先后顺序的，推定受益人死亡在先，保险金作为被保险人的遗产，由保险人依法给付。

10.【答案】

（1）A保险公司有权向4S店请求赔偿。

根据规定，因第三者对保险标的的损害而造成保险事故的，保险人自向被保险人赔偿保险金之日起，在赔偿金额范围内代位行使被保险人对第三者请求赔偿的权利。该请求赔偿的权利可以基于侵权责任也可以基于违约责任。

（2）不成立。

根据规定，保险人向被保险人赔偿保险金后，被保险人未经保险人同意放弃对第三者请求赔偿权利的，该行为无效。

（3）不需要承担。

4S店所出售的车辆经检验合格方出厂并交付给甲，甲也对车辆进行使用，4S店所出售的车辆符合使用目的，不存在A保险公司所主张的质量问题。而且，本案车辆起火原因经《火灾事故简易调查认定书》认定为：起火原因系电气线路故障发热所致。导致电气线路故障的因素多种多样，无法直接确认为车辆本身的质量问题。故A保险公司的诉讼请求，缺乏事实及法律依据。

11.【答案】

（1）甲公司的抗辩理由（1）不成立。

根据规定，投保人订立保险合同时没有亲自签字或者盖章，而由保险人的代理人代为签字或者盖章的，对投保人不生效。但投保人已经缴纳保险费的，视为其对代签字或者盖章行为的追认。

本题中，潘某已经缴纳了保险费，保险合同已经成立。

（2）甲公司的抗辩理由（2）不成立。

根据规定，人身保险中，投保人对配偶具有保险利益。人身保险的投保人在保险合同订立时，对被保险人应当具有保险利益。人身保险合同订立后，因投保人丧失对被保险人的保险利益，当事人主张保险合同无效的，人民法院不予支持。

本题中，潘某在保险合同订立时与赵某是夫妻关系，因此具有保险利益。

（3）甲公司的抗辩理由（3）不成立。

根据规定，受益人仅约定为身份关系的，投保人与被保险人为不同主体时，根据保险合同成立时与被保险人的身份关系确定受益人。

本题中，受益人仅约定为妻子，投保人潘某与被保险人赵某为不同主体，因保险合同成立时潘某为赵某的妻子，因此判定受益人为潘某。

二、综合题

1.【答案】

（1）保证日期为2023年4月1日。根据规定，保证人在汇票或者粘单上未记载保证日期的，出票日期为保证日期。

（2）A银行拒绝付款的理由不成立。根据规定，票据上有伪造签章的，不影响票据上其他真实签章的效力。在票据上真实签章的当事人（包括但不限于A银行），仍应对被伪造的票据的权利人承担票据责任，票据权利人在提示承兑、提示付款或行使追索权时，在票据上的真实签章人不能以伪造为由进行抗辩。

（3）乙公司不需要向丙公司承担票据责任。根据规定，持票人即使是善意取得，对被伪造人（乙公司）也不能行使票据权利。

（4）郑某应当向丙公司承担票据责任。根据规定，票据上有伪造签章的，不影响票据上其他真实签章的效力。在票据上真实签章的当事人（包括但不限于郑某），仍应对被伪造的票据的权利人承担票据责任，票据权利人在提示承兑、提示付款或行使追索权时，在票据上的真实签章人不能以伪造为由进行抗辩。

（5）孙某不需要向丙公司承担票据责任。根据规定，由于伪造人（孙某）没有以自己的名义在票据上签章，因此不承担票据责任。

2.【答案】

（1）丙公司向付款人提示承兑的最晚日期为2022年6月10日。

根据规定，见票后定期付款的汇票，自出票之日起1个月内提示承兑。

（2）丙公司被拒绝承兑后，无权向甲

追索。

根据规定，如果持票人超过法定期限提示承兑的，即丧失对除出票人以外的其他前手的追索权（只能向出票人行使追索权）。

（3）张某请求甲公司承担赔偿责任，人民法院不予支持。

根据规定，在融资租赁合同中，承租人占有租赁物期间，租赁物造成第三人人身损害或者财产损失的，"出租人"不承担责任。

（4）丁公司以善意取得为由拒绝交还 M 设备，不符合法律规定。

根据规定，无处分权人将不动产或者动产转让给受让人的，所有权人有权追回；除法律另有规定外，符合下列情形的，受让人取得该不动产或者动产的所有权：①受让人受让该不动产或者动产时是善意；②以合理的价格转让；③转让的不动产或者动产依照法律规定应当登记的已经登记，不需要登记的已经交付给受让人。

在本题中，丁公司明知乙公司未取得 M 设备的所有权，仍以市场价格的五折受让，不适用善意取得制度。

（5）李某有权以自己的名义直接向人民法院提起诉讼。

根据规定，他人侵犯公司合法权益，给公司造成损失的，情况紧急、不立即提起诉讼将会使公司利益受到难以弥补的损害的，有限责任公司的股东有权为了公司的利益以自己的名义直接向人民法院提起诉讼。

（6）乙公司请求甲公司返还 8 万元，符合法律规定。

根据规定，当事人约定租赁期限届满租赁物归承租人所有，承租人已经支付大部分租金，但是无力支付剩余租金，出租人因此解除合同收回租赁物，收回的租赁物的价值超过承租人欠付的租金以及其他费用的，承租人可以请求相应返还。

在本题中，M 设备回收价值 30 万元，超过乙公司欠付的 20 万元租金和 2 万元的评估及运输费用，对于差额（8 万元），乙公司可以请求返还。

3.【答案】

（1）A 公司年会中聘请注册会计师李某为独立董事的决议无效。

根据相关法律规定，不得担任独立董事的人员中包括为上市公司或其附属企业提供财务、法律、咨询等服务的人员。

本案中注册会计师李某正是为 A 公司提供审计服务的财务人员，因此不得被聘为 A 公司的独立董事。

（2）A 公司年会中 2022 年度的利润分配方案的决议通过。

根据我国《公司法》规定，股东大会一般表决事项须经出席会议股东所持表决权过半数通过。

本案中公司利润分配方案为一般表决事项，出席会议股东所持股份为 8 500 万股，同意的股东所持股份 4 800 万股，已经超过出席会议股东所持股份的半数，因此同意股东的表决权已经过半数，该决议有效。

（3）董事会认为张某提出议案的时间不符合法律规定正确。

根据我国《公司法》规定，单独或合计持有公司 3% 以上股份的股东，可以在股东大会召开前 10 日前提出临时议案并书面提交董事会。

本案中张某符合提出议案的资格，但是 4 月 15 日召开股东大会，4 月 10 日提出临时议案，不符合 10 日前提出的法律规定，因此董事会不予受理是正确的。

（4）董事会决议解聘孙某总经理职务未对外宣布不合法。

根据我国《证券法》规定，公司董事、1/3 以上的监事或总经理发生变动属于公司重大事件，应当在董事会或监事会就该重大事件形成决议时通过临时报告对外披露该信息。

本案中 A 公司董事会解聘孙某总经理职务属于公司重大事件，依法应当及时对外披露该信息。

（5）董事会要求霍某上交买卖本公司股票的收益合法。

根据我国《公司法》《证券法》规定，上市公司的董事、监事、高级管理人员、持有上市公司股份 5% 以上的股东，将其持有的本公司股份在买入后 6 个月内卖出，或者在卖出后 6 个月内又买入的，由此所得收益归公司所有，公司董事会应当收回其所得收益。

本案中霍某在 7 月 20 日以每股 5.5 元的价

格买进 10 万股，在 9 月 28 日以每股 6.3 元卖出，获利 8 万元，是买入后 6 个月内又卖出，因此获利 8 万元应归公司所有，董事会要求其上交公司股票收益合法。

（6）王董事将融资方案告知同学刘某不合法，属于内幕交易。

根据我国《证券法》规定，禁止内幕交易行为。内幕交易的知情人员自己买卖，或建议他人买卖属于内幕交易。内幕知情人自己未买卖，也未建议他人买卖，但将内幕信息泄露给他人，接受信息的人依此买卖证券的，也属于内幕交易行为。

本案中王董事虽自己未买卖，但将自己掌握的属于内幕信息的融资方案告知同学刘某，而刘某依此买卖 A 公司的股票，构成了内幕交易行为。